KB122804

대치동 논술
시크릿

대치동 논술 시크릿

합격을
결정하는
12가지 핵심
논술 스킬

● 허생 지음

인물과
사상사

차례

머리말　　논술 광풍이 지나고 난 후　　　　　　　　　　　　6

1장　　질문에 답 있고 제시문에 답 있다　　　　　　　9
2장　　생각하라 솔직하라 행복하라　　　　　　　　53
3장　　내가 서야 글이 선다　　　　　　　　　　　　81

4장　　고전에 목매지 마라　　　　　　　　　　　107
5장　　배경지식에 목매지 마라　　　　　　　　　133

6장　　나무만 보지 말고 숲을 보라　　　　　　　159
7장　　글의 설계도를 그려라　　　　　　　　　　213

8장　　지금 여기의 문제를 고민하라　　　　　　241
9장　　현대사회의 문제를 고민하라　　　　　　271

10장　　수리논술 답안은 한눈에 들어오게　　　293
11장　　생각은 깊게 문장은 짧게　　　　　　　　321
12장　　구술은 말로 하는 논술이다　　　　　　　347

논술 광풍이 지나고 난 후

이제 논술을 좀 차분히 대할 수 있을 것 같
다. 그래서 지난 몇 년간 연구하고 강의한 경험을 바탕으로 책을 엮었다. 논술
이 무엇인지, 논술을 어떻게 공부해야 하는지, 글을 어떻게 읽고 쓰는 것이 좋은
지 책에 담았다.

일반적으로는 글을 읽고 쓰는 데 관심 있는 독자도 이 책을 읽을 수 있겠지만,
구체적으로는 논술시험을 보려는 수험생들이 이 책을 읽을 것이라고 생각한다.
논술시험을 볼 계획이 없는 학생들은 생각하는 힘을 기르고 사회를 보는 눈을 기
르는 데 이 책이 도움이 될 수 있을 것이다. 논술에 좋은 글들이 제시문으로 선정
되기 때문이다.

지난 몇 년 전부터 대학 입시에서 수시의 비중이 정시의 비중을 앞질렀다. 이
른바 주요 대학의 수시 입시에는 논술이 50퍼센트 이상 반영되는 전형도 많고,
논술만 100퍼센트 반영하는 전형도 있다. 그만큼 논술이 중요해졌다. 그런데 논
술 광풍狂風이 언론을 휩쓸고 난 후, 분위기는 많이 차분해진 것 같다.

논술을 공부하는 학생들은 늘 논술을 어렵게 생각한다. 수능이나 내신에서 문제를 푸는 데만 익숙해서인지, 글을 읽고 무엇인가를 깊이 생각하는 일을 힘들어한다. 글을 쓰는 일은 더욱 고통스럽게 여긴다. 학생들의 글을 읽어보면 무슨 말을 썼는지 이해할 수 없는 글이 많다.

학생들이 어려운 논술을 쉽게 읽고 이해하도록, 이 책의 글은 강의한 내용을 그대로 옮겨놓듯이 서술했다. 그래서 책이 쉽게 읽히도록 했다. 강의할 때 학생들이 질문을 하고 의견을 많이 냈는데, 그것도 책에 담았다. 내 수업에서는 학생이 쓴 글을 다른 학생 앞에서 소리 내어 읽어야 하는데, 이러한 공개 첨삭의 모습도 글에 그대로 담았다. 책을 읽으며, 독자는 강의를 듣는 것 같은 현장감을 느낄 수 있을 것이다. 학부모들은 학생들이 어떻게 공부하는지 그 모습을 일부나마 들여다볼 수 있을 것이다.

이 책의 각 장은 책 전체에 긴밀하게 연결되면서도 독립된 성격을 갖도록 구성했다. 따라서 독자는 아무 장이나 관심 있는 장을 먼저 읽어도 크게 문제되지 않을 것이다. 각 장에는 대학의 기출문제 중에 내용상으로 좋다고 생각하는 논술 문제를 골랐다. 각 장은 그 문제에 대해 해설을 하고 내 예시 답안을 싣고 학생들의 답안을 첨삭하는 형식으로 이루어져 있다. 수업만 하는 것이 따분하다는 생각이 들 수도 있다. 그래서 7장에는 내게 논술을 배우고 난 후에 대학생이 된 이들과 만나 한 이야기를 대화 형식으로 실었다. 11장에는 주로 학생들의 글을 첨삭하여 수정한 예들을 실었다. 책 곳곳에 글을 매개로 한 나와 학생들의 대화를 읽을 수 있을 것이다.

나로서는 1장과 2장을 제일 중요하다고 생각한다. 수험생은 1장과 2장을 차례대로 읽은 다음에 읽고 싶은 장을 읽었으면 한다. 또한 질문과 제시문을 읽고 혼자 힘으로 답안을 쓴 다음에 해설 부분을 읽었으면 한다. 자신이 쓴 글을 책에 있는 다른 학생들의 글과 비교하면 많은 도움이 될 것이라고 생각한다. 한마디로, 이 책이 논술에 관심 있는 독자에게 많은 도움이 되면 좋겠다. 내용상으로 유익한 책이 되기를 바란다. 문장이나 표현상으로 재미있게 읽히기를 바란다.

이 원고를 쓰는 데 도움을 준 안광수·조용상·한은조에게, 원고를 읽고 조언을 준 김세훈·이명수·이상대·이종완에게, 나와 함께 논술을 공부한 학생들에게 깊이 감사의 마음을 전한다. 그들이 이 책의 원고를 읽고 재미있고 독특하고 신선하고 유익하다고 했는데, 이 의견을 독자들이 함께 나눌 수 있기를 바란다.

2013년 8월 대치동에서

허생

1장

질문에 답 있고
제시문에 답 있다

대치동의 ㅅ학원. 허생 선생이 강의실로 들어선다.

이 수업은 논술이고 나는 논술 선생이다. 지금부터 논술 수업을 시작하겠다. 먼저 내가 너희들에게 질문을 해야겠다. 학생, 논술 왜 해?

'오잉? 뭐 저런 질문이 다 있어? 논술하려고 왔으니 논술하지 왜 하겠어?'

"수시에 지원하려고요."

"논술 보는 대학 가려고요."

대학은 왜 가?

'이 사람 뭐지? 황당한 질문이네.'

"대학은 당연히 가야 되는 거 아니에요? 대학 안 가면 뭐 해요?"

"엄마가 가라고 하니까요."

딱히 할 일도 없고 엄마가 가라고 해서 대학 간다? 솔직하다는 점에서 마음에 드는 대답이야. 그러면 수시에 지원하려는 대학 이름을 말해봐.

'모르는 애들 앞에서 그걸 어떻게 말하라는 거야? 질문이 좀 심하네.'

"서울대요."

"연세대나 고려대요."

음 알겠어. 그럼 다음 질문. 학생은 논술이 뭐라고 생각해?

'논술 배우러 왔는데 논술이 뭔지 가르쳐주지는 않고 학생한테 물어봐?

"글쓰기요."

일기도 글쓰기인데? 다른 학생.

"자기 주장을 논리적으로 쓰는 글이오."

틀린 말은 아니군. 알았어. 그럼 다른 질문. 논술 어떻게 하면 잘해?

'와 미치겠네. 그건 선생이 가르쳐줘야 하는 거 아냐?

질문이 어려워? 어떻게 하면 논술 잘한다고 생각하느냐고? 그냥 자기 생각을 말해봐.

"책을 많이 읽고 많이 써보고……".

그것도 틀린 말은 아니군. 이제부터 논술을 시작하겠는데 마음을 잡고 각오를 새롭게 한다는 뜻에서 이 글을 읽어보도록.

허생 선생님
논술 수업 후기

　고3 3월에 처음으로 허생 선생님을 만났다. 수업을 하러 강의실로 들어오신 선생님의 모습에 나는 긴장했다. 허생 선생님은 내가 이제까지 봤던 논술 선생님들 가운데 가장 '험악한' 인상의 소유자였다. 선생님의 목소리를 듣는 순간 진짜로 걱정되기 시작했다. 내가 익히 알고 있던 논술 선생님들의 '상냥한' 말투가 아니었다. 생활지도부장 선생님의 목소리와 비슷한 무뚝뚝하고 거친 목소리는 앞으로의 논술 수업이 만만치 않을 것임을 예고하는 것 같았다.

　허생 선생님과의 첫 논술 수업은 '경악' 그 자체였다. 내가 익숙하고 당연하게 여겼던 배경지식 수업이 아니었다. 자신의 글을 남들 앞에서 읽고 첨삭하는 것이 수업의 핵심이었다. 공개 첨삭이라니! 신선한 충격이었다. 처음에 다른 이들 앞에서 내 글을 읽었을 때 나는 내가 많은 사람들 앞에서 '나체'로 선 것 같은 느낌을 받았다. 이어진 허생 선생님의 구두 첨삭은 선생님의 첫인상만큼이나 독하고 직설적이고 날카로웠다. 내가 접한 첫 번째 '노출의 고통'이었다. 청문회에서 질문을 받는 정치인의 느낌이 이럴 것도 같았다(물론 아주 똑같지는 않겠지만 ㅋ). 내 글은 철저하게 분해되었고 한 구절 한 문장마다 쏟아진 (비난에 가까운) 비평은 내 정신을 뒤흔들었다. 첫 수업에서 내가 얻은 것은 '헛소리예요'라는 평가와 한없이 낮아진 나의 자신감이었다.

　언젠가 내가 예전에 했던 문제를 숙제로 받았다. 나는 쾌재를 불렀다. 드디어 내가 칭찬을 들을 수 있겠구나. 그 숙제를 하면서 나는 내가 주워들은 지식을 총동원하여 (누군지 잘 알지도 못하는) 철학자들의 말과 과학이론들을 마구 인용했다. 지금 생각해보면 부끄럽지만 나는 헤겔이나 양자역학 등의 여러 가지 사상과 이론들을 '나만이 알 수 있는' 말로 내 글에 쓴 것을 보며 뿌듯함까지 느꼈다. 과연 내가 쓴 '헤겔'의 효과는 (나쁜 쪽으로) 수업 시간에 즉각 나타났다. 내 글은 허생 선생님의 강력한 질타에 박살났다. '헤겔'과 '양자역학'은 내가 수용하기에는 너무 거대했다. 선생님께서는 비판을 하시면서 나에게 '스스로에게 솔직해져라'는 말씀을 해주셨다. 황당했다. 이건 뭐 어쩌라는 거야? 실컷 까고 나서 한다는 말이 '자신에게 솔직해져라?' 이해가 안 되었다. 이제 와서 보면 내가 한 인용의 '난해함'은 나의 무지의 결과였고 내 실력을 감추려는 얄팍한 술수였다.

어쨌든 다음 번 숙제를 할 때부터 나는 내가 이해한 것을 꾸밈없이 있는 그대로 쓰고자 노력했다. 훌륭한 글을 쓰기 위해서는 글의 난해함이나 화려함 또는 현학적 수사보다는 올바르고 쉬운 의미 전달에 중점을 두어야 한다는 것을 조금씩 깨닫기(?) 시작했다. 내 글은 점점 좋아지기 시작했다. 나는 논술의 일부가 (어쩌면 전체일지도) 글의 '다이어트'라고 생각한다. 우리가 다이어트를 할 때 필요한 영양소만 남기고 불필요한 영양소는 전부 없애듯이, 문제가 요구하는 것만 딱 갖추고 불필요한 부분은 삭제할 때 논술에서 좋은 글이 나온다(맞나? ㅋ). 하여튼 지금도 글을 쓸 때 글의 '기름기'는 싹 빼고 '담백하게' 쓰려고 노력한다.

글의 순서가 비판의 대상이 될 때도 있었다. 글의 순서가 곧 논리라는 말을 이해하고 실천하기 위해 엄청난 노력을 했고 결국 내가 끔찍이도 싫어하던 '개요'를 짜게 되었다. 단락을 나눌 때에도 개요를 짜면서 글의 논리적 구조를 좋게 만들려고 고민하게 되었다. 제시문을 '깨끗하게' 읽었던 내가 연필로 밑줄을 팍팍 긋고 낙서를 해가며 읽게 되었다. 글씨도 예쁘게 쓰려고 노력했다. 허생 선생님과 처음 수업할 때의 글과 지금의 글을 비교하면 정말 '환골탈태'라고밖에는 볼 수 없을 정도다. 이 모든 것이 공개 첨삭의 힘이다.

내 글 옆에 선생님이 쓰는 '느낌표(!)'와 '우와'라는 평가를 받기 위해 열심히 쓰고 또 썼다. 만점 받는 친구들 글을 읽고 또 읽으며 고민을 거듭했다. 수업 시간마다 선생님이 강조하시는 '노출의 고통'을 '좌절의 고통'으로 바꾸지 않으려고 노력했다. 노출의 고통은 번번이 좌절의 고통이 되었지만 그래도 제대로 된 글을 쓰고 싶어서 계속 썼다.

대학에 가서도 논술 수업이 그리울 것이다. 선생님께서 허락만 하신다면 대학 가서도 논술 수업을 듣고 싶다. 허생 선생님과 수업을 할 후배들에게 노출의 고통을 즐기라고 말해주고 싶다. 뭐 어려운 일일 수도 있다. 나도 엄청 혼란스러웠으니까. 그러나 노출의 고통은 좋은 글을 위한 '당연한' 대가다.

허생 선생님 수업을 들으면서 사회를 보는 또 하나의 눈이 생긴 것 같다. 이제까지 내가 학교를 다니면서 갖고 있던 시각 이외의 다른 시각을 하나 더 얻은 느낌이다. 논술 수업을 하면서 생각하는 힘도 늘고 글 쓰는 능력도 좋아졌다. 허생 선생님께서 해주시는 말씀과 자료들은 내가 사는 사회에 대해 많은 생각을 해볼 기회를 제공해주었다. 이제까지 못난 제자를 가르쳐주신 선생님께 정말 감사드린다.

수능이 끝나고 난 후
OO고등학교 3학년 김경훈

다 읽었어? 소감을 말해봐.

"떨려요."

"좀 겁나는데요."

"공개 첨삭이 무서울 것 같아요."

"얼른 수업을 해봤으면 좋겠어요."

반응들이 다양하네. 그래 얼른 수업을 시작하겠다. 오늘은 첫날이다. 하여 논술이 무엇인지, 논술을 어떻게 공부해야 하는지 이해하는 게 오늘 수업의 목표다. 다음 문제를 풀도록. 핵심을 간결하게 쓰면 되겠다. 시간은 15분이다. 분량은? 제한 없다. 15분 안에 쓸 수 있는 만큼만 쓰면 된다. 시작.

면접고사 문제

● '파스칼의 내기(Pascal's Wager)'에 관한 다음 지문을 읽고 물음에 답하시오.

　'도박꾼의 주장(gambler's argument)'으로도 잘 알려진 '파스칼의 내기'는 신을 믿어야 할 것인가 말 것인가를 결정해야 하는 상황에 처해 있는 도박꾼의 '합리적' 선택 행위에 관한 것이다.

　우리는 신이 존재하는지 존재하지 않는지를 알 수 없기 때문에, 마치 도박이 벌어지기 전에 그 도박의 가능한 결과들을 추측하며 판돈을 걸듯이, 우리의 믿음 여하에 따라 달라질 수 있는 운명적 결과들-영원한 생명(천국)과 영원한 저주(지옥)-을 예상해보고 신을 믿을 것인지 말 것인지를 선택해야 한다. 이런 상황에서 불가지론자는 신이 존재할 수도 존재하지 않을 수도 있다고 생각하기 때문에 어떤 쪽도 선택하지 않는다. 신이 존재한다는 확신이 없는 상황에서 신이 존재한다고 믿는 것은 참된 믿음이 아닐 뿐만 아니라 양심을 기만하는 행위라고 생각하기 때문이다. 하지만 도박꾼은 어떤 선택을 할 것인가? 도박꾼은 사실적 증거나 양심의 소리에 상관없이 예상되는 이익과 손해를 비교하며 선택(도박)을 한다. 도박꾼에게 있어 가장 합리적인 선택은 가능한 한 최고의 상금을 탈 수 있으면서도, 손해를 볼 경우에는 그 손해를 최소화할 수 있는 선택을 하는 것이다. 이런 도박꾼의 입장에 따르면 최선의 합리적인 선택은 신을 믿는 것이다.

　선택의 최종적 결과는 몇 가지 상황으로 나타날 수 있을 것이다. 그중 첫째 상황은 신의 존재를 믿기로 결정하고 이긴 경우로(즉 신이 존재할 경우), 최고의 상금인 '영원한 생명'을 얻을 것이다. 하지만 영원한 생명을 얻는 대가로 이 세상에 살 동안은 자신의 뜻보다는 신의 뜻에 복종하며 금욕적인 생활을 감수해야 할 것이다.

단계 I **아래의 질문에 답하시오.** ▶150점

문제 1. 선택의 결과는 몇 가지 경우로 나타날 수 있는가? ▶75점

문제 2. 각각의 경우에 도박꾼은 어떤 상금(보상)을 얻고 어떤 희생(손실)을 예상하겠는가? ▶75점

성균관대학교(1/2)

'거두절미하고 문제부터 내밀어. 어이없네. 수업은 안 해?'

'뭐 가르쳐주고 나서 쓰라고 해야 하는 거 아니야?'

'선생이 상당히 불친절하군.'

'무섭게 생긴 데다 인상도 험악하네.'

'반을 잘못 선택한 것 같아. 선생을 잘못 선택한 건가?'

'선생이 좀 까다롭겠군.'

'음 믿기로 결정하고 이겼다고? 그럼 믿기로 결정하고 지는 수도 있겠군. 경우는 두 가지. 오케이? 1번 문제 가뿐하네.'

15분 후.

끝. 답안지의 자기 이름 옆에 알파벳 Ａ Ｂ Ｃ Ｄ F를 쓰기 바란다. A는 90점 이상, B는 80점 이상 하는 식이다. 문제가 두 개니 자기 이름 옆에 알파벳을 두 개 쓰면 되겠다. 자기 답안지를 채점하는데 10초 주겠다. 스스로 판단하여 객관적이고 공정하다고 생각하는 점수를 매겨라.

10초 지났다. 옆 친구와 답안지를 바꿔라. 친구 답안지를 받았으면 친구 이름 바로 아래에 자기 이름을 써라. 그리고 같은 방법으로 친구 답안지를 채점해라. 역시 객관적이고 공정하게 채점하면 되겠다. 친구 답안지를 채점하는 데는 1분 주겠다.

'이거 내 답과 상당히 다른데? 내가 뭔가 잘못 생각한 거 아닌가?'

1분 지났다. 제출하도록. 이제부터 내가 여러분의 답안지를 읽을 것이다. 한 답안지에는 자신의 이름과 점수, 친구의 이름과 점수, 이렇게 두 사람의 채점이 있어야 한다. 공정하고 객관적으로 평가를 했는지 살펴볼 것이다. 내가 여러분의 답안을 읽는 동안 여러분은 놀지 말고 다음 문제를 풀도록. 시간은 10분이다. 분량은 10분 동안 쓸 수 있는 만큼만 쓰면 되겠다.

면접고사 문제

단계 II **아래의 질문에 답하시오.** ▶150점

문제 1. 신의 존재에 대한 '도박꾼의 내기'는 그 결과와 상관없이 어떤 문제점을 안고 있다고 생각 하는가? 믿음과 양심의 본질을 생각해보고 이 질문에 답하시오. ▶75점

문제 2. 자유민주의 하에서 개인들은 양심과 신앙의 자유를 누린다. 국가가 이런 자유들을 왜 존 중해야 하는가에 대한 이유를 생각해보고, 최근 우리 사회에서 중요한 사회문제가 되고 있 는 '양심적 병역기피' 문제에 대한 자신의 견해를 진술해보시오. ▶75점

10분 지났다. 끝. 연필 놓고 제출.

'논술 선생이야 생활지도부장 선생이야? 말도 제대로 할 줄 모르잖아. 시간 다 됐어요. 이제 제출하세요. 이러면 좀 부드러워? 말도 제대로 할 줄 모르는 사람이 논술은 제대로 할 수 있을까? 어째 영 불안하네.'

제출하기 전에 잠깐. 아까 했던 것처럼 자기 답안에 스스로 점수를 매겨라. A B C D F로 해서 자신의 답안을 평가해라. 점수 매겼어? 이제는 답안을 옆 친구와 바꾼다. 그리고 친구의 답안을 읽고 평가하여 친구의 답안에 공정한 점수를 매긴 후에 제출해라. 답안지 하나에 최소한 자신의 점수와 친구의 점수, 두 점수가 있어야 한다. 다음 시간부터는 자신의 답안과 친구의 답안을 읽고 좋은 답안과 나쁜 답안을 여러분 스스로 가려내야 한다.

'친구 답안을 보니 내가 뭔가 잘못 짚은 것 같아. 아무래도 이 문제에서 핵심을 놓친 것 같은데? 채점만 해도 저절로 알게 되다니. 신기하군.'

여러분이 글을 쓰기 전에는, 그래서 내가 여러분의 답안을 읽기 전에는, 난 논술 수업을 하지 않는다. 아무것도 하지 않은 학생에게 배경지식, 논제 분석, 제시문 분석, 개요 짜는 법을 강의해봐야 시간 낭비다. 그러니 여러분이 먼저 혼자 힘으로 문제를 보고 읽고 풀고 쓰고 답안을 작성해야 한다. 그리고 나서 수업한다. 이제부터 수업 시작.

오늘은 첫날이니 먼저 내가 생각하는 논술이 무엇인지 정의하겠다. 여러분이 보려는 수시논술과 입시논술은 교수가 쓰라는 대로 쓰는 것, 하라는 대로 하는 것, 시키는 대로 하는 것이다. 교수가 시키는 대로 하면 그 학생은 교수 말을 알아들은 것이 된다. 그럼 수험생과 교수 사이에 의사소통이 이루어진 것이다. 무슨 말이냐고? 앉아라, 서라, 가라, 이런 게 시키는 것이다. 그러니 시키는 대로 하려면 질문에서 동사를 잘 봐야 한다. 요약하라, 비교하라, 설명하라, 논술하라, 이런 말을 잘 봐야 한다. 동사를 성분상으로 말하면 서술어다. 서술어가 논술에서는 학생에게 하는 명령어나 지시어가 된다. 교수의 지시를 정확히 이해하고 따르는 것, 그게 논술에서는 제일 중요하다. 이 말을 대부분의 논술 책에서는 '출제 의도'라고 한다. 논술에서 출제의도대로 안 하면 논점 이탈하고 글은 삼천포로 빠지고 그 학생은 불합격한다.

이제 논술 문제의 구성 요소를 보자. 이 문제에는 유의 사항이 안 보이는데 면접 문제라서 그런 것 같다. 논술 문제는 대개 세 가지로 구성되어 있다.

> ① 질문(논제 또는 문제)
> ② 제시문(지문 또는 예시문)
> ③ 유의 사항(또는 발문)

논술에선 읽기 전에 '본다'. 봐야 한다. 문제지와 답안지를 전부 훑어보아야 한다. 문제지가 전부 몇 장인지 분량이 얼마나 되는지 먼저 본다. 그리고 읽는다. 읽을 때는? ③①②의 순서로 읽어야 한다. 유의 사항, 질문, 제시문 순서로 읽는 게 좋다. 유의 사항에는 논술 시험의 조건이 들어 있다. 대개 제한 시간과 원고 분량이 명시되어 있다. 그런데 논술 시험지 대여섯 쪽의 제일 끝에 유의 사항이 있는 경우도 있다. 문제지를 읽을 때는 반드시 유의 사항을 찾아 제일 먼저 읽을 것.

그다음 질문을 읽어야 한다. 논술에서는 질문이 제일 중요하다고 말해도 과언이 아니다. 질문 한 줄 만드느라고 대여섯 명의 교수들이 하루 종일 고심한다. 질문에서 단어 하나 조사 하나 고르느라고 고심한다. 질문에서 중요하지 않은 단어는 하나도 없다. 밑줄 치며 반복해서 읽어야 한다.

마지막으로 제시문을 읽어야 한다. 먼저 통독할 것. 그리고 질문의 요구 사항을 염두에 두면서 읽을 것. 읽고 또 읽어야 한다. 중요한 부분에 밑줄 치며 반복해서 읽어야 한다. 질문에서 요구한 사항을 찾아내려면 숙독이나 정독으로는 안 된다. 보통 수준의 집중으로는 안 된다. 이런 걸 논술 책에서는 보통 논리적 사고력이라고 하는데 난 쉽게 말하겠다. '머리를 있는 대로 쥐어짜라.'

논술이 쓰라는 대로 쓰는 글이니 이 정의에서 논술의 법칙이 나온다. 내가 만든 논술의 첫 번째 법칙. '질문에 답 있고 제시문에 답 있다.'

논술에 정답 없다. 그러니 정확히 말하면 이 법칙은 '질문에 답의 실마리가 될 만한 것이 들어 있고 제시문에 답의 실마리가 될 만한 것이 들어 있다'는 말로 고쳐야 한다. 무슨 말인지 예를 들겠다.

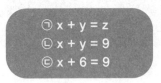

$$\text{ⓐ } x + y = z$$
$$\text{ⓑ } x + y = 9$$
$$\text{ⓒ } x + 6 = 9$$

수학 문제에 비유하여 지나치게 단순화했지만 여러분의 이해를 돕기 위해 이런 예를 들었다. 1980년대 말과 1990년대 초반의 논술에는 ⓐ이나 ⓑ과 같은 유형도 있었다. 1990년대 중반 이후처럼 논제와 여러 개의 긴 글을 제시하는 논술 문제는 ⓒ과 같다. 현재에는 ⓒ과 같은 유형이 대세를 이룬다. ⓒ에서 6을 질문, 9을 제시문이라고 하자(6을 제시문, 9를 질문이라고 해도 마찬가지다). 6과 9를 알면 x를 알 수 있다고? 그렇다면 질문과 제시문이 주어지면 논제에 답할 수 있다. 할 수 있어야 한다.

그럼 이제 첫 번째 질문을 보자. 선택의 결과는 몇 가지 경우로 나타날 수 있냐고? 여기에서 중요한 단어는? '몇 가지 경우' 다. 몇 가지 경우로 나타날 수 있냐고 물으면 몇 가지 경우로 나타날 수 있는지를 말해라. 그리고 경우만 말해라. 다른 것까지 대답하면 '몇 가지 경우로 나타날 수 있는가?' 라는 질문을 학생이 못 알아들은 게 된다. 이 물음도 못 알아듣는 학생이 대학 수업을 따라갈 수 있을 것이라고 교수들은 생각하지 않는다. '경우'를 물어보면 '경우를' 대답하고 '경우만' 대답해라. 논술에서 뭘 물어보면 물어본 것만 대답해라. 쓸데없이 다른 소리 하지 마라.

그다음, 제시문에 답 있다고? 그렇다면 제시문을 보도록 하자. 이건 도박꾼의 선택이다. 도박꾼은 이익은 최대로 하고 손실은 최소로 하는 원칙에 따라 선택한다. 그리고 '믿음 여하에 따라 달라질 수 있는 운명적 결과들을' 예상해보는데 첫째 상황이 나왔다. 제시문에 '선택의 최종적 결과는 몇 가지 상황으로 나타날 수 있을 것이다. 그중 첫째 상황은 신의 존재를 믿기로 결정하고 이긴 경우로(즉 신이 존재할 경우).' 이렇게 나와 있다. 제시문의 이 부분에서 답안의 실마리를 끌어내야 한다. 끌어낼 수 있어야 한다. '신의 존재를 믿기로 결정하고 이긴 경우?' 그렇다면 논리적 사고에 따른 내 예시 답안은 다음과 같다.

ⓐ 신의 존재를 믿기로 결정하고 이긴 경우와 진 경우, 신의 존재를 믿지 않기로 결정하고 이긴 경우와 진 경우로, 선택의 결과는 총 네 가지 경우로 나타날 수 있다.

ⓑ 신의 존재를 믿기로 결정하고 이긴 경우, 신의 존재를 믿기로 결정하고 진 경우, 신의 존재를 믿지 않기로 결정하고 이긴 경우, 신의 존재를 믿지 않기로 결정하고 진 경우로, 선택의 결과는 총 네 가지 경우로 나타날 수 있다.

ⓑ와 같이 답할 수도 있다. 그런데 ⓑ에는 중복이 보인다. 길고 지루하다. ⓐ보다 자세한 것 같지만 좋은 답안이 아니다. 또한 ⓑ와 같은 답안은 교수를 우롱하는 답안이다. 그렇게 말하지 않으면 교수들이 이해하지 못할 것이라고 생각하는……. 친절하고 자세하고 '자상하게' 글을 쓰거나 말을 해야 교수들이 이해한

다고 착각하는 학생들 많다. 교수는 여러분보다 많이 공부한 사람이다. 핵심만 간결하게 말하면 교수는 금방 알아듣는다. 질문에서 요구하는 사항을 전부 충분하게 말하되 간결하게 대답해라. 뜻이 전달되는 한 글이나 말은 짧을수록 좋다. 깊은 생각을 간결하게 쓰는 게 논술뿐만 아니라 모든 글에서 제일 중요하다고 생각한다.

'헐, 네 가지야? 난 두 가지로 봤는데. 첫 문제부터 틀렸네.'

이제 문제 2를 보자. I-1과 I-2는 세트로 생각해야 한다. 각각의 경우에 도박꾼이 예상할 수 있는 보상과 손실을 묻고 있다. '보상과 손실만' 말하면 되겠다. 이에 대한 답을 하려면 제시문을 자세히 읽어야 한다. 논술의 첫 번째 법칙에 따라 제시문에서 답안의 실마리를 찾아보자. 제시문에 '그중 첫째 상황은 신의 존재를 믿기로 결정하고 이긴 경우로(즉 신이 존재할 경우), 최고의 상금인 '영원한 생명'을 얻을 것이다. 하지만 영원한 생명을 얻는 대가로 이 세상에 살 동안은 자신의 뜻보다는 신의 뜻에 복종하며 금욕적인 생활을 감수해야 할 것이다'라고 나와 있다. 이 부분을 실마리 삼아 다음과 같은 미완성의 표를 만들 수 있다.

	이겨
믿어	영원한 생명(천국) 무한 보상
	신의 뜻에 복종 금욕적 생활

단순한 형식논리로 다른 모든 칸을 채울 수 있어야 한다.

	이겨	져
믿어	영원한 생명(천국) 무한 보상 신의 뜻에 복종 금욕적 생활	영원한 생명 없어 천국 없으니 보상 없고 신의 뜻에 복종 금욕적 생활
안 믿어	영원한 저주 없어 지옥 없으니 희생 없고 자신의 뜻대로 살아 쾌락적 생활	영원한 저주(지옥) 무한 손실 자신의 뜻대로 살아 쾌락적 생활

아래는 내 예시 답안.

- 첫째로 신의 존재를 믿기로 결정하고 이긴 경우(즉 신이 존재할 경우), 최고의 상금인 '영원한 생명'을 얻을 것이다. 하지만 영원한 생명을 얻는 대가로 이 세상에 살 동안은 자신의 뜻보다는 신의 뜻에 복종하며 금욕적인 생활을 감수해야 할 것이다.

- 둘째로 신의 존재를 믿기로 결정하고 진 경우(즉 신이 존재하지 않을 경우), 천국이 없으니 보상이 없다. 신의 존재를 믿기로 결정했으니 이 세상에 살 동안은 여전히 자신의 뜻보다는 신의 뜻에 복종하며 금욕적인 생활을 감수해야 할 것이다.

- 셋째로 신의 존재를 믿지 않기로 결정하고 이긴 경우(즉 신이 존재하지 않을 경우), 신의 존재를 믿지 않기로 결정했으니 이 세상에 살 동안은 자신의 뜻에 따라 살고 쾌락적인 생활을 한다는 보상을 얻는다. 신이 존재하지 않으니 지옥이 없고 희생도 없다.

- 넷째로 신의 존재를 믿지 않기로 결정하고 진 경우(즉 신이 존재할 경우), 이 세상에 살 동안은 자신의 뜻대로 살고 쾌락적인 생활을 누린다는 보상을 얻을 것이다. 하지만

그다지 어렵지 않은 문제다. 단순 논리로 다른 모든 칸을 채울 수 있어야 한다. 이 문제를 푸는데 암기력이 필요한가? 논리학이 필요한가? 그렇지 않다. 논리적으로 생각하는 능력만으로도 충분하다.

여러분과 마찬가지로 나도 이 문제 해결하는 데 다른 참고서 본 적 없다. 오로지 질문과 제시문만 보았다. 질문에서 요구하는 것에 밑줄 치며 깊이 생각한 다음에 그 답을 할 수 있는 부분을 제시문에서 읽고 이를 분석했다. 논술 시험은 이런 형태로 나온다.

여러분이 배운 모든 지적 능력을 토대로 질문과 제시문에서 답안의 실마리를 찾아내지 못한다면, 답안의 실마리를 찾아낼 만큼 깊이 생각하지(논리적 사고력) 않는다면 논술에서 좋은 답안 쓰기는 틀렸다. '질문에 답 있고 제시문에 답 있다'는 논술의 법칙을 잊지 마라.

두 가지, 세 가지, 다섯 가지, 여섯 가지, 심지어 여덟 가지로 쓴 학생들 질문과 제시문을 다시 한 번 잘 살펴보도록. 오늘은 첫 시간이니 아래와 같이 보너스를 주겠다. 천국이라는 무한 보상을 +∞(무한대)로, 신의 뜻에 복종하는 금욕적인 생활을 무한대보다 작은 약간의 희생으로, 즉 −10으로 가정하겠다. 그러면 아래와 같은 표를 만들 수 있다.

	이겨	져
믿어	영원한 생명(천국) 무한 보상 +∞	영원한 생명 없어 천국 없으니 보상 없고 0
믿어	신의 뜻에 복종 금욕적 생활 −10	신의 뜻에 복종 금욕적 생활 −10
믿어	합 +∞	합 −10
안 믿어	영원한 저주 없어 지옥 없으니 희생 없고 0	영원한 저주(지옥) 무한 손실 −∞
안 믿어	자신의 뜻대로 살아 쾌락적 생활 +10	자신의 뜻대로 살아 쾌락적 생활 +10
안 믿어	합 +10	합 −∞

신의 존재를 믿기로 결정했는데 이기면 천국이라는 무한 보상을(+∞) 받지만 지면 약간의 손실을(−10) 입는다. 합리적 선택은? 믿는 것이다.

신의 존재를 믿기로 결정했는데 이기면 무한 보상을(+∞) 받지만 안 믿기로 결정했는데 이기면 약간의 보상을(+10) 얻는다. 합리적 선택은? 믿는 것이다.

신의 존재를 믿지 않기로 결정했는데 지면 지옥에(−∞) 떨어지지만 이기면 약간의 이득을(+10) 얻는다. 합리적 선택은? 믿는 것이다.

신의 존재를 안 믿기로 결정했는데 지면 지옥에(−∞) 떨어지지만 믿었는데 지면 약간의 희생만(−10) 감수하면 된다. 합리적 선택은? 믿는 것이다.

보상은 믿을 경우에 +∞이고 안 믿을 경우에 +10이다. 손실은 믿을 경우에 −10이고 안 믿을 경우에 −∞이다. 이 내기에서는 신의 존재를 믿는 것이 합리적인 선택이다.

파스칼은 신을 믿는 것이 합리적 선택 행위라는 점을 수학적으로 증명했다.

즉 신이 존재할 확률이 매우 낮더라도 신의 존재를 믿는 것이 합리적 선택 행위라는 것이 파스칼의 결론이다.

이제 II-1을 보자.

① 결과와 상관없이 천국을 가든 지옥을 가든 상관하지 말고 대답해라.

② 믿음과 양심의 본질을 생각해보고 이게 중요한 말이다. 학생 교회 왜 가나? 그냥 간다고? 이유 없이? 그게 옳으니까? 그게 믿음의 본질이지. 대학 붙여준다고 교회 가는 건 믿음의 본질이 아니라 이득을 생각하고 행동하는 거지. 그러니까 엄마들 수능 때 아무리 교회 가고 절에 가서 기도해봐야 여러분들 점수 오르는 거 아니야. 하느님이나 부처님이 여러분 수능 점수 결정하는 게 아니거든. 여러분이 결정하지. 그럼 양심이란? 옳고 그름에 대한 판단을 한 후에 바른 말과 행동을 하려는 마음과 태도라고 할 수 있지. 이에 따르면 손실을 당해도 자신의 양심에 옳다고 생각하는 행동을 하는 게 양심의 본질이지. 그런데 도박꾼은? 그렇게 행동하지 않지?

여기에서 잠깐. 위에서 살펴보지 않은 불가지론자不可知論者의 입장을 보자.

"선생님, 불가지론이 뭐예요?"

불가지론을 모른다고? 근데 왜 인제 물어보는 거야? 知, 안다. 可知, 알 수 있다. 不可知, 알 수 없다. 不可知論, 알 수 없다는 이론이나 주의. 不可知論者, 알 수 없다는 이론을 갖고 있는 사람. 신이 존재하는지 존재하지 않는지 알 수 없다고 생각하는 사람. 제시문에 있잖아. 불가지론자는 '신이 존재한다는 확신이 없는 상황에서 신이 존재한다고 믿는 것은 참된 믿음이 아닐 뿐만 아니라 양심을 기만하는 행위라고' 생각한다고. 이게 믿음과 양심의 본질이지. 그러니 결과에 상관하지 말고 믿음과 양심의 본질을 생각해보라는 말은 불가지론자의 입장에 서라는 말이고. 그럼 불가지론자로서 도박꾼의 내기에 들어 있는 문제점을 지적하라는 말이네. 그럼 해보자. 아래 답안은 약간 중복되는데 순서 없이 있는 대로 들어보겠다.

- 신을 믿으면 천국행이고 안 믿으면 지옥행이라는 건 믿음과 양심의 본질에 어긋난다. 보상과 별개로 신은 착한 사람에게 천국행 티켓을 줄 수도 있다. 그러니 도박꾼의 내기는 신의 본질에 어긋난다.

- 그럼 살아 있을 때 온갖 나쁜 짓을 하다가도 신만 믿으면 천국행이란 말인가? 이는 믿음을 갖는 이유와(믿음의 본질) 어긋난다.

- 신이 전지전능한 존재라면 개인적 이득을 얻으려고 신을 믿기로 한 사람에 대해 화를 낼 수도 있지 않을까? 누가 진심으로 믿고 누가 내기로 믿는지 신은 알 것이다. 신이 자신을 순수하게 믿기를 원한다고 전제하면, 내기로 믿은 사람을 천국에서 쫓아낼 수도 있다.

- 신이 정의로운 존재라면, 신은 인간이 살아 있을 때 한 행동으로 인간을 심판할 것이다. 선한 사람을 지옥으로 보내지는 않을 것이다.

- 신이 전지전능한 존재라는 믿음에 따르면, 신은 인간의 일상적이고 논리적인 추론의 대상이 아니다.

- 보상이 있다고 신에 대한 믿음을 갖는 건 진실한 믿음이 아니다. 이건 '결과에 의한 근거'다. 믿음은 인간이 통제할 수 있는 것이 아니다. 통제할 수 있다면 믿지 말라고 했을 때 믿지 말아야 하는데, 그런가? 그렇지 않다.

- 보통 사람은 심리적 이득, 마음의 안정, 현실의 삶을 의미 있게 만들려고 신을 믿는다.

- 이 내기는 양심과 무관하게 손익을 따지는 합리적인 선택을 옳은 것이라고 강요하고 있다. 믿으면 보상이고 안 믿으면 손실이라는 전제에서는 보상 쪽에 판돈을 걸 수밖에 없다. 이건 합리적 결과를 선택한 것이지 양심에 따른 선택이 아니다. 그런데 믿음이란 어떤 사실을 합리적으로 알기 때문에 생기는 게 아니라 기대되는 결과와 관계없이 사람의 신념에서 비롯되는 것이다.

⊙ 이 논리는 기독교인이라면 신을 믿는 것이 이득이 된다는 명제로 귀결된다. 공허한 항진명제다(항진명제 = 항상 참인 명제, 동어반복).

⊙ 이 논리로는 어떤 종교를 따라야 하는지 알 수 없다. 이 세상에는 상호 배타적이고 모순되는 종교가 많다. 한 종교의 추종자는 다른 종교의 지옥에 빠질 수도 있다.

⊙ 신을 믿었는데 졌다면 잃을 게 거의 없다는 건 사실이 아니다. 예를 들면 약을 거부하고 기도를 선택함으로써 죽음을 맞이할 수도 있다.

⊙ 이 내기는 신이 존재하거나 존재하지 않을 가능성이 동일하거나 비슷하다는 전제에 근거하고 있다. 신이 존재할 확률이 0에 가깝다면 파스칼의 내기는 설득력을 잃는다.

⊙ 파스칼의 내기는 증명해야 할 사실을 당연한 사실로 전제하고 있다는 모순을 내포한다. 신의 존재 유무는 전제로 삼을 수 있다. 그러나 신을 믿으면 천국행이고 안 믿으면 지옥행이라는 점은 논리적으로 증명해야 할 문제이지 전제로 삼아서는 안 된다. 다른 말로 하면 종교의 입장을 지지한다는 울타리 안에서 선택이 이루어지고 있다. 이는 공정한 게임이 될 수 없다.

이거 전부 이 문제의 답은 아니다. 이 문제의 답을 한마디로 말하면 '옳고 그름의 문제를 이득과 손실의 문제로 바꿨다' 또는 '믿음과 양심의 본질을 합리성으로 대체했다' 고 말하는 것으로 충분하다. 그런 내용이 들어가도록 대답하면 되겠다.

그럼 마지막으로 Ⅱ-2를 보자. 먼저 질문에서 '병역기피' 를 '병역거부' 로 바꿔야겠다. 기피는 피하고 도망가는 거고 거부는 도망가지 않는 거야. 성균관대 교수들이 어휘를 잘못 골랐든지 그게 아니라면 양심적 병역거부를 부정적으로 보는 것 같다. 옳고 그름, 이득과 손실, 합리적 선택이라는 이 문제의 맥락에서는 병역거부라고 하는 게 적절할 것 같다. 이 문제는 질문을 분석하지 않고 바로 설명하겠다.

자유민주주의? 자유민주주의란 국가의 이익을 위해 개인의 권리를 억압할 수 없다는 대원칙을 갖고 있다. 물론 국가는 손실과 이득을 따져보고 합리적 선택을 할 수 있어. 그런데 개인은 자신의 신념을 가질 수 있지. 이게 상충될 수 있는데, 자유민주주의에서 개인의 자유를 억압할 수 없다면 국가는 개인의 자율적 선택을 인정해야 돼.

자유민주주의에서 양심과 신앙의 자유는 다른 어느 자유보다 강력하게 보장되어야 돼. 이 자유는 합리적인 앎이나 지식에 근거를 두는 게 아니라 믿음에 근거하고 있기 때문이지. 알기 때문에 믿는 게 아니라 믿기 때문에 안다고 생각하는 거야. 이런 믿음은 합리적 선택에서 기대할 수 있는 손익과 전혀 무관한 양심의 문제야. 손해를 보더라도 믿겠다는 것을 인정해야 한다는 말이지. 국가는 이런 양심의 자유를 보장해야 하고. 그것이 국가의 존립 근거이고.

양심적 병역거부도 이와 같은 맥락에서 이해해야 돼. 국가는 국민을 안전하게 방위할 책임이 있지. 개인은? 자신의 신념 체계에 따라 행동할 자유가 있어. 국방의 의무와 국가의 현실을 개인이 합리적으로 이해하지(합리적 선택) 못해서 병역을 거부하는 게 아니라 자신의 신앙과 양심에 따라 행동하는 거야. 한마디로 병역은 양심상 옳지 않다고 믿기 때문에 손해를 봐도(감옥에 가도) 군대에 가지 않겠다는 것이지. 이득을 보고 행동하는 도박꾼과는 달라. 손해를 봐도 군대에 안 가겠다는 게 그들의 믿음이고 양심이지. 자유민주주의에서 개인의 믿음을 억압해서는 안 된다면 병역 문제에서 개인에게 합리적 선택을 강요해서는 안 된다는 말이야. 이 문제에서 국가는 도박꾼에 상응하고 개인은 불가지론자에 상응해서 보면 좋아.

말이 길었지? 대안 없을까? 대체 복무라고 있어. 꽤 오래전부터 유엔이 우리나라에 권고하고 있는 사항이지. 남북이 대치하고 있는 분단 현실, 개병제와 모병제에 대한 국민 여론, 국민의 법 감정 등으로 아직 실현되지 않고 있어. 각자 알아서 좋은 의견 내면 되겠어.

이걸로 강의 끝. 질문? 없으면 이제 우리 수업의 하이라이트, 즐거운 시간으로 들어가겠다. 공개 첨삭 시간이다. 여러분 답안을 읽어보겠다. 먼저 I-1 답안을 읽어보자. 지연아.

> ✎ 선택의 결과는 네 가지 경우로 나타난다. 신의 존재를 믿고 이긴 경우와 진 경우, 신의 존재를 믿지 않고 실제로 신이 존재하지 않아 이긴 경우와 반대로 진 경우이다.

핵심을 간결하게 잘 썼어. 만점. 지적하자면 지적할 게 없는 건 아니지만 15분 안에 정확히 네 경우를 짚어냈으면 훌륭한 거야. 그다음 진영아.

> ✎ 두 가지.

와! 쿨하네. 동전 이쪽저쪽 두 가지? 남녀 둘? 밤낮 두 가지? 뭐가 두 가지라는 건지 최소한의 내용은 답안에 담아야지. 그리고 진영아 교수한테 반말하냐? 빵점. 그다음 재운아.

> ✎ 살아가는데 있어서 선택은 피할 수 없는 운명이다. 좋든 싫든 인간은 항상 선택의 기로에 놓여지게 된다. 하지만 어떤 선택을 하던 그의 결과는 몇 가지로 국한되어 버린다. 선택의 결과는 두 가지로 나뉘어질 수 있다. 영원함을 위한 선택과 자아성찰을 위한 선택. 결국 이 두 결과를 바라며 선택을 신중히 하는 것이다.

처음 세 문장 불필요. 피할 수 없는 운명! 멋있어 보이지? 헛소리야. 물어보지 않은 말 쓰지 말고 물어본 걸 말해. '놓여지게'는 '놓이게'로 쓰고 '나뉘어질'은 '나눌'이나 '나뉠'로 써. 우리말의 피동형과 영어의 수동태 섞어 쓰지 마. 영원을 위한 선택과 자아성찰을 위한 선택? 쥑인다. 뭔 소리 하는 거냐? 자아성찰은 집에서 하고 지금 여기선 논술 문제에 답을 해. 제시문하고 아무런 상관없는 소리잖아. 빵점. 그다음 형규.

> ✎선택의 결과는 2가지의 결과로 나누어진다. 믿음에 따른 영원한 생명 획득, 불신에 따른 영원한 지옥이 그것이다.

뭐야? 예수천국 불신지옥이야? 논술하랬지 설교하랬어? 상식에 근거해서 답하지 말고 제시문에 근거해서 답을 해. 이 짧은 문장에 경우뿐만 아니라 보상과 손실까지 담는 '탁월한' 실력을 보이시네. 형규야. 질문과 제시문을 깊이 읽고 깊이 생각해라.

> ✎모두 3가지이다. 신을 믿기로 결정하고 이긴 경우에 그는 천국에 갈 수 있다. 하지만 신을 믿기로 결정했는데 신이 존재하지 않는다면 지옥에 갈 것이다. 이들과 다르게 신을 믿지 않는다면 애초에 천국은 없는 것이 되기에 지옥에 갈 수밖에 없다.

민준아, 네 답안은 내용상 틀렸다. 신을 믿기로 결정했는데 지면 지옥에 가? 신을 믿지 않아도 지옥에 가고? 왜 이렇게 지옥엘 많이 가는 거야? 지옥 좋아해? 경우를 물어보는데 보상과 손실까지 얘기하네. 논술에서 물어보지 않은 말은 하질 말고 쓰질 마.

> ✎ 선택의 결과는 두 가지로 나타난다. 위 지문에서 제시된 방법이 첫째이며 둘째는 신을 믿지 않는 것이다. 신을 믿지 않게 된다면 자신의 뜻대로 행동할 수 있다. 신의 명령이나 종교의 교리가 없기 때문이다. 하지만 신을 믿지 않는 동시에 '영원성'을 빼앗기게 된다. 영원한 생명도 사랑도 꿈도 결국에는 포기해야 한다.

송준아. 위 제시문? 위 어디? 원고지 위에는 네 이름만 있지 제시문은 없어. 그냥 '지문에' 라고 써. 두 가지도 틀렸고. 생명도 사랑도 꿈도 포기해. ㅋㅋ 아주 소설을 쓰세요. 사랑하고 싶어? 사랑 많이 해. 근데 논술 끝나고 해. 논술에선 질문에 대답해. 사랑하지 말고. 이건 빵점.

> ✎ 선택의 결과는 6가지 경우가 있다. 신의 존재를 믿고 이긴 경우와 진 경우가 있고 신의 존재를 부정하고 이긴 경우와 진 경우가 있다. 또 다른 경우로는 신의 존재 여부가 불확실하기 때문에 어느 쪽도 믿지 않고 이기고 진 경우가 있다.

준혁아. 어느 쪽도 믿지 않는데, 즉 내기를 안 했는데도 이기고 질 수 있어? 그건 아니지.

> ✎ 도박꾼에게 가장 합리적인 선택은 신을 믿지 않는 것이다. 신이 존재한다는 확신이 없는 상황에서 신을 믿는 것은 참된 믿음이 아니다. 그의 불신에 따른 결과는 한 가지로 일축된다.

일축? 이런 데 쓰는 말 아니야. 그리고 이게 몇 가지 경우를 묻는 질문에 대한 답변이야? 불가지론자 얘기를 쓰셨네. 승한아. 이건 헛소리다. 이제 I-2의 답안을 보자.

✎무언가의 영원성을 얻기 위한 선택은 보편적일 것이다. 영원한 사랑, 부, 생명, 명예, 권력 등. 그러나 소위 말하는 제시문의 도박꾼과 같은 인간은 이런 결과물 얻기 위해 몇몇 희생을 예상해야 할 것이다. 예컨대 영원한 사랑을 위해 다른 이성과의 관계를 포기해야 하고, 영원한 부를 위해 다른 사람들의 굶주림과 고통을 보아야 한다.
또한 자아성찰이 선택의 결과가 될 수 있다. 한 단계 더 나아가기 위한 선택을 함으로써 자신을 계발할 수 있다. 그러나 여기서 또 다시 희생이 발생한다. 바로 예전의 나로 돌아올 수 없다는 것이다. 한 예로 '철'이 들어버린 어른들이 아이들의 동심으로 돌아가고 싶어도 그러지 못한다는 것이 이미 자아성찰의 결과로 나타난 것이다.

크으. 영원한 사랑을 위해 다른 이성과 이별한다? 재운아 내 마음이 아프구나. 내 마음 아프게 하지 말고 논술해. 자기계발? 뜬금없이. 철드는 게 힘들어? 동심으로 돌아가고 싶어? 수능 공부하고 논술 공부하는 게 힘들어? 이건 완전한 헛소리지. 완전한 논점 이탈이고.

✎도박꾼이 신을 믿기로 결정하면 영원한 생명, 즉 모든 것을 얻을 수 있지만 그에게 자유란 것은 없다. 마치 부잣집 아들과 같이 된다. 모든 것은 있지만 그의 엄마가 하라는 대로만 하는 것에 비유될 수 있다. 또 다른 경우는 아무것도 믿지 않을 때 그에게 상금이 있을 수도 있고 없을 수도 있지만 신을 믿는 사람과 대조적으로 자유가 있을 수 있다.

태식아, 지금 무슨 소릴 하고 있냐? 영원한 생명이 모든 것이야? 부잣집 아들 얘기 왜 써? 네 얘기야? 부잣집 아들에게는 모든 것이 있어? 논술 답안에 왜 이런 비유를 해? 하지 마. 헛소리. 이 답안은 논술 문제에 대한 답이라고 할 수가 없겠어.

> ✎ 도박꾼들이 얻고 잃을 보상과 손실은 명백하다.
> 첫째, 보상을 받을 경우는 한 가지뿐이다. 신이 존재한다고 믿었을 때 영원한 영생을 얻을 수 있다.
> 둘째, 손실을 볼 경우는 두 가지이다. 우선 신의 존재 여부를 부인하고 믿지 않았을 경우, 죽음 후에 찾아오는 최고의 상금 '영원한 생명'을 얻지 못한다. 또한 믿었을 경우에 신이 없다는 것이 밝혀지면 그 인간은 자기의 자아를 포함한 믿음이 허황된 꿈으로 나락하고 마는 손해를 보게 된다.

한성아. 이 짧은 글을 세 단락으로 만들어? 명백하다는 건 보상과 손실이 아니야. 명백하다고 말하지 말고 보상과 손실의 내용을 말해. 나락하다? 이런 말 있어? '나락으로 떨어지다' 아니고? 외국에서 살다왔어? 내용은 빵점이야.

이제 II-1 답안이다. 태은아, 네 답안 읽어봐라.

> ✎ 신의 존재에 대한 도박꾼의 내기에는 문제가 없다고 생각한다. 신의 존재에 대한 믿음도 일단 깊은 생각과 고민을 한 이후에야 진정으로 참된 것이 나오는 것이기 때문이고, 도박꾼이 내기를 할 때에 있어서 했던 논리적인 사고는 결과적으로 신에 대한 믿음에 도움을 줄 것이라고 생각한다.

문제가 없어? 출제자에게 반항하네. ㅠㅠㅋㅋ 신에 대한 믿음에 도움을 준다고? 이득을 많이 보려고 선택하는 게 도박꾼인데? 도대체 뭔 소리를 하는 건지? 횡설수설이네.

그다음 현주야. 이제 네 답안 읽어봐라.

"선생님 제 답안은 안 읽으면 안 돼요? 선생님 설명을 들으니 저 완전 망했는데요."

그런 답안을 읽는 게 이 수업의 즐거움 아니겠냐.

'저 선생님 진짜 싫어.'

뭐 하냐. 얼른 읽으라니까.

> ✎요즘 우리 사회에서 도박은 언제나 문제가 되고 있다. 신의 존재와 상관없이 도박은 재미와 유흥을 벗어나 일확천금을 바라는 마음가짐 때문에 많은 사람들이 도박 중독에 빠져버렸다. 도박에서 지면 '이번 한 번만 더, 한 번만 더 하면 난 이길 수 있을 거야'라는 생각이 들기 마련이다. 이로 인해 점점 더 큰 단위의 돈을 걸게 되고 도박 중독, 가정 불화, 불법 대출 등 부정적 결과만 낳는다. 도박에서 운이 좋아 일확천금을 하였다 해도 그 선에서 그만두는 것이 아니라 더 욕심을 내어 다시 한 번 더 도박판을 벌인다. '이렇게 많이 땄는데 한 번 더 해볼까?'라는 생각을 하며 도박에서 진 사람의 행동과 다름없이 '한 번 더 또 한 번 더'를 되풀이하고 결국에는 패배자와 같은 참혹한 결과를 낳는다. 도박은 신의 존재와 상관없이 지켜야 할 양심의 한계점을 벗어나면 승자, 패자 모두 마지막에는 부정적인 결과만을 낳는 문제점이 있다.

현주야. 완전히 망하셨네.

"네."

'참혹'은 이런 데 쓰는 말이 아니고 '양심의 한계점'이 무슨 뜻인지 모르겠다. 비문도 보이고. 이 문제는 도박하면 안 된다는 훈계를 하라는 문제가 아니고 불가지론자로서 도박꾼의 내기에 어떤 문제점이 있는지 묻는 문제야. 네가 도박이 나쁘다는 훈계를 해봐야 교수들은 그걸 듣고 싶어 하지 않아. 이 글을 도박꾼이 읽어? 교수가 읽어? 왜 교수한테 훈계를 하는 거야? 네가 도덕적이고 윤리적인 사람인 건 알겠는데 교수한테 훈계하랬어? 논술하랬지. 이건 망하신 거야. 빵점이지.

"네."

지금이 몇 시냐? 11시네. 우리 9시부터 수업했다. 이게 빵점인지 알겠어? 왜 빵점인지도 알겠고? 현주야 그럼 넌 두 시간 전보다 논술 실력이 향상된 거다. 창피하다고? 창피해하지 마. 이런 거 앞으로 숱하게 겪을 텐데.

'저 선생님은 지금 내 심정도 모르면서 실력이 향상된 거라는 소리만 해. 미치겠어. 으으.'

> ✎도박꾼의 내기가 가지고 있는 가장 큰 문제는 사람들이 모든 일을 신의 뜻으로 여기고 게을러질 수 있다는 점이다. 신이 존재한다고 믿는 사람들은 결과에 따라 신을 찬양도 원망도 할 것이다. 또한 신을 믿지 않고 진 사람들도 자신감이 사라져 의욕이 줄어들 수 있다. 이런 경우 사람들이 신의 섭리에 모든 것을 맡기거나 자괴감에 빠지는 식으로 일을 하지 않게 될 것이다. 즉 주어진 네 경우 중 세 가지에서 사람들이 태만해진다는 문제점이 있다.

진석아. 사람들이 게을러져? 찬양도 하고 원망도 해? 자괴감에 빠지고? 일을 하지 않고 태만해져? 뭔 소린지. 지금 너는 네 마음속에 완전히 다른 생각을 하고 있는 거 아냐? 그렇지 않고서야 답안을 어떻게 이렇게 쓸 수 있어? 완벽한 헛소리네.

> ✎ 도박꾼의 내기에서는 신을 믿는 것이 합리적이다. 하지만 신에 대한 믿음이 이익과 손해를 고려해 결정된다는 것은 믿음의 본질에서 벗어나는 것이다.

우와 핵심이야. 영선이는 질문과 제시문을 제대로 이해했어. 끝부분 '믿음의 본질에서 벗어나는'을 '믿음과 양심의 본질에서 벗어나는'으로 고치면 더 좋겠지? 한 문장으로 딱 쓰고 말았네. 첫 문장은 안 써도 되는 내용이지만 두 번째 문장이 있으니 봐줄 만해.

> ✎ 내기 자체를 왜 하는지 모르겠다. 사실적 증거와 양심에 관계없이 선택을 하는 것은 합리적이지 않다. 그저 결과적으로 나타나는 손익을 따지는 도박은 의미 없는 행위이다.

선희야. 첫 문장 굉장히 공격적이고 파격적이네. 논술 답안의 첫 문장으로는 교수에게 상당히 도발적이고 도전적인 문장이야. 합리적이지 않은 게 아니라 참된 믿음이 아니라고 해야겠지. 의미 없는 게 아니고 참된 믿음이 아니라고 해야겠고. 전체적으로 잘못된 답안이 되었어. 내용이 맞을 때는 도발적으로 쓰는 것도 좋지만 안 맞을 때는 '도발'만 두드러져서 별로 안 좋은 인상을 주게 돼.

> ✎ 도박꾼의 내기는 결과와 상관없이 두 가지 문제점을 가지고 있다. 첫째는 선택의 결과가 모두 극단에 존재한다는 것이다. 하나를 얻으면

> 다른 것은 완전히 포기해야만 하는 상황이 벌어진다. 둘째는 첫째로 말미암아 인간적이지 못하다. 다만 합리성만 있을 뿐 인간적인 믿음과 양심은 배제된다. 즉 휴머니즘의 따뜻함과 도리를 저버리게 되는 것이다.

송준아 네가 휴머니스트인 건 알겠는데 논술에선 쓰라는 말만 써. 이건 횡설수설이고 빵점이야. 이제 II-2 답안을 보자.

> ✎ 개인은 예상되는 결과에 따라 믿음을 달리하는 도박꾼이 되려는 욕망을 지닐 수도, 내면의 양심을 좇는 믿음을 하는 사람이 되려는 욕망을 지닐 수도 있다. 국가가 이러한 개인의 욕망을 탄압한다면 이들이 반란할 가능성이 발생하는데, 국민의 반란은 국가의 온건한 유지를 흔드는 것이므로 국가의 입장에서는 개인의 신앙의 자유를 존중하는 것이 바람직하다.

문현이 글이 ㅋㅋ 수준이야. 국가의 안위를 걱정하고 있네. 개인의 양심과 신앙의 자유에 관한 문젠데. 개인 욕망 탄압하면 개인들이 반란 일으켜? 재미있는 소리네. 내가 돈을 많이 벌고 싶은 욕망이 있는데, 그걸 나라가 탄압하면 내가 나라에 반란 일으켜? 무슨 생각을 갖고 이런 글을 썼는지 이해가 안 돼. 너희들은 글로 선생을 즐겁게 하려는 '역사적 사명을 띠고 이 땅에 태어난' 것 같아. 그런데 양심적 병역거부에 관한 네 견해는 뭐냐고.

> ✎ 최근에는 개인의 특성에 따라 군대를 가는 것을 거부하는 양심적 병역거부가 늘고 있다. 물론 병역을 거부하면 봉사를 하거나 징역을 가지만 개인의 신앙, 양심의 자유를 빌어 병역을 지지 않으려고 한다. 자유

민주주의에서는 개인의 자유를 인정하지만 양심적 병역거부는 막으려
하고 있다.

나 역시 이에 동의한다. 이것은 남용의 소지가 많은 일이다. 시간이 없
다고 느끼는 사람이 군대를 안 가기 위해서 '여호와의 증인'으로 둔갑
할 가능성이 있다. 또한 신앙을 따라 우리 민족의 의무를 지키는 것은
납득하기 힘든 일이다. 종교도 나라의 보호 아래서 크는 집단인데, 나
라와 종교의 지위를 뒤바꾼다면 참 아이러니라 할 수 있다.

개인의 특성에 따라 병역을 거부해? 그건 무슨 특성인데? 시간 없는 사람은
군대 안 가려고 해? ㅋㅋ 그럼 군대 가는 사람은 시간 많은 사람이야? 성훈이 너
는 시간 많아, 없어? 이건 코미디네. 민족은 갑자기 왜 나와? 종교가 크는 집단?
종교를 믿는 사람들은 집단이라고 할 수 있어도 종교가 어떻게 집단이 될 수 있
어? 네 글이 완전히 아이러니네.

✎ 자유민주주의에서 개인은 자신이 중시하는 가치관을 각각 가지고 있
다. 개인의 가치가 존중받고 그 가치에 따라 자신의 삶을 영위해 나갈
권리가 개인에게 존재하기 때문에, 국가는 양심적 병역거부를 인정해
야 한다. 물론 이들을 인정하면 군 인력 감소나 사회 전반으로 이러한
거부 현상이 확산될 수 있다는 부작용이 있을 수 있다. 그러나 다른 수
단으로 병역을 대체하는 방안을 잘 확립하고 해당 대상자 심사를 하는
기준을 엄격히 확립한다면 문제가 되지 않을 것이다.

우와! 한선이 굉장한 수준이야. 문제를 제대로 정확히 잘 이해했어. 만점.

✎ 자유민주주의란 단어 그대로 국가의 주인인 국민들이 자유롭게 사는 것이다. 국민 개개인들은 자신이 추구하고 싶은 목적이 있다. 그들은 그 목적을 달성하기 위해 종교를 믿는다. 따라서 국가는 국민의 양심과 신앙의 자유를 존중해야만 한다. 그러나 '양심적 병역거부'를 하는 사람들은 자신의 목적을 이룰 수 없다. 병역을 거부한다는 것은 국민들이 자신의 소유물을 무방비 상태로 놓는 것과 같다. 이에 따라 병역거부자들은 국민의 일원으로서 손해를 보게 될 것이다.

자신의 소유물이 뭐야? 목적 달성하려고 종교 믿어? 그럼 종교가 목적 달성을 하는 데 필요한 수단이야? 헛소리. 민혁아 네가 무슨 생각을 갖고 이런 글을 썼는지 헤아려줄 수는 있어. 근데 논술 답안에서는 물어본 걸 직접적으로 드러내서 써야 돼. 민혁아 정신없다. 다리 좀 그만 떨어라. 왜 그러냐?

'이런 수업은 태어나서 처음 겪는다. 지금까지 내 학원 인생 중에서 제일 쇼킹한 수업이다. 처음 허생 쌤이 글을 쓰라고 할 때까진 몰랐다. 그 글을 다른 학생들 앞에서 읽고 드러내고 노출하고 나서야 이 수업이 어떤 것인지 알게 되었다. 학원 생활 8년 중에 이렇게 손에 땀을 쥐게 하는 수업은 처음이다. 내가 쓴 글을 공개 첨삭할 때 난 긴장된 탓인지 다리를 엄청나게 떨었다. 내 몸은 후끈거렸고 머릿속은 빙빙 돌았다.

공개 첨삭을 받으며 내가 논술에 대해 얼마나 잘못 알고 있는지 깨달았다. 논술은 멋있는 단어들과 화려한 문장들로 글을 채워나가는 것이 아니었다. 제시문의 내용을 정확히 이해해서 물어본 질문에만 충실히 답하는 것이다. 불필요한 내용 없이 필요한 내용만 쓰는 것이다. 하지만 내 글은 중요한 걸 포함하지 않았고 불필요한 내용만 담았다. 내 글은 전부 F였고, 그건 엄청난 충격이었다.

사실 나는 이 수업을 듣기 전에 한 달 정도 논술을 배운 적이 있다. 그래서 내

나름으로는 자신도 있었다. 이전 논술 수업에서는 첨삭을 1대 1로 했다. 첨삭 선생이 잘 쓴다고 말해서 난 내가 글을 잘 쓰는 줄 알았다. 그런데 첫 문제를 풀고 허생 쌤에게 '헛소리'라는 소리를 들었을 때의 충격이라니! 내 원고지는 처참했다.

문제를 읽고 글을 쓸 때 확신이 없었다. 문제 자체도 이해하기 힘들었고 내가 뭘 쓰는지도 모르면서 글을 썼다. 문제에서 요구하는 것은 전혀 안 쓰고 내 생각만 쓴 것 같다. 그다음에 허생 쌤의 해설을 듣고 나서야 알게 되었다. 이런 경험을 계속한다면 쪽팔림을 피하기 위해서라도 논술을 엄청 잘하게 될 것 같다.'

> ✎ 자유민주주의는 다원성을 인정하는 사회이다. 또한 국민의 주권이 틀을 잡아가는 사회이다. 이런 사회에서 국가의 구성 요소인 국민의 자유를 억압하는 행위는 속된 말로 맘아먹는 꼴이다. 그런 만큼 국가는 국민의 자유를 존중해준다. 그렇다면 같은 이치로 양심적 병역거부 또한 일종의 나라를 맘아먹는 행위이다. 양심적 병역거부는 그 본질적 이유가 양심이든 자신의 이익이든 간에 병역거부이며, 상호보완적으로 공존해야 할 국가와 국민의 관계가 깨져버린다는 것을 의미한다.

ㅋㅋ 민혜야 논술에서 속된 말 하지 마. 그리고 뭘 맘아먹어? 목적어가 없잖아. 꼴? 이것도 좀 속된 말이네. 나라도 국민 맘아먹고 국민도 나라 맘아먹고? 왜 이렇게 맘아먹는 걸 좋아해? 논점 이탈이고 헛소리야. 다음부터는 좀 속되지 않게 쓰면 좋겠어. 그리고 양심적 병역거부 한다고 나라 맘아먹는 거 아닌데? 그 제도 시행하는 나라 많은데? 그 제도 시행했다고 망한 나라 없는데?

> ✎ 자유민주주의는 자유로운 경쟁을 전제로 한다. 그러나 이는 사회적 불평등이나 자원의 심각한 불균형적인 분배를 초래할 수도 있다. 이러

ㅠㅠ 은성이는 뭔 소리를 하시는 건지. 양심과 신앙의 자유 얘기하는데 자유
경쟁은 왜 나와? 양심이 사회의 불평등을 보완해? 나 양심 있는데 그럼 사회 불평
등 보완됐어? 너도 양심 있잖아. 그래서 사회의 불평등 분배구조 고쳐졌어? 네
마음속에 무슨 생각을 갖고 있는지는 알겠는데 그걸 바로 알 수 있도록 쓰라니
까. 그리고 논술 답안으로는 전체적으로 헛소리야.

성호 무섭네. 양심적 병역거부자는 도박꾼이 아니야. 계산적 믿음으로 병역
을 거부하는 게 아니고 손해를 감수하더라도 병역을 거부하겠다는 거야. 이 문제
의 맥락에서는 잘못된 말이야. 그리고 첫 문장은 일반적이고 막연한 말이야.

오늘 첫날 수업에서 논술의 맛을 보았지? 논술이 뭔지 알겠지? 질문과 제시문

이 얼마나 중요한지도 알겠지? 논술에 어려운 질문이나 제시문이 많아. 먼저 질문. 질문에는 중요하지 않은 말이 하나도 없지만 특히 서술어가 중요해. '설명'하라는데 '논술' 하면 안 돼. 그러면 교수들은 설명하라는 말을 못 알아들은 것으로 간주해. 설명하라고 하면 설명만 해. 이게 '설명하라'는 말의 뜻이야. 설명하라와 비슷한 말로 서술하라 또는 밝혀라 등도 있어. 이런 말 있을 때 자신의 견해를 쓰는 건 그 서술어의 뜻을 못 알아들은 걸로 간주해서 감점 당해. '자신의 견해를 논술하시오.' 이 문장에선 '논술하시오'가 서술어야. 여기에는 자신의 견해를 써야지. 안 쓰면 논술 아니야. 견해에는 주장이 들어가야 하고 근거를 대야겠지.

분석하고 해석하라, 밝히고 요약하라, 서술하고 견해를 밝혀라, 논술하라, 근거를 들어 비판하고 반박하라, 비교하고 의미를 파악하라, 활용하고 기술하라, 해결책을 제시하라, 평가하라, 예를 들고 공통 주제를 말하라, 적용하라 등. 질문에 나타나는 서술어(지시어, 명령어)가 꽤 많아. 질문에서 요구하는 지시를 정확히 이해해서 지시하는 대로 해. 교수가 지시하는 범위 안에서 깊이 생각하여 질문의 요구 사항을 준수하려고 최선을 다해 제시문을 읽어. 요약하라는데 예를 들지 말고, 해결책 제시하라는데 설명하지 마. 질문에서 지시하는 대로 할 생각을 하면서 제시문을 읽으면 좀 더 잘 독해할 수 있을 거야.

그다음 제시문. 논술에 읽기 어려운 제시문 많고 이해하기 힘든 제시문 많아. 그래서 논술을 독해라고 하지. 쉬운 방법 있어. 포기하면 돼. 그런데 제시문이 내게만 어려울까? 나는 전혀 이해하지 못하는 제시문을 옆 친구는 술술 읽고 쉽게 이해할 수 있을까? 그건 옆 친구에게도 어려운 거야. 제시문이 어렵다고 포기하지 말 것. 이번에는 반대로 제시문이 하나도 어렵지 않은 경우는 어떨까? 제시문 잘 읽고 이해해서 자신 있게 썼는데 시간도 남아. 룰루랄라 휘파람을 불며 시험장을 나오는 거야. 그러면 그 제시문이 다른 학생들에게는 쉽지 않았을까? 다른 학생에게도 쉬웠을 거야. 그러니 제시문 쉽다고 방심하지 말 것. 제시문이 어렵다고 포기하지 말고 쉽다고 자만하지 말 것.

논술 제시문이 대부분 아주 어려우니 논술에선 쓰는 것보다 읽는 게 중요하다고 말하는 사람들 있어. 읽고 쓰려면 머리와 손이 필요하겠지? 먼저 머리. 이건 누구나 갖고 있어. 머리로는 글 읽고 이해하고 독해해. 논술에서는 과장하면 독해가 전부야. 여러분 중간고사에 기말고사, 모의고사에 수능 준비하느라고 열심히 공부하고 있지? 무슨 공부? 암기. 그건 대부분 암기야. 암기하는 머리의 능력은? 암기력이라고 해. 인간의 머리와 두뇌가 하는 일은 많아. 분석, 종합, 유추, 비교, 상상 등. 논술에는 이 모든 게 필요해. 암기력도 두뇌의 능력이기는 해. 근데 난 암기력이 인간의 지적 능력 중에서 제일 수준 낮은 지적 능력이라고 생각해. 수능 준비하는 데는 주로 암기력이 필요하겠지만 논술에서는 암기력이 별로 필요 없어.

그래서 고등학교 과정을 충실히 이수하면 논술 잘한다는 말은 반만 진실이라고 생각해. 고등학교 때 암기식으로 공부하지 않고 토론하고 비판하고 글 쓰고 상상력과 독창력을 발휘하는 훈련을 했다면 또 모르겠어. 내신과 수능 준비하느라고 그런 것 하나도 안 했는데? 수능 준비하느라고 배운 그 많은 지식(도 아닌 지식)과 내용이 논술에 피가 되고 살이 되어야 하는데 주로 암기만 해서 별로 도움이 안 돼. 한국의 교육 현실에서 수능 준비하느라고 한 공부는 논술에 별 도움이 안 돼. 수능 준비할 때는 논술 못하고 논술하려면 수능이 끝나야 돼. 서로에게 도움을 주어야 하는데 서로 배타적인 관계야.

방법이 없는 건 아니야. 교과서 잘 봐. 버리지 좀 말고. 언어나 사회, 윤리나 국사 과목 잘 봐. 매 과의 마지막에 심화활동, 연습활동, 익힘 문제 있어. 이런 문제들 대학이 확인해. 그래서 이런 문제를 응용해서 논술 문제 출제해. 이런 문제를 300~500자로 쓰는 연습하면 좋아.

논술에서 암기하면 머리 터져. 머리는 그 안에 그 많은 걸 집어넣으라고 있는 게 아니야. 생각하라고 있는 거야. 생각이 논술의 첫걸음이야. 그런데 좀 깊이 매우 깊이 아주 깊이 생각해야 한다는 게 문제겠지? 생각 안 하다가 생각 좀 하니 머리에서 쥐 나? 쥐도 많이 나면 습관 돼서 괜찮아.

다음으로 논술에는 손이 필요해. 글을 써야 하니까. 비유해서 설명할게. 학생들 중에 자전거 못 타는 사람? 탈 줄 아는 사람? 탈 줄 아는 사람이 못 타는 사람 가르쳐. 지금 당장 말로.

"엉덩이를 안장에 올려놓고 두 손으로 핸들을 잡고 두 발로 페달을 힘차게 밟고 균형을 유지하며 앞으로 달려요."

학생 아주 잘 가르쳤어. 학생은 아주 잘 배웠지? 배운 학생, 학생 앞에 자전거 한 대 갖다놓겠어. 잘 배웠으니 자전거를 탈 줄 알겠지?

"아니요."

잘못 배웠어?

"아니요."

가르친 학생, 잘못 가르쳤어?

"아니요."

뭐야? 잘못 가르치지도 않고 잘못 배우지도 않았는데 자전거를 탈 줄 모른다?

"그건 직접 타고 연습을 해봐야 되는데요."

그 말을 기다렸어. 자전거는 말로 가르치고teaching 배워서는learning 탈 수 없어. 그게 필요하긴 해. 그러나 자전거를 타려면 역시 직접 타고 연습exercise과 훈련training을 해야 되겠지?

자전거를 말로 배워 바로 탔다는 사람 못 봤어. 자전거 탈 줄 아는 사람 중에 자전거 배울 때 한 번도 넘어지지 않고 배운 사람은 없을 거야. 모두 한 번 정도는 무릎이 깨지고 손을 다쳤을 거야. 그래야 자전거를 탈 수 있지. 논술도 자꾸

써봐야 잘할 수 있어.

그러니까 비유하자면 논술은 자전거 타기야. 내가 자전거 앞에 타고 여러분이 뒷자리에 앉으면 여러분이 자전거 타는 법을 배우고 익힐 수 있겠어? 나는 자전거 앞에 타는 사람도 아니고 자전거 타는 법을 가르쳐주는 사람도 아니야. 여러분이 자전거에 올라타면 자전거를 잡아주고 밀어주는 사람이지. 자전거는? 어디까지나 여러분이 타는 거지. 논술 시험은? 여러분이 보지 내가 안 봐. 그러니 여러분이 직접 글을 써보도록. 논술에서 학생은 연습하고 훈련하고 선생은 학생이 깊은 생각으로 좋을 글을 쓸 수 있도록 옆에서 도와주는 사람이야.

오늘 수업을 정리한다. 논술은 교수와 수험생 사이의 커뮤니케이션이다. 그러니 교수 말을 제대로 알아들어야 한다. 교수가 하라는 대로 하고 시키는 대로 하고 쓰라는 대로 써라. 논술에선 질문에 답 있고 제시문에 답 있다.

"네. 질문에 답 있고 제시문에 답 있다. 이게 무슨 말인지 이제 알 것 같은데요. 문제들이 어려우니 논술을 기초부터 완성까지 좀 단계별로 차근차근 해주시면 안 되나요?"

난 그런 거 안 한다.

'뭐 선생이 저렇게 불친절해. 수요자가 해달라면 해줘야지.'

단계? 논제 파악하기, 제시문 파악하기, 구상하기, 개요 짜기, 서론 쓰기, 본론 쓰기, 결론 쓰기? 아니면 요약형, 설명형, 비교형, 평가형, 문제 해결형 논술 쓰기? 아니면 짧은 분량, 중간 분량, 긴 분량 글쓰기와 같은 걸 말해? 그것도 아니면 자유와 평등, 정부와 시장, 성장과 분배, 개인과 사회, 세계화와 정보화 등 이런 걸 말하는 거야? 그런 걸 알면 논술 잘해? 그런 게 너희들에게 필요하다고 생각해? 그런 걸 난 '이중 논술'이라고 부르는데. 어떻게 하면 논술을 잘하는지, 논술하는 방법과 기술은 무엇인지 하는 거.

논술을 지리산 정상에 오르는 등산에 비유하자. 지리산 입구까지 가면 정상 도달이냐? 중간까지 가면 정상 도달이고? 등산에 그런 단계 없다. 논술에도 그런 단계 없다. 그런 건 중학교 때까지 해라. 고등학교 때는, 더구나 여러분처럼 시험을 앞두고 있는 학생에게는 그런 단계 없다. 힘들고 고통스러워도 매번 지리산 꼭대기까지 올라가봐야 한다. 오늘은 이 길로 내일은 저 길로. 글은 그 자체로 하나의 완결된 전체다. 논술도 마찬가지다. 무조건 한 편의 완결된 글을 써봐야 한다. 힘들다고? 나도 안다. 지리산은 단계별로 오를 수 없다. 무조건 정상까지 올라가야 한다. 자전거는 단계별로 탈 수 없다. 자전거 안장에 앉아 무조건 페달을 밟아야 한다.

나도 논술을 단계별로 하긴 하는데 난 너희들이 생각하는 단계와 다른 단계로 한다. 논술에서는 기출문제가 최고의 텍스트인데 난 기출문제로 다음 단계에 따라 수업하고 너희들은 그 단계에 따라 공부한다.

> 1단계 – 혼자 힘으로 자신이 생각하는 최고의 답안을 작성한다.
> 2단계 – 수업을 듣고 선생의 예시 답안을 읽는다.
> 3단계 – 자신의 글을 선생에게 첨삭받는다.
> 4단계 – 수업과 첨삭을 토대로 답안을 완전히 새롭게 다시 쓴다.
> 5단계 – 새로 다시 쓴 글을 또 첨삭받는다.

이 5단계를 1차라고 하면 이걸 대략 20차쯤, 즉 20번쯤 해야 한다. 이게 지리산 정상에 오르는 방법이다. 지리산에 오르는 데는 두 가지 방법이 있다. 걸어서 올라가는 것과 헬리콥터 타고 올라가는 것. 헬리콥터 타고 가면 아주 쉽고 편하게 정상에 오를 수 있다. 헬리콥터 타는 방법은 1~5단계에서 모든 걸 생략하고 딱 2단계만 하는 방식이다. 이렇게 하면 무척 편하다. 실제 시험장에서 헬리콥터를 탈 수 있으면 그렇게 해도 된다. 그런데 시험장에 가면 그 방법 쓸 수 없다. 시험장에서 문제와 제시문을 해설해주고 나서 답안을 쓰라고 하지 않는다. 혼자 힘으로 읽고 쓰라고 한다. 그러니 우리 수업에서도 그렇게 한다. 그렇게 해야 한다.

여러 명의 교수가 고심하여 출제한 좋은 기출문제를 2단계만 해서 허망하게 쓸모없게 만드는 건 안 좋다. 논술 실력을 높이고 깊이 생각하는 훈련을 하려면 1~5단계를 전부 해야 한다. 논술에서 3단계까지만 하는 학생 많다. 아쉽다. 4단계는 1~3단계를 합친 것만큼의 중요성을 갖는다. 시간은 적게 들고 효과는 높은 4단계를 생략해서 논술 실력이 잘 늘지 않는다.

지리산은 오르기도 어렵고 오르는 길도 많다. 그 많은 길을 논술의 주제라고 생각해도 되고 문제 유형이라고 봐도 된다. 사람들이 살아가는 삶의 모습이 다양한 만큼 논술의 주제도 다양하다. 산에 올라가는 방법을 외울 것인가? 그 길이 막히면? 눈이 많이 쌓여 있으면? 갈 수 없는 길이면? 논술에는 여러 주제가 다양한 형태로 나온다. 여러 주제와 유형의 문제를 많이 접하고 많이 써봐야 한다. 즉 지리산을 여러 길로 올라가봐야 한다. 실제 논술 시험에서는 풀지 않은 문제 나온다. 근데 기출문제 왜 공부하냐고? 지리산을 여러 길로 올라가봤다. 그런데 오르지 않은 길로 올라가란다. 여기에서 외운 학생은 그 길 모르니 못 올라간다. 여러 길로 올라가본 학생은 이 길 저 길 따지고 살펴보고 유추해서 한 번도 간 적 없는 길이라도 올라갈 수 있다. 그래서 여러 길로 올라가보라는 말이다. 그 다양한 길이 여러 대학의 여러 유형의 기출문제에 해당한다.

아휴 힘들어. 지리산 등산에 비유해서 설명했는데 이제 논술에서 단계가 뭔지 알아듣겠어?

"네 알아듣겠어요. 그럼 그런 거 말고 원고지 사용법, 맞춤법, 띄어쓰기라든지 그런 걸 먼저 강의하고 나서 논술을 하면……."

뭐야? 원고지 사용법? 그것도 모른다고? 난 그것도 안 한다.

'완전 고집불통 선생이네.'

그런 거 안 한다. 너희들이 몇 학년인데 그런 것도 모른단 말이야? 한다. 다만 그런 걸 따로 하지 않는다. 그런 건 모두 논술하면서 한다. 그러니 원고지에 글을 써라. 그럼 첨삭하면서 원고지 사용법, 맞춤법, 띄어쓰기 수업한다. 원고지 사용법 공부할 때 쓰는 글 다르고 논술 공부할 때 쓰는 글 다른 거냐? 똑같다. 그게 더 시간 낭비다. 그런 단계별 공부법은 지금까지 했어야 한다. 지금부터는 모든 걸 한꺼번에 한다.

또 있다. 원고지에 글을 써야 원고지 사용법을 가르치지. 너희들은 원고지에 글을 쓰지도 않았는데 원고지 사용법을 나 혼자 떠들어? 난 그렇게는 안 한다. 너희들이 원하는 거 다 한다. 단 너희들이 먼저 해라. 난 그다음에 한다. 그리고 논술에선 따로따로 안 한다. 논술하고 글 쓰면서 같이 한다. 자전거 타는 법을 강의실에 앉아서 가르쳐달라고 하지 마라. 그건 운동장에서 자전거를 직접 타면서 배우는 거다.

'말이 되는 것 같기도 하고 아닌 것 같기도 하고……'

'헷갈리는군.'

질문? 없으면 첫날 수업 끝.

2장 |

생각하라
솔직하라
행복하라

오늘 두 번째 수업. 이 문제에 시간과 분량이 적혀 있지 않아 단국대에 직접 문의했다. 이 문제는 90분에 1,200자 이내로 쓰는 문제였다. 여러분은 60분에 1,000자 내외로 쓰면 되겠다. 시작.

'오늘도 우리 논술샘은 거두절미하고 문제부터 내미네. 초지일관이라 좋은 건가?'

'시간을 많이도 주네?'

'하여간 진짜 불친절하다니까.'

'선생만큼이나 문제도 황당하네. 이런 것도 논술 문제야?'

60분 후.

지난 시간처럼 자기 글을 스스로 공정하게 평가하여 점수를 매겨라. 그리고 친구 글과 바꿔라. 역시 친구 글을 공정하게 평가하여 점수를 매기도록. 나는 여러분의 글뿐만 아니라 점수도 보도록 하겠다. 글의 수준에 맞게 채점했는지 보겠다. 빵점짜리 글에 A를 줘도 안 되고 A 수준의 글에 빵점을 줘도 안 된다. 채점하는 능력을 키우면 글을 판단하고 읽는 능력도 좋아지고 글을 쓰는 능력도 좋아질

의예과 우수 학생 논술고사 문제

문제

(가)는 도래할 한국 노령사회에 대한 우려를 나타낸 표와 글이다. (가)의 기사와 관련하여 그림 (나) (다) (라)가 제시하는 의미가 무엇인지 각각 기술하고 통합된 결론에 도달할 수 있도록 논술하시오.

(가)

2050년 OECD 회원국의 노령인구 부양비율 전망
(단위:%)

국가	비율
일본	67.0
한국	65.6
이탈리아	64.6
독일	48.1
프랑스	46.2
영국	39.4
미국	33.3

자료:OECD

한국 노령인구 부양비율 2050년 OECD 중 2위

우리나라의 노령인구 부양비율이 2050년 세계 최고 수준에 이를 것으로 전망됐다. 27일 한국은행이 입수한 경제협력개발기구(OECD) 자료에 따르면 한국의 노령인구 부양비율은 2000년 11.2%에서 2025년 34.1%, 2050년 65.6%로 급격히 높아질 것으로 예측됐다. 노령인구 부양비율은 노동가능인구(14~64세) 대비 노령인구(65세 이상)의 비율. 2050년 노령인구 부양비율 65.6%는 노동가능인구 100명이 노령자 65.6명을 부양해야 한다는 의미다. 2050년 한국의 노령인구 부양비율은 OECD 회원국 가운데 일본(67.0%)에 이어 두 번째로 높은 것이다. 이 밖에 이탈리아(64.6%), 독일(48.1%), 프랑스(46.2%), 캐나다(41.5%) 등도 2050년 노령인구 부양비율이 높을 것으로 전망됐다.

●동아일보

(나)

영화배우 오드리 헵번과 유니세프 활동 시 만년의 오드리 헵번

(다)

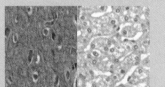

손상 시 재생 불가능한 뇌신경 조직과 재생 가능한 간(liver) 조직

(라)

대동여지도와 첨단 정보통신 인공위성

단국대학교

것이다.

이 문제, 바람직한 미래의 논술은 이런 유형과 방향으로 나아가야 하지 않을까 하는 논쟁을 불러일으킨 유명한 문제다. 신선하면서도 파격적인 문제다.

앞으로 반복해서 말하겠지만 대입 논술에는 기출문제가 최고의 텍스트다. 고등학생들이나 수험생들이 내신과 수능 준비하면서도 책을 많이 읽고 독후감 쓸 시간 있다면? 그건 더 좋다. 시간이 없다면? 최소한 기출문제로 논술을 공부할 수 있다. 무슨 공부? 깊이 생각하는 공부를 한다. 그래서 우리는 늘 기출문제를 푼다. 이 단국대 의대 문제를 보고 나서 내가 논술의 두 번째 법칙을 만들었다. 논술의 두 번째 법칙. '생각하라 솔직하라 행복하라'(사족. 행복하다는 형용사라 명령어 만들 수 없다. 맞다. 나도 틀린 줄 안다. 그래도 그렇게 쓰겠다. 생각하라 솔직하라 행복하라. '하라' 체가 일관되고 강렬한 인상을 주니 그냥 그렇게 쓰겠다).

'두 번째 법칙? 첫 번째 법칙은 그나마 이해하겠는데 두 번째 법칙은 왜 이리 황당한 거야? 이건 논술에 법칙이 있다는 말보다 황당하잖아.'

이 문제 멋지다. 논술의 첫 번째 법칙, 질문에 답 있고 제시문에 답 있다는 법칙에 따라 이 문제를 풀어보겠다. 먼저 질문 분석. 논술에서 질문에 밑줄까지 치는 건 극히 드문 편이야. 밑줄이 있으니 출제자들이 그 부분을 그만큼 강조한 것이고 그 부분이 중요하다는 의미겠지?

① '(가)는 도래할 한국 노령사회에 대한 우려를 나타낸 표와 글이다.' 먼저 '도래할'이지? 아직 오지 않았다는 말이야. 미래의 문제야. 다음은 '한국'이지? 미국이나 일본, 프랑스나 독일의 노령사회에 대해 우려하는 게 아니야. 한국의 노령화를 우려하는 글이야. 여러분 답안에 한국이 분명하게 드러나야 돼. '한국'을 한 번이라도 답안에 쓰면 좋겠어. 그다음으로 '우려', 노령사회는 걱정할 만한 일이야. 노령인구를 경제활동인구가 먹어 살려야 하기 때문이지. '표와 글', 이건 말 그대로야.

② '(가)의 기사와 관련하여 그림 (나) (다) (라)가 제시하는 의미가 무엇인지 각각 기술하고.' (가)와 관련하여 그림의 의미를 각각 기술해야 돼. 즉 (가)와 관련하여 (나)의 의미, (가)와 관련하여 (다)의 의미, (가)와 관련하여 (라)의 의미, 이런 식으로 기술해야 돼. 기술이니 기술만 해야지? 논술하지 말고. 이 부분에서 자기 견해 쓰지 말라고. 기술하라는 데 논술하면 그 학생이 기술하라는 말을 못 알아들은 걸로 간주해. 그래서 불합격시켜. 첫 시간에 논술은 쓰라는 대로 쓰는 글이라고 했지?

③ '통합된 결론에 도달할 수 있도록 논술하시오.' 통합되어야 해. 하나의 이야기로 수렴되게 글을 쓰라는 말이야. 그 반대의 예를 들면 노령인구 부양을 위한 정부 대책 필요, 노동인구 증대 필요, 그래서 외국인 노동자들의 이민 허용 필요, 국내적으로 보면 출산율 장려 정책 실시, 출산 기피는 높은 사교육비 때문, 이로부터 사교육비 절감 대책 필요, 그러니 대치동에 대한 검문검색(?) 강화 등으로 나아가면 논제가 요구하는 '통합'은 불가능해지면서 글은 완전 횡설수설 삼천포로 빠지는 거야. 여기에 (나)를 고려하여 의학 발전이 필요하다고 하고 (다)를 고려하여 노인에게도 정보 교육을 강화해야 한다고 말하면 통합은 완전 미궁 속으로 빠지는 거지. 질문 분석 끝.

이 문제 해결하려면? 깊이 생각해야겠지? 그래서 머리 필요하지? 그리고 글을 써야 하니 손도 필요하겠지? 그런데 배경지식 필요해? 논술을 배경지식으로 채우는 수업 많은데 여러분이 학교나 다른 학원에서 배운 걸로 충분해.

이 문제는 단국대 의대 문제지만 그게 중요한 건 아니야. 단국대 의대 안 간다고 이 문제 풀 필요 없는 건 아니라는 말이야. 논술을 처음 할 때는 여러 대학의 좋은 기출문제를 골고루 접해보는 게 좋아. 대학마다 논술 경향이 약간씩 다르긴 하지만 기본적으로 깊이 있는 생각을 간결하고 명확하게 표현한다는 점에서는 같으니까. 논술을 대학별 맞춤식으로 공부하는 건 나중에 해도 돼.

이제 제시문을 보겠어. (가)의 표와 글, 분석 필요 없지? 아주 명확해. 그런데 왜 노령사회의 도래를 우려해야 돼? 부양 때문에. 먹여 살려야 하기 때문에. 노동가능인구가 노령인구를, 즉 '노동불가능인구'를 먹여 살려야 하기 때문이지. 100명이 10명 먹여 살리기는 쉽겠지만 66명이나 먹여 살리기는 힘들겠지? 그래서 부양으로만 보면 노령인구는 쓸모없는 인간이 돼. 어느 측면에서? 경제적인 측면에서. 노령사회에 대한 우려는 경제적 측면에서 비롯돼. (가)를 보고 '경제적인 측면'이란 단어를 생각해내면 좋아.

이 문제에 대한 해결 방법. 노령인구 죽이면 된다. 미쳤어? 이게 해결이야? 경제적인 측면에서는 해결이라고? 그렇지만 사회적, 윤리적, 도덕적, 법적 등의 측면에서는 엄청난 문제 쏟아지겠지? 이건 문제 해결이 아니라 문제 무시야.

노령인구는 경제적으로 쓸모없다고? 그럼 달리 생각해볼까? 다른 인구를 생각해볼까? 경제적으로 쓸모없기로 말하면 태어난 지 하루나 일주일 된 신생아가 제일 쓸모없어. 하루 종일 먹고 자고 싸고 울고. 이것밖에 안 해. 24시간 보살펴야 돼. 노령인구는 애들한테 동화책이라도 읽어주지. 그러니 경제적으로만 보면 신생아는 노령인구보다 쓸모없어. 그럼 똑같은 논리로 신생아도 죽일까? 안 되겠지?

여러분은 돈 벌어? 안 벌고 돈 쓰지? 국영수뿐만 아니라 논술까지 학원 다니니 돈 많이 쓰겠지? 그럼 똑같은 논리로 여러분도 죽일까? 안 되겠지?

통시적으로 고찰해볼까? 말이 어려운데 과거를 돌아보자는 말이야. 지금 노령인구는 전에는 노동인구였고 경제활동인구였어. 그전에는 젊은이였고 대학생이었고 중고생이었고 소년소녀였고 갓난애였어. 감이 잡혀? 인간이 어떻게 태어나자마자 노령인구 되냐고? 태어나자마자 경제활동인구 될 수 있어? 안 돼. 인간은 출생 후 20여 년 동안 양육, 부양, 건강, 교육 등의 측면에서 정상적인 성인으로 자라도록 보살펴야 대략 20세에서 60세까지 경제활동 할 수 있어. 그런데 인간은 태어나서 죽을 때까지 모두 인간이고 인간의 삶이지. 20~60세의 인간은 제외하고 나머지 인간은 먹여 살려야 하니까 모두 없애면? 말이 안 되지?

(가) 정리. 노령인구 부양해야 하고 돈 못 버니 죽일까? 안 되지? 그렇게 말하면 신생아도 죽일까? 그것도 안 돼. 그런데 '경제적으로만' 보면 노령인구는 쓸모없는 인간이 돼.

(나) 분석. 오드리 헵번, 한 시대를 풍미한 영화배우야. 영화 「로마의 휴일」 알지? 오드리 헵번이 머리를 짧게 잘랐더니 전 세계 여성이 커트를 했다는 전설 아닌 전설이 있지. 왼쪽 그림 아름답지? 돈 많이 버는 노동가능인구지? 그런데 오른쪽은 노령인구고. (가)에 따르면 쓸모없는 인구야. 그런데 오드리 헵번 뭐 해? 여기에서 봉사, 특히 '사회봉사활동'이라는 개념을 생각해낼 수 있으면 좋아.

여기까지 하고 (가)와 (나) 비교. (가)에서 노령인구는 경제적 측면에서 경제 활동을 하지 못해 부양을 받아야 하는 무능한 인구다. (나)에서 노령인구는 봉사 활동으로 사회적 측면에서 의미 있고 보람된 일을 한다. 노령인구에 대해 (가)는 부정적이고 (나)는 긍정적인 입장을 보인다. (가)는 경제적 측면을, (나)는 사회적 측면을 보여준다.

이제 그림 (다). 이건 진짜 모르겠네. 그림이 황당해서 생각이 꽉 막혀버리네. '생각하라'는 논술의 두 번째 법칙이 무색해지네. 논리적 분석력, 영역 전이적 사고력, 다각적 사고력 등 있는 대로 끌어내려고 해도 안 돼. (다)는 포기 아니고 보류. 그리고 그림들의 의미를 각각 기술하는 건 잠깐 미루고 통합된 결론을 먼저 생각해볼까? 통합을 하려면 하나의 이야기로 밀고 나가야 되는데. (가)는 노인 쓸모없다. (나)는 노인 쓸모 있다. 그러면 (다)와 (라)도 쓸모 있는 쪽으로 밀고 나가면 어떨까? (가)는 쓸모없다고 하지만 (나) (다) (라)를 보면 그런 것만도 아니라는 쪽으로. 그런데 어떻게? 그래도 생각이 안 떠오르네.

그림 (다)는 접어두고 (라) 먼저. 인공위성으로 찍은 사진은 대동여지도보다 정확하다. 그런데 대동여지도는 김정호가 평생 전국을 직접 돌아다니며 그린 지도다. 이거야말로 위대한 장인정신의 결실 아닌가? 노인은 먹여 살려야 하니 쓸모없다면 노인의 경험, 지혜, 지식 등도 모두 쓸모없어지는 건가? 김정호가 아니고 보통 노인이라고 해도 그렇다. 삶에서 얻은 그들의 지식은 생생하고 즉각적으로 쓸 수 있는 것도 많다. 쓸모 있어졌다! 과학적 측면에서 부정확할 수도 있지만 노인이 갖는 경험이나 지혜, 지식을 정보화시대에 적절하게 활용할 수 있는 방법은 많을 것이다. 통합되네.

논술에서는 제시문을 반드시 (가) (나) (다) 순서대로 읽을 필요도 그 순서대로 이해할 필요도 없다. 처음에는 그 순서대로 통독하되 자기에게 쉬운 것부터 읽고 이해해도 된다. 그렇게 해야 하는 경우가 많다. 대개 처음에 제일 어려운 제시문을 많이 내니까.

그럼 마지막으로 (다). (가)는 노령인구 우려, (나)와 (라)는 우려 안 함. 통합을 하려면 (다)에서도 '우려 안 함' 쪽으로 가야 하는데. 어떻게? 시간은 흐르고 생각은 안 떠오르고. 재생 가능? 재생 불가능? 쓸모 있도록?

㉠ 그래 기증이다. 기증을 노인만 하는 건 아니지만 재생 가능한 조직을 뇌사 후에 기증한다면 새로운 생명을 살릴 수 있다. 이 또한 생물학적으로, 의학적으로, 인생학적으로(이런 말 있나?) 의미 있는 일이고 가치 있는 일이며 긍정적인 측면이다.

㉡ 뇌와 간? 노인은 뇌가 관여하는 지적 활동에는 젊은이들보다 부족할 수 있지만 그 이외에 정서적인 활동에선(간이 정서적인 활동에 관여하나? 의문이네) 사회에 충분히 기여할 수 있다.

㉢이 낫군. 젊은이보다 순발력은 떨어지지만 노인이 더 잘할 수 있는 감성적 영역도 있다는 걸로. 시간 없다. 정리하자.

(가)는 노인에 대한 부정적 견해, (나) (다) (라)는 모두 긍정적 의미이니 통합

되네! (가)에선 노령인구의 증대를 우려하지만, (나)에선 사회봉사활동으로 사회에 이바지하고 (다)에선 다양한 정서적 활동으로 의미 있는 일을 할 수 있으며 (라)에서 노인들이 갖고 있는 지식과 경험을 보면 꼭 우려할 일도 아니다.

(가)는 노령인구를 경제적 측면에 한정하여 고찰하지만, (나)처럼 사회적 차원에서 볼 수도 있고 (다)처럼 정서적 측면에서 볼 수도 있으며 (라)처럼 경험과 지식의 측면에서 볼 수도 있다. 즉 인간을 경제적 측면에서만 볼 건 아니다.

(가)는 경제학적 측면, (나)는 사회학적 측면, (다)는 생물학적 또는 의학적 측면에서 노인 문제를 바라보고 (라)는 과학적 측면에서 노인과 첨단 정보통신을 비교한다.

논술에서는 자신이 제일 좋은 답안이라고 생각하는 내용을 수미일관되게 관철한다. 누가 뭐라고 하든지 상관하지 말고. 그래서 그런 내용을 자신 있게 쓴다. 그러면 읽는 사람도 글의 내용과 논리를 잘 이해하게 된다. 이런 문제에 정답이 어디 있겠는가.

그런데 학생들은 대개 그렇지 않은 것 같아. 논술에서 정답이라고 예상하는 답을 찾으려고 애쓰지 마. '이것이 정답일 것이다' 또는 '저것이 모범 답안일 것이다' 이런 생각이 나빠. 논술에 정답이나 모범 답안 없어. 기껏해야 예시 답안이 있을 뿐이지.

여러분의 답안을 보면 글에 '포장'이 많이 보인다. '교수들이 좋아하는 답안이 뭘까? 그걸 생각하지 못해 안달하는 것 같은 답안. 그러면 글에서 자기 자신이 사라지고 누구나 쓸 수 있는 글을 쓰게 되고 두루뭉술한 답안이 된다. 그래서 '솔직하라'는 법칙을 내놓은 것이다. 이는 자기 자신에게 솔직해지라는 말이다. 사람은 남은 속일 수 있어도 자신은 속일 수 없으니까. 모든 걸 잊고 그림만 보고 자기 자신을 들여다봐라. 그리고 '나는 솔직하게 이걸 무엇이라고 보는가?' 생각해봐라. 이런 문제에는 정답도 없다. 스스로 생각하지 않고 모범 답안이라고 생각하는 것에 끌려가다 시간 다 간다. 그건 모방이고 모방은 영원한 아류다. 좀 부족해도 좋으니 자신의 생각을 자신의 말로 써라. 그러려면 자기 자신에게 솔직해져야 한다. 깊이 생각하지 않고 솔직해진다는 것도 어려운 일이다. 그래서 '생각하라' 와 '솔직하라' 는 밀접한 관련을 갖는다.

이제 '행복하라' 가 남았다. 여러분 지금 행복해? 논술하느라고 불행하지? 내신 때문에 '학교 전쟁' 치르고 수능으로 '전국 전쟁' 치러 대학 가려 하는데 논술까지 하라고. 완전히 '죽음의 트라이앵글' 이지? 글을 쓰기 싫으면 하지 마. 논술을 하기 싫으면 하지 마. 싫은 걸 대학 가려고 억지로 한다고? 그래서 불행해지는 거지. 여러분이 불행하면 나도 불행해지고. 논술의 목적은 인생의 목적과 같은 것 같아. 행복!

그런데 이 문제 정말 멋지지 않아? 의욕을 불러일으키고. 요약으로 한마디. 논술을 잘하려면 깊이 생각하고 자신에게 솔직해야 하며 문제를 재미있고 즐겁고 행복하게 대해라. 이 문제 깊이 생각하고 자기 자신에게 솔직할 것을 요구하는 멋진 문제였어.

그런데 이렇게 생각할 수도 있지 않을까? 2050년 일을 벌써 우려해? 지금부터 40년 지나면 경제도 성장하고 과학도 발달하고 사회도 발전할 텐데. 하루가 다르게 변하는 게 오늘날 사회다. 2050년쯤 되면 노령인구 문제를 이미 해결할 수도 있을 것이다. 인류가 지금까지 한두 가지 문제에 직면했나? 그래서 인류 멸망했나? 늘 문제를 해결했다. 노인도 일을 할 수 있을 것이고 노년의 의미도 달라질 수 있을 것이다. 이런 식으로. 논제가 요구하는 방향과는 좀 다르겠지만 말도 안 되고 논리도 안 되는 글보다는 나을 수 있어. '내가 쓰는 게 바로 답이다.' 논술에서는 이게 가능해. 반복한다. '생각하라 솔직하라 행복하라.' 이 문제에 대해 내가 쓴 예시 답안을 소개한다.

한국이 '늙고' 있다. 노령인구 부양비율이 급격히 늘고 있다. 이에 따라 노동가능인구의 경제적 부담도 크게 늘어날 것이다. 즉 (가)는 노령인구를 경제적 측면에서 부정적으로 바라본다. 이 '국가적 재앙'에 대해 해결책을 마련해야 한다. 그렇지 않으면 '늙은' 한국의 미래는 암울해질 것이다. 그런데 이 문제에 대한 근본적인 해결책을 찾으려면 경제적 사고방식에서 벗어나야 한다. 노령인구의 활동도 사회에 의미 있는 자산이라는 인식의 전환이 필요하다. 바로 이 점을 (나) (다) (라)를 통해 파악할 수 있다.

(나)에는 영화배우 오드리 헵번의 상반된 모습이 나온다. 얼핏 보면 젊은 시절의 모습만 아름다운 것처럼 보인다. 그런데 노년의 헵번은 봉사활동을 통해 의미 있는 삶을 보내고 있다. 외모의 아름다움은 줄었어도 내면의 진정한 아름다움이 느껴진다. 노령인구의 봉사활동이 보편화되고 제도적으로 뒷받침되면 그들의 활동은 경제적으로도 이익을 줄 것이다. 노인도 사회활동의 주체라는 자각을 얻을 것이다. (다)는 그들의 활동 방향을 보여준다. 부양받는 노인은 '재생 불가능한 뇌신경'에 비유되지만 '재생 가능한 간 조직'이 될 수 있다. 뇌는 두뇌의 정신활동을 담당하고 간은 감성적인 활동에 대응된다고 할 때, 노인은 아동이나 청소년 교육과 같이 감성이 필요한 분야에 쓰일 수 있다. 그러면 노인에게 새로운 일자리도 창출되고 세대 간 유대도 높아질 것이다. 노인의 경험과 지혜는 그들의 활동을 더욱 풍부하게 할 것이다. 물론 빠르게 변하는 현대사회에서 노인의 경험이 쓸모없는 것으로 치부되기도 한다. 그러나 (라)는 노인의 경험과 지혜의 의의를 상징적으로 보여준다. 대동여지도는 인공위성이 출현하기 100여 년 전에 제작되었지만 위성으로 찍은 지도만큼 정확하다. 대동여지도는 노인의 연륜과 경험을, 인공위성은 청년층의 첨단 기술을 상징한다. 노인의 경험과 지식도 오늘날의 지식에 뒤지지 않는다. 한 인간이 평생 쌓은 지식은 젊은이에게 많은 가르침을 줄 것이다.

한국 사회는 노인의 지식과 지혜를 존중하는 나라였다. 또한 노인은 지난 세월을 직접 경험했다. 노인들의 자발적인 활동에 제도 개선이 더해지고 노인에 대한 사회적 차원의 인식 전환이 병행된다면, 노령사회는 우려할 일이 아니라 환영할 일이 될 것이다. 웰컴 투 노령사회!

"마지막 문장 논술 답안에 써도 되나요?"

안 된다.

"근데 왜 쓰세요?"

난 써도 된다. 난 단국대 의대 안 가니까. 대학은 너희들이 가니까.

'와, 정말 제멋대로 선생이네.'

논술에서 라디오나 컴퓨터와 같은 외래어는 써도 되지만 '웰컴 투'와 같은 외국어는 쓰면 감점 당한다. 난 그냥 멋을 부려봤다. 중요한 건 논리인데 경제적으로 우려할 문제를 환영할 만한 일로 바꾸었고 일관되게(통합) 썼으며 논리적으로 공감할 수 있으면 된다. 논술을 문제해결형 글쓰기라고 하는데 노령사회라는 문제를 이 분량의 글에 해결하는 방향으로 서술하면 좋은 글이다. 그리고 이 예시 답안에서 "한국이 '늙고' 있다"는 첫 문장은 전에 내게 논술 배운 최준형이란 학생이 쓴 문장이다. 그 문장이 주제를 함축하는 짧고도 강렬한 시작 문장이라고 생각해서 이 답안에 따왔다.

"그 선배 지금 어디 있어요?"

서울대 경영학과 갔다. 고등학교 때까지는 이과였는데 재수할 때 문과로 바꿔서 갔다.

"와 그 선배 괴물 아니야?"

수업은 끝내고 지금부터 공개 첨삭. 예라야 네 답안 읽어봐라.

✎ (나)는 노령인구들이 노후 생활을 어떻게 보내야 노령사회에 도움이 되는지 보여주고 있다. 예를 들어 오드리 헵번과 같이 노년에 불쌍한 사람들을 도와서 살 수 있다. 또 가축을 키우거나 농산물을 재배하면서 자급자족하며 살 수도 있다. 이와 같이 노인들은 노후에 자신이 할 수 있는 일을 찾아 함으로써 노령인구 부양비율을 줄일 수 있다.

(다)는 의학과 관련해 말할 수 있다. 현대 의학기술의 발달로 간 조직이 재생 가능하다. 하지만 아직 뇌신경 조직까지는 재생이 불가능하다. 뇌신경 조직은 노년에 나타나는 치매와 밀접한 관련이 있다. 많은 노령인구들이 치매에 걸린다면 젊은 층들은 더 부담이 될 것이다. 또한 치매에 걸린 노인 자신에게도 좋지 않다. 그렇기 때문에 우리에게 의학기술의 발달은 노령사회에 꼭 필요하다.

(라)는 과학 기술의 발달을 나타낸다. 과학 기술의 발달로 많은 것이 편리하게 변하였다. 이로써 과학 기술의 발달은 노인 부양에 대한 부담을 줄일 수 있을 것이다. 예를 들어 과학 기술이 발달해 로봇을 만들어 노인을 부양하게 할 수도 있다.

(나) (다) (라)는 (가)에 대한 해결책이라고 볼 수 있다. (나) (다) (라)는 서로 긴밀하게 연관되어 있기도 하다. 이것들이 (가)를 완전히 해결해줄 수 있는 건 아니다. 하지만 점점 심각해지는 노령사회, 즉 노인들을 부양해야 할 젊은 층의 부담이 커지고 있는 지금 그 부담을 줄일 수 있는 좋은 방법이 된다.

가축 키우고 농산물 재배해? ㅋㅋ 꽃도 키우고 상추도 심고 화분도 기르고 뜨개질도 하면 좋겠네. 귀여우시네. 자급자족해? 노인 부양해야 하니까 그냥 노인보고 노인 스스로 일해서 먹고 살라고 해? 좀 심하네. 로봇이 노인을 부양해? 어떻게? 예라는 외국에 살아서 그런지 문장들이 대부분 어색해. 비문도 보이고. (나) (다) (라)를 (가)의 해결책으로 본 건 일관되는 논리네. 그런데 처음에 (가)를 전혀 언급하지 않은 점은 문제네. (나) (다) (라)를 각각 한 단락으로 만든 건 좀 기계적인 단락 구분이고. 다음으로 민혁아. 네 글 읽어봐라.

✎ 오드리 헵번, 그녀는 30~40대 사람이라면 누구나 알만큼 유명한 영화배우이다. 그러나 그녀도 인간인지라 늙게 되었다. 몇 십 년 전의 뽀얀 피부와 볼륨 있는 몸매 또한 사라졌다. 이에 따라 그녀는 영화배우로서의 가치가 이전에 비해 떨어지게 된다. 결국 그녀는 본업인 영화배우를 못하고 봉사활동만 할 수 있는 처지에 놓여 있다.

사람은 늙어감에 따라 신체조직은 손상을 입을 수 있다. 그러나 그림 (다)와 같이 재생이 가능한 세포도 있다. 여기서 유추해보면 노인 또한 손상되었던 신체조직을 재생하여 일을 할 수 있는 능력을 가질 수 있다. 비록 뇌신경 조직은 다시 재생이 안 되어 노인들이 이전만큼 활발한 두뇌활동을 못하더라도, 몇 가지의 신체적 활동들은 젊은이만큼 할 수 있을 것이다.

그림 (라)에서는 정보통신 기술의 발달의 한 예를 보여준다. 기술이 발달되기 이전의 사회, 예를 들어 조선 사회에선 노인들은 덕담을 해주거나 집에 눌러 사는 존재였다. 따라서 그들은 거의 일을 안 하였다. 그러나 기술이 발달된 현대사회에선 남녀노소 누구나 쉽게 일하게 해주는 많은 장치들이 있다. 예를 들어 음성인지 시스템이나 노인이나 어린아이에게 맞춘 전자제품 등이 있다.

대한민국은 노령화가 가속화됨에 따라 젊은 인구층의 부담이 커질 것이다. 그러나 노인들이 다시 일을 할 수 있다면 얘기는 달라질 것이다.

제시문 (가)와 같이 인간은 늙게 됨에 따라 자신한테 맞는 일을 할 수 없게 된다. 그러나 인간은 늙어감에 따라 뇌신경 조직 같이 재생 불가능한 것도 있지만 간 조직과 같이 재생을 할 수 있는 조직도 있다. 노인들은 이런 점을 극대화시켜 일을 해야 한다. 그러나 노인들은 젊은이들에 비해 빠르게 변화되는 세상에 적응하기에 힘이 든다. 그러나 그림 (다)와 같이 정보통신의 발달된 기술이 노인들을 사회에 안정적으로 적응시키는 데에 도움을 줄 것이다. 따라서 대한민국은 가속화되는 노령 인구에 대비해 노인들을 위한 일자리 창출에 힘을 써야 할 것이다.

인간인지라 늙게 돼? ㅋㅋ 너도 인간인지라 늙게 되겠네? 이런 당연한 말을 왜 써? 뽀얀 피부와 볼륨 좋아해? ㅋㅋ 선생 즐겁게 하네. 그리고 오드리 헵번 나이 들어서도 영화 출연했는데? 이건 틀린 말이야. 비문도 많이 보이고. '일을 할 수 있는 능력을 가질 수 있다.' 능력도 뭘 할 수 있다는 단어니까 '수 있다'를 세 번이나 쓰네. 그냥 '일을 할 수 있다'고만 써. 노인들은 덕담을 해주거나 집에 눌러 사는 존재? ㅋㅋ 코미디 같은 말이네. 덕담 안 해주는 노인도 많아. 음성인지 시스템이나 전자제품은 왜 나와? 대한민국? 국가 공식 이름을 자주 쓰네. 한국으로 충분하잖아. 얘기가 달라져? 네가 이렇게 써도 얘기는 달라지지. 불합격이라는 걸로. 했던 말 또 하고. '그러나'도 자꾸 쓰고. 노인들을 위한 일자리 창출? 젊은 백수들이 넘치고 넘쳤는데 어떻게? 좋은 말만 한다고 좋은 글이 되는 건 아니지. 글이 전체적으로 통합되지도 못했어. 이말 저말 담은 횡설수설이야.

✎ 2050년, 한국은 OECD 회원국 중 노령인구 부양비율이 두 번째로 높을 것으로 전망된다. 청장년층 10명당 노인 6~7명을 부양해야 할 부담이 생기는 것이다. 고령 사회에서는 생산인구 감소로 인한 경제 성

장 저하가 나타난다. 또한 청장년층에게 지워지는 부담은 삶의 질 저하와 세대 간 갈등의 문제를 가져온다. 이 같은 문제의 해결책은 사회에서 찾을 필요가 있다. 사회적 대책으로는 노령인구의 생산을 장려하는 방향이 적합하다.

(다)의 자료를 통해 노년기의 뇌는 젊었을 때에 비해 뇌신경 조직이 손상되어 각종 사고능력이 부족할 것이라 추측할 수 있다. 따라서 노령인구는 젊은 층에 비해 생산 능력이 떨어질 것이다. (라)의 대동여지도는 김정호가 직접 나라의 방방곡곡을 다니며 제작한 시간과 노동의 결정체라 할 수 있다. 하지만 인공위성을 사용한다면 지도는 순식간에 얻을 수 있다. 이처럼 노령인구가 가지고 있는 기술은 최근 젊은 층의 첨단 디지털 기술에 비해 뒤떨어진다.

그러나 대동여지도가 지금도 귀중한 자료로서 그 가치를 인정받듯이 노령인구도 고유의 가치를 지닌다. 노령인구는 누구보다도 많은 경험을 한 인구층이다. 그들의 축적된 경험과 교훈은 다양한 사회활동에서 유용하게 활용될 수 있다. 한 가지 예로 만년의 오드리 헵번을 들 수 있다. 오드리 헵번은 아름다운 영화배우로 활동했고 노년기에는 사회봉사활동을 했다. 이같이 노령인구는 생산능력이 떨어지더라도 그들이 갖춘 유용한 경험과 지혜는 사회 전체의 증진에 기여할 수 있다. 따라서 노령인구를 그저 무력한 존재로 여길 것이 아니라 노령인구의 활동 가능 방향을 꾸준히 모색해야 한다.

경제 성장 저하? 경제 성장 둔화로 고치면 좋겠어. 낱말이나 문장에서 군데군데 어색한 게 보여. 사회의 증진? 굉장히 어색한 말이야. 앞부분 노령인구의 생산 활동을 장려한다는 말과 뒷부분 봉사활동과 같은 분야에 일하게 함으로써 사회에 이바지한다는 게 좀 모순. 크게 모순되진 않지만 생산 활동과 봉사는 좀 다른 얘기야. 그래도 우현이 답안은 전체적으로 우수한 수준이야. (나)를 예로 끌어들인 것도 좋고 제시문 순서대로 글을 쓰지 않고 자기 나름으로 소화하여 (다)와 (라) 다음에 (나)를 배치한 것도 논리적이야. 이렇게 하니 (다)와 (라)는 한 단락으로 묶이는 거지. 생각을 많이 한 흔적이 보여.

✎ 먼저 (나)는 사람은 누구든지 늙게 된다는 것을 보여줌으로써 노령인구가 생길 수밖에 없음을 보여준다. (다)는 한국의 노령화된 사회가 뇌신경 조직처럼 재생 불가능할 수도 있고 간 조직처럼 재생 가능할 수도 있음을 보여준다. (라)는 기술이 발달하여서 과거에 비해 더 적은 노력으로도 큰 성과를 얻을 수 있음을 보여준다. (나) (다) (라)가 제시하는 의미들을 통합해보면 노령인구가 생겨나는 것은 당연한 것이고 비록 우리 사회의 노령화가 급속하게 진행되고 있지만, 그것을 우리의 노력으로 다시 정상화시킬 수 있음을 말하고 있다. (라)에서 보여주듯이 우리는 엄청난 노력으로 기술을 발달시켰다. 우리가 이런 노력을 우리의 노령화 사회에 지속적으로 쏟는다면 우리의 노령화 사회가 (다)의 간 조직처럼 다시 재생될 수 있을 것이다. 하지만 반대의 경우도 생각해봐야 한다. 우리가 노령화 문제를 심각하게 생각하지 않고 그것을 고치려는 노력을 기울이지 않게 된다면 우리 사회가 손상된 뇌신경 조직처럼 영원히 회복되지 않을 수 있다. 현재 우리 사회에서 가장 중요시되는 것이 과학 기술의 개발이다. 물론 과학과 기술이 발전되면 지금보다 훨씬 편리한 삶을 살 수 있다. 이것은 당장 눈앞에 있는 현실만을 생각하는 것이다. 그렇지만 우리는 조금 더 먼 미래에 닥칠 위기를 생각해보고 그에 따른 대책을 세우고 노력을 기울여야 한다. OECD가 예

상한 우리나라의 2050년 노령인구 부양비율은 65.6%, 앞으로 40년 후의 일이다. 아마 50년, 60년 후의 노령인구 부양비율은 더욱 더 늘어날 것이다. 단번에 인구 노령화를 막을 수 있는 방법은 없다. 하지만 우리가 지금부터라도 막으려고 노력을 한다면 인구 노령화의 속도를 감속시켜서 결국엔 정상적인 인구구조를 형성할 것이다. 국민들의 노력과 참여가 제일 필요하고 정부의 지원도 필요하다. 모두가 노력하여서 얼른 우리 사회의 인구구조가 정상적으로 회복될 수 있기를 바란다.

글을 읽는 게 괴롭네. 글이 '것, 음, 보여준다'를 시리즈로 보여주네. '내가 네 글을 읽는 것이 미치도록 괴로운 것임을 네게 보여준다는 말을 너는 이해함이라고 내가 생각함이라는 것이다. 알아듣겠음이라는 것이냐? 이게 글이냐고? 그리고 뭔 글에 단락이 하나도 없냐. 선생 괴롭히려고 일부러 이렇게 쓰는 거야? 너희들 글 읽다가 돌아버리겠어. 나 돈다. 지금 이렇게 오른쪽으로 막 돌고 왼쪽으로 막 돌고. 나 도는 거 보이지?

정상화? 인구구조에서 피라미드형은 정상이고 항아리형은 비정상이야? 이걸 정상이나 비정상으로 말할 수 있어? 과학 기술의 개발이 현재 우리 사회에서 제일 중요해? 60년 후의 일도 걱정해? 얼른? 논술에 이런 단어 어색해. 상혁아 너 얼른 논술 제대로 써. ㅋㅋ

우리 문제니까 우리 사회가 우리 노령화 문제를 우리가 해결하려고 우리의 대책을 세워 우리가 노력하자? 우리라는 말을 좋아하는 거 같아. 우리 모두 노력하면 다 되네. 그럼 우리 모두 진작 노력했으면 노령사회가 아예 오질 않았겠네. 진작 노력하지 그땐 뭐하고 지금 노력하자고 설교하는 거야? 우리 사회의 인구구조가 정상적으로 회복될 수 있기를 바란다? 대통령 훈시하듯 말하네. 전체적으로 헛소리.

우현아. 너는 수업 시간 내내 웃기만 하냐. 수업이 그렇게 재미있어?

"네. 선생님 수업 정말 재미있어요. 최고예요. 짱이에요."

수업은 무조건 재미있어야 한다. 그게 돈 내고 수업을 듣는 사람들에 대한 예의라고 생각해. 돈 냈는데 즐거워야지. 그다음으로 수업은 무조건 의미 있고 무엇이든 건질 게 있어야 해. 수업에서는 두 번째 것만 있어도 되는데 둘 다 있으면 더 좋지. 그렇게 하려면 엄청나게 준비해야지. 수업에서는 교재 연구와 준비가 전부인 것 같아.

"선생님 인강(인터넷 강의) 하세요. 인강 하시면 인기 짱일 거예요."

글쎄 몇 번 찍어봤는데 나한테는 안 어울리는 것 같아. 그리고 수업은 살아 있는 건데 아무도 없는 데서 카메라만 보고 떠드니 재미없어. 내가 신이 나지 않으니 인강을 보는 너희들도 신이 안 날 테고. 수업 계속. 준환아 네 답안 읽어라.

> ✎과학 기술의 발전과 더불어 자본주의 사회 내 경쟁의 심화로 점차 사람들의 평균수명은 늘어나고 저출산 경향이 만연해졌다. 이로 인해 제시문 (가)와 같이 한국 사회는 점차 심각한 노령화가 이루어질 것으로 예상되어진다. 이 같은 노령화는 과거 사회적 소수였던 노년 계층이 앞으로는 사회구성의 큰 부분을 차지하게 됨에 따라 그들의 위치와 역할의 변화를 초래할 것이다. 또한 그와 동시에 사회 역시 노년층을 사회 내의 주류로서 걸맞은 관심과 대우를 해야 한다.
> 이러한 관점에서 그림 (나) (다) (라)는 노령화 사회에서 나타나게 될 문제들과 그 해결의 실마리를 시사하고 있다. 노년층들은 연장된 수명으로 인해 직업을 갖는 시기보다 퇴직 후의 시기가 더욱 길어질 것이다. 그림 (나)의 사례는 이 같은 문제와 해결책의 사례이다. 퇴직 후의 잉여 노동력을 사회를 위해 쓰거나 또 다른 일을 함으로써 노년층의 노

동력을 낭비하지 않고 효과적으로 사용하는 것이다. 노년층의 노동력을 사용하고 당사자 그들도 퇴직 후의 시간을 가치 있게 보내어 상호 공존할 수 있는 윈-윈 전략이다.

노년층의 주류화는 그들이 지닌 문제 역시 사회적 현안이 됨을 말한다. 그림 (다)에서처럼 사람의 뇌조직은 복구불능이다. 그리고 인간은 나이가 들어갈수록 뇌기능이 저하되어 병증을 유발하기도 한다. 때문에 소수의 노인들이 앓고 있던 파킨슨, 알츠하이머 병 역시 다른 성인병들과 같이 치료법이나 예방책에 대해 사회적으로 많은 관심이 필요하고 국가적으로도 이를 위한 대책 강구에 힘써야 한다.

앞서 언급된 (가)와 (다)의 문제점에 대한 해결방안은 (라)에 의해 보다 더 낙관적으로 바라볼 수 있다. 과거 수천 년의 발전보다 근래 백여 년의 과학의 진보가 더 빠르고 많은 성과를 거두었고 지금도 그 발전의 속도는 가속중이다. 앞으로 도래할 노령사회와 그 사회가 낳을 여러 문제점들을 뒷받침하고 해결할 수 있을 만큼의 과학 수준 역시 성장할 것이다. 퇴직 후의 여가, 복지의 문제나 지금은 치료가 어려운 노인병들을 과학의 힘으로 어느 정도 떠안을 수 있을 것이다.

옛 선조들은 노인을 공경하기도 했지만 생산력이 없는 노인을 내다 방치하여 죽이는 '고려장'이라는 악습을 갖고 있었다. 과거 노인이 소수이고 부양력도 미미하기에 어쩔 수 없는 생존법이었다. 하지만 미래의 우리 사회는 노년층이 주축이 되고 그러한 노인을 부양할 여력 역시 기술 문명의 도움으로 갖게 될 것이다. 따라서 사회적 노령화를 문제가 아닌 현상으로 바라보고 사회 전체가 그에 따른 변화를 해야 한다.

경쟁이 심해지면 평균수명이 늘어나? 여기에 경쟁은 왜 나와? 오드리 헵번이나 대동여지도란 단어는 나오지도 않고. 파킨슨, 알츠하이머, 고려장과 같이 제 시문과 아무런 상관없는 단어들이 나와. 단어도 문장도 대부분 이상하고 어색해. 과학 기술이 모든 문제를 다 해결해주는 듯이 말하네. 노인이 소수 아니라 다수다, 비주류 아니고 주류다, 이 말만 보이는 거 같아. 글 전체가 뭔 소리를 하는지 종잡을 수 없어. 뜬구름 잡는 것처럼 일반적이고 막연한 얘기만 해. 준환이 머릿속이 뒤죽박죽이든지 아니면 논술이 좋은 말만 하면 되고 주장만 하면 되는 글이라고 오해하는 거 같아. 횡설수설이야.

✎ (나)에 제시되어 있는 사건을 통해 두 가지 사실을 이끌어낼 수 있다. 먼저 오드리 헵번이 유니세프 활동할 당시의 자신을 보면 오드리 헵번은 옆에 앉은 아프리카 아이와 비교해도 별 차이가 없다. 즉 65세 이상 노령인구가 되면 허약해진다는 것을 알 수 있다. 또 다른 사실은 오드리 헵번이 유니세프할 당시의 사진을 보고 알 수 있다. 65세 이상 노령인구가 된다 하더라도, 누구나 꼭 부양을 받을 필요는 없다는 사실을 알 수 있다.

(다)의 사진은 왜 부양비율이 높아졌고 점점 높아지고 있는지를 보여주고 있다. 예전에는 뇌신경 조직이나 간 조직이 손상되면 거의 99% 재생이 불가능해 죽었다. 하지만 요즘은 사진에도 나와 있다시피 간 조직이 손상된다면 재생이 가능하고, 미래에는 지금은 재생이 불가능한 뇌신경 조직도 재생이 가능할지도 모른다.

(라)에서는 옛 지도와 인공위성이 있는데, 이것은 인간의 기술력이 발전했다는 것을 보여준다. 이것은 (다)와 비슷하게 왜 노령인구 비율이 증가하고 있는지를 나타내고 있다. 예전에는 지방에 있는 사람이 아프면 서울에 있는 우수한 의료진의 진료를 받기 위해 오래 기다려야 했지

만 요즘은 비행기나 KTX와 같은 교통수단을 이용해 1~2시간이면 서울에 올 수 있다. 다른 예를 들면 2009년에 생겨 급격하게 퍼진 바이러스 신종 플루만 보아도 최첨단 정보통신이 얼마나 중요한지 알 수 있다. 만약 조선 시대에 신종 플루가 발생했다면 10세기에 유럽 전역에 퍼진 흑사병 때와 비슷하게 세계 인구의 1/3이 줄었을지도 모른다.

(나)에 제시되어 있는 게 사건이야? 그림에 무슨 교통사고 났어? 화재 사고 났어? 오드리 헵번이 허약하다고? ㅋㅋ 뭔 소리해? 오드리 헵번은 뚱뚱한 적 없이 평생 날씬했어. 그리고 허약이 그림의 핵심도 아니고. 첫 단락에 오드리 헵번 이름을 세 번이나 쓰고 유니세프도 두 번이나 쓰네. 했던 말 또 하고. ㅠ 지방에서 서울로 가? 비행기와 KTX? 코미디 하네. 흑사병이 10세기에 일어났어? 14세기에 일어났던 일이야. 도대체 제시문하고 상관도 없고 맞지도 않는 얘기를 왜 쓰는지 모르겠어. 너희들은 신세대라 그런지 첨단 정보통신과 과학 기술이면 모든 게 해결되는 것처럼 얘기하네. 전체적으로 헛소리야.

오현이 답안뿐만 아니라 너희들의 답안을 전체적으로 보면 너희들이 우리글을 제대로 모르는 것 같아. 우수하다는 학생이 쓴 답안을 봐도 글은 대부분 엉망이야. 좀 답답하네.

오늘 두 번째 수업에서 논술의 또 다른 맛을 보았지? 깊이 생각하고 자신에게 솔직해야겠지? 먼저 '생각하라'에 관해. 앞에서도 말했지만 논술에선 가르치고 배우는 게 많지 않아. 그런데도 논술을 가르치고 배우는 것이라고 생각하는 사람들이 있어. 가르칠 때 배우라는 제목의 논술 책도 있고. 물론 전혀 배우지 않을 수는 없는 노릇이지. 그렇지만 좋은 시는 시작법詩作法을 배운다고 잘 쓰는 게 아니야. 작곡법을 배운 음대생들은 모두 모차르트나 베토벤과 같은 작곡가가 되는 걸까? 그림 그리는 법을 배운 미대생은 모두 피카소가 되고 이중섭이 되는 거야? 그건 배우는 게 아니야. 배워야 하지만 그건 일부에 지나지 않지. 인간의 삶, 인간과 사회, 자연과 세계에 대한 깊은 성찰이 있어야 좋은 음악을 만들고 좋은 그림을 그릴 수 있지 않을까? 논술로 말하면 깊이 생각해야 한다는 말이야.

좋은 글? 글 솜씨를 보이라는 말이 아니야. 좋은 생각, 깊은 생각, 익은 생각을 말해. 깊이 생각할 줄 알면 대학에서 공부할 수 있어. 지식은 교수들이 채워줄 수 있으니까.

대학 공부를 좀 설명하면, 대학이 신입생을 키 순서로 뽑아? 몸무게 순서로 뽑아? 예체능계를 제외하면 대개 공부 실력으로 뽑지. 대학에선 학생 뽑아 뭐해? 키 늘리고 몸무게 늘려? 학문을 가르치지. 대학생은 책 읽고 공부하고. 여러분이 지금 읽는 책보다 어려운 교양 도서나 전공 책을 읽게 돼. 이게 분량도 많고 어려워서 암기로는 감당이 안 돼. 이해해야 돼. 시험 보고 리포트 내고 독후감 쓰고 보고서 제출하고 논문 쓰고. 이게 다 쓰는 일이야. 매일 글 읽고 글 쓰는 게 대다수 대학생들의 직업이야.

또 있어. 교수들은 글만 보면 대개 그 인간을 판단할 수 있어. 교수들이 가르치고 싶은 학생도 있고 가르치기 싫은 학생도 있어. 실력은 뛰어난데 모든 걸 외우기만 하고 생각은 하지 않는 학생. 이런 학생은 점수는 좋을지 모르지만 발전 가능성이 보이지 않지. 암기력은 좀 부족하지만 어느 문제에 대해 깊이 생각하고 배울 자세가 되어 있으며 솔직하고 발전 가능성을 갖고 있는 학생. 교수는 이런 학생을 원해. 글을 읽으면 그들은 대개 어렵지 않게 그런 걸 알 수 있고.

생각! 이게 중요해. 학생들이 (고민을 포함해서) 생각을 하지 않는 것 같아. 배우는 것을 그저 받아들이기만 해. 내신과 수능이 암기를 장려하는 것 같고. 생각 안 하고 암기만 하는 학생은 불행할 것 같아. 그런 학생을 가르치는 선생이나 교수도.

두 번째로 '솔직하라'에 관해. 학생들 글을 읽다보면 내가 도저히 이해할 수 없는 글이 있어. 글을 첨삭을 하다보면 이런 학생들도 있고.

"그 부분은 그런 뜻이 아니라 이런 뜻인데요. 이런 뜻으로 쓴 거예요."

그럼 쓸 때 왜 이런 뜻으로 안 쓰고 그런 뜻으로 쓰는 거야? 선생 약 올려? 내가 옆에 있으니 나한테는 말할 수 있지만 실제 논술 시험에서는? 답안지 제출하고 나면 채점하는 교수 찾아가 설명할 수 없어. 변명이나 해명도 못 해. 누가 채점하는지도 알 수 없어. 채점자 찾아가서 그런 말 할 생각하지 말고 글을 쓸 때 오해하지 않도록 명확하게 쓰라고.

드물지만 자신의 정신세계 안에 갇혀 자신만 이해하는 글을 쓰는 학생도 봤어. 그건 아무도 이해하지 못하는 글이야. 그런 글이 어떤 성격의 글인지 학생에게 지적을 해주었지. 그건 너만 이해하지 아무도 이해하지 못한다고 말해주었어. 학생도 고개를 끄덕이고(내가 중고등학교 때 그런 글을 많이 써봐서 그 심정을 잘 알아). 자신이 만든 자신만의 세계 밖으로 나와 누구나 이해할 수 있는 글을 쓰라고 여러 번 말했어. 그런데도 그 학생의 글은 쉽게 바뀌지 않았어. 따라서 그건 글이 아니라 생각의 문제야. 긴 문장이나 복잡한 문장 쓰고 난해한 어휘를 사용하며 자신만 알 수 있는 글을 쓰는 학생들. 생각해봐. '나는 지금 나 자신에게 진정으로 솔직하고 정직한가?' 그러면 해답의 실마리가 조금 보일 거야.

끝으로 '행복하라'에 관해. 한 편의 훌륭한 글이나 책에서는 고귀한 인간의 영혼이 뿜어내는 향기를 맡을 수 있어(물론 추악한 인간의 썩은 머리에서 뱉어내는 악취도 맡을 수 있고). 글을 쓰는 시험과 오지선다형 시험은 근본적으로 다르고 다른 인간을 길러내. 깊은 생각을 짧고 명확한 문장에 표현하면 교수들에게는 그 학생을 가르치고 싶은 생각이 절로 들지. 그런 학생은 교수들이 말하는 내용을 잘 받아들이고 이해해서 실력도 부쩍 늘겠지. 또한 쓰는 시험에서는 점수와 석차의 잔인함을 극복할 수 있어. 글로는 인간을 획일화하고 일렬로 세우지 못해. 무슨 말이냐고?

고은과 박경리를 등수로 구분할 수 있어? 조정래와 황석영을 점수로 구별할수 있을까? 이청준과 조세희는? 신경숙과 박완서는? 아인슈타인과 뉴턴은? 겸재와 이중섭은? 채플린과 피카소는? 그렇게는 안 되겠지. 그들에게 인간과 사회,자연과 세계의 본질에 관한 깊은 생각을 (최고 수준의 예술이나 과학과 같은 자기 영역에) 담아내려는 깊은 영혼은 있을지언정 그들 사이에 등수를 매길 수는 없겠지? 이런 사람들이 진정으로 행복한 사람이라고 생각해. 여러분도 행복해지면좋겠어. 자신이 원하는 일을 이루려고 최선의 노력을 다 하는 사람. 그런 사람이행복한 사람이겠지? 그러한 사람이 쓴 글 하나 소개할게.

나는 글쓰기를 늘 농사에 비유한다. 농사에는 사람이 할 수 없는 일이 있다. 그건 자연이 한다. 농사에서 자연은 글쓰기에서 시간이다. 오늘 씨 뿌리고 내일 추수할수 없듯이 오늘 쓰고 내일 출판할 수 없다. 글도 '익어야' 한다. 좋은 글은 더욱 그렇다. 글을 완성하는 데는 시간이 필요하고 중요하다. 글도 '묵혀두면' 익는다. 글이익든 내가 익든 익는다. 글은 저절로 익지 않는다. 시간이 지나 내 영혼이 익고 더 익은 영혼이 글을 다시 대하면 글을 고치게 된다. 글은 그렇게 익는다. 익은 글은 깊은맛을 내며 독자에게 감동을 준다. 익지 않은 글은 독자를 괴롭히고 자신을 부끄럽게만든다.

또한 글쓰기는 집짓기에 비유할 수 있다. 설계도부터 창문 열쇠까지, 토대부터기왓장까지 전부 저자 혼자 그리고 짓고 마무리해야 한다. 좀 힘겨운 일이다. 여기에는 현미경과 망원경을 함께 갖추고 그것을 능숙하게 이용할 줄 아는 능력이 요구된다. 많은 인내와 노력도 필요하다. 글의 나무도 숲도 제대로 그려야 하기 때문이다.

이 글 마음에 들어? 『리영희: 살아 있는 신화』(8~9쪽)라는 책에 있는 글이야.

그 부분이 마음에 들어 약간 수정해서 인용했어. 이 글에는 글쓰기에 관한 깊은 생각이 담겨 있어. 그뿐만 아니라 이 글 자체가 매우 쉽고 간결하고 명확해. 글에 군더더기가 없어. 이런 글을 읽으면 기쁘고 즐겁고 행복해져. 글에 대한 깊은 생각을 이렇게 짧은 문장에 녹여낼 수 있는 거야. 생각은 깊게 문장은 짧게. 오케이?

글을 쓸 때에는 깊은 생각을 간결하고 명확하게 쓰도록. 지난 시간에 배운 파스칼의 말. "여보게, 짧게 쓸 시간이 없어 편지를 길게 쓰는 걸 이해하게." 이게 뭔 소리? 시간 없으면 자신의 뜻을 제대로 전달하려고 중언부언하게 돼. 긴 문장은 대체로 좋은 글이 안 돼. 학생들 글 중에 내가 전혀 이해할 수 없는 문장들이 있어. 그건 대개 긴 문장으로 된 글이야. 문장을 길게 쓰면 주어-서술어 호응 안 되고 비문 될 확률이 높아져.

글은 쉽게 쓰는 게 어렵고 어렵게 쓰는 게 쉬워. 깊은 생각을 높은 수준에 담은 글은 대개 어렵지 않아. 그런데 왜 어렵게 쓰는 거야? 내용을 이해하지 못했으니까. 왜? 깊이 생각하지 않았으니까. 잘 이해하면 쉽게 쓸 수 있어. 좋은 글을 쓰려면 깊은 생각을 짧고 쉽게 쓰고 글의 핵심을 분명하고 간결하게 담도록. 알겠어?

첫날 문제(파스칼의 내기)는 논술에서 답이 정확히 있는 문제이고 네 가지 경우를 쓰지 않으면 틀리는 문제였다. 오늘 문제(오드리 헵번 나오는 문제)는 정답이 없는 문제라고 할 수 있다. 자신이 제일 좋은 답이라고 생각하는 내용을 쓰고 그 내용에 타당하고 적절한 근거를 대면 좋은 답이 된다. 이 두 문제를 논술의 양 극단이라고 말할 수 있겠다. 대부분의 우리나라 논술은 이 양 극단의 사이 어디쯤 있을 것이다. 논리적 사고력과 독창적 창의력을 활용하여 깊은 생각을 간결한 문장에 표현하는 것, 이것이 논술이다.

논술이 뭔지 배웠고 논술의 두 법칙을 공부했다. 두 번의 논술 수업을 정리한다. 논술은 학생과 교수 사이의 커뮤니케이션이다. 쓰라는 대로 써라. 질문과 제시문을 잘 읽어라. 깊이 생각해서 글을 읽고 혼자 힘으로 써봐라. 그래도 안 되면 자신을 들여다봐라. 자신에게 솔직해져라.

앞으로는 이 두 법칙에 따라 기출문제를 읽고 생각하고 글을 쓰는 훈련을 하겠다. 그리고 너희들 글을 첨삭하겠다. 필요하면 배경지식도 강의하겠다. 글을 읽고 쓰는 연습과 훈련을 통해 동서고금의 고전을 읽고 깊은 영혼이 내는 사색의 향기를 맡도록 해라. 손으로 직접 쓰는 노동을 통해 글 쓰는 게 창조적 활동이라는 것을 인식해라. 글쓰기는 자신의 영혼을 백지에 옮기는 고통스러운 창조적 노동이다.

둘쨋날 수업 끝.

3장

내가 서야
글이 선다

논술 제시문에는 좋은 글이 많아. 오늘은 내가 참 좋아하는 글을 소개할게. 그리고 그 제시문의 내용과 관련된 논술 문제를 공부하겠어. 먼저 좋은 글. 이 문제는 풀지 않고 그냥 읽기만 할 거야. 서울대 2001학년도 수시논술 인문계 문제에서 문제 1번만.

제시문 1

(1)

　　독서(讀書)란 남이 지은 책을 읽는 것이다. 왜 남이 지은 책을 읽느냐 하면 책이란 저자의 지식과 감정과 생활과 의욕의 정수를 토로해놓은 것이기 때문에 그것을 읽는 것은 즐겁기도 하고 지식과 교양을 넓히고 높이는 까닭도 되며 또는 실생활의 도움도 되기 때문이다. 사람이란 누구나 일정한 교육의 기초 위에서 자기 자신의 체험을 살려가면서 자기의 길을 헤쳐 나가는 것이다. 그러나 한 사람이 받을 수 있는 교육과 얻을 수 있는 체험은 한(限)이 있는 것이므로 이곳에 독서의 필요가 일어나는 것이다. 책! 그 속에는 인류가 수천 년 동안을 두고 쌓아온 사색과 체험과 연구와 관찰의 기록이 백화점 진열대 위의 상품처럼 전시되어 있는 것이다. 이 이상의 성대한 구경거리, 이 이상의 보고(寶庫), 이 이상의 위대한 교사가 어디 있는가. 책만 펴놓으면 우리는 수천 년 전의 대천재와도 흉금을 터놓고 마음대로 토론할 수 있으며, 해륙(海陸) 수만 리를 격한 먼 곳에 있는 대학자의 학설을 여비도 학비도 들일 것 없이 집에 앉은 채로 자유로 듣고 배울 수 있는 것이다.

(2)

　물론 그렇다고 독서에만 너무 의뢰하여 자기 자신의 사색과 체험과 관찰을 가볍고 소홀히 함은 금물이다. 아무리 훌륭한 책이라도 그것은 결국은 남의 것이요 내 것이 아니며 그때의 것이요 지금의 것이 아니기 때문에 그 속에 쓰인 것을 덮어놓고 그대로 믿고 그대로 행하기만 하면 족한 것은 아니다. 바르게 책을 읽는 법은 이러한 독서 만능주의에 있는 것이 아니다. 책에 쓰인 바를 혹은 취사선택하며 혹은 참고를 삼으며 혹은 나의 판단이나 행동에 대한 계기(契機)를 삼아서 나의 생활을 풍부히 하고 윤택하게 하고 나의 행동을 의미 있게 하고 바르게 하는 것이다. 책에만 의뢰하여 책에 쓰인 것이면 고만이라는 맹목적 독서는 ①독서의 사도(邪道)요 정도(正道)가 아니다. ②남의 책을 읽기 위해서는 먼저 '내'가 서야 한다. '나' 없는 독서, '나'를 무시하는 독서는 아무리 많이 하여도 도로(徒勞)일 뿐이며, 나아가서는 편협하거나 세태에 어두운 인간을 만들기 첩경이다.

(3)

　그러나 그 반대로 '나'를 과대평가하여 독서를 경시함이 천부당만부당함은 말할 것도 없다. 세상에는 흔히 누구에게나 벌써 옛날에 널리 상식화되어 있는 사실을 가지고 무지 때문에 쓸데없이 고뇌하고 흥분하고 감격하고 분개하고 얼토당토않은 독단에 빠져서 자기를 해치고 남에게까지 누(累)를 미치는 사람이 있음을 본다. 이런 사람을 볼 때처럼 딱한 일은 없다. 그런 사람이 어디 있겠느냐고 나의 말을 도리어 우습게 알 사람이 있을는지 모르나, 좀 과장해 말하면 이 세상에서 벌어지는 모든 불화와 싸움은 알고 보면 이러한 무지에서 나오는 것이 태반이라 하여도 과언이 아닌 것이다. 허심탄회하게 단 한 권의 책자만 읽었으면 단번에 이해할 수 있는 간단한 문제를 가지고, 그만 수고를 하지 않기 때문에 언제까지나 미로(迷路)에서 헤매는 사람들 ─ 이런 사람들에게는 무엇보다도 먼저 권해야 할 것이 독서다. 공자 같은 현명한 분도 "내가 일찍이 온종일 먹지 않고, 밤이 새도록 자지 않고 생각하였으나 유익한 것이 없는지라 배우는 것만 같지 못하도다(吾嘗終日不食하고 終夜不寢하여 以思하니 無益이라 不如學也라)"고 말씀하였거늘 하물며 범인에 있어서랴. 독서를 경시하는 무지(無知)만 용배(蠻勇輩)처럼 유해하고 또 위험한 것은 없다.

● 답안지에 물음의 번호를 쓰고 답하라.

물음 1. 이 글의 주제를 10자(띄어쓰기 포함) 이내로 답하라.

물음 2. 밑줄 친 ①에서 "독서의 정도(正道)"란 어떤 것인지를 150자(띄어쓰기 포함) 이내로 알기 쉽게 설명하라.

물음 3. 밑줄 친 ② "남의 책을 읽기 위해서는 먼저 '내'가 서야 한다"는 말을 100자(띄어쓰기 포함) 이내로 알기 쉽게 설명하라.

물음 4. 이 글의 내용을 300자 이상 500자(띄어쓰기 포함) 이내로 요약하라.

책을 왜 읽는지 성찰하게 하는 아주 좋은 글이야. 제시문도 좋고 문제도 좋고. 논술에서는 자기 자신이 확고하게 서야 글을 제대로 읽고 쓸 수 있다고 생각해. 아래에 그런 예를 보겠어.

오늘 수업 시작. 고려대에서 노령사회를 주제로 논술 문제를 출제했다. 이 문제를 지난 번 두 번째 수업에서 했던 단국대 문제와 비교하는 것도 재미있을 것 같다. 그래서 오늘은 고려대 2012학년도 모의논술 문제로 수업한다. 문제가 세 개인데 오늘은 II만 한다. 요약 문제는 다음에 다룰 것이고 III은 수리 문제라서 생략한다. 제시문과 문제를 보자.

(1)
세계사에는 수많은 전쟁이 있었다. 맨주먹으로 싸운 전쟁, 창으로 싸운 전쟁, 화기와 폭탄을 사용한 전쟁, 방어전과 섬멸전, 내전과 국제전⋯⋯. 그리고 세대 간 전쟁이 있다.

세대전쟁은 여타 다른 갈등이나 전쟁과는 근본적으로 다르다. 군대가 등장하지도 않고, 서로 총을 쏘지도 않고, 포로를 잡지도 않는다. 그럼에도 세대 갈등은 전쟁이라 불러도 전혀 손색이 없을 정도로 투철하고 혁명적인 힘을 발동시킨다. 어떤 의미에서는 가장 오래된 전쟁이자 가장 현대적인 전쟁이다. 생물학적으로 프로그래밍되어 있기에 가장 오래된 전쟁이며, 말과 모욕으로 치러진 심리전이기에 가장 현대적인 전쟁이다.

심리전은 노인들에게서 자신의 아름다움에 대한 믿음, 자신의 오감과 이성에 대한 믿음을 앗아감으로써 인간의 자의식을 무너뜨린다. 소포클레스의 아들은 법정에서 90세의 아버지가 정신이 온전하지 못하다고 주장하였다. 아버지에게 똑같은 짓을 한 수많은 다른 자식들처럼 그 역시 그런 주장으로써 아버지의 재산을 빼앗으려 하였다.

세대전쟁의 배후에는 경제적 갈등이 숨어 있다. 젊은이들은 노인들이 자신들의 앞길을 가로막는다고 비난하고, 노인들은 젊은이들이 자신의 재산을 노린다고 생각해왔다. 그러나 19세기 말 이후 연금보험이 도입되고 연령 피라미드가 유지되어 세대 간 협약이 제 기능을 다하는 동안 세대전쟁의 야비한 본질은 잊혀졌다. 이와 더불어 노인들을 노동시장에서 퇴출시킬 필요가 없다는 사실마저 잊혀졌다. 누구든 일정 연령에 이르면 퇴직을 하였기 때문에, 노인들이 활동적이고 영향력이 크며 각 분야에서 생산적으로 일할 수 있다는 생각을 하지 못하게 되었다.

그러나 오늘에 이르러 세대 갈등은 다시금 심각한 문제로 대두되었다. 노인인구가 급증하고 사회·경제적 환경이 급변함에 따라 노인 부양을 위한 사회적 부담이 크게 증가하였기 때문이다.

효 사상을 바탕으로 노인에 대한 공경을 공동체 안에서 실현해온 한국의 경우도 최근에는 세대 갈등이 사회적 문제가 되고 있다. 60대 이상의 인구가 적었던 시절에는 개인적으로나 사회적으로 노인을 충분히 부양할 수 있었으며 노인은 존경과 우대의 대상이었다. 그러나 상황은 바뀌었다. 1990년에 5.1%를 차지하던 65세 이상의 인구 비율은 2000년에 7.2%, 2010년에 11.0%로 빠르게 증가하였다. 2018년에는 14.3%, 2026년에는 20.8%에 달할 것으로 예측된다. 노인인구의 증가는 암, 뇌 질환, 치매 등과 같은 만성적 노인성 질환 치료를 위해 사회가 부담해야 하는 의료 비용의 증가를 뜻한다. 또한 이들에게 지급해야 하는 연금 규모의 확대를 의미한다.

이런 상황에서 현대의 노인들은 더 이상 공경을 기대할 수 없는 회색 지대에 놓이게 되었다. 평균 수명이 늘어나면서 부모, 조부모, 증조부모 세대가 공존하는 상황도 발생하였다. 이에 따라 젊은 세대의 부양책임도 더욱 커질 것이다. 노인인구가 증가하는 반면에 출산율은 저하되어 경제활동인구가 줄어들면서 고령화는 심각한 사회 문제가 되었다.

경제활동인구가 감소하고 퇴직 이후의 삶에 대한 지출 비용이 증가하면서 사회복지 시스템을 둘러싼 세대 간 갈등이 고조되고 있다. 한국에서 1988년부터 시행된 국민연금은 20여 년이 지난 2010년에 연금 수급자가 300만 명을 넘어섰다. 국책 연구 기관의 예측에 따르면, 2036년에는 적자가 발생하고 2060년에는 연금 기금이 고갈될 것이라고 한다.

중장년층 이하 세대의 연금 부담이 커지면서 이미 보이지 않는 세대 간 전쟁은 시작되었다. 연금을 통해 자신들의 노후를 보장받으려는 노인 세대와 그들의 연금까지 책임져야 하는 젊은 세대 간의 갈등은 갈수록 심화될 것이다. 충분히 생산성이 있는 노인을 힘없고 인지 능력이 떨어지는 사람으로 취급해 퇴직시키는 현상이 이제는 노인 세대에 대한 젊은 세대의 부담을 가중시키고 있다. 조만간 세대전쟁이 몰고 올 문제는 생명을 위협하는 전염병처럼 매일매일의 뉴스거리가 될 것이다.

(2)

(가)

맹자가 말하였다. "내 노인을 섬겨서 남의 노인에게 미치고 내 아이를 사랑하여 남의 아이에게 이른다면, 천하를 손바닥에 놓고 움직일 수가 있다. 『시경』에 이르기를 '처자에게 모범이 되어 형제에 이르고 그럼으로써 집과 나라가 다스려진다'라고 하였으니, 이 마음을 가져다가 저기에 보탤 뿐임을 말한 것이다. 그러므로 은혜를 확장시키면 천하를 보존하기에 충분하고, 은혜를 확장시키지 못하면 처자도 보호할 수 없다."

(나)

어와 저 조카야 밥 없이 어찌할까
어와 저 아저씨야 옷 없이 어찌할까
힘든 일 다 말하려무나 돌보고자 하노라

오늘도 다 새었다 호미 메고 가자꾸나
내 논 다 매거든 네 논 좀 매어 주마
올 길에 뽕 따다가 누에 먹여 보자꾸나

이고 진 저 늙은이 짐 벗어 나를 주오
나는 젊었으니 돌이라 무거울까
늙기도 서럽다 하겠거늘 짐조차 지실까

(다)

사람들은 핵가족으로부터 국가적인 공동체에 이르기까지 점점 더 광범위해지는 연대의 동심원 체계에 속해 있다. 사람들은 자신과 가까운 사람들에게 가장 강한 책임감을 느끼고, 조금 먼 사람들에게는 그러한 사물의 질서를 존중할 책임과 의무를 덜 느끼게 된다. 그러나 '내 것'과 '내 것이 아님' 그리고 '다른 사람 것'과 '다른 사람 것이 아님'을 지나치게 구별하게 되면 공동체에서는 불협화음이 나타날 수 있다.

우리 모두는 특정한 사회적 정체성의 담지자로서 우리의 환경에 다가간다. 나는 어느 누군가의 딸 또는 아들이며, 또 다른 누군가의 삼촌 또는 사촌이다. 나는 또한 이 도시 저 도시의 시민이며, 이러저러한 집단의 성원이다. 그렇기 때문에 나에게 좋은 것은 같은 공동체에 속한 누구에게나 좋은 것이어야 한다.

개인들은 사회적 지위 때문에 연대를 맺기도 하지만 또한 동의와 상호부조를 통해서 연대 제도에 참여하기도 한다. 공동체의 발전과 연관된 이러한 원리는 19세기 말에 사회보험을 탄생시키는 데 중심적인 역할을 하였다. 우리 모두는 실제로 서로에 대한 책임이 있기 때문에 공동선에 헌신하고자 하는 인식을 확고히 해야 한다.

(3)

오늘날 선진국에서 정부 지출이 가장 많은 분야는 복지이다. 그리고 복지 분야 중에서 대규모 정부 지출이 이루어지는 대표적인 프로그램은 공적 연금이다. 공적 연금은 정부가 노인들에게 매달 정해진 급여를 제공하는 것인데, 이의 재원 마련을 위해 경제활동에 종사하는 국민들은 매달 소득의 일정액을 연금 보험료로 정부에 납부해야 한다. 이런 면에서 연금은 국가가 국민들에게 요구하는 일종의 강제 저축이다.

공적 연금을 지지하는 사람들은 국민의 노후 생활 보장을 위한 국가 개입은 정당하다고 주장한다. 그러나 자유의 가치를 존중한다면 개인들이 자신에게 해로운 선택을 할 자유도 인정해야 한다. 어떤 사람이 현재를 즐기는 데 자신의 소득을 모두 쓰는 대가로 궁핍한 노년을 감수하기로 결정했다면, 우리가 무슨 권리로 그것을 막을 것인가? 우리는 대화를 통해 그가 잘못 생각하고 있다고 설득할 수는 있다. 그러나 우리에게 그의 결정을 바꾸도록 강제할 권한이 있을까?

공적 연금을 지지하는 사람들은, 만일 이 제도가 없다면 스스로 노후 대비를 하지 않는 사람으로 인해 다른 사람들이 피해를 본다는 주장을 하기도 한다. 현대사회에서 궁핍한 노인이 고통받는 것을 그대로 방치할 수는 없기 때문에 정부는 공공 부조 등을 통해 지원한다. 이는 스스로 노후 대비를 하지 않는 사람 때문에 사회가 부담을 떠안게 됨을 의미한다. 따라서 강제적인 연금 가입은 그 사람의 이익이 아닌 다른 사람들의 이익이라는 관점에서 정당화된다는 것이다.

만약 공적 연금이 없는 상태에서 노령인구의 90%가 사회에 부담이 된다면 이 주장은 매우 설득력이 있다. 그러나 오직 1%만이 공공의 부담이 된다면 전혀 그렇지 못할 것이다. 왜 1%의 사람들이 사회에 초래하는 부담을 막기 위하여 99% 사람들의 자유를 제한해야 하는가? 자발적인 노후 대비가 어려운 소수에게는 어느 정도 국가 지원이 필요할 수 있다. 하지만 나머지 다수에게는 스스로 노후 대비를 하도록 맡겨두는 것이 연금 가입을 강제하는 것보다 바람직하다.

다수가 자발적으로 노후 대비를 할 수 있다면 공적 연금 제도는 별 이득도 없이 너무 큰 비용을 지불하는 셈이다. 이 제도는 우리의 소득 가운데 상당 부분에 대한 처분권을 박탈했으며 국가 재정의 위기를 초래하였다.

II. 제시문 (2)와 (3)은 사회 문제 해결에 대한 서로 다른 관점을 제시하고 있다. 제시문 (2)와 (3)의 관점을 비교하고, 이에 근거하여 제시문 (1)의 사회 문제를 해결하기 위한 자신의 견해를 논술하시오. ▶50점

질문을 보면 서술어가 세 개다. '비교하고 근거하여 논술하시오.' 비교하라면 비교를 하고 비교만 해라. 논술에서 비교는 언어 과목에서 대조를 포함하는 말이다. 공통점만 말하지 말고 차이점도 말해야 한다. 두 제시문이 다른 내용이니 차이점을 말하지 않을 수 없다.

그다음 근거해라. 근데 이건 제대로 할 수 없다. 바로 앞에서 비교했는데 근거한다고 비교 바로 다음에 제시문 (2)와 (3)의 관점을 또 쓸 수는 없다. 잠시 보류.

'논술하시오.' 이제 논술해야 한다. 자신의 견해를 밝히고 논거를 대야 한다. 바로 이때 '근거해야' 한다. 자신의 견해를 쓸 때 자기 멋대로 하지 말고 (2)와 (3)의 관점에 근거해야 한다. 결국 '근거하라'는 (2)와 (3)의 두 관점에서 하나의 관점을 선택하여 자기의 견해를 밝히라는 말이다. 한 관점을 선택하지 않고 두 관점을 절충하든지 종합할 수도 있겠다. 그런데 그러려면 논거를 훌륭하게 대야 한다. 대충 절충하거나 종합하면 이도저도 아닌 답안이 되는 수가 있다.

세 서술어를 정리한다. 먼저 비교하고 나서 논술해야 한다. 비교와 논술은 선후의 관계다. 그런데 근거하여 논술하는 건 선후관계가 아니다. 서술어 순서대로 할 수 없다. 그건 주종관계다. 영화배우에 비유하여 말하면 '주연과 조연의 관계'다. 정확히 말하면 중요한 것과 부차적인 것이다. 논술할 때 근거하는 것이다. 논술할 때 하나의 관점을 자신의 견해 안에 잘 녹여야 한다. 제시문은 읽으면 되니 바로 내가 쓴 예시 답안을 보여준다.

세대전쟁이라는 사회 문제를 해결하는 데 (2)는 공동체주의적 관점을, (3)은 개인주의적 관점을 보인다. (2)에 따르면 개인은 사회구성원으로서 공동체에 책임을 갖기 때문에 가정에서 공동체까지 공감을 확장하여 상호부조를 실천해야 한다. 그 반면에 (3)에 따르면 다수의 개인이 자발적으로 노후 대비를 할 수 있다면, 공적 연금 제도는 별 이득도 없이 시민 다수의 소득 처분권 일부를 박탈하고 국가 재정에 위기를 초래하는 제도다.

그런데 (2)와 (3)의 관점에 머무를 경우 세대전쟁은 해결하기 어렵다. 세대전쟁은 현상이며 그 이면에는 '돈 전쟁'이 놓여 있기 때문이다. 세대전쟁은 나이 때문이 아니라 돈 때문에 생긴다. 젊은이든 노인이든 돈이 충분하다면 연금 문제도 세대 갈등도 생기지 않는다. 예를 들어 재벌의 가족에는 세대전쟁이 없다. 돈이 많기 때문이다. 토머스 모어의 『유토피아』에는 하루 네 시간 노동으로 모든 사회구성원이 인간다운 삶을 사는 모습이 묘사되어 있다. 500년 전의 그러한 삶이 '경제 성장'을 이루었다는 오늘날에도 실현되지 않고 있다. 돈(사회적 부)이 사회공동체 구성원 일부에게 집중되어 있다면, 세대전쟁으로 보이는 돈 전쟁은 앞으로도 그치지 않을 것이다.

이 답안 두 번째 단락 설명. 이 문제는 두 관점 중에 하나를 선택하여 논술하는 문제이니 너희들은 그렇게 해야겠지. 그게 출제의도고. 그런데 둘 중에 하나를 선택하라는 요구는 내겐 '내 생각에 수갑을 채우고' 글을 쓰라는 말과 같아. 난 둘 다 반대야. 연대하자는 말이나 자기 마음대로 하게 하자는 말, 다 내 마음에 안 들어. 노인 문제는 노인 문제가 아니야. 세대전쟁도 아니고. 노인 문제는 연금 문제도 아니야(절반은 연금 문제야). 그건 돈 문제거든. 돈 문제가 핵심이야. 그러니 난 두 관점 중 하나에 내 생각을 끼워 맞춰 글을 쓸 수 없다고. 난 그런 틀에 갇혀서는 내 생각을 전개할 수 없다니까. 그래서 답안을 이렇게 썼고. 이제 '내가 서야 글이 선다'는 말을 이해하겠어?

"그렇게 써도 고려대 붙어요?"

나야 고려대 떨어지면 되지. 고려대는 너희들이 가지 내가 가냐? 그리고 이걸 떨어뜨려? 지금까지 너희들이 쓴 답안 수준을 봤을 때 이 정도 답안이 떨어질 것 같진 않은데? 첨삭할 글이 없으니 오늘 수업 끝.

오늘 수업. 오늘은 한국의 민족에 대한 문제를 생각하도록 하는 연세대 2008학년도 정시 문제를 보겠어.

제시문 (가)

민족의 정체성과 그 기원에 관해서는 근원주의와 상황주의라는 극단적인 견해가 대립하고 있다. 어떤 사람들은 민족을 근원적인 성격을 가진 집단으로 본다. 이때 민족은 선천적인, 그리고 시간의 영향을 받지 않는 것이다. 그것은, 마치 핏줄로 이어지는 가족처럼, 인간에게 본래 주어진 것들 가운데 하나이다. 민족 정체성에 대한 이러한 시각은 민족을 유전적 선택 과정과 합목적성의 확장으로 간주하는 주장들의 지지를 얻고 있다.

한편 다른 사람들은 민족의 정체성을 시대와 상황에 따라 변화할 수 있는 인식, 태도, 감정의 문제로 본다. 개인의 상황이 변화하면 그의 집단 정체성이나 소속감도 변화할 것이다. 혹은 적어도 어떤 사람의 집단적 정체성은 시대와 상황에 따라 달라질 수 있다. 이러한 시각에서 볼 때 민족적 정체성은 개인이나 집단들의 이해관계, 정치 사회적 목표와 밀접한 관련을 가진다.

그런데 또 다른 주장에 의하면, 우리는 민족 정체성을 역사적, 상징적, 문화적인 관점에서 바라볼 필요가 있다. 이 경우, 민족은 문화적 집단으로 이해된다. 하나의 민족은 종교, 관습, 언어 또는 제도와 같은 문화적 차이를 통해 다른 민족과 구별되고 기원 신화와 공유된 역사의 기억을 중요시한다. 언어, 종교, 관습 등은 개인의 의지와는 관계없이 지속되거나 때로는 개인들을 제약하기도 하는 문화적 징표들이다. 이러한 문화적 징표들이 객관적인 모습으로 나타나는 경우, 그것은 한 민족을 다른 민족과 구별하는 기능을 수행할 수 있다. 그러나 이러한 객관적인 징표들은 또한 특수한 역사적 동인(動因)의 산물이기도 하다.

민족이 문화에 의해 정의된다는 말은, 문화의 요소들이 여러 세대에 걸쳐서 동일한 형태를 유지한다는 의미가 아니라 그 형태가 변하더라도 세대들이 연속성의 느낌을 갖는다는 의미이다. 또한 그것은 역사 속에 있었던 과거의 사건과 시대에 대한 공유된 기억 및 그 집단의 운명과 미래에 대해 세대들이 갖는 공통 관념을 뜻한다. 즉 민족의 정체성은 연속성에 대한 느낌, 공유된 기억, 집단의 운명에 대한 공통 관념 등 문화의 공통성에 의해 형성된다. 여기서 문제는 구성원들을 결속시키는 신화, 상징, 기억, 가치들이 변형되는 가운데서도, 어떻게 문화적 정체성이 여전히 한 민족의 구성원들을 다른 민족들로부터 분리시키고 구별 짓는 징표로 기능할 수 있는가이다.

제시문 (나)

이북(以北) 공산주의 한인(韓人)들이 이남(以南) 민주주의 한인들을 침략한 것이 단순한 내란(內亂)이라면 우리끼리 싸워서 남(南)이 이기거나 북(北)이 이기거나 국내에서 판결될 것인데, 세계 모든 민주주의 국가들이 우리를 도와서 우리와 같이 싸우는 것은 우리의 싸움이 단순한 내란이 아니고, 강한 이웃나라가 뒤에 앉아서 이북 괴뢰군(傀儡軍)을 시켜 이남 민주 정부를 파괴한 후 무력으로 남북을 통일해서 저의 속국(屬國)을 만들자는 야심을 가지고 침략을 시작한 까닭에 민주세계에서 이와 같이 공분(公憤)을 느끼고 싸우게 된 것입니다.

*

나라의 독립과 민족의 자유를 버리고 삼천리 금수강산을 남의 주권 아래에 두며 민족을 다 노예로 만들어놓자는 것이 그 분자(分子)들의 목적이요, 살인과 방화를 일삼아서 참으로 사람으로는 할 수 없는 일을 했던 것입니다. 그 때문에 우리가 말하기를 미국 백성으로 공산당 된 사람은 미국 백성이 아니요, 영국 백성으로 공산당 된 사람은 영국 백성이 아니요, 중국 사람으로 공산당 된 사람은 중국 사람이 아니며, 한인(韓人)으로 공산당 된 사람은 한인의 대접을 받을 수 없다고 한 것입니다.

*

공산주의 선동에 빠져 나라를 팔고 민족을 남의 노예로 만들려고 활동하는 분자들은 …… (중략)…… 동족(同族)이라고 할 수 없고 또 인류라고도 인정할 수 없을 것이므로 …… (하략) ……

*

공산자에게 머리를 숙이고 노예 되기를 감수하던지 우리의 자유와 통일과 민주주의를 위해서 변치 않고 싸우던지 하나를 택해야 될 형편이었던 것입니다.

제시문 (다)

자, 보라. 현재 물산장려운동(物産奬勵運動)*의 사상적 도화수(導火手)가 된 것이 누구인가. 저들의 사회적 지위나 계급적 의식은 아무리 하여도 중산계급을 벗어나지 아니 하며 적어도 중산계급의 이익에 충실한 대변인인 지식계급이 아닌가. 또 솔선하여 물산장려운동의 실행적 선봉이 된 것도 중산계급이 아닌가. 실상을 말하면 노동자에게는 이제 새삼스럽게 물산장려를 말할 필요가 없는 것이다. 그들은 벌써 오래 전부터 훌륭한 물산장려계급이다. 자본가?중산계급이 양복이나 비단옷을 입는 대신에 그들은 무명과 베옷을 입었고, 저들 자본가가 위스키나 브랜디나 정종을 마시는 대신에 그들은 소주나 막걸리를 마시지 않았는가? 그러나 그것은 저들 자본계급이 구실로 삼는 애국적이니 민족적이니 경제적 독립이니 하는 의미에서가 아니요, 생활상 어쩔 수 없이 헐하고 좋지 못한 것을 사용하게 된 것이다. 자본주의 사회가 존속되는 이상 피착취계급인 노동자에게는 결코 그 이상의 것이 주어지지 않는다. 이만하면 물산장려운동이 중산계급의 운동임을 알 수 있지 아니한가.

그러면 이제부터는 물산장려를 주장하는 근거와 그 이면에 숨어 있는 계급적 이해관계를 생각해보자. 물산장려란 무엇인가. 그것은 말할 것도 없이 우리의 손으로 지은 물품을 사용하자는 것이다. 좀 더 다른 의미로 말하자면 외화(外貨) 배척을 의미하는 것이 된다. 그리고 저들이 떠드는 구실을 빌려 말하면 우리의 생산기관을 발달케 하여 산업을 진흥시키며 생활의 경제적 독립을 목표로 하는 것이란다. …… (중략) …… 그러나 "누구를 위하여", "생산기관의 발달", "산업의 진흥", "생활의 경제적 독립"을 표방하는지 계급적 경계선을 분명히 할 필요가 있는 것이다. …… (중략) ……

실상 저들 자본가·중산계급이 외래의 자본주의적 침략에 위협을 당하고 착취당하고 있는 경제적 복종관계의 엄연한 사실이, 저들로 하여금 어쩔 수 없이 민족적이라는 좋은 말로 동족 안에 있는 착취, 피착취의 서로 반대되는 양극단의 계급적 의식을 엄폐해버리고, 겉으로는 애국적이라는 의미에서 외화 배척을 말하는 것이며 속으로는 외래의 경제적 정복계급을 축출하고 자기들이 새로운 착취계급으로서 그들을 대신하려 하는 것이다. 이리하여 저들은 민족적, 애국적이라는 감상적인 수사로써 눈물을 흘리며 자기들과 이해(利害)가 완전히 반대되는 노동계급의 지원을 갈구하는 것이다. 그러나 계급적으로 자각한 노동자는 저들도 외래의 자본가와 조금도 다름이 없는 것을 알며, 따라서 저들 새로운 승냥이와 이리의 전략에 홀려 계급전선을 흐릿하게 하지는 못할 것이다.

★ 물산장려운동: 1920년대에 일제의 경제적 수탈에 항거하여 일어난 민족적 경제 자립운동으로 토산품(土産品) 애용과 조선인 상공업 후원 등을 도모하였다.

문제 1. 제시문 (나) (다) 각각의 입장에서 제시문 (가)의 밑줄 친 부분의 타당성을 검토하시오.
▶30점, 800자 내외

문제 2. 제시문 (가)에 나타난 세 가지 관점 가운데 가장 적절하다고 판단되는 한 가지를 적용하여 현재 우리 민족의 정체성을 논의하시오. 아울러 그 관점을 선택한 근거와 그 관점을 적용했을 때 나타나는 한계를 밝히시오. ▶30점, 800자 내외

문제 3도 있지만, 우리는 문제 1과 문제 2만 보겠어. 먼저 문제 1.

① 제시문 (나), (다) 각각의 입장에서. (나) (다) 각각의 입장을 말해야 한다. (나) (다) 각각의 입장을 명확히 이해하고 있다는 것을 채점자에게 보여주어야 한다. 그러니 (나) (다) 각각의 핵심 내용을 요약해야 한다. 자신의 말로 재구성해야 한다.

② 제시문 (가)의 밑줄 친 부분의. (가)의 밑줄 친 부분의 핵심 내용이 답안에 들어가야 한다. 그러니 밑줄 친 부분의 핵심 내용을 요약하여 자신의 말로 재구성해야 한다.

③ **타당성을 검토하시오.** 타당성을 검토해야 한다. 가능성은 두 가지다. 타당하다 또는 타당하지 않다. 그리고 각각의 검토 내용에 대해 근거를 제시해야 한다. (나)와 (다) 요약, (가)의 밑줄 친 부분 요약, 타당성을 검토하는 순서로 논의할 필요는 없다. 자신의 논점을 제일 잘 드러낼 수 있는 순서로 논의를 전개하면 될 것이다.

이제 제시문을 보겠다. 제시문 (가). 민족의 정체성과 기원에 관한 두 극단적 입장이 있다. 근원주의와 상황주의. 근원주의는 혈통이라는 선천적 조건에 주목한다. 근원주의는 민족을 유전적 선택이자 합목적성의 확장이라고 여긴다. 그다음으로 상황주의. 상황주의는 한마디로 민족이란 '그때그때 달라요'. 시대적 상황이나 역사적 조건에 따라 민족적 정체성은 달라질 수 있다. 또한 개인들의 이해관계에 따라 달라질 수도 있다. 상황주의는 우연적이고 인위적인 조건을 강조한다. 이 두 극단과는 다른 입장에서 민족을 볼 필요가 있다. 문화주의. 역사적, 상징적, 문화적 관점에서 민족을 바라본다. 한 민족은 공통의 역사적 기억을 공유한다. 문화적 차이를 통해 다른 민족과 구별된다. 언어, 종교, 관습 등의 문화적 징표들이 객관적인 모습으로 나타나서 민족을 구별하게 해주는 기능을 담당한다. 이 관점에 따르면 한 민족은 문화적 징표들의 연속성에 대한 공통의 관념을 갖게 된다.

(나) 민족 정체성을 규정하는 조건은 혈통이 아니라 정치적 이념이다. 같은 혈통이라도 이념이 다르면 같은 민족이 될 수 없다. 같은 혈통을 갖는 민족 가운데 같은 이념을 공유해야만 같은 민족이 된다. 공산주의자는 이념이 다르므로 같은 민족의 범주에 포함될 수 없다. 반공이라는 정치적 이념을 절대화하고 있는 우익의 시각을 보여준다.

(다) 물산장려운동은 겉으로는 민족의 이름으로 진행된다. 그러나 그 안을 들여다보면 중산계급의 계급적 이익이 들어 있다. 민족의 범주는 계급적 이해관계에 따라 분열될 수 있다. 민족보다는 계급을 우선한다. 계급적 이해관계를 중요시하는 좌익의 관점을 보여준다. (나)와 (다)의 미세한 차이. (나)는 민족 개념에서 공산주의자를 배제하지만 (다)에서는 민족 개념이 분열된다. 즉 (다)는 중산계급을 민족이 아니라며 배제하지는 않는다. 배제와 분열의 차이!

이제 (가)의 밑줄 친 부분. 문화주의의 핵심에는 연속성에 대한 느낌이 들어 있다. 첫째 그들은 과거의 사건과 시대에 대한 공유된 기억을 갖고 있느냐 하는 것. 둘째 집단의 운명과 미래에 대한 공통의 관념을 갖고 있느냐, 즉 운명공동체로 느끼느냐 하는 것. 이 둘이 있다면 그들은 문화의 형태는 변해도 연속성의 느낌을 갖고 동일한 민족으로 여길 수 있을 것이다. 이것이 바로 문화적 공통성이고, 이것에 의해 민족 정체성이 형성된다. 내 예시 답안이다.

(가)의 밑줄 친 부분에 따르면, 민족의 정체성은 역사적 사건에 대한 민족 구성원의 공통된 기억 또는 민족의 운명과 미래에 관한 공통된 관념에 의해 형성된다. 즉 민족 정체성은 문화적 공통성을 통해 구성된다. 이는 문화주의의 입장이라고 할 수 있다.

그런데 (나)에서 민족 정체성을 규정하는 조건은 반공이라는 정치 이념이다. 이에 따르면 같은 혈통 중에도 같은 이념을 공유해야만 같은 민족이라고 할 수 있다. 이념이 다른 공산주의자는 동족의 범주에 포함될 수 없다. 즉 (나)는 민족의 범주에서 반공 이념을 절대화한다. 이런 상황에서 반공주의자와 공산주의자 사이에 역사적인 사건에 관한 공통된 기억과 관념이라는 문화적 공통성이 존재할 수는 없을 것이다. 따라서 (나)에 따르면, (가)의 문화주의는 전혀 타당하지 않게 된다.

(다)는 민족보다는 계급을 우선적으로 파악한다. 자본가 및 중산계급이 주도하는 물산장려운동은 민족의 이름으로 노동자계급을 기만하고 착취하는 데 지나지 않는다. 외국자본을 몰아내고 자신의 이익을 확대하려는 중산계급의 계급적 이해관계에 따라 민족의 범주는 분열될 수밖에 없다. 이런 착취–피착취 관계에서 중산계급과 노동자계급 사이에 문화적 공통성이 존재할 가능성은 매우 낮다. 그러므로 (다)의 입장에서 볼 때에도 (가)의 문화주의는 타당성을 얻기 힘들다.

결국 (나)에서 보는 정치적 이념이나 (다)에 나타나는 계급적 이해관계에 따르면, (가)의 문화적 공통성은 실제로는 존재하지 않는 허구의 개념에 불과하다. 문화주의적 측면에서 말하는 민족적 정체성은 한국의 현실에서는 이념이나 계급에 따라 얼마든지 달라질 수 있는 것이다.

이제 문제 2를 본다. 문제 분석. 이 문제의 핵심은 '우리 민족의 정체성을 논의'하는 것이다. 다른 것은 부차적인 요구 사항이다. 우리 민족의 정체성을 논의할 때 (가)의 세 관점 중 자신의 논의에 적절한 것 하나를 적용하면 될 것이다. 적용하라면 적용만 하면 된다. 즉 자신의 논의에 그 관점을 녹여 쓰면 된다. 그러니 그 관점을 설명하려고 많은 지면을 할애하는 건 문제의 요구 사항을 제대로 이해하지 못한 셈이 된다. 또한 그건 문제 1에서 이미 어느 정도 했으니까.

그 관점의 선택 근거와 적용상의 한계를 밝혀야 한다. 이건 자신의 선택에 타당한 근거를 대라는 말이고 근거뿐만 아니라 한계도 밝히라는 주문이다. 즉 수험생의 균형 잡힌 시각을 보겠다는 것이다. 자기편만 들지 말고 자신의 주장과 근거의 문제점도 볼 수 있는 안목이 있다면 학문을 시작하는 학생으로서 바람직한 태도를 가졌다고 평가할 수 있다.

세 가지 관점 모두 장단점을 갖고 있다. 다른 제시문들과 별로 관련 없는 문제다. 그냥 (가)만 보면 된다. 이 문제는 다른 문제들과 유기적으로 연결되어 있는 것 같지 않다. 그냥 자기 생각 묻는 문제이니 자기 생각 쓰면 되겠다.

유일하게 관심을 가져야 할 낱말은 '현재'라는 말이다. 1,000년 전이 아니고 100년 전이 아니라 현재의 민족 정체성을 논해야 한다. 아무래도 상황주의 편을 드는 게 현재 적절하지 않을까 생각된다.

제시문 분석은 생략하고 학생들에게 사고의 지평을 넓혀주는 의미에서 약간 파격적인 답안을 제시하겠다. 또한 셋 중에 하나를 적용하라는 말도 '내 생각에 수갑 차고' 쓰는 글이 될 것 같아 좀 색다르게 글을 썼다. 물론 나도 어느 하나의 관점을 적용하여 우리 민족의 정체성을 논의할 수는 있다. 근데 일장일단이 있는 어느 관점 하나로 내 생각을 잘 드러낼 수 있을 것 같지 않다.

또 있다. 교수들은 늘 오늘날 이곳 한국의 상황에 대한 고민을 안고 논술 문제를 출제한다. 이 점을 고려하여 답안을 작성했다. 이렇게 파격적인 답안을 제출한다고 해도 적절한 논리와 근거를 댄다면 충분히 하나의 완결된 답안이 될 수 있을 것이다. 왜 아니겠는가? 논술인데. 내 예시 답안이다.

현재 우리 민족의 정체성은 근원주의, 상황주의, 문화주의 모두를 적용하여 논의할 수 있다. '우리'를 한국으로 보느냐 한반도 전체로 보느냐에 따라 민족의 정체성은 달라질 수 있다. '어제' 논의한 민족의 정체성은 오늘과는 다를 것이다. 세계화 시대인 오늘날 우리 민족의 정체성은 깊은 성찰을 필요로 하는 의미 있는 물음이라고 할 수 있다. 그러나 민족의 정체성에 관한 세 관점 중 제일 적절한 하나의 관점을 반드시 적용해야 하므로 이 논의는 왜곡되고 굴절될 수 있다. 그래서 남한만을 고려의 대상으로 하여 이 한계를 극복하고자 한다.

남한만의 관점에서 보면 현재 우리 민족의 정체성은 분열을 넘어 해체의 조짐을 보이고 있다. 이민과 국제결혼으로 혈통의 의미는 많이 퇴색되었다. 오늘날에도 남한에는 자신과 다른 정치 이념을 갖고 있는 사람을 동족으로 인정하지 않는 인간이 적지 않다. 그러니 북한 사람은 완전히 다른 민족으로 간주할 수도 있을 것이다. 그러하다면 정치적 목표를 달리 하는 남한의 보수와 진보 세력도 동족이 되는 것은 곤란하지 않을까? '빈곤의 세계화' 시대에 자본가계급은 노동자계급을 같은 인간으로 간주하지 않는 듯하다. 개신교도는 불교도를 다른 인종으로 여기고 경상도 사람은 전라도 사람을 다른 민족으로 치부하는 현실에서, 문화적 공통성이 발붙일 곳은 점점 줄어든다. 단 하나 남은 것처럼 보이는 언어(한글)도 몰입영어로 대체되고 나면, 우리 민족의 정체성은 '멋지게' 사라질 것이다. 이런 혼돈은 오늘날 우리 민족 정체성의 '해체주의'라고 불러야 하지 않을까?

이제 공개 첨삭이다. 윤선아.

✎ (가)의 밑줄 친 문장은 민족의 정체성이 문화의 공통성에 의해 형성된다고 주장한다. 민족의 정체성이 형성될 때 집단이 갖고 있는 공통 관념이 중요한 것이다. (나)는 이 주장을 타당하다고 여긴다. 하지만 (다)에 따르면 타당하다고 여겨질 수 없다.
(나)에 따르면 (가)의 문장은 타당하다. (나)에서 우리나라가 아닌 다른 민주주의 국가들은 공산국가의 괘씸한 행동에 공분을 느끼고 싸운다.

또 (나)의 백성들이 공산주의 선동에 의해 민족성을 잃게 될 것을 우려한다. 이때 사람들이 '선동'에 의해 변할 수 있다는 점을 전제로 한다. 사람들이 선동된다면 그들은 '공통 관념'을 갖게 되고 민족의 정체성을 형성한다. (나)의 경우에는 백성들이 공산주의에 선동되어 나라를 팔고 공산주의자들의 노예가 되는 것이다. 즉 민족의 정체성이 '선동'에 의해 생겨나는 공통 관념에 의해 형성될 수 있고, 공통된 감정에 의해 함께 행동할 수 있다는 점에서 (가)가 타당하다.

반면 (다)에 의하면 (가)는 타당하지 않다. (다)의 물산장려운동을 주도하는 계급은 자본가이다. 하지만 실제 그것을 실천하는 사람들은 중산계급(노동자)이다. 외면적으로는 중산계급이 물산장려운동의 취지대로 행동하지만 그것은 생활상 어쩔 수 없는 부분일 뿐이다. 자본가들은 중산계급에게 '선동'이 될 만한 좋은 단어인 '애국', '민족'을 사용한다. 그러나 중산계급은 그것에 쉽게 동화되지 않는다. 동시에 공통 관념을 갖게 되는 것 역시 어렵다. 따라서 중산계급들은 자본가들과 공통된 문화적 정체성을 형성하지 않게 된다. 중산계급이 자본가들의 '의도'대로 '선동'되지 않은 것이다. 중산계층이 자본가에 의해 공통된 관념을 갖지 않을 수 있고, 또 그럴듯한 선동에 의해 민족적 정체성이 형성되지 않는다는 점에서 (가)가 타당하다고 할 수 없다.

밑줄 친 문장이 중요한 게 아니라 그 부분의 내용이 중요한데, 계속 '문장'이라고 하네. 여겨질, 이런 표현 싫어. '여길'로 충분해. 쾌씸한 ㅋㅋ. 뭐가 쾌씸해? 뭔 소리를 하시는 건지. 선동만 보이는 것 같아. 제시문이 너를 선동하고 있어? 이걸 '선동'이라고 본 게 제시문 전체에 대한 오해야. 그리고 노동자를 중산계급으로 본 것도 제시문에 대한 오해고. 뭐에 홀리지 않고서야 어찌 이렇게 쓸 수 있는지. 그다음 서윤이.

✎ (가)의 밑줄 친 부분은 민족의 정체성이 세대 간의 공통된 기억, 관념에서 비롯된다고 보는 입장이다. 민족은 같은 역사적 사건을 겪고 그 역사에서 비롯된 문화적인 징표를 공유한다. 시대에 따라 그 문화의 형태는 변할 수 있지만 신화, 상징, 기억, 가치와 같은 공통의 문화적 관념은 한 민족을 묶어 다른 민족과 구별 짓는다.

(나)의 입장에서 보면 이는 타당하지 않다. (나)는 이념에 따라 민족을 구분하기 때문이다. (나)는 6·25전쟁이 단순한 남북한의 민족 내 분쟁, 내란이 아니라 민주주의 진영과 공산주의 진영의 이념 대립이라고 본다. 당시는 미국과 소련 사이의 냉전 체제가 매우 견고했다. 따라서 세계의 국가들은 그들의 이념(민주주의와 공산주의)에 따라 편을 가르고 한국전쟁을 일으킨 것이다. 남한과 북한은 6·25라는 공통된 역사적 기억을 갖고 있지만 같은 민족이라고 할 수 없다. 남한과 북한은 각각 민주주의와 공산주의 체제에 속하기 때문이다. 같은 핏줄을 갖고 있다 하더라도 민주주의자의 입장에서 보면 공산주의자는 동족이 아닌 적으로 간주된다. 공산주의 이념에 선동된 자는 우리 민족을 팔아넘기고 공산주의의 노예가 된다. 공산주의 입장에서도 민주주의를 적으로 간주한다.

(다)의 입장에서도 (가)의 밑줄 친 부분은 타당하지 않다. (다)는 계급에 따라 민족을 구분하기 때문이다. (다)에서 물산장려운동은 한 민족의 단결, 애국심을 운운한 중산층과 노동자 계층의 계급적 이해관계이다. 노동자 계층은 운동 이전에도 무명과 베옷을 입고 소주나 막걸리를 마셨다. 반면 중산층은 부유한 생활을 누리다가 서구의 자본주의 체제에

위협을 받자, 그들의 기득권을 유지하려는 의도로 물산장려운동을 벌였다. '물산장려운동'이라는 공통된 역사적 관념을 갖고 있지만, 중산층과 노동자 계층은 서로를 같은 민족으로 보지 않는다. 중산층은 노동자 계층을 착취의 대상으로 여기고 노동자 계층은 중산층을 증오의 대상으로 여긴다. 두 계층 사이의 적개심은 양 계층의 단절을 유발한다.

미국과 소련의 냉전 체제 얘기는 안 써도 될 듯. 공산주의자들이 민주주의자들을 적으로 간주한다는 건 제시문에 없으니 안 써도 될 듯. '운동은 …… 이해관계이다.' 확실한 비문. 노동자 계층보다 노동자 계급이 적절할 듯. 계급을 일관되게 계층으로 쓰네. 학교 교육의 폐해인가? 내용상으로는 좋아. 제시문에 대한 이해력이 아주 훌륭해. 좋은 답안이야.

민주주의 반대 공산주의. 아니야. 민주주의의 반대는 박정희나 전두환의 독재 체제야. 공산주의의 반대는 자본주의라고 할 수 있겠지. 민주주의는 정치 체제이고 공산주의는 경제 체제를 일컫는 말이야. 쉽게 말하면 먹고사는 시스템이야. 노예가 일해서 그 사회 모든 구성원이 먹고사는 시스템이 고대 노예제 사회라면, 농노가 일해서 농노와 영주 등 모든 사회구성원이 먹고사는 시스템이 중세 봉건제지. 자본주의는 노동자들의 노동으로 사회의 모든 구성원이 먹고사는 시스템이야.

북한의 공산주의를 민주주의에 반대되는 것으로 보는 것, 민주주의의 반대가 공산주의라고 말하는 건 민주주의는 민주적이지만 공산주의는 독재적이라는 왜곡된 이분법적 분류야. 사실 그런 이분법을 만든 사람들이 독재적이지. 서로 대응시킬 수 없는 것들을 대응시키는 거야. 민주주의 대 독재, 민주주의 대 과두정, 민주주의 대 군주제도, 민주주의 대 귀족정치 등은 성립할 수 있어. 자본주의 대 사회주의, 자본주의 대 공산주의도 성립할 수 있고. 그런데 민주주의 대 공산주의는? 잘못된 이분법을 너희들에게 (사회의 모든 구성원에게) 세뇌하는 반공교육의 잘못된 언어야.

이런 잘못된 이분법에 자유냐 평등이냐 하는 것도 있어. 자유를 늘리면 평등이 침해되고 평등을 주장하면 개인의 자유가 침해되는 것처럼 말하는 것도 왜곡이야. 자유의 반대는 (감옥에 갇히는 것과 같은) 구속이고, 평등의 반대는 (노예와 같은 대접을 받는) 불평등이야. 자유와 평등은 둘 다 소중한 가치야. 반대되는 게 아니고. 알겠지?

✎ (나)에 따르면 이념의 동질성이 민족의 정체성을 규정하는 기준이다. 따라서 같은 혈통을 지니고 있어도 반드시 같은 민족이 되는 것이 아니며, 이들 가운데 정치적 이념을 공유하는 사람들만이 같은 민족이 될 수 있다.

(다)는 민족이란 개념이 계급적 이해관계에 따라서 변형될 수 있다는 입장이다. 일제에 맞서 민족의 이름으로 진행되는 물산장려운동 이면에 자본가와 중산계급의 이익이 놓여 있다는 것이다.

(가)의 밑줄 친 부분에서 민족의 정체성은 문화와 역사적 경험의 공유에 의해 형성된다. 그러나 (가)의 밑줄 친 부분은 (나)와 (다) 각각의 입장에서 볼 때 타당하지 않다. 우선 (나)는 정치적 이념의 동일성을 민족의 기준으로 강조한다. 예컨대 남한과 북한은 이념의 차이로 인해 많은 분쟁을 겪었고 심지어 서로를 같은 민족으로 여기지 않기도 한다. 따라서 문화와 역사를 공유한다고 해서 민족의 동일성을 얘기할 수 없다. 한편 (다)의 관점에 의하면 문화적, 역사적 공통성에 기반한 민족 개념이 때로는 계급적 이해관계에 따라 분열된다. 예를 들어, 오늘날 사회의 빈부격차가 가속화되어 민족 개념이 분열되어 그 동질성이 상실

되고 있다. 따라서 (가)에서 말하는 문화와 역사의 공통 관념이란 허구적인 것일 뿐 이념과 계급에 따라 달라질 수 있다.

민호야, 이 정도 분량이면 처음 두 단락은 합치는 게 낫겠다. 오늘날 빈부격차를 예로 들 필요는 없어. 내용상로는? 만점이야. 탁월하게 훌륭한 수준. 이념과 계급을 정확히 지적하고 '분열'을 언급한 게 아주 훌륭해. 이제 2번 답안을 보겠어. 지우야.

✎ 한반도의 민족 정체성은 근원주의적 관점에서 바라보아야 한다. 사람들에게 '북한과 남한은 같은 민족인가?'라고 묻는다면 대부분 그렇다고 대답할 것이다. 북한과 남한의 문화가 시간이 지나며 완전히 달라졌는데도 같은 민족이라고 여겨지는 것은 상황주의적 관점으로 설명되지 않는다. 북한과 남한은 단군 설화를 공유한다. 북한 사람이나 남한 사람이나 자신이 단군의 핏줄을 타고났다고 믿는다. 그래서 남북한의 분단을 '한 민족이 분단되었다'고 표현한다. 북한과 남한의 사상도 완전히 상반되지만 어느 누구도 서로 다른 민족이라고 하지는 않는다. 여러 가지 관점에서 남한과 북한은 다른 민족이라고 해도 될 만큼 다르지만 우리가 여전히 한민족이라고 말하게 되는 것은 여기서의 '민족'이 근원주의적 민족을 의미하기 때문이다.
그런데 근원주의적 관점은 자칫 북한뿐만 아니라 중국이나 일본마저도 같은 민족이라고 여길 우려가 있다. 아주 먼 옛날에는 분명 같은 핏줄이었을지도 모른다. 극단적으로 보자면 아프리카 원주민도 모두 같은 민족인 것이다. 따라서 근원주의적 관점은 한계점을 지닌다.

여기에서 왜 아프리카 원주민까지 논의해? 너무 나가신 거야. 그건 같은 민족이라기보다 같은 인간이나 같은 인류라고 해야겠네. 우리는 아담과 이브의 후손이다? 아니면 우리는 호모 사피엔스의 후손이니 모두 같은 민족이다? 인류의 종種을 민족의 개념으로 치환할 수 있어? 개념의 범주를 혼동했어.

오늘 수업 끝.

4장

고전에
목매지 마라

오늘 수업 시작. 오늘은 고려대 2008학년도 모의논술을 살펴보도록 한다. 주제는 소비다. 제시문들이 참 좋은 것 같다. 문항이 세 개인데 문항 Ⅲ은 하지 않고 앞의 두 문항만 한다. 세 번째 문항은 요새 유형과 잘 안 맞는다. 내 마음에도 별로 안 들고. 문항 Ⅱ는 700자(±50자)로 쓰는 문제다. 제시문과 질문을 보자.

(가)

　일반적으로 풍요로운 사회는 모든 물질적 필요가 쉽게 충족되는 사회라고 여겨진다. 그러나 이런 고정관념은 버려야 한다. 이 관념은 진정한 '사회적 논리'를 전적으로 배제하고 있기 때문이다. 그 대신 우리는 마셜 살린스가 '최초의 풍요로운 사회'에 관한 논문에서 주장한 견해를 따라야 한다. 살린스에 따르면 몇몇 원시사회의 경우와 달리 현대의 생산지상주의적 산업사회는 희소성에 의해 지배되는 사회, 즉 시장경제의 특징인 희소성이라는 강박 관념에 의해 지배되는 사회다. 풍요로움이라 불릴 수 있는 상태는 인간에 의한 생산과 인간이 지니는 목적이 일치하는 균형 상태다. 그런데 인간은 많이 생산하면 할수록, 넘쳐나는 생산품들 속에서도, 그런 풍요로움의 상태로부터 돌이킬 수 없이 점점 더 멀어진다. 성장 사회가 충족시키는 것, 그 사회에서 생산성이 증가함에 따라 점차 더 충족되는 것은 생산의 명령에 따른 필요이지 인간의 '필요'가 아니다. 실제로 성장 사회의 존립은 인간의 필요에 대한 무지에 기초해 있다. 그렇기 때문에 성장 사회에서 풍요로움은 한없이 뒤편으로 물러서고, 그 대신 희소성이 사회를 조직적으로 지배하게 된다.

살린스에 의하면 오스트레일리아나 칼라하리 사막에 살고 있는 원시 유목 민족은 절대적 '빈곤'에도 불구하고 진정한 풍요로움을 알고 있다고 한다. 이 원시인들에게는 개인 소유물이 전혀 없다. 그들은 자신이 가진 것에 집착하지 않고 한 곳에서 다른 곳으로 옮겨갈 때는 가졌던 것을 버린다. 다른 곳으로 쉽게 이동하기 위해서는 그렇게 하는 것이 필요하기 때문이다. 그들에게는 생산을 위한 활동, 즉 '노동'이 없다. 말하자면 그들은 '한가롭게' 수렵하고 채집하며 손에 넣은 모든 것을 서로 나누어가진다. 그들은 아낌없이 낭비한다. 그들은 모든 것을 단번에 소비하며 어떠한 경제적 계산도 하지 않고 아무것도 저장하지 않는다. 원시 수렵 채취 생활자들은 부르주아의 발명품인 '호모 이코노미쿠스'(경제인)를 전혀 닮지 않았다. 그들은 경제학의 기본 원칙들을 모른다. 그들은 인간의 에너지나 자연 자원, 혹은 경제적으로 사용 가능한 것들을 결코 완전히 활용하지는 않는다. 원시인들은 잠을 많이 잔다. 자연 자원의 풍부함에 대한 신뢰, 바로 이것이 원시인의 경제체계의 특징이다. 반면에 현대인의 체계가 갖는 특징은 인간이 쓸 수 있는 수단이 충분하지 않다는 데에 대한 절망감, 그리고 시장경제와 보편적 경쟁의 결과로 발생하는 근본적이고 파국적인 불안감이다. 이 특징은 기술이 진보함에 따라 더 뚜렷해진다.

원시사회의 특징은 집단 전체적으로 실행되는 '장래를 생각하지 않음'과 '아낌없이 낭비함'이다. 이것이 진정한 풍요로움의 표시다. 반면 우리는 풍요로움의 기호(記號)만을 갖고 있다. 우리는 거대한 생산 체계 속에 빈곤과 희소성의 기호를 몰아넣고 마음 졸이며 그것을 주시한다. 그러나 살린스가 말한 바와 같이, 빈곤은 재화의 양이 적은데 있는 것이 아니며, 또 단순히 목적과 수단의 관계에서만 비롯되는 것도 아니다. 빈곤은 무엇보다도 인간과 인간의 관계다. 자연 자원의 풍부함에 대해 원시인들이 지닌 신뢰의 토대가 되고 그들이 배고픔 상태에서도 풍요로운 삶을 살아가도록 해주는 것은 결국 사회관계의 투명성과 상호성이다. 여기서는 자연, 토지, 또는 '노동'의 도구나 생산물 등을 누가 어떠한 형태로든 독점하여 교환을 방해하거나 희소성을 제도화하는 일이 없다. 인간의 역사에서 축적은 항상 권력의 원천이었다. 그러나 원시사회에서 그런 축적은 존재하지 않는다. 원시사회 같은 증여와 상징적 교환의 경제에서는 한정된 적은 양의 재화만으로도 모든 구성원들이 누릴 수 있는 부가 만들어질 수 있다. 왜냐하면 그 재화들은 한 사람에게서 다른 사람에게로 끊임없이 이동하기 때문이다. 부는 재화를 바탕으로 하여 생기는 것이 아니라, 사람들 간의 구체적인 교환을 바탕으로 하여 생긴다. 교환을 하는 사람들의 수가 한정되어 있어도 각 교환의 순간마다 교환된 사물에 가치가 부가되고 교환의 순환은 끝이 없기 때문에, 부는 무한하다. 구체적이고 관계적인 이런 변증법은, 문명화되고 산업화된 우리 사회를 특징짓는 경쟁 및 차별화 속에서 무한한 욕구와 결핍의 변증법으로 역전되어 있다. 원시사회에서의 교환의 경우, 모든 관계는 사회의 부를 증가시킨다. 그에 반해 현대의 '차별화' 사회에서 모든 사회관계는 개인의 결핍감을 증대시킨다. 왜냐하면 원시사회에서의 교환의 경우 소유물은 다른 것들과 관계를 맺음으로써 가치를 얻는 반면, 현대사회에서 소유물은 다른 것들과의 관계망 속에서 상대화되기 때문이다.

따라서 현대의 '넘쳐나는' 사회에서는 오히려 풍요로움이 상실되었으며, 그 잃어버린 풍요로움은 생산성을 한없이 증대해도, 새로운 생산력의 고삐를 풀어도, 다시 찾아질 수 없다. 풍요로움과 부는 사회조직 안에서 구조적으로 나타나기 때문에, 사회조직과 사회관계가 완전히 변화되어야만 생겨날 수 있다. 우리가 시장경제를 넘어 아낌없는 낭비로 돌아갈 날이 있을까? 우리에게는 낭비가 아니라 '소비'가 있다. 그것은 영구히 지속하는 강요된 소비요, 희소성의 쌍둥이 자매다. 원시인들에게 최초의, 그리고 유일한 풍요로운 사회를 체험하게 한 것은 그들의 사회적 논리였다. 우리를 호화스러운 빈곤 속에서 살도록 하는 것도 우리 자신의 사회적 논리다.

(나)
산업화된 국가의 시장에서 판매를 위해 상품과 서비스의 가치나 용도를 왜곡하는 일이 빈번하게 벌어진다. 실제로 그 상품과 서비스는 구매자가 필요로 하지 않거나 원치 않는 것일 수 있다. 테오도르 슈토름의 『크리스마스 캐럴』에 나오는 거지 아이는 행인들에게 "제발 사세요! 아저씨, 제발 이것 하나만 팔아주세요!"라고 애원한다. 옷가게 주인에서 수공업자와 대기업의 영업 담당자에 이르는 대부분의 공급자들도 그 거지아이처럼 애원한다. "여러분, 제발 사십시오!"

그러나 단순히 애원한다고 판매고가 올라가는 것은 아니다. 공급자는 소비자를 교묘하게 설득하고 현혹해야 한다. 소비자는 공급자가 펼치는 판매 전략에 이끌려 환각의 상태에 빠지기도 한다. 갖가지 빛깔과 음향과 향기, 행운의 약속과 연출은 소비자의 감정을 자극하고 그의 이성을 마비시키기도 한다. 공급자의 판매 전략 때문에 구매욕을 통제할 수 없었다거나, 판매 전략에 말려들어 어쩔 수 없이 물건을 샀다고 고백하는 사람들을 흔히 만날 수 있다. 그들 중에는 나이 어린 사람들이 상당한 비중을 차지한다. 심리학자들은 실제로 그런 구매자들에게서 환각 상태와 같은 증상을 확인할 수 있었다.

이성의 브레이크를 약간 느슨하게 만들고 감정의 엔진을 한껏 돌리면 구매가 이루어진다. 그리하여 산업화가 먼저 진행된 국가일수록 자본과 지식과 노동력의 더 많은 부분을 오로지 물건을 탐나도록 만드는 데 쓴다. 상품의 세계에서 소비자의 명백한 필요와 욕구를 충족시켜주기 위한 물목의 비중은 점점 줄어드는 추세이다. 대부분의 경우 우선 물건에 대한 욕구를 일깨운 다음 소비자가 평생 그 욕구를 위해 지출하도록 만든다. 물질적으로 풍요로운 사회의 본질이 바로 여기에 있다. 이러한 사회에서는 욕구를 일깨우는 것이 욕구를 만족시키는 것 못지않게 중요하다. 심지어는 충족시킬 경우 소비자가 해를 입게 되는 욕구조차 만들어진다. 소비의 왜곡 현상이 나타나는 것이다.

(다)

빵집이 다섯 개 있는 동네

우리 동네엔 빵집이 다섯 개 있다
파리바게트, 엠마
김창근베이커리, 신라당, 툴레주르

파리바게트에서는 쿠폰을 주고
엠마는 간판이 크고
김창근베이커리는 유통기한
다 된 빵을 덤으로 준다
신라당은 오래 돼서
툴레주르는 친절이 지나쳐서

그래서
나는 파리바게트에 가고
나도 모르게 엠마에도 간다
미장원 냄새가 싫어서 빠르게 지나치면
김창근베이커리가 나온다
내가 어렸을 땐
학교에서 급식으로 옥수수빵을 주었는데
하면서 신라당을 가고
무심코 툴레주르도 가게 된다

밥 먹기 싫어서 빵을 사고
애들한테도
간단하게 빵 먹어라 한다

우리 동네엔 교회가 여섯이다
형님은 고3 딸 때문에 새벽교회를 다니고
윤희엄마는 병들어 복음교회를 가고
은영이는 성가대 지휘자라서 주말엔 없다

넌 뭘 믿고 교회에 안 가냐고
겸손하라고
목사님 말씀을 들어보라며
내 귀에 테이프를 꽂아 놓는다

우리 동네엔 빵집이 다섯
교회가 여섯 미장원이 일곱이다
사람들은 뛰듯이 걷고
누구나 다 파마를 염색을 하고
상가 입구에선 영생의 전도지를 돌린다
줄줄이 고기집이 있고
김밥집이 있고
두 집 걸러 빵 냄새가 나서
안 살 수가 없다
그렇다
살 수밖에 없다

I. 제시문 (가)를 400자 내외로 요약하시오. ▶20점
II. 제시문 (나)의 논지를 밝히고 이것을 참고하여 제시문 (다)를 해설하시오. ▶40점

먼저 I을 보자. 고려대에서는 오랫동안 1번에 늘 요약 문제를 냈다. 또 바뀌었다. 지금은 안 낸다. 그렇다고 이 문제가 불필요한 건 아니다. 비교하고 분석하고 해석하라는 요구 사항이 있어도 그건 각 제시문의 핵심 내용을 이해한 바탕에서 해야 하니 요약은 모든 읽기의 기본 되겠다. 제시문이 무슨 말을 했는지 아는 게 요약이잖아?

여기서는 요약하라는 게 서술어가 되겠다. 그러니 요약을 해야 한다. 요약을 공부하겠다. 요약을 '줄이기'라고 생각하는 학생 있다. 4,000자 글을 400자로 쓰

려면 줄여야 한다. 그러니 이 말도 틀린 말은 아니다. 하지만 핵심은 아니다. 그리고 요약하라면 제시문 여기에서 한 문장 저기에서 한 문장, 이런 식으로 따와서 죽 늘어놓고 이걸 요약이라고 하는 학생도 있다. 이건 요약이 아니라 '짜깁기'다. 또 있다. 아무 논술책이나 펴들고 보면 요약에 관한 방법 많이 나온다. 표로 소개한다.

1. 요약의 정의	중심 내용(요점) 추려내기
2. 요약의 일반 원칙	1 선택과 삭제 2 상위개념화, 일반화 3 재구성 4 창조
3. 요약의 과정	1 단락을 내용 단락으로 나눈다. 2 단락의 소주제문을 파악한다. 3 글 전체의 주제문을 작성한다. 4 단락의 기능, 단락 간 상호관계를 파악한다. 5 글 전체의 구조를 파악한다. 6 구상 및 요약한다.
4. 요약의 평가기준	1 글쓴이의 논점(주장)이 요약 제시되었나? 2 글쓴이의 논거는 요약 제시되었나? 3 요약문이 긴밀성과 통일성을 갖추었나? 4 제시문 내용의 순서를 따르고 있나? 5 글쓴이의 의도를 왜곡하지 않았나?

이런 거 칠판에 쓰면 말하지 않아도 잘들 받아 적어. 학생들 이런 수업 좋아하지? 요약의 개념 정리. 간결하고 명확하고 멋진 것 같지? 그런데 여러분 제시문 요약할 때 이 말 생각날까? 생각난다고 해도 이 말 신경 쓸 시간 있을까? 없어.

시험 볼 때 선택과 삭제, 일반화, 재구성이라는 말 붙들고 씨름할 것 같아? 그렇지 않아. 단락의 기능, 단락 간 상호관계 파악하다가 시간 다 지나가라고? 요약할 때 여러분은 텍스트만 봐. 그것만 보고 중요한 내용을 추려내고 자기 말로 쓰느라고 정신없을 거야. 그래서 요약의 방법은 너희들이 아니라 선생인 내게 필요해. 가르쳐야 하니까. 너희들은 요약에 이런 기술이 있다는 걸 한 번 읽고 잊어버려도 돼.

선생이 요약이 뭔지 설명은 안 하고 아닌 것만 설명했지? 줄이기 아니다, 짜깁기 아니다, 기술은 중요하지 않다. 선생으로서 그럼 되겠어? 그럼 지금부터 요약이 뭔지 설명하겠어. 예를 들 텐데, 난 그냥 가르쳐주지 않지?

학생 『난장이가 쏘아올린 작은 공』 읽어봤어? 읽어봤다고? 무슨 얘기야?

"빈곤한 노동자 가족과 도시 빈민의 소외된 삶에 관한 이야기에요."

훌륭하구만. 책 한 권을 30자로 요약했어? 그런데 왜 제시문 (가)를 400자로 요약하지 못하겠다는 거야? 요약? 1,000자로 하라면 1,000자로 하고 100자로 하라면 100자로 해야지. 『난장이가 쏘아올린 작은 공』과 비교해 제시문 (가)를 보면 분량은 엄청나게 적고 400자는 학생의 30자에 비하면 상당히 많은 분량이야. 고려대든 다른 대학이든 대학 안 갈 거야? 사고력 안 보여줄 거야? 요약해 어~서.

『난장이가 쏘아올린 작은 공』 30자 요약과 같은 게 바로 요약이야. 요약은 어느 텍스트의 핵심 내용을 그 텍스트의 핵심 어휘를 사용해서 자신의 문장으로 새로 쓰는 글이야. 그래서 요약은 논술의 기본일 뿐만 아니라 모든 공부의 기본이라고 할 수 있지.

그러니까 요약에서 중요한 건 요약하는 방법을 배우는 게 아니라 직접 텍스트를 읽고 핵심 내용을 파악하여 자신의 문장으로 쓰는 연습을 하는 거야. 안 돼? 그럼 계속 해. 기술에 현혹되지 말고.

어느 논술책을 봐도 요약하는 방법 이렇게 나와 있어. 대개 비슷해. 그런데 실제로 논술 시험에서 요약하라면 이 말 생각날 것 같아? 질문할까? 앞의 방법에서 논술의 원칙과 과정이 어떻게 다른지 말해봐. 그게 그거야. 다른 책에는 원칙이 과정으로 나와. 그러니 그런 거 따지지 마. 텍스트의 내용을 읽고 그걸 생각하면 돼.

이런 건 기술이야. 기술에 목매지 마. 텍스트를 읽어. 중요하다고 생각하는 부분에 밑줄 쳐. 그리고 자신의 말로 써. 핵심 내용을 제대로 담지 못했다고? 글을 많이 읽지 않아서 그래. 독해 수준이 낮아서 그래. 다른 글 더 읽고 더 요약해보면 돼. 요약하는 방법 외운다고 요약 잘하는 거 아니야.

이런 방법을 나는 '이중 논술'이라고 불러. 논술이란 무엇인가, 서론·본론·결론 쓰는 법, 단락 쓰는 법, 요약하는 법, 이런 건 논술 시험에 안 나와. 논술에서 이런 거 배우고 그걸 외우려고 하지 마. 그걸 자신의 것으로 만들어 글을 읽고 이해하고 답안을 작성할 때 글에 녹여 넣으면 돼.

그런 방법 외워봐야 다양한 수준의 텍스트를 요약할 때 이 방법과 절차 기억 안 나. 텍스트 읽느라고 정신없어 이거 생각 안 난다니까. 그리고 생각해서도 안 되고. 텍스트를 읽어야지 이런 거 생각할 시간이 어디 있어?

이런 방법이나 테크닉에 연연하지 말 것. 한 번이라도 직접 글을 읽고 혼자 힘으로 요약을 해볼 것. 텍스트를 읽고 생각하며 중요한 부분에 밑줄 칠 것. 밑줄 친 것만 보고 옆의 빈칸에 자신의 말로 메모할 것. 분량을 잊지 말 것. 이제 메모만 보고 내용, 표현, 단어, 개념을 확인하고 재확인할 것. 분량도 재확인할 것. 시간 되면 단칼에 써내려갈 것. 쓰고 지우고 쓰고 지우고 하지 말 것. 그런 과정은 원고지에 옮겨 쓰기 전에 문제지와 연습지에 많이 할 것.

논술책 읽고 그 기술을 외우려 하지 말고 몇 페이지라도 좋으니 동서양의 고전을 직접 읽어. 그런 걸 읽으며 자신의 말로 요약하는 게 요약의 '비법'이 들어 있다는 논술책 100권 읽는 것보다 훨씬 나아. 예를 들면 비봉출판사에서 나온 애

덤 스미스의 『국부론』(상권)을 읽는다면 그중 중요한 7~25쪽을 통째로 읽고 요약하는 훈련을 하는 건 좋아. 그런데 고전을 줄여 편집한 요약책을 읽는 건 안 좋아. 알겠어?

고전을 읽는 게 좋다니 고전에 목매는 학생도 있고 학원도 있는 거 같아. 한국 입시 현실에서 이건 전부 헛짓. 그런 식으로 고전 읽으면 한국 학생들 공부 못해. 내신도 수능도 준비 못해. 대학은 당연히 떨어지고. 사고력 높인다고 고전 읽으라는 건 한국에선 비현실적인 말이야. 하루 종일 학교와 학원을 맴도는데 어느 세월에 고전을 읽어? 물론 읽으면 좋지. 그런데 대학에 목숨 거는 학생들에게 그건 대학 떨어지라는 말과 같아. 읽어도 이해하지 못하고. 여러분 원하는 대로 죽어라 공부해서 대학 가면 그때 읽어. 동서양 고전 추천하는 교수들은 고등학교 때 고전 읽었나? 서울대 선정 100선이나 200선 읽었나? 어림없는 소리.

대학들이 좋은 책이라고 추천하면서 무게 잡으니 엄마들 난리 났어. 아이들에게 공부해라 강요하듯이 이제는 책 읽으라고 강요하고. 학생들 청개구리죠? 읽으라면 더 안 읽죠? 읽지도 않는 고전 100선을 왜 선정하는지 모르겠어.

고전 읽으면 논술 잘한다는 말에는 논리적인 문제점도 있어. 예를 들까? 서광사에서 나온 플라톤의 『국가』는 700쪽이야. 『국가』를 읽었다고 해도 그 내용 모두 기억 못해. 그런데 논술에선 그중 어느 한 쪽이 제시문으로 나와. 이게 일단 700분의 1이야. 별로 생산적인 독서라고 할 수 없어. 전체의 요지는 기억한다고 쳐도 논술에선 그 한 쪽이 출제자의 의도에 따라 다른 맥락에서 나와. 즉 다른 제시문들과의 연관 관계를 고려해서 그 부분을 읽고 독해해야 한다는 말이야. 그러니 논술 잘하겠다고 고전 읽는 건 시간이 매우 많이 필요한 비생산적인 활동이야. 중요한 건 텍스트를 읽고 이해하여 연관 관계를 파악하고 이를 오늘의 현실에 적용할 수 있는 통찰력과 창의력이야. 깊이 생각하는 훈련을 하면 돼.

고3 학생들에게 롤스의 『정의론』을 통째로 읽히는 논술 선생 봤어. 읽히는 선생도 '무식한' 것 같고 읽는 학생도 '무식한' 것 같아. 시간 없어 다 읽은 학생도 없고 읽은 부분이나마 이해했냐고 물으니 이해했다는 학생이 없어. 이런 짓 왜 해?

예를 들면 나는 전공 때문에 『오리엔탈리즘』을 읽었어. 정말 훌륭한 책이야. 동서양의 문화에 관해 새로운 눈이 뜨였지. 에드워드 사이드를 '우리의 스승'이라고 말한 사람도 있어. 한국어로 읽고 나니 원서로 읽고 싶은 욕구도 생겼어. 시간 없어 가능할지 모르겠어. 그런데 한국어로 된 책도 읽느라고 일주일 걸렸어. 뭐 먹고 자고 일하고 돈벌이하며 읽으니 그 정도 걸리지 않을 수 없어. 물론 다른 책들은 하루에 한 권 읽는 것도 있고 하루에 열 권 읽는 책도 있어. 책마다 달라. 고전도 소설은 (『삼대』, 『당신들의 천국』 등) 하루에 읽을 수 있지만, 철학이나 사회과학의 고전은 (『국부론』, 『자본론』 등) 정독을 해야 하니 대개 일주일쯤 걸려. 『자본론』은 읽는 데만 한 달 걸려. 1년 걸릴 수도 있고. 읽어도 바로 이해 안 돼. 여러 번 읽어야 돼. 고등학생들 고전 읽으려면 한 권당 평균 일주일 걸려.

동서양 고전 100권이라고? 그럼 100주 걸려요. 에누리 없이 2년이에요. 여기에 중간고사, 기말고사, 모의고사, 방학, 소풍, 수련회, 수학여행, 봉사활동, 현장체험학습, 또 기타 끝없는 활동을 빼고 나면 꼬박 3년 걸려요. 3년 동안에 다 못 읽을 수도 있어요. 학교 공부 안 하고 시험공부 안 하고 학원에도 안 다니면 혹시 가능할까? 그러니 그런 말은 헛소리예요. 그런데도 악착같이 책 읽는 학생들 있어요, 정말 신기할 정도로 '예쁜' 학생들이지요. 사실 시간을 잘 활용하면 못 읽을 것도 없어요. 고전을 많이 읽으면? 학교 공부 하면서도 고전 많이 읽고 깊이 생각하면? 논술은 저절로 잘하겠지요.

그리고 『국가』나 『오리엔탈리즘』 안 읽었다고 논술 문제 못 풀지 않아요. 고전? 읽으면 정말 좋아요. 그런데 자신에게 필요해야 읽지? 필요하지도 않은 책을 읽어? 미쳤어? 그 책 수면제나 베개로 쓴다면 모를까. 우리나라에 이 두 책 평생 안 읽을 학생이 훨씬 많을 걸요?

그러니 책 읽으라고 강요하지 마세요. 재미있으면 알아서 읽어요. 필요하면 알아서 읽어요. 고전 읽다가 대학 다 떨어져요. 한국의 교육 제도와 입시 제도를 확 뜯어고치지 않는 한, 학생들에게 책 읽으라고 아무리 말해봐야 대부분은 책 못 읽어요. 고전 안 읽고 어떻게 논술 잘 하느냐고요? 질문과 제시문을 깊이 읽으면 돼요. 그리고 깊이 생각하면 돼요. 쓰기는? 평소에 일기 쓰면 돼요. 그것도 안 하면? 대학 안 가면 되죠. 아니면? 논술 안 보는 대학도 많아요.

딴 얘기를 많이 했네. 다시 본론으로. 학생들 요약문을 보면 주장이나 근거를 요약하지 않고 줄거리를 요약하는 학생들도 있어. '놀부는 부자인데 욕심이 많고 흥부는 가난하지만 인정이 많다.' 이렇게 해야 할 것을 '제비가 다리를 다쳤는데 흥부가 제비의 다리를 성심껏 치료해 주었더니 제비가 다음 해에 박씨를 물고 와 떨어뜨렸다. 박씨를 심으니 큰 박이 되었고 그 박을 타니 그 안에서 금은보화가 나와서 흥부는 부자가 되었다.' 이렇게 이야기를 요약하는 학생들이 있어. 어떤 글이건 이야기를 줄이는 건 좋은 요약이 아니야. 글의 의도에 맞게 주장과 근거를 자신의 말로 새롭게 쓰는 것, 그게 요약이야.

요약을 잘 못하는 건 요약하는 방법을 몰라서가 아니야. 책을 깊이 읽지 않아서고 글을 쓰지 않아서야. 그리고 자습서나 참고서에 나와 있는 핵심 정리나 요약정리에 의존해서 그런 거야. 스스로 해보질 않은 거지. 대학에선 그렇게 안 될 거야. 어느 전공이든 어느 책이든 핵심 내용을 이해하여 자기 말로 쓸 줄 모른다면 대학 가서도 공부하기는 힘들 거야. 이것으로 충분할 테니 요약에 대해서는 앞으로 강의하지 않겠어.

내가 답안을 쓰려고 하는데 『2008학년도 고려대학교 논술백서』에 교수 답안이 있네. 그걸 그대로 보여주겠어.

풍요로움의 근원은 사회제도에 있다. 오늘의 시장경제는 지속적으로 희소성이 재창출되는 가운데 유지되며, 재화는 인간의 필요보다는 경제 논리를 반영한다. 이에 따라 오늘의 개인은 무한한 소비와 빈곤만을 지속할 뿐이다. 이와 달리, 원시사회에서는 경제적 계산이 지배하지 않았다. 자연과 자신의 주변에 대한 투명한 이해와 신뢰에 기초한 원시사회에서는 순환적으로 재창출되는 소비가 아니라 인간적 필요를 해소하는 필수적 낭비만이 있을 뿐이었다. 원시사회에서의 교환이 각 단계에서 산출하는 잉여 가치를 통해 개인의 필요를 만족시켰다면, 현대 경제의 교환은 무한한 차별화를 통해 작동하고 개인적 결핍감을 양산한다. 풍요로움과 부는 사회 체제의 논리이며, 현대사회의 소비는 인간의 진정한 필요를 충족시키지 못하고 있다.

분량도 적절하고 핵심 내용을 잘 담았는데 현대사회와 원시사회를 오가며 서술해서 내겐 글이 좀 어지러운 것 같아. 그래서 현대사회 모으고 원시사회 모았어. 그리고 낱말은 쉽게 문장은 짧게 해서 아래와 같이 고쳐봤어.

풍요로움의 근원은 사회제도에 있으며 풍요로움과 부는 사회체제의 논리에 따른다. 오늘날의 시장경제는 희소성이 지속적으로 재창출되는 가운데 유지된다. 현대 경제의 교환은 끝없는 차별화를 통해 작동하고 개인의 결핍감을 양산한다. 현대사회의 소비는 인간의 진정한 필요를 충족하지 못한다. 재화는 인간의 필요보다는 경제 논리를 반영한다. 개인은 무한한 소비와 빈곤만을 지속할 뿐이다. 이러한 소비는 순환적으로 재창출되는 소비라고 할 수 없다. 이와 달리 원시사회에는 경제적 계산이 지배하지 않는다. 그 사회는 자연과 자신의 주변에 대한 투명한 이해와 신뢰에 기초하고 있다. 이 사회의 교환은 각 단계에서 산출하는 잉여 가치로 개인의 필요를 만족시킨다. 이 사회에는 인간의 필요를 해소하는 필수적인 '낭비'만이 있을 뿐이다.

대학이 제시한 답안 중에 이 고려대 답안은 썩 좋은 편이야. 근데 그렇지 않은 것도 있어. 이화여대 답안이 그래. 이화여대의 『2013학년도 논술고사 안내』 책자에서 예시 문제 인문계열 I의 경우를 볼까? 이 책자를 보면 25~27쪽에 우수 답안이 있어. 그 아래에 우수 답안에 대한 교수 분석도 있고. 교수가 쓴 답안을 교수가 분석하지는 않았을 것이라는 상식에 입각해서 판단하면 책자에 있는 우수 답안은 학생이 쓴 답안이라고 추론할 수 있어. 그런데 인문계열 I의 세 문제에 대한 우수 답안 분량이 전부 2,990자야(이걸 세어보다니 나도 미쳤다). 전에 서울대 수시논술 세 시간짜리 문제에서는 답안 분량이 2,500자였어. 지금 두 시간 동안 두 문제를 쓰는 연세대 논술에서도 분량이 2,000자야. 그런데 두 시간도 아니고 100분 동안 세 문제를 쓰라고 하는 이화여대 논술 문제에서 대학이 공개한 우수 답안 분량이 도합 3,000자에 이른다는 거.

내가 전에 글 쓰는 시간을 잰 적이 있어. 평균 수준으로 또박또박 글을 쓸 때 보통 100자 쓰는 데 2분 걸려. 1,000자면 20분이고 3,000자면 60분이야. 오로지 글자를 쓰는 데만. 그럼 질문과 제시문을 읽고 이해하는 데는 40분밖에 안 남는 셈이야. 제시문을 여섯 개나 읽고 정확히 이해한 다음에 우수 답안처럼 수준 높은 답안을 그 많은 분량에 어떻게 100분의 시간에 담을 수 있다는 건지 나로서는 이해가 안 돼. 그 세 답안의 수준은 교수 수준만큼 높아. 그 이화여대 문제를 이화여대 교수들에게 100분 안에 읽고 쓰라고 하고 싶어. 할 수 있는지.

결론은 둘. 그 우수 답안은 학생이 아니라 교수가 쓴 것이다. 아니면? 학생이 쓴 답안이라고 해도 세 우수 답안은 한 학생이 전부 쓴 게 아니라 서로 다른 세 명의 학생이 쓴 답안이다(각각의 우수 답안을 쓴 학생은 그것 하나만 탁월하게 쓰고 나머지는 못 써서 떨어졌다.ㅋㅋ).

이화여대는 우수 답안을 공개할 때 학생이 쓴 답안인지 교수가 쓴 답안인지 그리고 그걸 모두 한 학생이 쓴 건지 다른 세 명의 학생들이 쓴 건지 밝혀주면 좋겠어('갑'이 밝히지 않겠다고 말하면 어쩔 도리가 없긴 하지만). 그렇지 않으면 좀 현실성 있는 답안을 보여주면 좋겠어. 아니면 대충이나마 분량을 명시해주든지. 나도 내 나름으로는 우수한 학생들을 대상으로 논술 수업을 하는데. 이화여대의 우수 답안은 수준이 높으면서도 비현실적으로 분량이 많아 그 답안을 보는 내 학생들이 이화여대 논술에 질려해. 나도 좀 질리고.

이화여대 얘기는 이걸로 끝내고 이제 고려대 문제 II를 보자.

① (나)의 논지를 밝히고 밝혀라. 자기주장 쓰지 말고 밝히기만 해라. 이것도 (나)의 핵심 내용, (나)에서 말하고자 하는 바를 이해했는지 묻는 요약 문제가 되겠다.

② 이것을 참고하여 (나)의 논지를 참고로 해라.

③ (다)를 해설하시오 (나)의 논지를 참고해서 (다)의 시를 해설해라. 이 시는 난해하지 않다. 그리고 (나)를 참고하지 말라고 해도 (나)와 (다)는 서로 비슷한 내용이니 저절로 참고하게 될 것이다. 이 문제에 대해 내가 쓴 예시 답안을 소개한다. 좀 자유분방하게 썼다. 다시 쓰라면 좀 충실하게 쓸 텐데 이런 답안도 있을 수 있다는 걸 보여주는 뜻에서 그냥 이 답안을 공개한다.

기업은 상품과 서비스를 생산하고 판매한다. 생존에 필요한 물건을 구매하고 소비하여 욕구를 충족하면 소비는 끝난다. 개인과 기업의 관계도 끝난다. 그런데 기업은 끝없이 생산하고 판매해야 한다. 있지도 않은 욕구는 만들어내면 된다. 광고는 소비자의 욕구를 창출한다. 설득하고 현혹하여 소비자에게 환각을 심어준다. 소비자는 물건이 아니라 이미지를 소비한다. 심한 환각은 중독이 되고 중독된 소비자는 소비의 노예로 전락한다. '나는 판매한다. 고로 존재한다'는 광고 자본은 '나는 소비한다. 고로 존재한다'는 왜곡된 인간을 창출한다.

빵은 먹으려고 산다. 그런데 쿠폰과 덤은 소비자를 유혹한다. 빵을 사면서 '추억'도 산다. 필요보다 많이 구매하여 일부는 버리게 된다. 파마를 하려고 미장원에 가는 게 아니다. 미장원이 있으니 파마를 한다. 파마를 하지 않을 수 없게 만든다. 염색도 그렇다. 고기집도 김밥집도 마찬가지다. 모두 판다. 그들은 팔아야 생존한다. 그런데 교회도 판다. 교회는 본래 심신이 지친 영혼이 안정을 찾는 집이다. 그런 교회도 전단지를 돌리는 판매 전략으로 신도들을 모은다. 필요하지도 않은 교회에 습관처럼 간다. 또는 병을 고치거나 대학에 합격시켜달라고 교회에 간다. 그러면 병원은 무얼 하는 곳일까? 학교 말고 교회에서 공부하면 어떨까? 원자화된 개인은 광고 자본의 무차별 광고폭력에 무기력하게 패배하여 오늘도 습관처럼 살(구매) 수밖에 없다. 상품도 영혼도. 이렇게 살(생존) 수밖에 없나? 아마 그런 것 같다.

수업 끝. 이제부터 공개 첨삭 시간이다. 현빈아.

> ✎ 시장의 논리에 의해 풍요로움이 상실된 사회, 생산에만 맹목적으로 매달리는 치열한 경쟁 사회가 바로 현대사회이다. (가)는 인간의 필요와 생산이 일치하는 상태를 진정으로 풍요로운 상태로 본다. 그런 점에서 기본적 욕구와 필요를 생산 과정 없이도 자연 상태에서 충분히 충족하는 원시사회는 풍요로운 사회라 할 수 있다. 반면 생산지상주의의 현대사회는 희소성의 원칙에 의해 생산량이 수요량을 압도적으로 초과한다. 따라서 현대사회는 풍요로부터 멀어질 수밖에 없으며, 소유욕이 끝이 없는 현대인에게 만족이란 없다.
>
> 그런데 주목할 점은 원시사회와 현대사회의 이러한 차이가 인간과 인간의 관계, 즉 사회관계의 차이에서 기인한다는 것이다. 원시사회에서 독

점이란 없다. 권력 또한 없다. 구성원 간의 강한 신뢰를 통한 투명한 상호교환만이 있을 뿐이다. 따라서 원시사회는 재화량이 현대사회보다 현저히 적다고 해도, 교환을 통해 끊임없이 순환하는 부를 창출하기 때문에 절대적 '빈곤' 속에서도 풍요로운 사회라고 하겠다. 반면 교환을 통해 오히려 개인의 결핍감을 증가시키는 현대사회는 시장경제라는 사회적 논리 자체가 변하지 않는 한, 풍요로운 사회로 변화하기 힘들다.

제시문을 완전히 '소화하여' 자기 나름으로 재구성한 글이야. 대부분의 학생이 제시문에 끌려 다니며 요약한 반면에 이 글은 자기 주도적으로 글을 완성한 거지. 그래서 사소한 문제점들이(어색한 낱말, 긴 문장, 많은 분량 등) 보이지만 전체적으로 수준 높은 글이야. 두 단락 구조도 이 글에서는 적절하고 논리적이야. 다음 민혁아.

✎ 제시문 (가)에선 원시사회와 현대사회의 특징을 비교하고 있다. 그리고 이 비교를 통하여 진정하고 풍요로운 사회의 모습을 보여주고 있다. 현대사회에서는 시장경제의 특징 중 하나인 희소성에 의해 지배된다. 이러한 현대사회는 인간의 진정한 '필요'를 충족시키지 못한다. 또한 인간은 현대사회의 시장경제체제 아래 끊임없는 경쟁을 하고 근본적이고 파국적인 불안감을 갖는다. 그러나 원시사회에서 인간들은 절대적으로 빈곤하지만 자원의 풍요로움을 믿고 서로 믿고 의지하며 살아간다. 예를 들면 그들은 한 곳에서 다른 곳으로 옮겨갈 때 가졌던 것을 버리며 자신이 가진 것에 집착하지 않는다. 또 그들은 자원을 축적하지 않고 낭비한다. 그리고 그들은 '교환'이라는 것을 통해 타자와 관계를 맺고 가치를 얻는다. 그런데 현대사회에선 타자와의 비교나 관계에 의

> 해 가치를 얻는다. 따라서 풍요로운 사회에서는 사회조직이나 관계가
> 인간 대 인간으로 이루어져야 한다. 또 이 조직이나 관계는 사회의 풍
> 요로움을 위해 노력해야 한다.

처음 두 문장은 제시문의 핵심 내용이 아니니 쓰지 마. 제시문이 뭐 하고 있다는 말은 쓸 필요가 없어. 요약하는데 왜 예를 드는 거야? 그게 예도 아니야. 문장들이 서로 연결되지 않고 각자 따로따로 노는 듯한 느낌이 들어. 유기적으로 연결이 안 되어 있어. 그리고 원시사회의 인간들이 절대적으로 빈곤해? 제시문 어디에 그런 말이 있어? 읽어봐.

"제시문 두 번째 단락 첫 문장에 있어요. '살린스에 의하면 오스트레일리아나 칼라하리 사막에 살고 있는 원시 유목 민족은 절대적 '빈곤'에도 불구하고 진정한 풍요로움을 알고 있다고 한다.' 이렇게 나와 있는데요."

그게 절대적 빈곤이야? 제시문에서는 원시사회의 인간들이 진정으로 풍요롭고 현대사회의 인간들은 결핍감을 느낀다고 했는데 진정으로 풍요로운 인간들이 어떻게 절대적으로 빈곤할 수 있어?

잘 봐. 그 부분은 절대적 빈곤이 아니고 절대적 '빈곤'이잖아. 그게 같아? 너희들 절대적 빈곤이나 상대적 빈곤 배웠지? 절대적 빈곤이 뭐야? 한 달 정도 굶은 상태 그리고 앞으로 한 달도 먹을 게 별로 없는 상태, 굶어죽기 직전의 상태잖아. 아프리카나 북한 어린이들 사진 봤지? 그런 모습이 절대적 빈곤이지. 상대적 빈곤은? 우리는 어느 정도 상대적 빈곤을 겪지. 나도 먹고살 수는 있지만 저 사람과 비교했을 때 (이게 상대적이라는 뜻이야) 빈곤하다고 느낀다는 거지. 나 하루 세 끼 잘 먹거든. 그런데 나를 나보다 부자인 사람과 비교하면 내가 그 부자에 비해(상대적으로) 빈곤한 것처럼 느껴진다는 거야.

그런데 제시문에는 절대적 빈곤이 아니고 절대적 '빈곤'이라고 '빈곤'에 작

은따옴표가 있잖아. 이건 작은따옴표 없는 절대적 빈곤하고 다르지. 우리는 아프리카나 남미에서 벌거벗고 사는 사람들, 맨발로 다니고 동물을 잡아 생식하는 사람들, 여기 서울처럼 시멘트로 지은 집이 아니고 나무나 풀이나 흙으로 만든 집에 사는 사람들을 보면 야만스럽고 절대적으로 빈곤한 것 같이 생각하잖아. 이른바 '문명 세계'에 사는 우리의 바로 그런 생각을 빈정대느라고 저자가 빈곤에 작은따옴표를 넣어 절대적 '빈곤'이라고 한 거야. 그러니까 그 부분의 저자의 말을 너희들이 알아들을 수 있게 고치면, "그들이 절대적으로 빈곤하다고? 그건 너희들 착각이야" 하는 빈정거림이라고. 이런 사람들은 글에 표정을 담아 쓸 수 있는데 이건 글에 표정을 담은 거야. 나도 바로 앞에 썼잖아. 그냥 문명세계 아니고 '문명세계'라고. 그건 시멘트와 전기로 생활하는 걸 문명이라고 생각하는 사람들을 빈정대는 표현이야.

앞에서도 말했지만 논리적으로 따져도 절대적으로 빈곤한 사람들이 어떻게 진정으로 풍요로울 수 있어? 이 제시문 굉장히 수준 높은 글이야. 너희들이 그냥 읽고 그냥 이해해서 '그렇군' 할 수 있는 글이 아니야. 이 글은 수준도 높고 글에 맛도 있고 멋도 있다니까. 작은따옴표가 그냥 있는 게 아니라고.

그리고 노력해야 한다? 관계나 조직이? 관계나 조직이 어떻게 노력을 해? 그리고 제시문에 그런 주장이 어디 있어? 이 제시문은 논설문 같지만 논설문 아니고 아주 수준 높은 설명문이라고 봐야 돼. 원시사회의 모습과 현대사회의 모습을 비교하고 풍요로움의 근원이 어디에 있는지 고찰한 수준 높은 설명문.

그리고 현대사회가 진정으로 풍요로운 사회가 되려면 원시사회로 돌아가야 한다고 주장하는 요약문도 보았는데 제시문에 그런 주장이 어디 있어? 제시문에는 그런 주장 없어. 그리고 글쓴이가 현대사회가 원시사회로 돌아갈 수 없다는 걸 모른다고? 진정으로 풍요로워지기 위해 저자가 원시사회로 돌아가야 한다고 주장했다고? 그런 주장 없어. 우리 진정으로 풍요로워지기 위해 원시사회로 돌아갈까? 옷 다 벗고 휴대전화 버리고 컴퓨터 버리고 집 헐고 산 속에서 살아볼까? 현대사회에서 그럴 수 있어? 어림없는 소리. 그냥 너희들 지레짐작을 쓰지 말고 제시문을 정확히 읽어. 요약에서는 주장을 쓰려고 해도 제시문의 주장을 써야지. 너희들의 주장을 쓰지 말고. 그다음 지선아.

✎ 현대사회는 원시사회와 달리 '희소성'이라는 사회적 논리에 의해 지배되는 사회이다. 원시사회에서는 생산을 위한 노동을 하지 않으며 경제적으로 사용가능한 것들을 완전히 활용하지 않는다. 반면 현대사회에서는 수단의 불충분성에 대한 절망감과 시장경제의 논리와 경쟁의 결과로 인해 발생하는 불안감을 갖고 있다. 원시사회에서는 '장래를 생각하지 않음'과 '아낌없이 낭비함'을 통해 풍요로움을 보여준다. 또한 절대적 빈곤 상태일지라도 원시사회에서 진정한 풍요로움을 느낄 수 있는 이유에는 사회관계의 투명성과 상호성, 그리고 축적이 존재하지 않는 데 있다. 그래서 원시사회에서의 교환은 사회적 부를 증가시킨다. 반면 현대사회에서는 풍요로움의 기호만 존재할 뿐 축적도 이루어지고 있다. 그래서 부가 차별화되어 발생하는데, 이는 차별화된 사회관계를 만들어 개인의 결핍감을 증대시킨다. 그리하여 현대사회는 재화의 풍요로움에도 불구하고 오히려 풍요로움을 잃어버리게 되었는데, 이를 해결하기 위해서는 사회조직과 사회관계를 근본적으로 변화시켜야만 한다.

이 글도 대체로 핵심 내용을 담은 것 같지만 절대적 빈곤과 근본적으로 변화시켜야 한다는 너의 주장이 치명적인 오류라고 할 수 있겠어. 그리고 심하지는 않지만 현대사회와 원시사회를 왔다갔다 해서 글이 좀 혼란스럽고 표현이나 문장이 어색해서 짜임새가 부족한 듯.

"짜임새가 부족하다는 게 무슨 뜻이에요?"

전체적으로 글이 유기적으로 긴밀하게 연결되지 않았다는 말이야. 그냥 내용을 늘어놓은 것 같다고.

"그 말도 이해가 잘 안 되는데요."

음 그럼 이렇게 비유를 들자. 교수가 김치를 내놓으라는데 너희들은 배추, 소금, 고춧가루, 마늘, 파, 젓갈 등을 쭉 늘어놓고 '이게 김치예요' 한다는 말이야.

"이제 좀 이해가 되네요."

배추를 잘 절이고 배추에 신선한 양념을 잘 버무려서 맛있는 김치를 내놓으라는 게 교수들의 주문인데 너희들은 재료만 죽 늘어놓고 그걸 김치라고 하는 것 같다고.

"저 김치 한 번도 안 담가봤는데요?"

무슨 동문서답하고 있어. 지금 김치 얘기하는 거야? 김치 담그는 데 비유한다고 했잖아. 이제 II를 보자. 승현아.

✎ (나)에 따르면 현대 산업사회에서 기업들은 이윤을 얻기 위해 광고를 통해 소비자들을 현혹한다. 공급자들은 화려한 광고를 이용해서 상품의 본래 가치를 과장함으로써 소비자의 이성을 마비시키고 구매 욕구를 불러일으킨다. 이로 인해 소비자는 꼭 필요한 상품과 서비스만을 구매하지 않고 불필요한 소비를 하게 된다. 상업 논리가 소비를 왜곡시키는 것이다.

(다)의 시에는 이러한 소비의 왜곡 현상이 나타나 있다. 시의 화자는 빵을 살 때 본래 구매의 기준이 되는 제품의 맛과 영양 등을 고려하지 않는다. 그 대신 '쿠폰' '화려한 간판' '덤' '친절한 서비스'와 같이 소비 욕을 자극하기 위한 유인책들에 이끌려 빵을 산다. 그리고 화자는

배고픔이라는 필요에 따라 빵을 사는 것이 아니라 단지 '밥이 하기 싫어서', 즉 '편의'를 위해 빵을 산다. 이처럼 본질이 왜곡된 생활의 모습은 소비뿐 아니라 종교에서도 나타난다. 이 동네 사람들은 진정한 신앙심에 의해 교회에 출석하지 않는다. '자녀의 성적' '병의 치유' 등 자신의 개인적인 목적을 위해 교인이 된다. 이처럼 신앙의 본질에 맞지 않는 왜곡된 신앙생활을 하면서도 사람들은 다른 이에게도 신앙을 강요한다. 소비만 '강요'에 의해서 하는 것이 아니라 신앙생활조차 '강요'에 의해서 하게 되는 잘못된 사회이지만, 사람들은 별다른 자각 없이 '뛰듯이 걸으며' 열심히 살아간다. 본질이 왜곡된 삶을 강요받으며 '누구나 다' 그렇게 살아가는 것이다.

전체적으로 굉장히 훌륭해. 핵심을 잘 파악했어. 네가 교회 다니고 독실한 기독교인인 건 알겠는데 시를 해설하면서 진정한 신앙생활을 좀 강조한 거 같아. 네 글은 소비자를 유혹하고 현혹하는 빵집이나 교회의 판매 전략보다는 신앙의 본질과 본질의 왜곡 쪽으로 나아간 거지. 그렇더라도 훌륭한 수준이긴 해. 첫 단락 분량이 좀 적은 것도 약간 문제네. 그다음 예라야 II번 읽어봐라.

"선생님 저 망한 거 같은데, 공개 첨삭 안 하면 안 돼요?"

어떻게 망하셨는지 보는 즐거움이 있잖아. 읽어봐.

'이걸 어떻게 애들 앞에서 읽으라는 거야.ㅠ'

예라야 뭐하냐?

"네. 읽어요."

✎ 산업화된 국가 사회에서는 구매자의 필요 요구와 관계없이 판매를 위해 상품과 서비스의 가치나 용도를 왜곡시켜 소비자의 구매 욕구만을

일깨우고 있다. 이로 인해 소비자의 필요와 욕구를 충족시키는 물목의 비중은 줄어들고 오로지 물건만을 탐하여 소비자가 지출하게 한다. 이러한 사회에서 소비자가 소비의 욕구를 만족시키지 못하는 소비의 왜곡 현상이 나타난다.

이러한 관점에서 볼 때 시「빵집이 다섯 개 있는 동네」는 소비자의 필요 욕구와 관계없이 생산자의 무차별한 전략만을 보여주고 있다. 이 시에서 볼 때 소비자는 왜 한 빵집만을 단골로 정하지 못하는 것일까? 그것은 어느 빵집도 소비자가 원하는 진정한 욕구를 충족시키지 못하고 쿠폰이나 덤, 친절 등과 같은 부분적인 소비자의 지출만을 요구하는 판매 전략 때문이다. 소비자는 이러한 개별적 서비스가 아닌 다섯 개의 빵집이 내세우는 서비스를 한 곳에서 충족하고자 한다. 그럼에도 불구하고 공급자의 판매 전략에 따라 구매를 하게 된다. 예를 들면 쿠폰을 모으기 위해 파리바게트를 찾는 소비자도 빵을 덤으로 주는 김창근베이커리의 판매 전략에 의해 그곳에서 또 다른 구매를 하게 된다. 이렇게 고객은 필요 욕구와는 상관없이 살 수밖에 없는 구매 환각 상태에 빠지게 되는 것이다. 하지만 소비자는 자신이 먹고 싶은 옥수수빵을 사러 신라당에 갔을 때 쿠폰도 받고 싶고 또 다른 서비스를 받고자 하는 욕구를 충족하지 못함으로써 소비의 왜곡 현상을 겪게 된다.

아아, 소비의 왜곡이 한 집에서 다 해결하지 못하는 왜곡이었어? ㅋㅋ 이게 단골 빵집 정하라는 문제였어? ㅋㅋ 재미있게 잘 읽었어. 완전 망하셨네. 예라는 단골집에서 빵 사나보지? 귀여우세요. 이건 완전 안드로메다로 간 답안이네. 나도 단골 빵집 하나 정해야겠네. ㅋㅋ

잘못 썼다는 걸 명확히 알게 되는 것도 실력 향상이지. 너희들이 말했잖아.

다른 학원은 잘 못 써도 잘 썼다고 말한다며? 난 잘 쓴 것만 잘 썼다고 말해. 잘 못 쓴 건 정확하게 못 썼다고 말하고. 그게 잘못이냐? 너희들이 정신적으로 성숙해지는 데 그게 더 도움이 될 것 같은데? 종헌아 네가 말했지. 다른 학원에서는 어떻게 한다고?

"다른 학원에서는 스킬만 가르쳐줘요. 내용은 주제만 맞추면 다 되는 줄 알아요. ㅋㅋ 그리고 문장은 비문을 써도 고쳐주지 않아요. 여기 와서야 제가 맨날 쓰는 문장이 틀렸는지 알았어요. ㅋㅋ 다른 학원은 '국어'를 가르쳐주지 않아요. ㅋㅋ 거기는 겉멋만 들어서 기본적으로 어떻게 써야 되는지를 안 가르쳐줘요. 아 그리고 딴 학원은 첨삭할 때 칭찬밖에 안 해서 내가 제일 잘 쓰는 줄 알게 해요. ㅋㅋ 허생 쌤은 진짜 글을 가르쳐 주시고, 연세대 준비할 때도 여기 다녔어야 되는데. ㅜㅜ 으헝헝."

그다음 유정아.

✎ 제시문 (나)는 소비의 왜곡 현상에 대해 말하고 있다. 산업사회의 시장에서는 소비자의 명백한 필요와 욕구를 충족시켜주는 물품이 점점 줄어들고 있다. 판매자들은 구매자가 필요하지 않은 물건도 설득과 현혹을 통해 구매 욕구를 자극해 이윤을 취한다.
「빵집이 다섯 개 있는 동네」는 우리 생활에 스며든 소비의 왜곡 현상을 보여준다. 가게들은 쿠폰, 큰 간판, 덤, 친절한 서비스로, 교회는 영생으로 사람들을 현혹한다. 화자는 고기집, 김밥집, 빵집 등이 동네에 줄줄이 위치하고 향기로운 냄새를 풍기기 때문에 안 살 수가 없다고 한다. 어린이들은 이런 판매자의 유혹에 넘어가 밥 대신 간편한 빵을 먹는다. 모든 사람들이 빵, 파마, 염색을 필요로 하지 않는다. 하지만 판매자들은 그들을 끊임없이 현혹해 필요 없는 것들도 사게끔 한다. 이러

소비의 왜곡은 핵심이고 좋아. 근데 난 제시문이 뭘 말한다는 이런 첫 문장 싫어해. 분량도 적고. 그리고 빵을 사는 게 어린이들이야? 오해. 먹을거리는 여기에 부적절한 낱말이고. 비만? ㅋㅋ 요새 네 고민이 비만인가 보네. 네 생각을 글에 투영하지 말고 글을 있는 그대로 이해해야지. 비만은 무슨 비만 같은 소리 하고 있어. 그리고 너 비만 아니니까 걱정하지 말고. ㅋㅋ

너희들 글을 보면 너희들에게 한국어와 한국사를 모르게 하려는 무슨 거대한 음모가 있는 게 아닌가 하는 생각이 들 지경이야. 국어를 이렇게 모르고 맞춤법이나 띄어쓰기를 이렇게 못할 수 있어? 그리고 어휘력이 정말 부족해. 낱말 뜻을 몰라도 너무 몰라. 너희들에겐 우리말 낱말들이 외국어처럼 보이나 보지? 영어가 더 쉬워? 너희들에게 우리말 실력을 빼앗고 우리말의 혼을 빼앗으려는 게 아닌 다음에야 우리말을 이렇게 못하고 못쓸 수 있어? 너희들 글을 보면 국어보다 영어를 잘하는 거 같아. 오렌지가 '아륀지' 된 다음부터 너희들 '국어 실력 엉망 만들기 프로젝트'나 '한국 역사에 진저리치게 만들기 프로젝트'가 진행되는 게 아닌가 하는 생각이 든다니까. 학교 형편은 잘 모르겠는데 너희들을 보니 미루어 짐작할 수 있겠어.

언어는 도구야 목적이 아니고. 영어 잘하면 우수하냐? 독어 잘 하면 우수하고? 나 한국말 잘하니 그 자체로 우수해? 도구와 목적을 혼동하지 말도록(언어의 정신적, 문화적 측면 등 언어에 내재된 도구 이상의 측면은 설명 생략). 영어에 미쳐 살지 말도록.

5장

배경지식에
목매지 마라

오늘 수업 시작. 오늘은 서울대 2008학년도 모의 문제를 본다. 이 문제에는 가형과 나형이 있는데 이 중에 나형의 문항 1을 공부하겠다. 이 문항 1을 빼면 가형과 나형은 똑같다. 성삼문의 「절명시」인데 문제를 보자.

북소리 둥둥 울려
사람 목숨 재촉하네.
고개 돌려 바라보니
해도 지려 하는구나,
황천에는
주막 한 곳 없다 하니,
오늘 밤은
어느 집에 묵고 간담?

(擊鼓催人命 回頭日欲斜 黃泉無一店 今夜宿誰家)

논제 위의 시는 성삼문(成三問)이 죽기 전에 쓴 절명시(絕命詩)이다. 이 시에 나타난 삶과 죽음 그리고 죽음 이후 세계에 대한 작가의 생각을 기술하시오. ▶400자 이내

앞에서 질문 분석 자세하게 했으니 여기에서는 간단하게 분석한다. 작가의 생각을 기술하는 게 요구 사항 되겠다. 기술을 하고 기술만 해라. 작가의 생각 말고 수험생 자신의 생각을 기술하면 빵점 되겠다. 기술이니 논술해도 불합격 되겠다.

이제 제시문 분석한다. 사람은 죽으면서 살 수 없고 살면서 죽을 수 없다. 살면 죽은 게 아니고 죽으면 산 게 아니다. 그건 완전히 별개의 것이다. 분리되고 단절되어 있다. 그런데 곧 죽을 사람이 황천에 주막 없다고 걱정한다. 주막은 여행할 때 머물고 잠자는 곳이다. 삶을 한 살에서 예순 살로 시간 여행을 하는 것이라고 보면 삶에서 죽음은 이승에서 저승(황천)으로 공간 여행 되겠다. 즉 성삼문은 죽음을 일종의 '여행'으로 생각한다. 이러면 삶과 죽음은 완전한 단절에서 벗어나 여행이라는 속성으로 연결된다. 성삼문은 죽는 게 아니라 또 다른 곳으로 '여행'을 떠나는 것이다. 황천에는 주막 없어 (묵을 곳 없어) 그 여행이 좀 힘겹겠지만. 결국 성삼문은 삶과 죽음을 여행이란 공통된 속성으로 연결되어 있다고 본다. 그래서 삶에 집착하지 않고 죽음을 두려워하지 않는다. 죽음을 담담하게 받아들인다. 이 정도가 성삼문의 생각 되겠다.

이 문제에 내가 쓴 예시 답안은 없다. 그래서 학생들 글만 보는데 먼저 400자 이내로 분량에 맞게 집에서 숙제로 쓴 글을 본다. 공개 첨삭이다. 지은아, 네 답안 읽어봐라.

> ✎ 성삼문은 죽음을 공포의 대상 혹은 기피해야 하는 것으로 생각하고 있지 않다. 그리고 사후세계를 이승과는 완전히 다른 불확실의 세계로 파악하고 있지도 않다. 그 대신 그는 삶과 죽음을 서로 이어져 있는 하나의 '여정'으로 여기고 있다. 만약 성삼문에게 죽음이나 사후 세계가 불확실한 두려움의 대상이었다면, 그가 죽음을 목전에 두고도 태연히 '저승길의 묵을 곳'만을 걱정하지는 못했을 것이다. 또한 죽음을 '삶

이후의 여정'으로서 자연스럽게 수용하는 생사관을 엿볼 수 있다. 즉 성삼문에게 삶과 죽음은 모두 인간이 필연적으로 거쳐야 할 자연스러운 과정으로서 서로 이어져 있는 것이고 본질적으로 같은 것이다.

우와! 쥑인다. 이렇게 탁월한 수준으로 이해하고 글을 쓸 수 있다니 놀랍군. 지은이는 한국에서 갈 수 없는 대학과 과가 없겠어. 한두 군데 어색한 표현이 보이고 글을 부정의 형태로 시작한 게 좀 마음에 안 들어. 하지만 전체적으로 탁월한 수준이라서 그건 지엽적인 지적에 지나지 않겠어.

"선생님 부정의 형태가 뭐예요?"

뭐? 그 말을 모른다고? '거리에 쓰레기를 버리지 말자.' 이건 부정. '길거리를 깨끗이 하자.' 이건 긍정. 뭘 하자는 건 긍정이고 뭘 하지 말자는 건 부정의 형태고 표현이지. 고3이 뭘 모르겠다는 말인지 이해가 안 되네.

✎ 성삼문은 이 시를 통해 자신의 삶에 녹아 있는 지조와 절개를 마음껏 표현한다. 그의 삶은 언제나 떳떳했다. 그는 사육신으로서 단종에 대한 자신의 의리를 지켰다. 선비의 자긍심을 지켜낸 것이다. 그렇기 때문에 그는 자신의 죽음이 자랑스러웠다. 그가 보기에는 의리를 저버린 이들이 의리를 지킨 자신을 처벌하는 것이 모순이었기 때문이다. 그래서 성삼문은 그들에게 조소를 날린다. 더 살고 싶다고 바둥거려야 할 때에 점고 소리가 죽음을 재촉한다고 여유를 부린다. 또 황천에는 주막이 없다고 너스레를 떤다. 이런 여유는 진실로 죽음에 대해 초연할 때 발휘된다. 자신의 삶이 떳떳하기 때문에 그는 죽음이 아쉽지 않다. 그에게 있어 절개는 삶의 가장 중요한 가치이고, 그것을 지키기 위해서라면 죽음도 감수할 수 있기 때문이다.

순도 100퍼센트 빵점. 몇 줄의 짧은 시에서 단종이나 사육신을 논리적으로는 추론할 수 없어. 자기가 알고 있는 배경지식을 쓰는 게 논술이 아니야. 제시문을 읽고 이해해서 깊은 생각을 쓰는 게 논술이지. 성삼문의 「절명시」라는 것만 갖고 질문과 상관없이 배경지식을 쓰는 건 논제에서 도망가는 거야. 논제와 정면 대결하지 않고 논제에서 회피하는 거지. 제시문을 이해할 수 없으니까 자기가 알고 있는 지식으로 숨어버리는 거야. 그리고 단종과 사육신이란 두 낱말이 너의 대단한 배경지식을 보이는 것도 아니잖아? 논술에 배경지식 쓰지 말고 너의 이해력과 사고력을 보여주는 글을 쓰라고.

우혁아 시 어디에서 조소를 날리고 여유를 부리고 너스레를 떨었는데? 날린다, 부린다, 너스레 떤다, 이 말들 논술 답안으로서는 부적절한 표현이야. 죽음이 아쉽지 않다? 아쉽다는 말은 이런 데 쓰는 말이 아니야. 바둥거린다는 말도 어색하고.

✎시의 1행에서 4행에는 삶에서 죽음으로 가는 과정에 대한 작가의 생각이 나타나 있다. 1행과 2행에서 '북소리가 사람의 목숨을 재촉'한다는 구절을 통해 작가는 사형과 같은 타의에 의한 죽음을 받고 있음을 알 수 있다. 3행과 4행에 나타나 있듯이 이 상황에서 작가는 해 역시 지고 있음을 보았다. 해를 정의의 상징이라고 보는 통상적인 견해에 의거할 때 작가는 정의롭지 못한 사회에서 죽임을 당하고 있다고 생각한다.

시의 5행부터 8행에서 작가는 죽음 이후 세계에 대한 생각을 표현하였다. 정의롭지 못한 사회에서 죽은 작가는 사후 세계에서 숙박할 장소를 찾는다. 이를 통해 사후 세계도 현실과 마찬가지로 비슷한 사회구조를 가지고 있다는 것을 알 수 있다. 그런데 작가를 받아줄 장소가 마땅히 없다. 이로부터 사후 세계에서도 작가는 환영받지 못하는 존재임을 알 수 있다.

이렇게 쓰는 글도 많이 봤는데 대부분의 문장이 내용 없는 껍데기 문장이고 쓰나마나한 문장이야. 채점자가 알고 싶은 건 작가의 생각이야. 이 글에는 삶과 죽음, 죽음 이후에 대한 작가의 생각이 전혀 드러나지 않았어. 글자는 있지만 내용은 없는 문장들의 나열이야.

논술 답안은 100자든 1,000자든 그 자체로 완결된 글이어야 돼. 논술 답안에 1행 2행 이런 말을 쓰면 채점자는 채점하다 말고 제시문에서 그 행을 찾아봐야 돼. 1행 2행이란 글자들이 채점자로 하여금 논술 답안만 읽을 수 없게 만드는 거지. 지순아 이건 네 글을 스스로 완결되지 못한 글로 만드는 표현들이야. 그리고 해가 정의의 상징이야? 몰랐네. 그럴 수도 있겠지. 그런데 그게 통상적인 견해야? 네 독창적인 견해를 써야 하는 답안에 통상적인 견해는 왜 쓰는데? 죽은 작가가 숙박할 장소를 찾아? 환영받지 못해? 뭔 소리를 하는 건지.

✎성삼문은 삶과 죽음 이후의 두 가지 세계가 존재한다고 믿고 있다. 삶의 세계는 인간과 인간이 한 곳에 얽혀 치열하게 살아가는 세계라면 죽음 이후의 세계는 삶의 세계 이후에 도달한다고 생각한다. 그런데 죽음 이후의 세계에 특별한 점이 있다면 주막이 없다는 것이다. 이는 사람들이 돈을 벌 필요가 없다는 것이다. 죽음 이후의 세계에서 사람들이 돈을 벌 필요가 없는 이유는 간단하다. 삶의 세계에서 사람들은 그 자신과 가족의 생존과 생계를 보장하기 위해 돈을 필요로 한다. 그런데 죽음 이후의 세계에서는 생존을 걱정할 필요가 없다. 즉 인간의 생존을 위한 필수조건인 의식주를 걱정할 필요가 없는 것이다. 즉 죽음 이후의 세계는 걱정 없이 유유자적하며 사는 세계인 것이다. 그런데 성삼문은

> 아직 죽음을 당하기 전이라 이러한 죽음 이후의 세계를 몰라 '주'를 걱정하는 모습에서 죽음 이후의 세계에 대한 인간의 공포를 알 수 있다.

성삼문은 아직 죽지 않아서 모르는 걸 너는 안다고? ㅋㅋ 종필아 너는 그걸 어떻게 알아? 죽어본 적 있어? 죽음 이후에는 집도 있고 옷도 있고 밥도 있어? 죽고 나면 다 있네. 나 얼른 죽어야겠네. 그럼 의식주 걱정 없이 유유자적하며 살겠네. ㅋㅋ 글을 보니 네가 생계 문제를 많이 걱정하는 것 같네. 내용상으로 헛소리야.

이제부터는 수업 시간에 시간 남아 이 문제 푸는데 10분만 주고 그 시간에 쓴 글을 보도록 한다. 그러니까 이 답안들에서는 분량이 중요하지 않다.

> ✎작가는 삶과 죽음을 동일시하며 사후 세계도 현세와 다르지 않다고 본다. 시인은 어느 곳에 묵고 갈까를 고민한다. 이는 사후 세계로의 길, 즉 죽음을 하나의 여정으로 여기는 것이다. 또한 고개를 돌리니 해가 지고 있다고 했다. 현세의 해가 저무는 것이다. 그런데 곧 죽을 시인은 황천에 주막이 없다고 숙소 걱정을 한다. 현세에서 해가 지듯이 저승에서도 해가 진다는 것이다. 즉 현세와 저승이 동일시되고 있다.

영선아, 여기에서 저승에서도 해가 진다는 말은 좀 이상해. 하지만 전체적으로는 탁월한 이해력이고 놀라운 수준이야. 길이나 여정 등의 낱말로 작가의 생각에서 핵심이 되는 내용을 잘 표현했어.

> ✎시적 화자는 죽음을 재촉하는 상황에 처해 있다. 그리고 사후 세계에는 주막도 없다고 하여 부정적으로 보고 있다. 성삼문이 쓴 절명시임을 감안하여 시의 시적 화자와 성삼문을 동일인으로 본다면, 성삼문의

삶과 죽음 그리고 사후 세계에 대한 생각을 추론해볼 수 있다.
표현론적 관점에서 성삼문은 세상이 자신을 죽을 수밖에 없게 한다고 한다. 또한 해가 진다는 표현을 통해 단종의 실각이 자신의 삶을 더 이상 가치 없게 하고 죽음으로 내몰았음을 알게 한다. 이 상황으로 인해 사후의 세계도 주막이 없을 거라는 표현을 통해 편치 않은 결말을 암시한다.

주언아, 네가 동일인으로 보지 않아도 성삼문과 시적 화자는 동일인이야. 추론해볼 수 있다는 말 쓰지 말고 추론한 걸 그냥 쓰면 돼. 첫 단락은 내용 없는 껍데기 문장들이야. 실각? 단종이 실각했어? 어색한 말. 편치 않은 결말? 무슨 결말? 표현론적 관점? 쓸데없이 어려운 말 쓰네. 현학적인 말 좋아하나본데 어려운 글이 좋은 글이 아니야. 깊은 생각을 쉽게 쓴 게 좋은 글이지.

✎작가는 죽음을 앞둔 상황에서 삶에 집착하기보다는 오히려 초연한 태도를 보이고 있다. 북소리가 울리며 죽음을 재촉하는데도 고개를 돌려 해가 지는 풍경을 바라본다. 해가 지는 것처럼 죽음도 자연스럽고 일상적인 것으로 받아들이는 것이다. 또한 죽음을 일종의 여행, 어딘가를 향해 나아가는 과정으로 인식한다. 황천에는 주막 한 곳 없으니 오늘 밤에는 어디 묵을지 생각하는 것은 죽음 이후의 세계도 삶의 연장으로 바라보는 태도가 반영되어 있는 것이다. 즉 작가는 삶과 죽음, 죽음 이후를 하나로 인식하고 있다.

윤진이는 천재급이네. 10분 동안에 선생을 두렵게 만드는 수준으로 글을 쓰네. 벌린 입을 다물 수가 없네. 이건 60만 명의 수험생 중에 6명 안에 드는 수준의 답안 정도 될 것 같아.

"60만 명 중에 6명이오? 선생님 가끔 60만 명 중에 6명 안에 드는 답안이라고 말씀하시는데 선생님이 그걸 어떻게 알아요?"

내가 그렇게 말한 학생이 내게 논술 배우고 그해에 수능 봤는데 그때 언수외 사탐 500점 만점이었거든. 그때 그 학생 원점수로 495점 받아서 전국에서 3등 했어. 근데 표준점수로는 1등 했어. 그러니 내 말 틀린 말 아니지? 글을 보면 알 수 있어.

오늘 수업 끝.

오늘 수업 시작. 지난 시간에 이어 오늘도 서울대 문제로 공부하겠다. 좋지? 오늘은 '서울대 2008학년도 논술고사 2차 예시문항'이다. 문항이 전부 5개 있는데 오늘은 그중에 문항 2를 공부할 것이다. 몽유도원도와 인왕제색도 그림이 나오는 문제다.

(가)

　　매화 또한 초목의 일종이나 가장 그려내기 어렵다. 대개 그 가지와 줄기가 굴곡져 용과 뱀이 뒤엉킨 모습처럼 된 것은 매화의 참 모습이 아니다. 풍기는 분위기가 왕성하고 향기롭게 흘러넘침이 마치 달빛이 밝게 비치고 눈발이 흩날리는 것 같음을 헤아려 깨닫고 마음으로 터득하는 것이 매화의 참모습이므로 가지나 잎의 처리는 논할 게 못된다.

　　옛날에 내 친구 이자야(李子野)가 등불 아래 벽에 비치어 나타난 매화 그림자를 그린 적이 있는데, 그 형상이 부은 듯 부풀어 오르고 울퉁불퉁한 모습이어서 매화인 줄 알지 못하겠으나, 풍기는 분위기만은 제법 옮겨내었으므로 매화가 범상치 않은 화훼임을 알았다. 내가 손뼉을 치면서 껄껄 웃자, 자야가 달가워하지 않으며 말하기를 "이것이 소동파(蘇東坡)가 등불을 마주하고 말의 그림자를 그린 것보다 낫지 아니한가? 내가 아무런 생각 없이 펼쳐내어 자연스런 분위기가 그대로 드러나 있다"라 하였다. 나는 말하기를, "그렇겠다. 나는 그림 그릴 줄 모르니 매화의 운치(趣)를 어찌 알겠는가? 운치도 알지 못하거늘 매화의 본성(神)을 어찌 알겠는가?" 라 하였다.

본질적인 특성(神)은 매화에 있는 것이지만 운치를 느끼는 것은 나에게 달려 있는 것이다. 단순히 대상물로서 대상을 바라본다면, 매화와 나는 아닌 게 아니라 과연 서로 다르다. 그러나 상리(常理)로서 대상을 바라본다면 나와 매화는 같지 않은 것도 아니다. 나는 그것을 논리적으로 이해할 줄만 알았지, 그 운치 있는 분위기를 파악하지 못했던 것이다. 그러나 내가 온통 티끌과 먼지로 뒤덮인 세상에서 그 마음속은 더럽혀지지 않도록 한다면, 상쾌한 정신과 빼어난 맑음으로 충만한 매화에게서 나의 운치를 북돋울 수 있을 것이다. 그리고 그 운치를 이미 터득했다면 그것은 본질적 이해에 도달했다고 할 수 있다. 본질적 이해에 도달한 자는 매화에 대해서 붓을 잡는 일을 기다리지 아니하고도 바로 해낼 수 있는 것이거늘, 하며 그 가지와 잎을 따지겠는가?

권헌(權憲), 『묵매기(墨梅記)』

(나)

소동파의 시에 "그림을 그리되 겉모습만 같게 하면 된다고 하니, 이런 소견들은 어린아이와 다를 것이 없다. 시를 짓는 데 앞에 보이는 경치만 읊는 것도, 시의 본뜻을 알고 짓는 이가 아니다" 라고 하였다. 후세에 화가들이 이 시를 종지(宗旨)로 삼고 진하지 않은 먹물로 그림을 거칠게 그리니, 이는 물체의 본질과 어긋나게 된 것이다.

지금 만약 "그림을 그리되 겉모습은 같지 않게 해도 되고, 시를 짓되 앞에 보이는 경치를 읊지 않아도 된다"고 한다면, 이치에 맞는 말이라 할 수 있겠는가? 우리 집에 동파가 그린 묵죽이 한 폭이 있는데, 가지와 잎이 모두 산 대나무와 꼭 같으니, 이것이 소위 틀림없는 사진(寫眞)이란 것이다. 정신이란 모습 속에 있는 것인데, 모습이 이미 같게 되지 않는다면 정신을 제대로 전해낼 수 있겠는가?

동파가 이렇게 시를 읊은 것은 대개 "겉모습은 비슷하게 되어도 정신이 나타나지 않으면 비록 이 물체가 있다 할지라도 광채가 없다"는 것을 말한 것이다. 나도 말하기를 "그림이란 정신이 나타나야 하는데, 겉모습부터 같지 않게 되었다면 어찌 같다 할 수 있겠으며 또 광채가 있어야 하는데 딴 물건처럼 되었다면 어찌 이 물건이라 할 수 있겠는가?"라고 한다.

이익(李翼), 「논화형사(論畵形似)」, 『성호사설(星湖僿說)』 권5

논제 1. 제시문 (가)와 (나)는 조선시대 문인들의 그림에 대한 견해를 보여주고 있다. 그들이 그림을 창작하고 감상하는 데 있어서 중요하게 생각했던 요소가 무엇인지 서술하시오.

논제 2. 다음 두 산수화(그림 1, 2)는 안견(安堅)의 「몽유도원도(夢遊桃源圖)」와 정선(鄭敾)의 「인왕제색도(仁王霽色圖)」이다. 논제 1의 논의를 바탕으로 두 그림을 비교 감상하시오.

그림 1. 안견, 「몽유도원도」, 1447년

그림 2. 정선, 「인왕제색도」, 1751년

먼저 논제 1을 보자.

조선시대 되겠다. 현대나 현재의 얘기 아니다. 조선시대 얘기다. 문인이다. 조선시대에는 문인들이 글만 쓴 게 아니고 그림도 그렸다. '그림에 대한 견해를 보여주고 있다.' 중요한 정보다. 그림에 대한 견해를 보여주고 있다는 걸 고려하며 제시문을 읽어야 한다. 그림에 대한 견해에 초점을 맞추어 제시문을 읽어야 한다. '그들이 그림을 창작하고 감상하는 데' 창작자의 태도나 감상자의 태도 하나만 지적하고 있지 않다. 하나에만 치우치지 말고 창작과 감상의 태도를 아울러야 한다. '중요하게 생각했던 요소가 무엇인지' 창작자나 감상자가 무엇을 중요하게 생각했는지 묻고 있다. 요소를 찾아내야 한다. 독해할 때 이 점을 찾아내려고 애를 쓰며 읽어야 한다. '서술하시오.' 서술하라고 했다. 논술하면 안 된다. 수험생의 주장을 쓰라는 문제 아니다.

결국 논제 1은 제시문 (가)와 (나)를 얼마나 잘 이해하여 제시문의 내용을 제대로 파악하고 있는지 묻는 문제다. 제시문들이 선문답 같기도 하고 완전히 다른 내용인 것처럼 혼동을 줄 우려도 있는데 핵심 내용을 잘 파악하면 두 글의 공통점과 차이점이 드러날 것이다.

이제 제시문을 보도록 하자. 제시문 (가). 사물의 본질을 깨닫고 이를 마음으로 터득해야 사물의 참모습을 그릴 수 있다. 사물의 본성을 알면 자연스러운 분위기를 드러내어 운치 있게 그릴 수 있다. 사물의 본성은 매화에 있지만 운치는 내가 느끼므로 내 마음을 더럽히지 말아야 한다. 티끌과 먼지로 뒤덮인 세상이라도 내 마음이 깨끗하면 맑은 정신으로 매화의 운치를 터득할 수 있고 그렇게 되면 매화(사물)의 본질적인 이해에 도달할 수 있다.

(가)에서는 창작자나 감상자의 깨달음을 중요하게 보고 있다. 맑고 깨끗한 마음으로 사물의 본질을 이해하면 그림을 제대로 그리고 감상할 수 있다. 그림의 겉모습만 보아도 안 되고 그림을 논리로만 이해해서도 안 된다. (가)는 그림을 창작하고 감상하는데 나(주체)와 대상(내용, 본질)의 관계에 초점을 맞추어 쓴 글이다. 주체와 대상의 관계에 초점을 맞추니 주체의 깨끗한 마음을 중요하게 본다.

이제 제시문 (나). 사물의 겉모습만 똑같게 그리는 건 사물의 본뜻을 모르는 것이다. 그런데 본뜻이 중요하다고 했더니 이 말을 곧이곧대로 받아들여 형식을 무시한 채 그림을 그린다. 이 또한 사물의 본질에 어긋나는 것이다.

정신은 모습 안에 있으니 먼저 모습을 제대로 그려야 한다. 모습이 다르면 정신도 달라져서 그림을 제대로 그렸다고 할 수 없다. 그런데 모습은 비슷해도 정신이 나타나지 않으면 그림에 광채가 드러나지 않는다. 사물의 본질에 대한 이해에 이르지 못했기 때문이다. 정신을 제대로 나타내려면 겉모습을 제대로 그려야 한다. 형식에 철저해야 본질을 제대로 이해할 수 있다. 형식은 사물의 본질과 정신을 제대로 드러내는 형식이라야 한다. (나)는 그림의 형식(모습)과 내용(대상, 본질, 정신)의 관계에 중점을 둔 글이다.

그림의 본질(대상, 내용, 정신)에 관한 내용은 (가)와 (나)에 모두 들어 있다. 그 점이 공통점 되겠다. 그런데 (가)는 그것과 '나'의 관계를 강조하고 (나)는 그것과 형식의 관계를 강조한다. 제시문을 그림으로 보여주겠다.

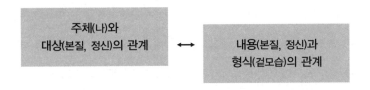

(가)와 (나)는 모두 본질(대상, 내용, 정신)을 다룬다는 점에서는 공통되지만(그래서 좌우로 같은 줄에 표현), 그것과 주체의 관계를 다루고(가) 형식의 관계를 다룬다는(나) 점에서는 다르다(그래서 좌우로 다른 줄에 표현). 이게 (가)와 (나)의 깊은 이해를 좀 어렵게 했다.

이 그림을 아래의 그림과 비교하면 두 그림의 차이점이 분명해진다.

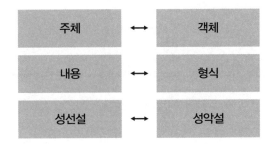

이 그림의 주체와 객체, 내용과 형식은 성선설과 성악설처럼 명확히 대비된다. 그런데 (가)와 (나)는 그렇게 안 된다. 제시문에서 그걸 이해하는 게 중요했다. 아래는 내 예시 답안이다.

제시문들은 그림을 그리고 창작하는 데 대상의 본질을 이해해야 한다는 점을 강조한다. 그런데 (가)는 주체와 대상의 관계에서, (나)는 형식과 내용의 관계에서 그 점을 강조한다는 차이점을 보인다.

(가)는 그림을 그리고 감상할 때 대상의 본질적인 이해에 이르는 것을 중요하게 생각한다. 대상의 본질을 깨닫고 터득하면 나와 대상이 하나로 통일되어 대상의 운치 있는 분위기를 그리고 감상할 수 있다. 그러려면 그림을 그리고 감상하는 사람의 마음이 맑고 깨끗해야 한다. 즉 (가)에서는 창작자와 감상자의 마음을 중요하게 여긴다.

(나)는 대상의 본질적인 이해에 이르는 방법으로 형식을 무시해서도 안 되고 형식에 집착해서도 안 된다는 점을 강조한다. 본질은 형식 안에 들어 있으니 형식을 통해서만 제대로 드러난다. 사진처럼 똑같이 그릴 만큼 형식은 중요하며 형식에 철저해야 본질을 제대로 표현할 수 있다. 그런데 그 형식은 본질을 제대로 드러내는 형식이라야 한다. 정신이 드러나지 않는 형식의 그림에서는 광채를 볼 수 없고 대상의 본질적인 이해에 도달할 수 없다.

이제 논제 2를 보자.

'논제 1의 논의를 바탕으로' 논제 1의 논의를 바탕으로 하란다. 그렇게 해라. 논제 1에서 언급한 내용의 핵심을 짧게 언급해주면 좋을 것이다. '두 그림을 비교 감상하시오.' 감상하면 되겠다. 하나만 감상하면 안 된다. 감상할 때 두 그림의 공통점과 차이점을 찾아내어 비교해서 감상해야 한다. '논제 1의 논의를 바탕으로' 하라고 했으니 자기 멋대로 감상하지 마라.

감상. 여러분 영화 감상 어떻게 해? 와 재미있다 아니면 재미없다 이런 식으로 하지? 그런 게 감상이니 그렇게 하면 되겠어. 그런데 잘 그렸다든지 못 그린 것 같다는 건 평가 쪽에 가깝지. 감상이 평가를 완전히 배제하는 건 아니지만 주로 감상 쪽으로 하도록. 두 그림은 국보급이어서 그림에 대한 문외한들은 평가할 자격도 없을 거야. 제시문이 그림이니 분석할 수도 없고. 그냥 내 감상을 쓰겠어. 아래는 내가 쓴 예시 답안이야.

조선시대 문인들은 그림을 그리고 감상할 때 사물의 본질적인 이해에 이르는 것을 중요하게 생각한다. 그러려면 깨달음이 필요하고 마음가짐을 맑고 깨끗하게 해야 하며(가), 형식을 무시해서도 안 되지만 형식에 집착해서도 안 된다(나).

그림 1에는 꿈속 이상 세계를 그리려는 창작자의 정신이 아름답고 감동적으로 묘사되어 있다. 현실의 대상을 보고 그린 것이 아니니 이 그림에서 형식은 중요하지 않다. 때 묻은 현실에서 벗어나 깨끗한 마음으로 이상 세계를 찾으려고 할 뿐이다. 그림에는 현실 세계도 있고 이상 세계도 있다. 창작자의 마음에 들어 있는 이상 세계를 무릉도원에 비유하여 표현했는데 이상 세계의 복숭아꽃은 영롱한 분위기를 자아낸다. 자신과 이상 세계를 하나로 만들려는 듯 그림은 웅장하면서도 신비롭고 강렬하면서도 환상적인 느낌을 준다.

그림 2는 인왕산을 사실적으로 묘사했지만 형식에만 집착하지 않았다. 우뚝 솟은 장엄한 화강암 봉우리는 감상자를 압도하지만 부드러운 소나무나 물안개와 어우러져 강약의 조화를 이룬다. 산은 작아도 초라하지 않고 집은 커도 방자하지 않다. 집이 있으니 인간은 자연과 하나 되고 산이 있으니 인간은 쓸쓸하지 않다. 인왕산은 무겁고 압도적인 강렬함을 주면서도 홀로 있는 고고한 집을 인자하게 품고 있다. 물안개와 나무들이 산과

집을 둘러싸고 있으니 마음이 맑아진다. 이 모든 것이 깊은 운치를 드러낸다. 슬픈 듯 깊은 아름다움을 오래도록 은은히 전해준다.

"……."

진선아 왜 그렇게 선생을 빤히 쳐다보고 있냐?

"벌린 입을 다물 수가 없어요."

무슨 소리냐?

"저는 절대로 선생님처럼 못 쓸 것 같아요. 그건 완전히 불가능해요."

상심하지 마라. 내 답안은 너희들 답안과 같은 '현장 답안'이 아니다. 제한 시간 주고 그 시간에 이해해서 쓰는 답안이 아니라는 말이다. 시간을 많이 갖고 연구 분석해서 쓴 답안이니 '연구 답안'이라고 할 수 있겠지.

"저는 연구하라고 해도 이렇게는 못 쓸 것 같아요. 선생님 답안은 수준이 정말 높아요."

이런 답안 쓰는 건 나한테도 힘들어. 논술에서는 답안을 쓰는 게 제일 힘들지. 문제 만드는 것보다 답안을 쓰는 게 힘든 것 같기도 해.

"선생님 답안을 보니 제 답안과 차이 나서 논술을 하고 싶은 생각이 싹 사라져요."

그 차이를 아는 것도 실력 향상이지. 난 60만 명의 수험생이 읽어도 이해할 수 있는 답안을 써야 하는 논술 선생 아니냐. 이런 글 한 번씩 쓰고 나면 나도 바로 지친다. 나는 글을 쓸 때 혼신을 다해 쓰거든. 나는 내 글에 내 육신과 영혼을 전부 바친단다.

"선생님하고 논술 계속 하면 저도 그렇게 쓸 수 있을까요?"

공부 참 많이 해야지. 쓸 수 없다고 생각하면 지금 관두든지 그렇게 쓰고 싶으면 열심히 내 강의를 듣던지 둘 중 하나지. 나는 너희들에게 나한테 배우라고 강요 안 해. 난 뭔가를 하려고 하는 사람은 가르칠 수 있지만 하려고 하지는 않는 사람이나 스스로 포기하는 사람은 가르칠 수 없어. 내 수업 하루 듣고 수강 포기하는 학생들도 있잖아. 내가 그 학생들 잡으러 갈 수도 없고. 학원에서.

'한숨만 나와. 어떻게 하면 저런 답안을 쓸 수 있을까?'

이제 공개 첨삭이다. 먼저 논제 1. 동운아.

✎ 제시문 (가)에서 권헌은 친구 이자야와의 대화에서 매화 그림을 그릴 줄 모르니 그 운치를 알지 못하고 운치를 알지 못하기 때문에 본성을 알 수 없다 하였다. 그리고 본질적인 특성은 매화에 있는 것이지만 운치를 느끼는 것은 나에게 달려 있다고 하였다. 만일 그 운치를 이미 터득했다면 그림에 대한 본질적 이해에 도달했다고 할 수 있고, 본질적 이해에 도달한 자는 바로 그림을 그려낼 수 있다고 권헌은 말했다. 이를 미루어볼 때 그가 그림을 창작하고 감상하는데 중요시 여긴 요소는 운치라고 할 수 있다.

제시문 (나)에서 이익은 소동파가 그린 묵죽은 가지와 잎이 모두 산과 대나무와 꼭 같아 보이기 때문에 이를 사진이라고 하였다. 그리고 그는 정신은 모습 속에 있는 것이고 모습이 같지 않으면 정신을 제대로 전달할 수 없다고 생각했다. "그림이란 정신이 나타나야 하는데, 겉모습부터 같지 않게 되었다면 어찌 같다 할 수 있겠으며, 광채가 있어야 하는데 딴 물건처럼 되었다면 어찌 이 물건이라 할 수 있겠는가?"라는 그의 말에서 그가 겉모습을 중요시 여겼음을 알 수 있다. 하지만 두 사람 모두 본질의 이해에 도달하고자 하는 공통점을 갖고 있다.

동운이 글에는 뭐라고 말했고 뭐라고 했다는 글자만 보이는 것 같아. 사람 이름이 중요한 것 같지 않은데 왜 이렇게 많이 써? 논술이 받아쓰기야? 제시문을 통째로 인용하든지 아니면 뭉텅뭉텅 그대로 가져와 쓰네. 이게 받아쓰기지 논술이야? 이 짧은 분량에 따옴표를 써서 제시문을 직접 인용해? 뭐하려고? 빵점.

✎ 제시문 (가)와 (나)는 조선 시대 문인들의 그림에 대한 견해를 보여주고 있다. 그들이 그림을 창작하고 감상하는 데 있어서 중요하게 생각했던 요인은 본질적인 특성, 즉 정신이다. 제시문 (가)에서 분위기를 헤아려 깨닫고 마음으로 터득하는 것이 매화의 참 모습이라고 하였다. 또한 운치 있는 분위기를 파악했다면 그것은 본질적 이해에 도달했다고 할 수 있다고 말한다. 그리고 매화 같지 않은 매화 그림자를 그려도 분위기만 파악하면 된다고 말한다. 하지만 제시문 (나)에서는 이익이 그림에 정신이 나타나야 하는데, 겉모습부터 같지 않으면 어찌 같다 할 수 있겠느냐고 말한다. 그는 정신이란 모습 속에 있는 것인데, 모습이 이미 같게 되지 않는다면 정신을 제대로 전할 수 없다고 주장한다.

첫 문장 있으나마나한 문장. '말한다는 말 좀 하지 말라고 내가 너에게 말한다는 걸 이해한다고 너는 내게 말할 수 있겠냐?' 지현아, 네가 말한다고 말하지 않아도 네가 말하고 있는 거 알아. 제시문이 그런 말하고 있다는 것도 알고. 그러니 말한다는 말 좀 말하지 마. 제시문을 왕창 그대로 옮겨 쓰고 말한다는 말을 하면 그게 베껴 쓴 거지 네 글이냐고? 그래서 마지막 단어를 '말한다' 가 아니고 '주장한다' 로 끝낸 거야? 말한다나 주장한다나 그게 그거지. 네 이놈 내가 너에게 글을 '어찌 이렇게 쓸 수 있겠느냐고 말한다'. ㅋㅋ 그리고 글이 300년 전 글처럼 됐어. 너희들은 제시문이 300년 전 글이면 너희들 답안도 300년 전 글처럼 되는 것 같아. 제시문 글 따라하지 말고 너 자신의 글을 쓰라고. 내용은 이해한 것 같은데 대충 집중해서 쓰면 글이 이렇게 되는 거야.

또 있어. '이제부터 환경문제를 살펴보고자 한다' 또는 '무슨 문제를 고찰하고자 한다' 는 식으로 쓰는 글도 봤어. 이것도 별로 좋지 않아. 살펴보고자 한다고 말하지 말고 그냥 살펴보면 돼. 이런 걸 '글쓰기 과정 중계방송' 이라고 표현한 사람이 있는데 딱 맞는 말인 것 같아. 책 한 권 쓰는 것도 아니고 1,000자 내외의 글에서는 쓸 필요 없는 좋지 않은 표현이야.

하나 더. 답안을 쓸 때 '제시문 A는 또는 제시문 2는' 하는 식으로 '제시문' 이라는 글자를 쓰지 말았으면 좋겠어. 많지 않은 분량의 글에 '제시문' 이라는 글자 스무 번 나오는 답안도 봤어. 쓰려고 작정하면 서른 번도 쓸 수 있겠지. 서른 번 쓰면 이 글자로만 90자 채울 수 있어. 띄어쓰기 포함하면 120자 채우는 거야. 1,000자 분량이라면 글의 12퍼센트를 제시문이라는 글자로 채우는 셈이야. 분량 채우려는 의도를 노골적으로 드러내는 게 아닐까? 그리고 채점자들은 제시문이라는 글자를 보면 너무 지겨워. 자신의 깊은 생각을 드러내는 말도 아닌데 '제시문' 이란 단어를 왜 그렇게 '사랑하는' 건지……. 그냥 'A는 2는' 하는 식으로 해도 충분해.

이제 논제 2. 민혁아 읽어라.

> ✎ 제시문 (가)와 제시문 (나)를 통해 그림의 중요한 요소는 어떤 대상의 본질적인 특성이라는 것을 알 수 있다. 따라서 훌륭한 그림은 어떤 대상의 본질적인 특성을 얼마나 담았는지로 판명날 수 있다. 그림 1은 화가 안견이 안평대군의 꿈 이야기를 듣고 그린 그림이다. 그래서 이 그림의 배경은 실재하지 않는다. 이 그림은 해석된 바에 의하면 안평대군의 이상향이라 한다. 따라서 이 그림을 보면 화가 겉모습, 즉 사진

보다 관념적인 것을 중시한다는 것을 유추할 수 있다. 그림 2는 인왕산의 모습을 그려냈다. 여기서 인왕산은 실재하는 곳이다. 그러나 이 그림의 작자인 정선은 인왕산의 모습을 외형 그대로 화폭에 집어넣지 않았다. 봉우리를 작게 표현하는 등 그는 이 작품에 약간의 수정을 가하였다. 그러나 현재까지 우리는 아직도 이 그림을 보며 인왕산의 웅장함을 느낄 수 있다. 그 이유는 바로 어떤 사물의 본질적인 특성을 잘 살려냈기 때문이다. 또 이 그림도 해석된 바에 의하면 정선이 친구의 패유를 빌며 그린 작품이라 한다. 여기서 우리는 작자가 사물의 외향, 겉모습에 치중하지 않았다는 것을 알 수 있다.

그림만 보고 안평대군이나 정선의 친구를 어떻게 추론할 수 있어? 배경지식만 쓰네. 그림을 감상하라는데 감상은 전혀 없잖아.ㅠㅠ 인왕산이 웅장하다는 것만 감상이네. 감정 메말라버렸어? 해석된 바는 누구 해석이야? 그다음 동운이.

논제 1에서 권헌은 운치를 느끼지 못하면 본질적 특성을 알 수 없고 운치를 알아야만 본질적 특성을 이해할 수 있고 바로 그림을 그려낼 수 있다고 말했다. 이에 반해 이익은 겉모습이 일치하지 않으면 정신이 나타날 수 없다고 주장하고 있다. 안견의 몽유도원도는 실제 풍경이 아닌 상상의 세계를 그려내 추상적이라 할 수 있다. 권헌은 매화를 그릴 때 마음으로 터득하는 것이 매화의 참모습이므로 가지나 잎의 처리는 중요하지 않다고 했다. 몽유도원도 역시 풍경을 자세히 묘사하고 있는 것이 아닌 도원의 운치를 그려내고 있으므로 권헌이 중요시 했던 방식과 일치한다. 이에 반해 정선의 인왕제색도는 인왕산을 진한 먹물로 사실적으로 그려내었다. 특히 산을 진하게 채색을 하여 무거운 느낌을 주도록 그랬다. 이는 겉모습이 우선 같아야 정신을 나타낼 수 있다고 주장한 이익의 견해로서 설명이 가능한 그림이라 할 수 있다.

감상이 없잖아. 자기 느낌 쓰라는 게 그렇게 어려워? 제시문과 그림을 일대일로 대응시키고. 제시문의 낱말, 문장, 표현을 거의 그대로 옮겨 쓰고 자기 문장은 안 보이네. 그러다 보니 글이 300년 전 글이면 네 글도 300년 전 글이 되고 1,000년 전 글이면 네 글도 1,000년 전 글처럼 고풍스럽게 되고. 네 글에 네가 없어. 그림의 본질적 이해를 중요하게 생각했다는 것만 제대로 이해한 듯. 전체적으로 헛소리.

✎ 그림 1은 안견의 몽유도원도이고 현실에 존재지 않는 무릉도원을 표현한 것이다. 이 작품은 (나)에 의해 비판된다. 무릉도원은 세상에 존재하지 않는다. 그러므로 안견은 무릉도원을 직접 보고 그린 것이 아니라 전적으로 본인의 상상력에 의존하여 그렸다. 즉 겉모습이 정확하지 않은 작품이다. (나)의 입장에서 몽유도원도를 본다면 겉모습이 정확하지 않기에 그 자체로 좋은 작품이 아니다. 그러나 (가)의 견해로 감상한다면 무릉도원이라고 하는 주제가 그림에 잘 녹아 있기에 훌륭한 작품이라 할 수 있다. 그림의 정확성은 큰 상관이 없다.
그림 2는 정선의 인왕제색도이고 직접 인왕산을 보고 그린 그림이다. (가)의 견해로 인왕제색도를 보면 겉모습만 같게 표현하였을 뿐 그 안에 담긴 뜻이 없다. 즉 본질이 담기지 않았기에 좋은 작품이 아니다. 하지만 (나)의 견해로 인왕제색도를 감상하면 산봉우리와 나무 한 그루까지 섬세하고 정확하게 표현하였기에 명작이라 볼 수 있다.

제시문과 그림을 딱딱 대응시켰네. 이 문제가 그러라는 거야? 그래서 어느 건 좋은 작품이 아니고 어느 건 훌륭한 작품이고 명작이야? 그림을 감상하랬지 평가하랬어? 몽유도원도는 겉모습이 같지 않고 인왕제색도는 겉만 같게 그리고 그 안에 담긴 뜻이 없어? 상당히 안 좋은 답안.

> ✎ 「몽유도원도」는 「인왕제색도」에 비해 산의 겉모습이 그림에 비슷하게 그려지지 못했다. (나)에서 겉모습을 같게 그리는 것이 중요하다고 했기 때문에 이 그림에 대해서는 부합하지 않는다. (가)는 사물에서 느껴지는 운치가 중요하다고 했다. 이 그림은 산에 있는 모든 것을 한눈에 보고 싶은 화가의 주관적 생각이 반영이 되어 있어 (가)의 견해와 부합한다.
> 「인왕제색도」는 위 그림과 달리 좀 더 산을 자세히 그리고 비슷하게 그렸다. 그리고 안개 낀 산 아래 지어진 홀로 선 집으로 자신의 외로움의 운치를 표현했다. 그러므로 이 그림은 (가)와 (나)의 견해에 둘 다 부합한다. 결국 「인왕제색도」가 「몽유도원도」보다 더 좋다. 그리고 더 비싸다.

비싸? 하하하. 승연아 장난 하냐. 두 그림은 팔지도 않고 살 수도 없는 작품이야. 이런 작품은 아무도 사지 않고 팔지 않아. 그래도 사고 싶어? 「몽유도원도」는 일본에 있으니 패스. 「인왕제색도」는 현재 한국에 있는데 그림 소장자한테 물어봐. 얼마 주면 팔 거냐고? ㅋㅋ

"소장자가 누군데요?"

리움미술관에 가서 물어봐. 그리고 이게 감상이야? 인왕제색도가 몽유도원도보다 좋아? 개인적 취향이야 아니면 평가를 하는 거야? 두 그림은 문외한들이 평가할 수 있는 수준의 그림이 아니야. 모두 최고 수준의 그림들이야. 둘 사이에 우열을 따지는 것도 곤란해. 탁월한 예술 작품은 그 자체로 완성되고 완결되고 훌륭한 거야. 네 글은 빵점.

논술하는데 아이들이 왜 이렇게 배경지식에 매달리는 걸까? 논제 나오면 머릿속 배경지식을 그냥 원고지에 옮기겠다는 건가?

학교에서든 학원에서든 논술 배울 때 학생들 복사물 많이 받는다. 빵빵한 자료에 배경지식 풍부하게 담은 복사물 받으면 (시간 없어 제대로 읽지도 못하면서) 학생들 만족하고 엄마들 크게 만족한다. 엄마들 200퍼센트 만족한다. 돈 낸 값을 한다고 생각한다. 그런 배경지식 많으면 글 잘 쓴다고 생각한다. 배경지식만으로 글 쓰면 모두 똑같거나 비슷한 글 된다. 그럼 대학 떨어진다. 그리고 지식 없다고 글 못 쓰는 거 아니다. 논술에 생각 안 해서 못 쓰는 문제는 많지만 몰라서 못 쓰는 문제는 없다. 글에는 생각을 보여주어야 한다. 대학에서 가르치는 내용을 깊이 있게 생각하고 배울 가능성이 있다는 걸 교수에게 보여주는 게 논술이다.

지식 필요한가? 고등학교 교과서, 참고서, 자습서 봐라. 거기에 지식 좀 많은가? 그것으로 부족한가? 그럼 대학에 가서 전문적으로 공부하고 책 읽어 지식을 얻으면 된다. 그런 지식 줄 때 깊이 생각하여 받아들이고 이해하고 비판하며 평가할 수 있는 논리적인 사고력이 있는지 보여주는 게 논술이다.

논술은 인생만큼 다양하게 가르치고 배우고 익힐 수 있는 것 같다. 그런데 자세히 보면 좋지 않은 논술은 대략 두 가지 방식으로 정리되는 것 같다.

첫째, 배경지식의 달인을 만드는 논술. 대부분의 학원 논술이 이런 식으로 한다. 시간 없어 수업 제대로 준비하지 못하는 교사들도 논술 수업을 대부분 복사물과 배경지식으로 채운다. 복사물의 홍수에 학생들은 질식한다. 복사물의 양에 비례해 엄마들은 만족하고 엄마들의 알리바이도 늘어난다. '난 자식을 위해 최선을 다했어.' 그리고 학원은? 학생을 암기 기계로 만든다. 이런 주제 나오면 이렇게 써야 하고 저런 주제 나오면 저렇게 써야 한다. 1,000자 분량은 단락을 몇 개로 만들어야 하고 각 단락별 분량도 정해져 있다. 시작은 어떻게 하고 끝맺음은 어떻게 하고. 딱딱 정해져 있다. '붕어빵 논술' 나온다.

둘째, 논리학자를 양성하려는 것 같은 논술. 유사 · 차이 · 비유 · 유추 · 위계 · 순환 · 복합 · 대안 등 수많은 논리학의 개념으로 무장한다. 그게 무엇인지 암기하느라 학생들 깊이 있는 생각을 할 수 있을지 모르겠다. 그런 것 정도는 알아야 한다고 양보하자. 후건 부정법? 논술하는데 왜 이런 말까지 알아야 하는지 이해할 수 없다. 이런 말이 학생들의 사고력을 키우는 데 얼마나 도움이 되는지도 모르겠다. 교수나 학자들이 이런 식의 논술을 많이 한다.

예를 들겠다. "단순한 가설 반증의 논증은 후건 부정의 형식을 가진 연역 논증이다. 그러나 실제 사례에서는 그렇게 단순하게 후건 부정법에 의해 결론이 도출되지 않는다. 실제 사례에서는 보조 가설이 고려되어 가설을 반증하는 과정이 복잡하게 이루어지므로 가설 반증의 논증도 복잡하게 구성된다."(『사고와 논술』 응용 상, 22쪽) 고등학생용 논술책에 있는 내용이다. 이게 무슨 말인지 모르겠다. 전공이 아니라 그런지 알고 싶지도 않다. 그런데 정말 이런 말도 알아야 논술 잘하는 걸까? 고등학생들이 이런 말도 알아야 하는 건가? 논리학 잘하면 논술 잘할까? 논리학은 몰라도 우리는 매일 논리로 살지 않는가?(『사고와 논술』은 매우 체계적이고 훌륭한 책인데, 이런 점들이 책에 대한 접근을 조금 어렵게 한다).

이 두 방식은 글쓰기가 자신의 영혼을 백지에 옮기는 고통스러운 창조적 노동이라는 점을 간과하는 것 같다. 논술은 글짓기인가? 글쓰기? 언어영역? 철학? 인문학? 사회과학? 예술? 아니다. 어느 하나에 국한되지 않는다. 이 모든 것이다. 배경지식에 목매지 마라.

6장

나무만 보지 말고
숲을 보라

오늘 수업. 오늘은 연세대 2009학년도 모의 논술 문제를 보겠다. 논술할 때는 제시문을 그 자체로 이해하지 말고 제시문들의 관련 속에서 이해해야 한다. 그걸 이해해야 각 제시문도 제대로 이해할 수 있다. 즉 '나무만 보지 말고 숲을 보라' 는 말이다.

(가)

개인의 가치판단이 학문적 주장에 영향을 미치는 것은 분명하다. 그로 인해 끊임없이 혼동이 야기되었으며, 심지어 사실들 간의 간단한 인과관계를 확정하는 것에 이르기까지 과학적 주장에 다양한 해석들이 개입되기에 이르렀다. (…… 중략 ……)

우리가 해결해야 할 현실문제에 대한 규범적 가치의 공감대를 만드는 것은 결코 경험적 학문의 과제가 될 수 없다. 그것은 이루어질 수 없을 뿐 아니라 전혀 무의미하다. 경험적 분석에 근거해서 특정한 문화적 가치를 바람직한 규범으로 도출하는 일은 불가능하다. 문화적 가치의 내용에 대해 무조건적으로 타당한 윤리적 의무를 부여할 수 있는 것은 오직 종교뿐이다. (…… 중략 ……)

지식의 나무를 먹고 자란 시대에 사는 우리는 세상에 대한 분석 결과로부터 세상의 의미에 대해 아무 것도 배울 수 없는 운명이다. 우리는 경험적 지식이 점점 늘어난다고 해서 인생과 세상만사에 대한 보편적인 가치판단이 등장할 것으로 보지 않는다. 우리가 분명히 인정해야 할 점은, 인생과 세상만사에 대한 보편타당한 견해가 경험적 지식이 축적된 결과가 절대 아니라는 것이다. (…… 중략 ……) 경험적 지식과 가치판단을 구별할 수 있는 능력, 그리고 사실에 근거한 진실만을 추구하는 과학적 의무의 이행이 바로 우리가 행해야 할 것이다.

(나)

왕건이 궁예의 여러 장수들 중 하나로서 궁예의 은총을 받아 대병(大兵)을 맡게 되자, 드디어 궁예를 쫓아내어 객사(客死)하게 하고 또한 '이신시군(以臣弑君)'의 죄를 싫어하여 전력을 기울여 궁예를 죽이지 않으면 안 될 죄를 만들어냈다.

고려의 사관(史官)은 '궁예는 신라 헌안왕(憲安王)의 자식인데, 왕은 그의 생일이 5월 5일임을 미워하여 내다버렸다. 궁예가 이를 원망하여 군사를 일으켜 신라를 쳐서 멸망시키려 하였는데 그는 어느 절에서 벽에 그려져 있는 헌안왕의 초상화까지 칼로 쳤다'고 하였다.

그리고는 더욱 확실한 증거를 만들기 위하여, '궁예가 태어난 뒤에 헌안왕이 엄히 명령을 내려 궁예를 죽이라고 하였는데 궁녀가 누대 위에서 아래로 궁예를 던지니, 아래에서 유모가 받다가 그만 잘못하여 손가락이 그의 한쪽 눈을 찔러 눈을 잃어버리고 말았다. 그 유모가 비밀히 그를 길러냈는데 그가 10여 세가 되어 장난이 심하였다. 이에 그 유모가 울면서 "왕이 너를 버리신 것을 내가 차마 그냥 두고 볼 수 없어서 몰래 길렀는데 이제 네가 미친 듯이 멋대로 행동함이 이와 같으니 만일 남이 알면 너와 나는 다 죽을 것이다"고 하니, 궁예가 듣고 울며 머리를 깎고 중이 되었다.' (……중략……)

만약 사관의 말이 맞는다면, 궁예가 비록 헌안왕의 아들이라 하더라도 그가 태어난 날 누대 위에서 죽으라고 던진 날부터 이미 부(父)라는 명의(名義)가 끊어진 것이니, 궁예가 헌안왕의 몸에 직접 칼질을 하더라도 시부(弑父)의 죄가 될 수 없고, 신라왕의 능(陵)과 도읍을 유린하더라도 조상들을 욕보인 죄를 논할 수 없을 터인데, 하물며 왕의 초상화를 치고 문란한 신라를 혁명하려고 한 것이 무슨 큰 죄나 논란거리가 되겠는가.

그렇지만 고대의 좁은 윤리관으로는 그 두 가지 일—헌안왕의 초상화를 칼로 친 일과 신라에 대한 불공(不恭)—만으로도 궁예에게는 죽어도 남을 죄가 있는 것이니, 죽어도 죄가 남을 궁예를 죽이지 못할 게 무엇이랴.

이리하여 왕건은 살아서 고려의 통치권을 가지고 죽어서 태조 문성의 시호를 받았더라도 추호도 부끄러울 게 없게 된 것이니, 이것이 고려의 사관이 구태여 세달사(世達寺)의 일개 걸승(乞僧)이던 궁예를 가져다가 고귀한 신라 황궁의 왕자를 만든 이유일 것으로 생각한다.

(다)

작가는 우선 그의 독자들에게 거짓되지 않은 것, 진실한 것만을 말하고 보여주기로 애초부터 약속이 되어 있었던 것입니다. 그 진실은 무엇보다도 독자들의 삶에 깊이 관계된 것입니다. (……중략……)

그러면 우리들의 그 삶의 진실이라는 것은 어떤 것입니까? 그것은 물론 행복한 삶에 관한 것입니다. 보다 더 풍족하고 의롭고 정직한 삶에 관한 것입니다. 한마디로 보다 더 사람다운 삶에 관계하는 것입니다.

자유롭지 못하게 하는 것을 소설로써 고발하는 것, 의롭지 못한 일을 증언하는 것, 우리의 삶을 부당하게 간섭해 오거나 병들게 하거나 불행하게 만드는 모든 비인간적인 제도와 억압에 대항하여 싸우고 그것들을 이겨나갈 용기를 모색하는 것, 소위 새로운 영혼의 영토를 획득해 나가고 획득된 영토를 수호해 나가려는 데 기여하는 모든 문학적 노력이 종국에는 다 우리의 삶을 보다 더 윤택하고 행복스럽고 사람다운 사람으로 살아가게 하려는 삶의 진실을 위한 것이라 할 수 있을 것입니다. 작가가 그의 작품으로 그런 삶의 진실을 위해 싸우는데 독자가 그것을 배척하고 외면할 리 없을 것입니다.

그렇다면 우리의 삶과 관련하여 가장 깊고 큰 진실이라는 것은 무엇입니까. 우리 삶을 가장 삶다운 삶으로 돌아가 살게 하는 옳은 질서는 무엇입니까? 우리나라의 어떤 평론가 한 사람은 우리의 삶을 삶답지 못하게 하는 모든 비인간적인 풍습과 제도와 문물과 사고를 통틀어 우리 삶을 '억압'하는 것들이라고 표현한 일이 있습니다만, 우리 삶이 그 억누름으로부터 벗어나서 온전한 삶, 본래의 자유롭고 화창한 삶으로 돌아가게 하는 질서는 무엇입니까. 그것은 자유의 질서입니다. 이 자유의 질서야말로 우리의 가장 크고 깊은 삶의 진실이 아닐 수 없다는 말씀입니다.

(라)

아래 표는 미국의 언어학자인 촘스키가 미국의 주요 신문들이 국가 간 분쟁에 대해 '대량 학살 (genocide)'이라는 표현을 얼마나 많이 사용했나를 비교한 것이다(분석의 대상이 된 주요 신문은 『로스앤젤레스타임스』, 『뉴욕타임스』, 『워싱턴포스트』, 『타임』 등이다).

공격국가	피공격국가	사설 · 칼럼	뉴스 기사
세르비아(1998~99)	코소보	59	118
인도네시아(1990~99)	동티모르	7	17
터키(1990~99)	쿠르드	2	8
이라크(1990~99)	쿠르드	51	66
미국(1991~99)	이라크	1	10

문제 1. **제시문 (가) (나) (다)의 주장을 비교하고 제시문 (가)의 주장이 타당한지 따져보시오.**
▶60점, 1,500자 내외

문제 2. **제시문 (라)의 표를 제시문 (가) (나) (다)의 주장과 관련지어 해석해보시오.**
▶40점, 1,000자 내외

먼저 제시문들을 보자. (가) 지식과 가치는 분리해야 한다. 객관적이고 경험적인 지식을 강조하고 있다. (나) 역사는 강자의 편에서 서술된다. 역사 서술은 승자의 편에서 이루어진다. 강자의 가치관이 개입된 역사 서술이다. (다) 문학은 자유에 대한 억압을 깨는 것이고 깨는 것이어야 한다. (라) 미국 언론의 보도 형태를 보여준다. (가)는 사회과학, (나)는 역사, (다)는 문학, (라)는 언론 분야의 글이라는 걸 언급할 수 있으면 좋겠다.

제시문들은 여러 가지로 묶고 분류할 수 있다. 먼저 제시문들을 가치중립을 주장하는 (가)와 가치 개입을 보여주는 (나, 다)로 구분할 수 있다. 그중에 (나)는 강자, 승자, 권력자의 편을 들고 (다)는 약자, 피지배자의 편을 든다고 구분할 수 있다. 둘째로 (나)의 글쓴이의 입장을 따라 '그 따위로 역사를 서술해서 되겠냐'고 해석하면 (나)를 역사를 객관적으로 서술해야 한다는 글로 이해할 수도 있겠다. 그러면 (가, 나)를 한 편에, (다)를 다른 한편에 묶을 수도 있다. 끝으로 (다)와 같이 지배받고 억압받는 대다수 사람들의 자유를 옹호하는 게 객관적이고 올바른 지식이라고 말할 수도 있다. 그러면 (가, 나, 다)를 전부 같은 입장의 글이라고 볼 수도 있다.

그다음 (라)의 표. 이 표만 갖고도 책 한 권은 쓸 수 있겠다. 그렇게 할 수는 없으니 간단하게 보자. 연도를 보면 다른 나라들은 대략 10년인데, 세르비아는 2년의 기간이라는 점이 눈에 띈다. 물론 횟수도 다르다. 뉴스와 사설 · 칼럼에 나타나는 횟수도 다르다.

이 표의 핵심은 이라크와 세르비아에 대해 미국 언론이 대량학살이란 표현을 많이 쓴 걸로 미루어 미국이 이 나라들과 적대적인 관계에 있다는 것, 인도네시아나 터키에 대해 대량학살이란 표현을 적게 쓴 걸로 미루어 이 나라들과 우호적 관계에 있다는 것이다. 그걸 파악하는 게 핵심이다.

그 외에도 핵심은 많다. 대량학살이 이미 가치가 개입되어 있는 개념이니 무엇을 기준으로 미국 언론이 그러한 용어를 썼는지 명확하지 않다. 총살이나 사살과 달리 '학살'이란 단어 자체에 이미 가치판단이 개입되어 있다. 몇 명부터 대량학살이냐? 대량학살의 기준이 뭐냐? 무엇이 대량학살이고 무엇이 대량학살이 아니냐? 대량학살이라고 규정할 권리를 누가 미국 언론에 주었냐? 대량학살이란 표현으로 그 나라들의 만행이나 자유의 억압을 고발하려 했을 수도 있다. 자국이나 우호관계에 있는 나라에 유리하고 적대관계에 있는 나라에 불리하게 표현한 게 아니냐. 뉴스는 사설·칼럼보다 객관적이어야 하는데 그렇지 못하다. 이러한 보도로 미국의 대량학살이나 자유에 대한 억압은 은폐되는 게 아니냐. 한 번이라도 언급했으니 미국 언론이 자국의 만행을 폭로하는 게 아니냐, 미국이 자유로운 비판정신을 허용하는 게 아니냐. 이러한 점들 중에 생각나는 걸 논리적으로 서술하면 되겠다.

제시문들의 관계를 표로 보여준다.

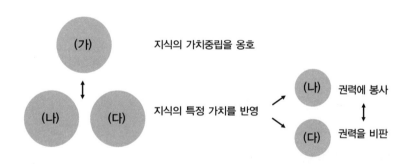

1번 문제는 원래 1,500자로 쓰는 문제인데 우리는 요즘 유형에 맞게 1,000자로 쓰면 된다. 내가 쓴 답안은 없다. 제시문을 충실히 보았으니 학생들 답안을 보며 설명하겠다. 영준아, 1번 답안 읽어봐라.

✎ 제시문들은 공통적으로 학문적 사실에 대해 개인의 가치판단이 개입된다고 주장한다. 그러나 개입의 방향성에 대해서는 입장의 차이가 있다. (가)에 의하면 학문적 주장에 개인의 가치판단이 개입될 수밖에 없지만 그것을 규범적 잣대로 형성하면 안 된다. 이는 축적된 경험적 지식이 보편타당한 견해가 아니기 때문이다. 따라서 개인은 사실에 근거한 진실만을 추구해야만 한다. 반면 (나)의 '사관'은 고려 초 궁예에 대한 왕건의 반란을 정당화하기 위하여 자신의 가치판단을 역사적 사실에 개입시켰다. 이는 (가)의 주장과는 반대로 가치가 개입된 학문적 사실을 규범적 진리로 사용하기 위한 의도였다. (다)는 기존의 억압적인 사고들을 타파하고 삶의 진리를 획득하기 위하여 학문적 사실에 대한 가치판단의 개입을 허용하였다. 이는 (가)와 다르게 개인의 가치를 규범적 잣대로 사용한 것이다. 또한 기존의 억압적 사고에서 벗어나고 개인의 의견을 자유롭게 표현한다는 점에서 (나)와도 차이점이 존재한다.

(가)의 주장은 공시적 관점으로 판단했을 때 타당성이 부족하다. (가)는 학문적 주장에 대하여 개인의 가치판단의 개입을 인정한다. 그러나 이는 규범적 잣대로 활용될 수 없다고 주장한다. 또한 개인은 사실에 근거한 진실만을 추구해야 한다. 이는 학문의 역할을 통시적 관점에서 해석한 것이다. 즉 축적된 경험적 지식이 보편타당한 견해가 아니기 때문에 개인의 가치판단이 개입된 학문은 규범적 기준으로 작용할 수 없다는 의미이다. 이는 통시적 관점에서 보았을 때 타당하다. 그러나 공시적 관점에서 현실의 문제를 해결할 수 없다는 문제점을 지닌다. (가)의 주장대로 개인의 가치판단이 중요시되지 않는다면 (나)의 사관의 개인적 가치가 개입된 역사는 형성되지 못했을 것이다. 그렇다면 태조 왕건은 역성혁명의 정당성을 인정받지 못했을 것이다. 또한 개인의 가치

판단이 무시된다면 (다)에서 개인은 기존의 억압적인 사고들을 타파하기 위하여 자유로운 목소리를 개진할 수 없다. 이는 기존의 부조리한 상황에 의한 계속적인 억압을 야기할 수도 있다. 따라서 (가)의 주장은 공시적, 즉 현실적인 관점에서 보았을 때 타당하지 않다.

규범적 잣대? 규범적 진리? 규범적 기준? 학문적 사실? 이게 다 무슨 말이야? 공시적 관점하고 통시적 관점은 여기 왜 나와? 누가 현실의 문제점 해결하라고 했어? 개인적 가치가 개입된 역사가 형성되지 못했어? 역사가 형성되지 못하다니, 무슨 말이야? 공시적이란 말이 현실적인 관점이란 뜻이야? 아니잖아. 통시적 관점은 역사적으로 고찰하고 시간의 흐름을 고려하는 관점이란 뜻이고, 공시적 관점은 역사적인 시간의 흐름을 고려하지 않고 그 시대 상황만을 고려하는 관점이란 뜻이야. 단어 뜻을 제대로 알고 써야 되는데. 규범이란 단어는 왜 이리 많이 나오고 가치판단이란 단어도 왜 이리 많이 나와? 전체적으로 글이 뭔 소리를 하는지 이해가 안 되는 글이야.

공부 좀 한다는 애들 중에 글을 현학적으로 쓰는 경우를 가끔 보는데, 읽는 사람은 그런 글을 전혀 이해할 수 없어. 이건 뭔 소린지 이해가 전혀 안 되는 글이야. 제시문의 내용을 철저히 소화해서 쉬운 자기 말로 써. 난 이런 걸 글이 아니라고 보는 사람이야. 너희들이 글을 난해하게 쓴다고 교수들이 너희들을 헤겔이나 비트겐슈타인으로 봐주지도 않아.

아니면 자신과 세계 사이에 벽이 있어 그 벽을 넘지 못하고 자기만의 세계에 갇힐 때도 이런 글을 쓰게 돼. 어떻게 아냐고? 내가 그 두 경우를 모두 경험해봤거든. 나는 노트 한 페이지를 한 문장으로 쓴 적도 있어. 문장이 정말 길고 나중에 읽어도 무슨 말인지 도무지 이해가 안 되더라고. 이 글은 전체적으로 읽는 사람이 이해할 수 없는 헛소리야. 그다음 종원이 2번 답안.

✎ 제시문 (라)의 표를 보면 미국의 주요 신문들은 국가 간 분쟁에 대해 '대량학살'이라는 부정적 뉘앙스의 용어를 세르비아와 이라크에게는 비교적 많이 사용하였고, 터키와 인도네시아와 자국에게는 비교적 적게 사용하였다.

국가 간 분쟁에 대해 이렇게 용어 사용 횟수에 차이가 나는 것은 가치판단이 개입됐기 때문인데, 사실에 근거한 진실을 추구하지 않고 개인의 경험적 지식에 근거하여 가치판단을 했기 때문이다. 표를 보면 이라크와 터키가 공격한 국가는 둘 다 쿠르드이다. 그런데 터키와 쿠르드의 분쟁에 대해 미국의 주요 신문들은 대량학살이라는 용어를 사설·칼럼과 뉴스 기사를 합쳐서 열 번밖에 안 썼지만 이라크와 쿠르드의 분쟁에는 총 백십칠 번이나 썼다. 동일한 피공격국가를 가진 두 나라에 대한 서술이 이렇게 달라지는 것에 대해 사실에 근거한 가치판단을 했다고 보기는 어렵다. 여기에 영향을 미친 것은 터키는 친미적 성향의 국가이고 이라크는 반미적 성향의 국가라는 경험적 지식이다.

한편 이렇게 반미적 성향의 국가에게는 대량학살이라는 용어를 많이 쓰고, 친미적 성향의 국가에게는 조금 쓰는 것은 미국 주요 신문의 부분적, 일면적 시각을 드러낸다. 미국이 아닌 다른 나라에서도 용어 사용 횟수의 분포가 얼마든지 달라질 수 있다. (라)의 표는 미국의 입장이라는 좁은 관점에서만 가능한 해석일 수 있다는 것이다.

또한 이러한 해석은 해결해야 할 현실문제에 대한 바람직한 규범의 도출을 불가능하게 만든다. 사실에 근거한 가치판단이 아니기 때문에 다양한 해석이 가능하여 혼동이 야기되고, 이는 바람직한 규범에 대한 공감대의 형성을 어렵게 만들기 때문이다. 이는 미국이 현실문제를 해결하는데 있어서 상당한 어려움을 겪게 될 것이라는 것을 암시해준다. 즉 바람직한 규범적 가치를 도출하려고 해도 그 과정에서 충돌이 발생할 것이기 때문에 현실문제를 해결하기가 어렵다는 것이다.

문장이 대체로 길어. 개인의 지식에 근거한 판단이 아니고 언론의 가치판단이나 가치 개입 아니야? 두 나라의 용어 사용이 다른 것으로 미루어볼 때 미국이 터키에게는 우호적이지만 이라크에 대해서는 적대적이라고 추론할 수 있다고 쓰는 게 명확한 거야. 그리고 친미, 반미 성향이라는 건 경험적 지식이 아니고 가치판단이야. 다른 제시문들의 주장과 관련지은 부분이 잘 안 보여. 표 분석도 충실하지 못하고. 별로 안 좋은 답안이야.

이 답안의 '압권'은 마지막 단락이야. 그 단락 전부 무슨 소릴 하는지 이해할 수가 없어. 그 부분은 아무도 이해할 수 없는 글이야. 논제에서 벗어난 말을 하고 있어. 논제에서 벗어나려고 도망치는 것 같아. 그리고 했던 말 또 하고 했던 말 또 하고. 현실문제는 뭐고 바람직한 규범은 뭔지 이해할 수 없어. 네 마음속에 있는 생각과 겉으로 드러난 글이 따로따로 놀고 있는 거야.

오늘 수업 끝.

오늘 수업을 시작한다. 오늘은 대한민국에서 제일 어려운
논술 문제를 보도록 한다. 서강대 2006학년도 정시논술 문제다. 이 문제도 제시
문들의 관계를 잘 파악하면 이해할 수 있다.

(가)

　　인간이란 정신이다. 정신이란 무엇인가? 정신이란 자기이다. 자기란 무엇인가? 자기란 자기 자
신과 관계하는 관계이다. 즉 거기에는 관계가 자기 자신과 관계하는 것들이 포함돼 있다. 자기란 단
순한 관계가 아니고, 관계가 자기 자신과 관계하는 바를 의미한다.

　　인간은 유한성과 무한성, 시간성과 영원성, 자유와 필연의 종합이다. 요컨대 인간이란 종합이
다. 종합이란 양자 사이의 관계이다. 그러나 이것만으로는 인간은 아직 아무런 자기가 아니다.

　　양자 사이의 관계에 있어서 관계 그 자체는 부정적 통일*로서의 제삼자이다. 그들 양자는 관계
에 대해 관계하는 것이며, 그것도 관계 속에서 관계에 대해 관계하는 것이다. 예를 들면 인간이 영혼
이라고 할 경우, 영혼과 육체의 관계는 그와 같은 관계이다. 이에 반해 관계가 그 자신에 대해 관계한
다면, 이 관계야말로 적극적인 제삼자인 것이며, 그리고 이것이 자기인 것이다.

★ 여기서 부정적 통일은 정반합의 변증법적 과정으로서의 종합을 의미한다.

자기 자신과 관계하는 그와 같은 관계는 자기를 스스로 정립한 것이거나 아니면 다른 사람에 의해 정립된 것이거나 이 둘 중 하나가 아니면 안 된다.

그런데 자기 자신과 관계하는 관계가 다른 사람에 의해 정립될 경우, 물론 그 관계는 제삼자인 셈이지만 그러나 그 관계, 즉 제삼자는 다시 또 모든 관계를 정립한 것과 관계하는 관계이기도 하다.

이와 같이 도출되어 정립된 관계가 바로 인간인 자기인 것이다. 그것은 인간이 자기 자신과 관계하는 것이요, 동시에 자기 자신과 관계하는 것처럼 그렇게 타자와 관계하는 관계이다.

• 키르케고르, 『죽음에 이르는 병』에서

(나)

세계는 사람이 취하는 이중적인 태도에 따라서 사람에게 이중적이다. 사람의 태도는 그가 말할 수 있는 근원어의 이중성에 따라서 이중적이다. 근원어는 낱개의 말이 아니고 짝말이다. 근원어의 하나는 '나-너'라는 짝말이다. 또 하나의 근원어는 '나-그것'이라는 짝말이다. …… (중략) ……

'나', 그 자체란 없으며 오직 근원어 '나-너'의 '나'와 근원어 '나-그것'의 '나'가 있을 뿐이다. 사람이 '나'라고 말할 때 그는 그 둘 중의 하나를 생각하고 있다. 그가 '나'라고 말할 때 그가 생각하고 있는 '나'가 거기에 존재한다. 또한 그가 '너' 또는 '그것'이라고 말할 때 위의 두 근원어 중 어느 하나의 '나'가 거기에 존재한다. …… (중략) ……

정신이 독자적으로 삶 속에 작용해 들어가는 것은 결코 정신 자체가 아니며, '그것'의 세계를 변화시키는 힘에 의한 것이다. 정신이 자기에게 열려 있는 세계를 향하여 마주 나아가 그 세계에 자기를 바쳐서 세계와 그 세계에 속하여 자기를 구원할 수 있을 때, 정신은 참으로 '자기 자신'에 돌아와 있는 것이다. 이와 같은 일은 오늘날 산만하고 약화되고 변질되고 철저하게 모순에 빠진 지성이 다시 정신의 본질, 곧 '너'를 말할 수 있는 능력을 가지게 될 때 비로소 이루어진다.

'그것'의 세계에서는 인과율이 무제한으로 지배하고 있다. 감각적으로 지각되는 모든 '물리적'인 사건만이 아니라 또한 자기 경험 안에서 이미 발견되었거나 또는 발견되는 모든 '심리적'인 사건도 필연적으로 인과의 계열로 간주된다. 그중에서 어떤 목적 설정의 성질을 가진 것으로 간주할 수 있는 사건들까지도 역시 '그것'의 세계에 연속체를 이루는 일부로서 인과율의 지배로부터 자유롭지 않다. …… (중략) ……

인과율이 '그것'의 세계에서 무한정한 지배력을 갖는다는 것은 자연의 과학적 질서를 위해서 근본적으로 중요하다. 그러나 그것이 사람을 억압하지는 못한다. 왜냐하면 사람이란 '그것'의 세계에만 속박되어 있지 않고, 거기에서 벗어나 몇 번이고 되풀이하여 관계의 세계로 들어갈 수 있기 때문이다. 이 관계의 세계에서 '나'와 '너'는 서로 자유롭게 마주 서 있으며, 어떠한 인과율에도 얽매이지 않고 물들지 않은 상호관계에 들어선다. 이 관계의 세계 속에서 사람은 자기의 존재 및 보편적 존재의 자유가 보장되어 있음을 알게 된다. 관계를 알며 '너'의 현존을 아는 사람만이 결단할 수 있는 능력을 가지고 있다. 결단하는 사람만이 자유롭다. 왜냐하면 그는 '너'의 면전에 나아간 것이기 때문이다. …… (중략) ……

관계의 목적은 관계 자체, 곧 '너'와의 접촉이다. 왜냐하면 '너'와의 접촉에 의하여 '너'의 숨결, 곧 영원한 삶의 입김이 우리를 스치기 때문이다.

관계 속에 서 있는 사람은 현실에 관여한다. 즉 그는 존재에 그저 맞닿아 있는 것도 아니고, 존재 밖에 있는 것도 아니다. 바로 존재에 관여하고 있는 것이다. 모든 현실은 하나의 작용이다. 나는 그것을 내 소유로 삼을 수는 없지만 그 작용에 관여하고 있다. 관여가 없는 곳에는 현실이 없다. 자기 독점이 이루어지는 곳에는 현실이 없다. 관여는 직접적으로 '너'와 접촉하는 것이며, 그럴수록 그만큼 더 완전하다.

• 마르틴 부버, 『나와 너』에서

(다)
인터넷을 사용하는 두 마리 개를 그린 유명한 만화가 있다. 한 마리가 자판을 두들기며 다른 개에게 말한다. "인터넷에서는 우리가 개라는 걸 아무도 모를 거야." 여기에 이런 말도 추가할 수 있지 않을까. "우리가 어디에 있는지도 모를 거야."

뉴욕에서 도쿄까지는 대략 14시간이 걸린다. 나는 비행기 안에서 40~50개에 달하는 전자우편물을 작성하는 데 대부분의 시간을 보낸다. 내가 호텔에 도착해서 관리인에게 이것을 팩시밀리로 보내 달라고 요청하는 상황을 그려 보라. 그 정도 양이면 단체 우편물로 간주될 것이다. 그러나 전자우편으로 이것을 보내면 아주 빠르고 손쉽게 처리할 수 있다. 나는 이것을 특정 장소가 아니라 특정인에게 보낸다. 사람들은 도쿄가 아니라 나에게 메시지를 보내는 것이다.

전자우편은 당신이 어디에 있는지 몰라도 누구나 당신에게 우편물을 보낼 수 있는 이동성을 제공한다. 전자우편은 여행 중인 세일즈맨에게 아주 적합하다. 그런데 전자우편과 항상 접속되어 있도록 하는 과정은 디지털 생활에서 비트와 아톰 간의 차이에 대해 흥미로운 질문을 제기한다. …… (중략) ……

거기서 나는 여러 개의 이름으로 인터넷 안으로 들어갈 수 있다. 세계 곳곳에서 인터넷과 접속하는 것은 마술이다.

• 니콜라스 네그로폰테, 『디지털이다』에서

(라)
지난 27일 프랑스 의료진은 세계 최초로 안면 이식 수술에 성공했다. 이 수술을 집도한 의사는 "수술 받은 여성이 24시간 뒤에 서서히 의식을 회복했다"면서 "마취에서 깨어나자마자 '감사해요'라는 첫마디를 던졌다"고 전했다.

신원이 공개되지 않은 올해 38세의 이 여성은 지난 5월 개에게 물려 코와 입술을 잃어 제대로 말을 하거나 음식물을 씹을 수가 없는 상태여서 뇌사 상태의 여성으로부터 기증받은 피부 조직과 근육, 동맥, 정맥을 이식하는 대수술을 받았다.

코와 입술, 턱 부분이 이식된 이번 수술은 세계 최초의 사례로 기록됐고, 수술 집도의는 프랑스 남동부 리옹 소재 병원의 전문의인 장-미셸 뒤베르나르와 아미앵대학병원의 전문의 베르나르 드보셸이었다.

프랑스에서 세계 최초로 성공을 거둔 이번 안면 이식 수술은 화상이나 사고로 얼굴이 망가진 사람들에게 희망의 빛을 던져 주었지만, 이 수술로 다른 사람의 얼굴 모양을 할 수 있어 본인이나 가족, 주변 사람들에게 충격을 줄 수 있다는 논란도 있었다.

• 리옹 AP / 연합뉴스에서

문항 1. **과학 기술의 발달에 따라 인간의 실존적 상황이 달라질 수 있다. 이와 관련한 현대사회의 특징적인 두 단면을 제시문 (다) (라)는 보여준다. 제시문 (가) (나)의 논지를 요약한 후, 이를 구체적 논거로 활용하여 (다) (라)가 시사하는 문제점 중 공통점을 중심으로 논술하라.**
▶800~900자, 배점 60%

문제 분석.

① 과학 기술의 발달 과학 기술이다. 제시문을 보면 알겠지만 (다)에는 정보통신 기술이, (라)에는 의료 기술이나 의학 기술이 나온다. 문제에서 정보통신 기술이나 의료 기술이라고 구체적으로 명시할 수 없고 이것이 서로 다른 기술이기 때문에 질문에는 '과학' 기술이라고 뭉뚱그려 표현했다. '과학'이란 글자 하나 쓰느라고 교수들이 고심했다는 말이다. 그 고심을 읽어낼 수 있으면 좋겠다.

② 인간의 실존적 상황 실존. 참 어려운 말인데. 제한된 수업 시간에 자세하게 철학적 논의를 할 수도 없고. 내가 나인지 그리고 왜 나인지. 너는 왜 너인지. 인간은 누구이고 무엇인지 하는 것에 관한 깊은 물음이자 고민이라고만 생각하고 넘어가자.

③ '이와 관련된 현대사회의 두 가지 특징적인 단면'이다. 고대사회의 특징

아니다. 과학 기술이야 고대에도(기하학) 발달했고 중세에도(지동설) 발달했다. 그걸 다루는 게 아니다. 현대사회에 나타나는 특징을 보여주는 거다. ①~③을 요약하면 현대사회에서 과학 기술의 발달에 따른 인간 실존의 변화 되겠다.

④ (가) (나)의 논지를 요약한 후 요약 많이 해봤다. 그런데 (가)와 (나)를 요약하는 게 아니라 (가)와 (나)의 '논지' 를 요약하는 문제다. 논지는 논의의 취지. 글에서 말하고자 하는바. 그걸 자신의 문장으로 재구성하는 것이다.

⑤ 이를 구체적 논거로 활용하여 (가)와 (나)의 논지를 활용해야 한다. 그런데 ④를 쓰고 이어서 ⑤를 쓰면 안 좋을 것 같다. 같은 내용이니. 그렇게 하면 수준 낮게 이해한 것이 될 것 같다.

⑥ (다) (라)가 시사하는 문제점 중 공통점을 중심으로 논술하라 (다) (라)의 문제점 아니고 (다) (라)가 '시사하는' 문제점이다. 우리도 시사하는 문제점을 찾아야겠다. 문제점 중에서 공통점을 중심으로 논술하라니 문제점 중에는 공통점도 있고 차이점도 있을 것 같다. 차이점은 정보통신 기술과 의료기술이다. 그건 중요하지 않으니 공통점을 찾으면 되겠다. 논술하라고 하지만 자기 생각이나 주장을 쓰는 건 아니고 공통점이 뭔지 제대로 쓰면 될 것 같다.

④~⑥에서는 먼저 ④를 한다. 그리고 ⑥을 하면서 ⑤를 활용하는 순서로 글을 쓰면 좋겠다. ④와 ⑥은 선후관계. ④와 ⑤는 선후관계 아니고 ⑤와 ⑥도 선후관계 아니다. ⑥을 하면서 ⑤를 ⑥ 안에 잘 녹이면 되겠다. 즉 ⑥을 주로 하면서 (주연) ⑤를 그 안에 녹여 쓰는 형태(조연). 앞에서 봤다.

이제 제시문을 보자. 제시문 (가).

"선생님 제시문이 한국말이 아닌 줄 알았어요."

네 말이 딱 맞는 말 같다.

(가) 무슨 소린지 모르겠다. 시간 흐르는데 모를 말만 있군. '자기란 자기 자신과 관계하는 관계이다? 도대체 뭔 소린지. 그냥 넘어가자. (나) 이것도 무슨

말인지 모르겠다. '사람의 이중적 태도에 따라 세계는 이중적이다?' 제시문 정말 어렵네. 이것도 넘어가자.

(다) 개 나왔다. 정보사회의 익명성으로 인터넷에서는 상대방의 존재와 정체성을 모른다. 상대방이 사람인지 개인지도 알 수 없다. 그러면 정체성의 위기와 혼란을 경험하겠군. 정체성의 혼란에서 '나-너'의 관계는 형성되지 않을 수도 있다는 말이네. 좀 알 것 같다. 디지털 사회에선 사람들이 자유롭게 이동한다. 상대방이 어디 있는지 몰라도 이메일을 보낼 수 있다. 한 사람이 여러 개의 이름을 가질 수도 있다. 이름은 그 사람에게 고유한 것인데. '그의 이름을 불러주기 전에는 그는 아무것도 아닌데.' 이름이 여러 개면 한 사람이 여러 사람이 될 수도 있는 거네. 혼란스럽군. 한 인간이 다수의 정체성을 갖게 되고. 정체성의 혼란. 이건 상징적 측면의 정체성? 아니면 정신적 측면의 정체성?

(라) 나라는 존재는 정신적으로나 육체적으로 나다. 다른 사람일 수 없다. 그런데 여러분은 내가 나인지 어떻게 알아? 내 얼굴 모습이 1주일 전과 같으니 내가 나인지 아는 거 아냐? 내가 다음 주에 원빈 얼굴을 하고 나타나면? 키나 몸무게와 같은 체격은 그대로고 얼굴만 원빈이 되어 나타나면 내가 허생이야 원빈이야?

"글쎄요. 헷갈리겠는데요."

그렇겠지? 그러니 내가 나인 걸 알려면 내 얼굴 모습이 지난주와 같아야겠지. 그건 너희들도 마찬가지고. 안면 이식 수술을 해서 얼굴 모습이 다른 사람 모습이 되면 내가 나야 다른 사람이야? 내 얼굴이 내 얼굴이 아니고 내 몸이 내 몸이 아니면 내가 나라는 걸 너희들은 무엇으로 알 수 있어? 몸과 얼굴은 달라져도 정신과 영혼은 여전히 본래의 내 것인가? 그래서 난 여전히 나인가? 상당히 혼란스럽겠지? 육체적 측면의 정체성의 혼란.

(다)와 (라)가 시사하는 공통점은 정체성의 혼란. (다)는 정신적 정체성이고 (라)는 육체성 정체성을 보여준다. (다)에선 이동성으로 한 사람이 여러 곳에 존

재할 수 있다. 익명성으로 상대방이 사람인지 개인지도 모른다. 대화를 해도 상대방과 진정한 인간관계는 형성되지 않는다. (라)에선 내 몸이 내 몸이 아니고 내 얼굴이 내 얼굴이 아니라 육체적 정체성에 혼란을 느낀다. (다)와 (라) 둘 다 정보통신 기술과 의학기술의 발전으로 정체성의 혼란이 생겨날 수 있다.

이제 (가). 제시문 무시하고 내 방식대로 설명하겠다. 현실에서 사람은 열 살이면서 동시에 스무 살일 수 없다. 서울에 있으면서 동시에 부산에 있을 수 없다. 그런데 생각으로는 그게 가능하다. 머릿속 상상으로는 열 살도 될 수 있고 스무 살도 될 수 있다. 서울에도 있을 수 있고 부산에도 있을 수 있다. 생각으로는. 이제 생각만으로 나를 다시 보자. 나는 현재 고3 수험생이지만(현실) 생각만으로는 대학생도 될 수 있다. 장관도 되고 대통령도 될 수 있다. 아인슈타인도 톨스토이도 될 수 있다. 여러 개의 나를 상정할 수 있다. 이걸 일반화하면 인간은 두 개의 자아를 갖는다고 말할 수 있다. 현실적 자아와 이상적 자아. 즉 인간은 현실적 자아와 이상적 자아의 통일이고 종합이다. 그림으로 보여준다.

나는 '현실의 나'가 있고 '이상의 나'가 있다. '현실의 나'는 고3 수험생이지

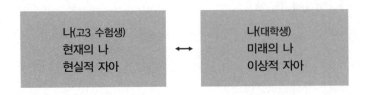

만 '이상의 나'는 대학생이다. 이 둘이 충돌하고 갈등하며 관계를 맺는다. '현실의 나'는 '이상의 나'를 만들려고 노력한다. 그 노력으로 내가 '또 다른 나'와 관계를 맺는다. 이상적 자아를 실현하려고 현실적 자아가 열심히 공부하고 있다. 현실적 자아가 이상적 자아와 관계를 맺는 것이다. 이런 관계를 통해 나는 내가

누구인지 무엇인지 무엇이 되어야 하는지를 확립한다. 즉 자아 정체성을 확립한다. 이상적 자아와 관계를 전혀 맺지 않는 현실적 자아도 생각할 수 있다. 그냥 먹고 자기만 하면 된다. 그러면 미래의 나와 아무런 관계없이 현재의 나와만 관계를 맺게 된다.

타자와 관계한다는 말은 무슨 뜻인가? 역시 그림으로.

타자는 부모, 친구, 선생 등을 들 수 있다. 부모에게는 착한 자식이 되려 하고

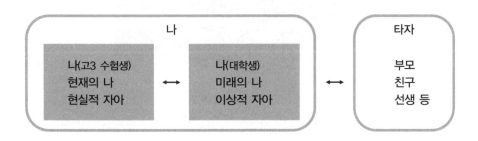

친구에게는 좋은 친구가 되려 하며 선생에게는 좋은 제자가 되려 한다. 이게 그들과 맺는 관계다. 인간은 사회적 동물이다. 그들과 맺는 관계를 통해 나는 아들(딸), 친구, 제자 등으로 존재한다. 그러면서 나는 어떤 아들(딸)인지 어떤 친구인지 어떤 제자인지 생각한다. 어떤 아들(딸)이어야 하는지 어떤 친구이어야 하는지 어떤 제자이어야 하는지도 생각한다. 타자들과 맺는 관계에서도 나는 내가 누구인지 무엇인지 무엇이어야 하는지 생각하고 행동한다. 인간은 타자와 맺는 관계를 통해 자아 정체성을 확립한다.

(가) 요약. 인간은 자기 자신과 맺는 관계를 통해 그리고 타자와 맺는 관계를 통해 자아 정체성을 확립한다. 이 문장을 갖고 역으로 제시문 (가)를 읽고 이해하면 된다. "자기란 자기 자신과 관계하는 관계이다." "자기 자신과 관계하는 관계는 스스로 정립한 것이거나 다른 사람에 의해 정립된 것이다." 제시문의 문장들

이 이해되지요?

　이제 (나) 설명. 이건 (가)만큼 어렵진 않아요. (나)에는 앞의 두 그림 중에 두 번째 그림만 나온다. 첫 번째 그림은 안 나온다. (나)에서는 '나와 타자'의 관계만 중요하다. 앞에서 그림으로 설명했으니 이것도 그림으로.

　(나)도 내 말로 설명. 인간과 인간의 관계는 나와 타자의 관계다. 나와 타자의

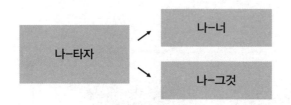

관계에는 두 종류가 있다. 하나는 진정한 관계이고 하나는 목적과 수단의 관계. 마르틴 부버는 인간과 인간의 진정한 관계를 '나−너'의 관계라고 불렀고 목적과 수단으로 전락한 인간관계를 '나−그것'의 관계라고 불렀다.

　'나−너' 관계의 목적은 관계 자체이며 '너'와의 접촉이다. 이런 관계에서는 너의 현실에 관여한다. 간섭하지 않는다. 그런데 '나−그것'의 관계는 목적과 수단의 관계이며 나와 사물의 관계다. 다른 사람을 '사물'처럼 대한다. 이런 관계에는 자기 독점만 존재한다. 인과율이 무제한으로 지배하고 있다.

　(나) 요약. 타자와 맺는 관계에는 '나−너'가 있고 '나−그것'이 있다. '나−너'의 관계는 진정한 관계이고, '나−그것'의 관계는 목적과 수단의 관계다. '나−너'의 진정한 관계에서 인간은 바람직한 자아 정체성을 확립한다.

　"인과율이 무제한으로 지배한다는 말이 무슨 뜻이에요?"

　말이 좀 어렵지? 인과율? '원인과 결과의 규율' 정도로 이해하면 되겠어. 인과법칙이라고 해도 돼. '모든 일은 어떤 원인에서 일어난 결과이며, 원인 없이는

아무것도 생기지 않는다는 법칙'을 말해. 예를 들어 쉽게 설명할게. 집에 갔는데 '우리 예쁜 딸 왔어? 밥 먹어야지.' 엄마가 이러면 '나―너'의 진정한 관계라는 말이고. '너는 공부 안 하고 놀기만 하니?' 이러면 목적과 수단의 관계라는 말이야. 공부를 열심히 하면 그걸 원인으로 삼아 밥을 준다는 결과라는 규율이 나온다는 것. 수능 잘 보면 '우리 예쁜 딸' 그리고, 수능 못 보면 '너 나가.' 그러는 게 인과율이야. 수능 잘 본 게 원인이 되어서 내 딸로 인정하겠다는 결과가 나오는 거지. 그냥 너의 존재 그 자체로서 엄마의 예쁜 딸로 인정을 못 받으면, 그게 인과율이 지배하는 관계가 된다는 거야. 자, 지금부터 여러분의 엄마를 머릿속에 떠올려봐. 엄마와 나의 관계가 '나―너'의 관계인지 '나―그것'의 관계인지.

더 쉽게 설명할까? 엄마까지 갈 것도 없네. 나와 너희들 얘기를 하면 되겠네. 너희들은 논술 왜 하냐?

"대학 가려고요."

나는 논술을 왜 하냐?

"돈 벌려고요."

그렇지. 나는 돈을 버는 목적을 달성하려고 논술을 하고 너희들을 가르치는 거지. 그러니 너희들은 내게 수단이 되는 셈이지. 돈을 버는 목적을 달성하려는 수단. 너희들이 돈을 안 내면? 나가! 그러겠지. 나는 너희들이 대학 가는 데 필요한 수단이고. 만일 너희들이 대학 가는 데 내가 도움이 안 된다고 너희들이 판단하면? 그럼 너희들은 나를 떠나 다른 학원의 다른 선생에게 가겠지. 우리의 관계는 '나―그것'의 관계. 너는 나의 수단이고 나는 너의 수단인 관계. 알아듣겠어?

"잘 알아듣겠어요. 근데 우리가 정말 선생님 돈벌이 수단이에요?"

질문하는 걸 보니 잘 알아들었군. 나 너희들을 수단으로 생각한 적 없어. 어려운 내용을 쉽고 강렬하게 전달하려고 예를 든 거야. 너희들을 진짜 돈벌이 수단으로 생각하는 사람은 그런 말 하지 않고 돈벌이 수단으로 삼겠지.

하지만 자본주의 사회에서는 그 사람이든 나든 너희들이든 이 목적-수단의 관계에서 벗어나는 게 힘들어. 이런 관계를 소외라고 하지. 이걸 계기로 오늘 소외에 대해 설명. 상식적으로는 따돌림이나 왕따라고 할 수 있겠지요. 철학적으로는 인간이 자기의 본질을 잃고 비인간적인 상태에 놓이게 되는 일이야. 이제 상식과 철학의 간극을 메우는 설명.

첫째로 '내가 만든 물건이 내 것(노동의 산물)이 아니다.' 현대자동차에서 노동자들이 만드는 자동차나 삼성전자에서 만드는 휴대전화를 노동자들이 '내 거야.' 그러면서 집에 가져와요? 절도예요. 못 가져옵니다. 집에는 예쁘게 월급만 가져올 수 있어요.

둘째로 그러니 그 일이 내(가 하고 싶어 하는) 일이 아니다. 여러분 아빠나 식당에서 일하는 아줌마나 이 건물 청소하는 아저씨 등 많은 사람이 회사나 공장 다녀요. 하지만 대부분은 다니고 싶어 다니는 거 아니에요. 어쩔 수 없이 다녀요. 먹고 살려고. 여러분 학원비 내려고. 그러니 그 일이 하고 싶어 하는 일이겠어요? 하기 싫은 일을 하는 거지요.

셋째로 그러니 그곳에서 함께 일하는 많은 동료와 선후배 또는 상사와 부하 직원들이 내(가 좋아하는) 사람들이 아니다. 그 사람들이 싫어진다. 직장에서 함께 일하는 사람들이 싫어져요. 하기 싫은 일거리를 주니 더욱 싫어지겠지요.

끝으로 그래서 인간이 인간에게서 멀어져 간다. 인간은 혼자 살 수 없고 다른 사람과 함께 살아야 한다. 인간이 태어났다는 게 이미 남녀의 결합을 전제로 한다. 혼자 살면 새로운 생명도 탄생하지 못한다. 즉 다른 인간이 존재해야 나도 존재할 수 있다. 다른 인간의 존재가 나의 인간 존재와 정체성을 완전하고 총체적으로 발현하는 데 결정적으로 중요하다. 그런데 소외된 관계에서는? 저 놈이 공부를 더 잘하니 싫다. 내가 가야 할 대학을 그놈은 가고 나는 떨어진다. 저놈이 없어졌으면 싶다. 이러면 인간의 존재가 제대로 발현될 수 없고 왜곡된다.

현대 자본주의 사회의 인간 소외를 잘 표현한 대표적인 영화로 찰리 채플린의 〈모던 타임스〉를 들 수 있어요. 〈모던 타임스〉에서 하루 종일 나사만 조이는 찰리는 결국 미치고 말지요. 인간을 미치게 만드는 기계를 부숴버려요. 인간은 책도 읽고 춤도 추고 대화도 나누고 먹고 자고 입고 앉거나 눕거나 쉬거나 해야 돼요. 그런데 이 모든 활동을 제대로 하지 못하고 하루 종일 나사만 조여요. 이건 인간의 정신과 육체를 파괴하는 노동이지요. 이게 소외의 대표적인 모습이에요.

그러면 하기 싫은 걸 하루 종일 암기만 하는 여러분은 소외된 인간이 아닐까요? 그런 걸 가르치는 선생은? 그런 제도를 만든 인간은? 그런 사회는? 우리나라 교육도 소외된 인간을 만들어낸다고 볼 수 있어요. 아주 체계적으로. 아 논술에는 암기 필요 없다고 했다고? 잘 기억하고 있네요. 그럼 여러분과 나의 관계는 소외가 아니라고?

앞에서 말했어요. 여러분은 나를 수단으로 삼아 대학 입학이라는 목표를 이루려고 해요. 나는 여러분을 수단으로 삼아 돈을 벌려는 목표를 이루려고 해요. 나는 여러분을, 여러분은 나를, 각자 자신의 목표를 이루기 위한 수단으로 삼는다. 우리의 관계도 소외된 관계예요.

나는 너를

너는 나를

하나의 수단으로 삼고 싶다.

나는 너에게

너는 나에게

하나의 목적이 되고 싶다

김춘수의 시 패러디 나오지요? 이 논리를 확장하고 일반화하면 인간이 다른 인간(의 존재)을 자신의 목적을 달성하기 위한 수단으로 삼는 세계는 소외된 세계지요. 여기 대치동은 소외의 '첨단'을 걷고 있는 사교육 1번지이고. 대치동 처음 왔을 때 주변에서 강사와 학생을 스승이니 제자니 하는 말로 스스럼없이 부르는 걸 보고 좀 놀랐어요. 여기뿐이겠어요? 현재 인간이 사는 세상이 대부분 소외된 세상 아니겠어요?

(가)와 (나)의 논지. 인간은 근원적으로 자기 자신과 맺는 관계 그리고 타자와 맺는 관계에서 자아 정체성을 확립한다. (다)와 (라)가 시사하는 공통적인 문제점. 과학 기술의 발달로 인간은 정체성의 혼란을 겪는다.

논술하라고? 정체성의 혼란을 극복하고 확고한 정체성을 확립해야 한다는 (또는 확고한 정체성을 확립하여 정체성의 혼란을 극복해야 한다는) 쪽으로 논의를 전개하면 좋겠어요.

앞에서도 말했지만 제시문이 어려울 때는 쉬운 글부터 읽는 게 좋아요. 이 경우에는 (다)와 (라)를 먼저 읽고 (가)와 (나)를 읽는 게 좋아요. 이제 문항 2.

(마)

약 한 세기 전의 한국. 이 무렵 나라 곳곳에선 한센병 환자들이 상당히 늘어나 사회문제가 된 일이 있었다. 후일 정부 당국에서는 한 낙도에 한센병 환자들의 전문치료병원을 건립하고, 모든 육지의 환자들을 그 섬 안에다 강제 수용시킨다. 그러자 섬에서는 환자들의 탈출극이 빈발한다. 목숨을 걸고 섬을 탈출해 나가는 환자들이 그치질 않는다. 이럴 무렵 능력 있는 의사가 병원의 새 원장으로 부임해 온다. 그리고 거의 절대에 가까운 통치권으로 이 섬과 섬의 환자들을 관리하고 지배해 나간다.

그는 우선 환자들의 탈출을 막는 데에 전력을 기울인다. 탈출 사고가 빈발하는 이유가 그에게는 너무도 명백하다. 그는 섬 안에 환자들의 낙원을 꾸미기를 희망한다. 환자들의 병을 잘 치료해주고, 주거 환경을 개선하고, 복지시설을 늘리고, 노동량을 줄여주며, 신앙의 자유와 가족 단위의 생활 대책을 확보해 준다. 그런 식으로 그는 그 스스로 어느 정도 만족할 만한 환자들의 낙원을 꾸며놓는다.

하지만 그래도 환자들의 탈출극은 그치지 않는다. 계속되는 탈출 사건은 원장이 꾸미려는 섬의 낙원에 대한 노골적인 야유이자 부정의 시위인 것이었다. 원장과 환자들 사이의 싸움은 끝없이 계속된다. 그리고 마침내 원장은 깨닫는다.

• 이청준, 『말없음표의 속말들』에서

문항 2. 제시문 (가) (나)의 논거를 구체적으로 활용하여, 제시문 (마)에서 원장이 깨달은 바의 핵심 내용을 추론하라. ▶500∼600자, 배점 40%

(가) 인간은 자신과 맺는 관계를 통해 그리고 타자와 맺는 관계를 통해 자아 정체성을 확립한다. (나) 타자와 맺는 관계에는 '나-너'가 있고 '나-그것'이 있다. '나-너'의 관계는 진정한 관계이고 '나-그것'의 관계는 목적-수단의 관계다. 이걸 답안에 쓰면 활용 되겠다. 원장이 깨달은 바의 핵심을 한마디로 말하면 환자들을 '너'가 아니라 '그것'으로 대했다는 것. '나-너'의 관계가 아니라 '나-그것'의 관계에서 환자들을 바라보았다는 게 핵심 되겠다.

이 내용이 자세하게 나오는 소설이 이청준의 『당신들의 천국』이다. 『당신들의 천국』은 우리 시대의 고전이다. 꼭 읽어보기 바란다. 시간 없으면 입시 끝나고 나서 읽어도 좋다. 이 나라에는 '당신들의 천국'이 정말 많은 것 같다.

수업 끝내고 이제 첨삭. 내가 쓴 답안은 없다. 근데 첨삭을 하려니 이 문제에는 '글이 아닌 글'이 많네. 대부분 제시문을 그대로 옮겨 썼어. 이른바 '받아쓰기'라고 할 만한 글들이야. '인간이란 자기 자신과 관계하는 관계다'라고 제시문에 있는 문장을 답안에 그대로 옮겨 쓰면 교수들은 너희들이 제시문을 이해했다고 생각하지 않아. 아래는 좀 괜찮은 답안들이야. 물론 망한 답안도 있고. 먼저 문항 1을 보자. 순민이.

✎ (가)와 (나)는 인간의 정체성에 관한 문제를 다루고 있다. 한 인간은 무엇인가와 관계를 맺으면서 자신의 정체성을 확립한다. (가)는 인간이 자기 스스로 혹은 타자의 힘에 의해 관계를 맺는다고 한다. 이러한 관계들이 종합해 인간의 정신을 이룬다. 즉 인간은 자기 자신과 관계하는 관계 혹은 타자와 관계하는 관계인 것이다. (나) 역시 인간이 독자적으로 '나'라는 존재일 수는 없다고 한다. 구체적으로 인간은 '나-너' 혹은 '나-그것'의 관계를 맺고 살아간다. '나-그것'의 관계는 인과율에 따른 것으로 필히 어떤 목적 아래 그 관계가 성립한다. 그러나 (나)는 인간이 이 관계를 벗어나 어떠한 인과율에도 얽매이지 않은 '나-너' 관계의 세계로 들어갈 때 자신의 존재가 더 완벽해질 수 있다고 한다.

(다)와 (라)는 과학 기술의 발달에 따라 위협받는 인간의 정체성에 대한 문제를 시사하고 있다. 기술의 발달에 의해 생활이 편리해진 것 같지만 실상은 타인과의 관계에 변화가 생김으로써 현대인의 정체성도 흔들리고 있는 것이다. (다)는 전자우편물의 편리함을 보여준다. 세계 곳곳에서 특정인에게 메시지를 전달할 수 있도록 하는 전자우편은 인간에게 이동성을 제공한다. 그러나 가상공간에서 사람들은 상대가 누구인지, 어디에 있는지 알 수 없게 되었다. 인터넷상에서는 일차적이고 직접적인 인간관계가 가능하지 않다. 계정만 여러 개 있으면 여러 사람이 될 수 있는 이 가상공간에서 인간은 진정한 자신을 잃을 위기에 처하게 된 것이다.

(라)에서는 의료 기술의 발달로 안면 이식 수술이 가능해졌음을 알 수 있다. 성형이 꼭 필요한 사람들에게는 희소식이다. 그러나 이제 이 수술

로 다른 사람의 얼굴 모양을 할 수 있게 되면서 문제가 발생한다. 인간 관계에서 외모는 일차적인 인식을 가능하게 하는 중요한 요소이기 때문에 주변 사람과의 관계가 파괴될 수 있는 것이다. 즉 (라) 역시 기술의 발달에 따라 위협받는 인간관계와 인간의 정체성을 단적으로 보여준다. 과학 기술의 발달로 달라진 인간의 실존적 상황에 대해 (가) (나)는 문제도 제기하지만 해답도 제시한다. 자신의 존재에 대해 진지한 성찰이 필요한 이때에, 타인과 자신과의 관계에 대해 다시 생각해보며 더 나아가 아무런 수단적 목적이 없는 '나-너'의 관계를 만들어나갈 때, 사람들은 확고한 정체성을 가질 수 있을 것이다.

이 답안에도 문제가 없지는 않아. 낱말도 어색한 게 있고. 하지만 전체적인 내용이 60만 명 중에 6명 안에 드는 수준의 답안이야. 고딩으로서 있을 수 없는 수준이고 선생을 두렵게 만드는 수준이지. 고등학교 2학년 학생이 이 정도로 쓴다면 내 경험으로 볼 때 아마 그 수준에 들 거야. 그다음 민호.

✎ (가)에 따르면 인간의 정체성은 관계에 의해 확립된다. 인간이란 자기 자신과 관계하는 것이며 동시에 타인과 관계하는 관계이다. (나)는 (가)와 마찬가지로 인간의 정체성은 자신 혹은 타인과의 관계를 통해서 얻을 수 있다는 입장이다. 인간은 '나-너'와 '나-그것'의 관계로 규정된다. '그것'과의 관계가 인과율에 의해 지배받는다면 '너'와의 관계는 그 자체가 목적이 된다. '너'와의 관계를 통해 인간은 자유롭고 현실에 존재할 수 있게 된다.
(다)와 (라)는 과학 기술의 발달이 우리에게 편의를 제공하지만 한편으로 인간의 정체성을 위협하고 있음을 보여준다. 인터넷이라는 가상공

간에서 인간은 시공간의 제약으로부터 자유로울 수 있으나 자신의 정체성을 상실할 수 있다. 인간은 자신이나 타자와의 관계 속에서 그 존재적 의미를 얻는다. 그러나 가상공간에서는 각자 여러 개의 이름으로 접속하기 때문에 인간이 직접 관계를 맺는 현실과 다르다. 가상의 공간은 더 이상 인간의 공간이 아닌 것이다. 한편 안면 이식 수술의 성공은 고통 받는 환자들에게 새로운 얼굴을 제공해 새로운 삶을 열어준다는 점에서 의미 있다. 그러나 이는 그동안 자신이 맺어온 사람들과 전혀 다른 얼굴로 관계를 맺게 됨으로써 자신의 정체성에 혼란을 가져온다. 따라서 과학 기술의 발달은 기존에 인간이 관계를 맺던 방식을 깨뜨림으로써 인간의 본질을 위협하고 있다.

분량이 적지만 이것도 벌린 입을 다물 수 없는 수준이야. 할 말을 잃겠네. 이 답안도 60만 명 중에서 6명 안에 드는 수준이야. 이제 문항 2를 보겠다. 오륜아, 네 답안 읽어봐라.

✎ (마)의 환자들은 강제로 섬에 수용된다. 그 섬의 원장은 절대적인 권력을 행사한다. 환자들은 계속 탈출을 시도한다. 그래서 원장은 섬 안의 환경들을 개선한다. 의료 활동을 열심히 하고 주거환경을 개선하는 등 낙원을 만든다. 하지만 환자들은 오히려 야유를 하듯 탈출을 계속 시도한다.
(마)의 환자들은 섬이라는 '그것'의 세계에 갇힌다. 그래서 강제적이고 지배적인 환경이 존재한다. 그 지배력은 환자들의 행동과 자유를 억누르지 못한다. 환자들은 '그것'의 세계에 구속된 것이 아니라 관계의 세계에 들어갈 수 있는 존재이기 때문이다. 즉 '너'와 접촉할 수 있는

'육지'로 다시 가려는 것이다. '너'와의 관계 속에서 환자들은 어떠한 지배력에도 얽매이지 않고 자유로운 상호작용을 할 수 있다. 아무리 원장이 '섬'의 환경을 낙원으로 만들어도 환자들은 탈출한다. 그들이 원해서 '섬'에 오지 않았기 때문이다. 원장은 그들이 탈출하는 이유는 구속과 지배가 있는 '섬'이 아니라 자유와 '접촉'이 있는 '육지'를 원하기 때문이라는 것을 깨달을 것이다.

'나-너'의 관계와 '나-그것'의 관계에 대한 이해를 틀렸다고 할 수는 없는데. 육지로 탈출하려는 건 아니야. 그리고 섬에서 (수영해서) 탈출한다는 건 육지로 가는 게 아니라 자살을 뜻하는 거야. 내용상 망신 거야. 문장이 단문인 건 좋은데 별 의미 없이 작은따옴표를 많이 썼어. 정현아, 네 답안 읽어봐라.

✎ 원장은 인간에게 가장 필요한 것이 물질적 풍요가 아닌 정체성과 자유라는 것을 깨달았다. (마)에서 원장은 섬 안에 자신이 스스로 만족할 만한 낙원을 꾸민다. 그런데 이 낙원을 꾸밀 때 그가 간과한 것이 있다. 환자들의 의사를 반영하지 않은 것이다. (나)에서 자기 독점이 이루어지는 곳은 현실이 없고, '너'와 직접적인 접촉을 통해 '나'와 '너'의 관계가 완전해지는 것이라고 했다. 원장은 '너'(환자)와 접촉하지 않고 '나'(원장 자신)만의 생각대로 낙원을 꾸몄다. 그래서 환자들과 원장의 관계는 불완전할 수밖에 없었던 것이다. 또한 원장은 절대적인 통치권으로 섬의 환자들을 지배한다. 환자들은 그의 통치로 인해 자유를 억압당하고 정체성을 상실할 위기에 놓인다. 원장은 환자들을 '소유'하려고 했기에 그들과 소통할 수 없었다(나). 환자들에게 지배는 필요하지 않다. 서로 간에 의사소통을 통해 자신의 정체성을 확립해야 한

다(가). 또한 자기 삶에 대한 결정권을 갖고 그들의 자유의지대로 섬을 만들어나가야 한다(나). 이렇게 해야 비로소 환자들은 탈출을 계획하지 않고, 섬에서 보람 있는 삶을 살 것이다.

굉장한 수준이야. 핵심을 잘 이해했어.

"선생님, 의사소통 말고 대화라고 쓰면 안 돼요? 두 단어 뜻이 달라요?"

글자가 다르니 뜻도 다르지. 어떻게 설명을 해야 금방 쉽게 알아듣나? 너 엄마하고 아무리 많이 대화해도 엄마하고 의사소통 안 되는 경우 많지?

"와 확실하게 알아듣겠네요."

오늘 수업. 오늘은 인간관계에 관한 글을 보겠어. 연세대 2008학년도 모의 문제야. 이 문제로도 제시문들의 관계를 파악하는 방법을 배울 것이다. 제시문들을 읽을 때는 제시문들의 관계를 파악하는 게 그만큼 중요하다.

제시문 (가)

자연 상태에서 인간은 이기적이거나 제한된 수준의 관용만을 가지고 있다. 따라서 사람들은 어느 정도 상호호혜적인 이익이 예상되는 경우를 제외하고는 쉽게 다른 사람들의 이익을 위해 행동을 하려고 하지 않을 것이다. 상호호혜적인 행동이라도 그것이 동시에 이루어지는 경우는 드물기 때문에, 친절에 대한 보상은 상대의 관용에 의존할 수밖에 없는 매우 불확실한 상태에 놓이게 된다. (중략)

당신의 옥수수는 오늘 여물고 내 것은 내일 여물 것이다. 만약 오늘 내가 당신이 추수하는 것을 돕고 내일 당신이 나를 돕는다면, 이는 우리 둘 모두에게 유익한 일이 될 것이다. 그러나 나는 당신에게 아무런 호의도 갖고 있지 않으며, 당신 역시 나에게 아무런 호의가 없다는 것을 안다. 그러므로 나는 당신을 위해서는 아무런 노력도 하지 않을 것이다. 나는 단지 나 자신만을 위해서 일해야 한다. 보상에 대한 기대는 나를 실망시킬 것이며, 나로 하여금 헛되이 당신의 호의에 매달리게 할 것이다. 따라서 나는 당신이 혼자 일하도록 내버려둘 것이며, 당신도 동일한 방식으로 나를 대할 것이다.

미나모토쵸에는 선술집과 음식점, 가라오케 등이 기미우라 역을 중심으로 난 좁은 골목을 따라 즐비하게 늘어서 있다. 음식점과 술집들은 각기 나름대로의 분위기를 갖추고 있으나, 사람들은 자기들이 자주 찾아가는 곳을 또 찾아가고 있다. 사람들은 약속을 할 경우에 서로가 잘 아는 곳에서 모이고 누구를 만나려면 어디에 가야 하는지를 알고 있다. 이발소를 하는 마에바시를 만나려면 요네다가 하는 장어구이 집에 가야 하고, 목수일을 하는 카미를 찾으려면 마에하라 자매가 운영하는 선술집에 가면 된다. 츠노다 아줌마는 학부모 모임에서 사람들과 식사를 한 후에 커피를 마시기 위해 어린 시절 친구의 형이 하는 커피숍에 간다.

새로운 사람들이 이사를 오게 되면, 이사 온 사람들은 바로 조그만 케이크나 '데누구이(수건의 일종)'를 가지고 자신들을 소개하는 인사를 가게 된다. 일종의 공식적인 인사인 셈이다. 이러한 인사는 새로운 가구가 주위의 이웃들과 공식적인 관계를 맺는 시작이다. 사람들은 이웃이 집을 비운 사이 서로의 집을 봐주고, 주부들은 특별세일이나 새로 개점한 가게에 대한 정보를 나누며 여행에서 돌아와서는 지방 특산물을 선물로 건넨다.

도쿄 인근 지역에서 야채를 재배하는 농민들은 한 달에 두서너 차례 미나모토쵸를 방문한다. 이들은 주로 할머니들인데 자신들이 가져올 수 있는 만큼의 야채를 가지고 와서는 거리에서 팔기보다 벌써 수 년 째 방문해온 미나모토쵸의 가정을 한 집 한 집 찾아간다. 츠노다 아줌마는 자신이 어릴 적부터 집에 찾아온 야채 파는 할머니에게서 야채를 사는데, 자신이 필요한 것보다 좀 더 사서 아이를 시켜 이웃에도 나눠준다. 지난번에 이웃이 보낸 선물에 대한 보답이다.

미나모토쵸의 사람들은 도쿄 시내 어딘가에 사찰이 있음에도 불구하고 대개는 자신들의 집에서 장례식을 치른다. 그렇다고 해서 장례식이 간단한 것은 아니다. 장례식의 많은 부분은 장의사의 협조로 이루어진다. 장례에 필요한 제단, 향로, 제등, 관등은 모두 장의사가 준비한다. 장례식에서는 초등학교 근처에 사는 모리구치 씨가 염과 같은 전문적인 일을 담당한다. 대신에 미나모토쵸의 주민과 이웃들은 자신들이 할 수 있는 일들을 찾아서 한다. 특히 죽은 이가 마지막 헤어짐의 인사를 하는 고구베츠시키(告別式) 바로 전날에는 밤을 새워 츠야(通夜)를 하면서 조문객을 맞이하고 접대를 한다.

어디서 왔는지 고양이 한 마리가 야옹야옹 울고 있었다. 어둠이 밀려왔을 때 손에 장갑을 쥔 여자가 다가와서 고양이를 다정하게 쓰다듬어 주면서 자루에서 먹이를 꺼내주었다.

그때 사르트르가 이렇게 제안해 왔다. '2년 동안 나는 파리에서 살 수 있도록 손을 쓰면 되는 것이고, 우리는 가능한 한 친밀한 생활을 하자. 2, 3년 동안 헤어져 살게 되더라도 어딘가 세계의 한 모퉁이에서, 예를 들면 아테네 같은 곳에서 재회하여 다시 얼마 동안 공동생활에 가까운 생활을 영위하자. 우리는 결코 완전히 남남이 되지는 않을 것이다. 둘 중에 어느 쪽인가가 상대를 찾을 때 반드시 응할 것이며 우리 두 사람의 결합 이상 가는 것은 아무 것도 없을 것이다. 그러나 그것이 속박과 습관이 되지 않도록 온힘을 다하여 그런 부패에서 우리를 지키지 않으면 안 된다.'

나는 동의했다. 나는 사르트르가 예정하고 있는 이별을 두려워하지 않은 것은 아니었다. 그러나 그것은 아득한 미래의 일같이 생각되어 미리부터 마음을 쓰지는 않기로 했다. 그래도 가끔 두려움이 내 마음을 스쳐갈 때 나는 그것이 나 자신의 허약함 때문이라고 생각하고 극복하기 위해 애썼다. 사르트르가 약속에 철저하다는 점을 나는 이미 체험하고 있었으며, 그 점은 내 마음의 버팀목이 되었다. 그의 경우, 하나의 계획은 단순한 이야기가 아니고 현실의 어떤 순간을 가리키는 것이었다. 만일 그가 "22개월 후 아테네의 아크로폴리스 위에서 오후 5시에 만나자"고 했다면, 나는 정확히 22개월 후 오후 5시에 아크로폴리스 위에서 그를 재회할 것이라는 확신이 있었다. 더 구체적으로 말해서 나는 사르트르가 나보다 먼저 죽지 않는 한 그가 내게 불행을 안겨줄 리 없다는 것을 믿고 있었던 것이다.

이 2년의 계약기간 동안 우리는 서로가 이론적으로 인정하고 있는 자유를 사용할 생각이 전혀 없었다. 우리는 이 새로운 관계에 주저 없이 모든 것을 쏟을 작정이었다. 우리는 또 하나의 약속을 했는데, 그것은 둘 다 거짓말을 하지 않고 서로 숨기는 일이 없도록 한다는 약속이었다.

제시문 (라)

A. 각국의 인구 대비 법조인구 및 변호사 1인당 인구(2005년)

	인구(명)	법조인구(명)	변호사 1인당 인구(명)
한국	47,000,000	8,200	5,700
일본	120,000,000	24,000	5,247
프랑스	58,000,000	38,000	1,500
독일	82,000,000	142,000	578
영국	52,000,000	95,000	557
미국	276,000,000	1,030,000	266

B. 한국의 인구 대비 변호사 수 및 법률상담 건수 추이(1994~2001년)

	법률상담 건수(건)	개업변호사 수(명)	인구 10만 명당 변호사 수(명)
1994	634,128	2,851	6.4
1995	683,334	3,079	6.8
1996	1,082,152	3,118	7.0
1997	1,161,231	3,364	7.3
1998	1,590,768	3,521	7.6
1999	1,599,724	3,887	8.3
2000	1,894,228	4,228	9.0
2001	3,283,801	4,618	9.8

문제 1. 제시문 (가)에서 제기되고 있는 문제는 무엇이며, 이 문제에 대해 제시문 (나)와 제시문 (다)는 각각 어떠한 해결책을 제시하고 있는지 비교하시오. ▶배점: 30점

문제 2. 서로 다른 방식의 인간관계를 제시한 제시문 (나), 제시문 (다) 가운데 본인은 어떤 방식이 보다 바람직하다고 생각하는지, 그리고 그 이유는 무엇인지 밝히시오. ▶배점: 35점

문제 3. 제시문 (나), 제시문 (다)를 참조하여 제시문 (라)의 두 표에 나타난 한국 사회의 특징과 변화를 해석하시오. ▶배점: 35점

여기에서는 질문보다 제시문을 중점적으로 보겠다. 제시문 (가)는 분량은 짧지만 구조적으로 이해하는 게 좀 어렵다. 그래서 제시문 세 개를 아래와 같이 표로 만들었다.

(가)의 핵심	서로 협력하면 모두에게 이익이 된다.	
(가)의 문제	서로 협력하지 않아 모두 손해를 본다.	
원인	이기심	보상의 불확실성
해결책	해결 X	해결 O 보상을 확실하게
		(나) 공동체적 인간관계	(다) 계약적 인간관계
특징		암묵적, 관습적	명시적, 형식적

표를 설명한다. (가)의 핵심. 인간은 서로 협력하면 모두에게 이익이 되는데 도 서로 협력하지 않아 모두 손해 본다. 그 원인은 첫째 이기심이고 둘째 보상의 불확실성이다. 이기심은 인간의 본성이라 해결할 수 없다. 제시문에서 전제하고 있기도 하고. 보상의 불확실성은 불확실성을 확실성으로 바꾸면 해결된다. 문제점을 뒤집으면 해결책이 된다.

이걸 (나)에서는 공동체적 규범과 감정적 결속에 입각한 공동체적 인간관계로 해결하고, (다)에서는 계약적 인간관계로 해결한다. (나)의 특징은 암묵적·관습적·가변적이라는 거고 (다)의 특성은 명시적·형식적이라는 거지. 보통 (나)와 같은 관계는 가족·친구·연인에게 나타나는데 이 제시문에는 사회(마을)에 보여. 보통 (다)와 같은 관계는 사회나 회사에서 볼 수 있는데 여기엔 연인 사이에 나타나고. 이런 내용을 문제 1의 답안으로 작성하면 좋은 내용이 될 거야. 즉 제시문들을 읽을 때 하나만 읽고 이해하려고 하지 말고, 제시문들의 관계를 생각하면서 읽어. 나무만 보지 말고 숲을 보라고.

문제 2에서는 한국 사람의 정서상 대부분 (나)를 선택할 것 같아. 내 정서와 맞는다는 것과 논술 시험에 붙는다는 건 별개의 문제이니 대부분의 학생이 선택하지 않는 (다)를 선택해서 답을 쓸 수도 있을 거야.

문제 3의 핵심. 한국 사회는 공동체적 인간관계가 주를 이루었는데 점차 공동체적 인간관계에서 계약적 인간관계로 변하고 있다. 그런데 그렇게 말하면 A에서(2005년) B로(1994~2001년) 변화한다고 말해야 하는데, 연세대 교수들이 시계열상 부적절한 표를 고른 것 같아. 2005년에서 1994~2001년으로 변하고 있다고 말하기는 곤란하잖아?

말이 되게 답을 쓸 수는 있어. 한국 사회가 1994~2001년에 공동체적 인간관계에서 계약적 인간관계로 변하고 있기는 하지만, 2005년에 다른 나라들과 비교해보면 여전히 공동체적 인간관계가 지배적이다 하는 식으로. 이건 억지로 말이 되게 답을 쓰는 거지 자연스럽지는 않은 것 같아.

내 답은 안 썼고 이제부터 공개 첨삭. 우진아, 1번 답안 읽어봐.

> ✎ (가)는 인간의 이해타산적인 태도를 지적한다. 인간은 자신의 친절에 대한 보상이 예상되는 경우에만 친절을 베푼다. 개개인의 이익을 철저히 계산하여 행동하는 인간 사회에서 상부상조는 이루어지지 못하고 있다. 그러나 상호호혜적인 이익이 서로에게 동시에 발생하는 경우는 드물기 때문에 친절에 대한 보상을 기대하기 어려운 불확실한 상황에 놓이게 된다.
> 이러한 (가)의 문제에 대해 (나)와 (다)는 서로 다른 해결방안을 제공한다. (나)는 미나모토죠 마을의 모습을 제시한다. 이 마을 구성원들은 '정'을 바탕으로 한 인간관계를 형성하며 살고 있다. 이들은 되도록 친분 있는 사람의 가게를 애용하고 여행 후 이웃과 선물을 교환한다. 또 이웃의 장례식에는 함께 밤을 새워 조문객을 맞이하는 등 이웃 간의 정이 매우 돈독한 마을이다. 이는 내가 얻을 이익만을 중요시하기보다 상

대방에 대한 정을 소중히 여기는 태도의 중요성을 보여준다. 공동체 안의 보이지 않는 규율과 감정적 결속력이 상호 호혜적인 관계를 만든다. 암묵적인 규범과 신뢰를 바탕으로 하는 관계는 상부상조가 부족한 인간 사회의 문제점을 해결할 수 있다.

(다)는 사르트르와 '나'의 계약적인 관계를 설명하고 있다. 사르트르와 '나'는 2년의 계약 기간 동안 서로의 자유를 인정하는 반면에 가능한 한 친밀한 상태를 유지하며 서로가 필요할 때는 언제나 볼 수 있도록 합의했다. 이 약속은 서류상의 단순한 계약을 넘어서 상호간의 깊은 신뢰와 믿음에 근거한 계약이다. 이러한 계약은 친절에 대한 보상이 불확실할 때 그 불확실성을 제거한다는 점에서 효과적이다. 즉 계약을 통해 상대방에게 베푼 호의를 자신도 받을 수 있다는 확신을 가짐으로써 상부상조가 이루어질 수 있다. (나)가 공동체적 협력관계를 해결방안으로 제시한 반면, (다)는 상호간의 믿음에 의한 개인적 계약관계를 제시하고 있다.

마지막 문장이 핵심이야. 미괄식으로 썼는데 그걸 첫 단락 끝부분에 썼으면 더 좋았을 듯. (나)를 암묵적이라고 했으면 (다)도 명시적이라고 쓸 수도 있었을 듯. 혼자 힘으로 이렇게 쓰면 수준 높은 답안이야. 전체적으로 훌륭해.

이제 2번 문제. 우혁아.

✎ 인간의 자율성은 존중되어야 한다. (나)에서는 개인의 의사가 철저히 배제된다. 개인은 규칙에 의해서만 움직일 뿐이다. (다)에서 개인은 철저히 자신의 욕구대로 행동할 수 있다. (나)와 다르게 개인의 자율성이 보장된다.

사회는 개인이 만든다. 최초의 사회는 개인이 자신의 이익에 도움이 되리라는 판단 아래 만들어졌다. 이 사회의 개인은 타인이 도움을 요구할 때 도왔지만 그 도움은 자신에게 이익이 되는 행위로 한정되었다. 사회가 발전하면서 인간의 이러한 이기적 행위는 다른 사회구성원에 의해 제재 받았다. (나)와 같이 모두가 모두를 돕는 사회가 만들어졌다. 이때 개인은 도움이라는 행위가 얼마나 비생산적인지 깨닫는다. 도움을 주어도 돌려받지 못하는 경우가 생기기 때문이다. (다)처럼 개인 간의 상호행위가 계약으로 정해질 때 개인은 자유롭게 자신과 타인의 이익을 최대화할 수 있다. 최대 다수의 최대 행복은 규칙을 통해서 얻어지지 않는다. 단지 그렇게 보일 뿐이다. 개인에게 자율이 보장될 때 최대 다수는 최대의 이익을 얻을 수 있다.

분량도 모자라는 이 짧은 글에 인류의 역사를 서술하는 거야? 최초의 사회? 언제 적 얘기? 아담과 이브, 크로마뇽인 사회, 단군 때 얘기? 10만 년 전 아니면 100만 년 전? 최대 다수의 최대 행복, 학교에서 배웠어? 그게 이 제시문들하고 뭔 상관이야? (나)에서 개인의 의사가 철저히 무시되고 사람들이 규칙대로만 움직여? 그런 게 (나)에 어디 있냐고. 네가 (다) 편이라는 것만 알겠어. 논거는 전혀 이해할 수 없어. 네가 사람한테 많이 실망했나보지? 네 얘기 쓰지 말고 논술을 해. 제시문을 완전 오해했어. 논점 이탈이고 횡설수설이야.

그다음 준익아.

✎ 제시문 (나)에서는 사회구성원들이 서로에게 필수적인 존재가 되어 줌으로써 사회의 불안적인 요소를 제거하고 원활한 사회를 이룩해나간다. 하지만 이러한 관계를 통한 사회는 붕괴될 위험성이 너무도 크다.

첫째로 역할 분담에서 발생하는 문제를 들 수 있다. 예를 들어 마을에서 쓰이는 모든 양초를 만드는 집이 있다고 하자. 갑은 다른 마을 사람들에게 저녁을 환한 낮으로 밝힐 수 있는 물건을 건네주고 생필품과 옷가지 등을 얻는다. 그리고 제사 때도 갑이 없으면 식탁에 고인을 위해 초도 켤 수 없다. 그런데 어느 날 갑이 초를 만들다가 끓는 물에 양팔을 담갔다 빼서 더 이상 초쟁이 노릇을 할 수 없는 사람이 되어버렸다. 그렇다면 갑은 더 이상 마을의 필수적인 요소가 아니다. 그래서 다른 필수적 요소인 마을 사람들은 갑에게 더 이상 생필품과 옷가지 등을 전해주는 관용을 배풀지 않을 것이다. 그리고 초쟁이를 잃은 마을은 한 가지 불운 요소가 생기는 것이다.

둘째로 인간의 상대성이 있다. 인간은 하나의 모태를 가진 복제품이 아니므로 각기 다른 상대성을 가지고 있다. 즉 을에게는 초라는 물건이 필수적이지만 병에게는 초 따위 있어도 그만 없어도 그만이라는 상대성을 가질 수 있다는 것이다. 병에게 갑의 양초가 필요 없다면 그런데 갑은 병의 식칼이 필요하다면 분쟁이 일어날 것은 자명한 일이다.

한편 (다)에서는 사람들이 애초부터 대등한 관계에서 서로의 요구를 들어주는 일정 기간을 전제로 하는 계약을 한다. 그래서 위와 같은 문제들이 발생할 염려가 없다. 게다가 추가로 그 계약 안에 중재자, 증인, 심판자 역할을 할 수 있는 제3자를 추가한다면, 그 제3자가 일정한 힘을 두 계약자로부터 양도받는다면, 미연에 생길 문제에 대해서도 대비할 수 있고 결국 더욱 안전한 계약이 성립될 것이다. 그러므로 나는 제시문 (나)보다 (다)가 보다 바람직하다고 생각한다.

양초 만드는 집? 그런 예 들지 마. 끓는 물에 왜 팔을 담가? 재미있네. 초 말고 식칼도 나왔네. 그럼 도마도 나오고 행주도 나와? 아예 접시도 나오고 프라이팬도 나오지. 부엌살림 다 나오겠네. ㅋㅋ 양초와 식칼 때문에 분쟁 일어나? 이건 무슨 분쟁이야? 양초 분쟁? 식칼 분쟁? 너 양초 때문에 옆집하고 싸운 적 있어? 무슨 헛소리를 이렇게 즐겁고 진지하게 하는 거야? 진짜 재미있네, 완전 개그야. 집에서 제사 지내? 네가 집안 장손이야?

이 글 죽인다. ㅋㅋ 논술이 뭔지 전혀 모르네. 나한테 논술 안 배우면 쓰라는 대로 안 쓰고 이렇게 쓰고 싶은 대로 글을 쓴다니까. 초 얘기 하지 말고 제시문에 근거해서 답을 써. 다른 애들 좋은 답을 많이 참고해. 초 얘기는 즐겁게 읽었어. 교수를 즐겁게 해주는 탁월한 능력을 갖고 있네. 교수를 즐겁게 하겠지만 합격하려면 양초 얘기는 쓰지 마. 이 글에서 뭘 첨삭하겠어? 첨삭할 필요가 없는 글이지. 준익아, 내가 논술로 책 내면 이 글은 꼭 실을게.

그다음 상현아, 3번 답안 읽어봐라.

✎ 제시문 (라)에 의하면 우리나라는 법조인구가 인구에 비해 상대적으로 적은 편이다. 제시문 (나)에서 볼 수 있듯이, 사람들은 전문적으로 장을 담그는 장의사나 법에 관련된 법조인과 관계를 맺기보다 자율적으로 자신에게 다가온 문제를 해결하려고 한다. 그러나 (다)에서 볼 수 있듯이, 유럽에서는 이와 비슷한 계약관계가 만연하다. 이는 우리나라와 일본의 법조인구수당 인구비율과 프랑스, 독일 등 서구 유럽의 국가의 법조인구수당 인구비율의 비교를 통해 알 수 있다. 공동체적인 아시아 사회와 계약적인 유럽 사회의 차이라고 볼 수 있다.
하지만 우리나라의 법조인구는 꾸준히 증가하고 있다. 이는 우리나라가 예전의 공동체적인 사회에서 유럽의 계약적인 사회로 변화하고 있음을 보여준다.

장의사가 장을 전문적으로 담그는 사람이야? ㅋㅋㅋㅋ 죽인다. 상현아 선생
이렇게 즐겁게 해도 되는 거야? 너 장이 뭔지 알고 있는 거야? 장의사가 뭔지 알
아 몰라? 한국말 몰라? 너는 논술하지 말고 낱말 뜻 공부부터 해야 되는 거 아니
야? 만연하다? 이런 표현 있어? 전체적으로 분량도 아주 적고. 마지막 단락만 맞
는 소리야.

즐거운 글을 읽으며 오늘 수업 끝.

오늘 수업. 오늘은 고려대 2009학년도 수시 문제를 본다. 제시문이 어렵고 제시문들의 관계를 파악하는 것도 어려운 문제였다. 그중 제일 어려운 2번 문항만 본다.

(가)

계몽이란 인간이 의타적 상태로부터 벗어나는 것이다. 의타적 상태에 처한 인간은 남이 이끌어 주지 않으면 자신의 지성을 사용하지 못한다. 그러한 상태는 그가 스스로 초래한 것이다. 의타적 상태는 지성의 결핍이 아니라 남의 도움 없이 지성을 사용하려는 결단과 용기의 결핍에서 비롯한다. "과감히 알려고 하라!" "지성을 사용할 용기를 가져라!"가 바로 계몽의 구호이다.

대부분의 사람들은 일생토록 의타적인 상태에 머물고 다른 사람이 그들의 후견인 노릇을 한다. 그러한 상태는 나태와 비겁에서 기인한다. 의타적 상태에 머무는 것은 매우 편안하다. 책이 내 대신 지적인 활동을 하고, 성직자가 내 양심을 지키고, 의사가 내 건강을 위해 식단을 짜준다면, 나는 굳이 수고할 필요가 없다. 돈만 낼 수 있다면 나는 생각하지 않아도 된다. 다른 사람들이 나를 위해 번거로운 일들을 기꺼이 떠맡을 것이다. 후견인들은 사람들이 성숙으로의 과정을 힘겨워할 뿐 아니라 매우 위험하게 여기도록 하고서는 그들의 감독자 역을 자청한다. 후견인들은 우선 피보호인을 입 다물게 한 후 잠자코 있는 그 피보호인에게 그가 보행기 없이는 한 걸음도 감히 떼어 놓을 수 없다고 분명하게 주지시킨다. 그리고 나서 후견인들은 피보호인이 혼자 걸으려고 시도할 때 당면하게 될 위험들을 알려준다. 그렇지만 후견인들의 강조와 달리 그 위험은 실제로 크지 않다. 몇 번 넘어지고 나면 혼자 걷는 법을 끝내 익힐 수 있다. 그러나 실패의 사례들이 제시되면 피보호인은 겁을 먹어서 더 이상의 시도를 하지 않게 된다.

개인이 의타적인 상태에서 벗어나는 것은 매우 어렵다. 그는 자신에게 거의 천성이 되어버린 의타적인 상태를 선호하게 되어 당장은 그의 지성을 정말로 사용하지 못한다. 그 동안 아무도 그에게 지성을 사용하도록 하지 않았던 것이다. 법령과 규칙들, 개인의 타고난 재능을 합리적으로 사용하거나 잘못 사용하는 저 기계적 작용들은 의타적 상태를 영속화시키는 족쇄들이다. 누군가 그 족쇄들을 벗어던진다 하더라도 그는 단지 좁은 도랑을 겨우 건넌 데 불과하다. 그는 아직 그런 유의 움직임에 익숙하지 않다. 무능력에서 벗어나 꾸준히 전진할 수 있도록 자신의 마음을 단련하는 데 성공하는 사람은 매우 드물다.

자유 이외에 계몽을 위해 필요한 것은 없다. 자유라는 이름으로 부를 수 있는 그 모든 것들 중에서 이성을 공적으로 사용하는 자유가 가장 중요하다. 그러나 사방에서 "따지지 말라"는 소리가 들린다. 장교는 "따지지 말고 그저 훈련하라"고, 세무원은 "따지지 말고 그저 세금을 내라"고, 성직자는 "따지지 말고 그저 믿으라"고 말한다. 도처에서 자유는 제한된다. 그렇다면 어떠한 제한이 계몽을 방해하고 어떠한 제한이 계몽을 촉진하는가? 나는 이성의 공적인 사용은 언제나 자유로워야 하며 그것만이 인간들에게 계몽을 가져온다고 대답하고자 한다. 그에 반해 이성의 사적인 사용은, 계몽의 진전이 방해되지 않고도, 크게 제한될 수 있다. 이성의 공적 사용이란 가령 개인이 한 사람의 학자로서 독서 대중에게 이성을 사용하는 경우를 일컫는다. 이성의 사적 사용은 그 개인이 자신에게 주어진 시민적 지위나 공직에서 이성을 사용하는 경우이다. 공공 조직에서 수행되는 많은 일들은 어떤 메커니즘을 필요로 한다. 조직의 구성원들은 그 메커니즘을 일방적으로 따라야 하므로, 정부는 그들이 공공의 목적을 지향하도록 하거나 그렇지 않다면 적어도 그들이 공공의 목적을 망치지 못하도록 할 수 있다. 여기에는 다만 복종이 있을 뿐 논란의 여지는 없다. 그러나 개인은 공적 조직의 구성원이면서 세계 시민 사회와 전체 공동체의 일원이기도 하다. 그는 한 사람의 학자로서 저술을 통해 독서 대중에게 진술하기도 한다. 그 경우 그는 공적 조직원으로서 그가 맡은 책무를 침해하지 않으면서 논의를 펼칠 수 있다. 장교가 근무 중에 상관의 명령을 받고서 그 명령의 적합성이나 유용성 여부에 대해 따지는 것은 터무니없는 짓일 것이다. 그는 명령에 복종해야만 한다. 그러나 그가 학자로서 독서 대중에게 병역의 의무가 지닌 문제점들을 지적하고 설명하는 것을 막을 수는 없다. 시민은 납세의 의무를 거부하지 못한다. 할당된 세금에 대해 염치없이 불평을 늘어놓는다면 징벌의 수치를 피하지 못한다. 그러나 바로 그 사람이 학자로서 과세의 부당성에 대한 자신의 견해를 독서 대중에게 발표한다 하더라도 그는 시민적 의무에 반하는 행동을 한 것이 아니다.

누군가 "우리는 지금 계몽된 시대에 살고 있는가?"라고 질문한다면 아니라고 대답해야 한다. 우리는 지금 계몽 중인 시대에 살고 있다. 사람들이 여러 면에서 외부의 도움 없이 자신들의 이성을 확고하고 자유롭게 사용할 수 있도록 하는 여건이 현재로서는 갖추어지지 않았다. 그러나 사람들이 자유롭게 활동할 수 있는 장이 열리고 있다는 명백한 조짐들을 우리는 본다. 계몽을 가로막고 의타적인 상태로부터의 해방을 가로막는 장애들이 조금씩 제거되고 있다. 이 시대는 계몽 중인 시대이다.

(나)

벌린은 자유를 적극적 자유와 소극적 자유로 구분한다. 그의 설명에 따르면 적극적 자유는 자율이 실현된 상태를 의미하고 소극적 자유는 타인의 간섭이 부재한 상태를 의미한다. 그러나 '지배 없는 자유'는 벌린의 분류에 포섭되지 않는다. 지배 없는 자유는 간섭의 실재 여부에 의해 규정되지 않는다. 지배 없는 자유를 파악하자면 간섭의 자의성과 행위자가 처한 예속의 정도가 마땅히 고려되어야 한다. 피지배 상태에 있는 행위자도 간섭 없이 선택을 하는 경우가 있다. 간섭한다고 반드시 지배하는 것은 아니며 지배 받는다고 반드시 간섭 당하는 것은 아니다. 간섭과 지배는 그처럼 별개의 개념들이다.

따라서 간섭의 부재에 초점을 두는 자유와 지배의 부재에 초점을 두는 자유는 서로 다르다. '간섭 없는 지배'와 '지배 없는 간섭'이 각각 가능하다는 사실은 양자의 차이를 더욱 뚜렷하게 보여준다. 간섭 없는 지배를 잘 보여주는 예로 주인과 노예의 관계를 들 수 있다. 일반적으로 주인은 노예에 대해 자의적으로 간섭할 수 있는 입장에 선다. 그러나 주인이 너그러운 사람이어서 노예에 대해 간섭하지 않을 수 있으며, 노예가 간사하거나 아첨에 능한 사람이어서 자기 마음대로 행동하면서 주인의 처벌을 피할 수도 있다. 그 경우 노예는 주인에게 지배되면서도 주인의 간섭을 받지 않는 자유를 누린다.

지배 없는 간섭을 잘 보여주는 예로는 선거를 통해 뽑힌 시장과 유권자인 시민들의 관계를 들 수 있다. 시장은 시민들이 동의하는 사안과 관련하여 시민들을 간섭할 수 있다. 시장의 간섭에 대한 시민들의 동의는 강제나 선동이 없는 상태에서 이루어져야 한다. 그러한 조건 하에서 시민들은 자신들의 이익을 증진하기 위해 자발적으로 시장의 간섭을 받아들일 수 있고, 자신들이 동의한 사안에서 발생하는 불이익을 감수할 수 있다. 그 경우 시민들에 대한 시장의 간섭은 지배가 아니다. 시장은 자의적으로 시민들을 간섭할 수 없으며 시민들도 시장에게 무조건 복종할 필요가 없다.

결국 간섭 없는 자유와 지배 없는 자유는 서로 다른 이상이다. 간섭 없는 자유가 이상으로 설정될 경우 간섭을 받는 시민은 진정한 자유를 누리는 것이 아니다. 시민들이 시장의 간섭에 동의했다 하더라도 그 간섭은 간섭 없는 자유의 이상과 상충된다. 지배 없는 자유가 이상으로 설정될 경우 간섭 받지 않는 노예라 하더라도 그는 피지배 상태에 있으므로 진정한 자유를 누리는 것이 아니다. 홉스의 견해에 따르면 자유란 법의 간섭을 받지 않는 상태이며, 전제 군주정이건 민주 공화정이건 자유의 향유라는 면에서는 서로 다를 바 없다. 그러나 그러한 견해는 지배 없는 간섭의 이상에 의거한다면 비판받을 수 있다. 전제 군주정에서는 아무리 높은 지위에 있는 사람이라 할지라도 군주의 의지에 따라야 하는 노예일 뿐이다. 그 반면 민주 공화정에서는 아무리 지위가 낮은 사람이라 할지라도 자유로운 시민이다.

인간 사회에서 간섭은 늘 있기 마련이다. 자의적인 간섭은 지배와 예속의 상태를 초래할 가능성이 농후하다. 지배 없는 자유의 이상은 그러한 가능성을 축소시킬 것을 요구한다. 한편으로는 강자가 약자를 자의적으로 간섭할 수 없도록 하면서 다른 한편으로는 약자가 강자의 자의적인 간섭에 저항할 수 있도록 하는 제도가 마련되어야 한다.

(다)
"얘들아, 너희들도 아까 보았지만, 날짐승들은 한 지도자 밑에 얼마나 질서정연하고 위풍이 당당하냐? 우리들 개구리도 한번 이런 사회를 건설하는 것이 어떠냐?"

바로 턱 밑에 쭈그리고 앉은 멍텅구리 파랑이가 또 주책없이 물었다.

"얼룩아, 지도자가 무에니?"

"지도자란 건 왕이라구두 하구 임금이라구두 하는데, 아까 본 독수리는 이를테면 새들의 지도자요 왕이요 임금이란다."

저쪽에서, 역시 파랑이에 못지않은 멍텅구리 검둥이가 바보 같은 소리로 물었다.

"얼룩아아, 왕이란 건 그렇게 막 잡아먹는 거니이? 아이구 무시라아."

얼룩이는 한번 픽 웃고 좌중을 훑어보았다. 지도자의 참뜻을 아는 것은 자기만이라는 것이 분명하였다.

"잘못하는 놈은 잡아먹지, 아니 잡아먹어야지."

"얼룩아아, 어떻게 하는 게 잘못하는 거니이?"

파랑이다.

"지도자의 말을 잘 안 듣고 게으른 짓만 하는 게 잘못하는 거지."

"얼룩아아, 그런 낮잠 자는 것두 잘못하는 거니이? 어쩐지 무시무시하구나아."

검둥이다.

"얘들아, 내 말 좀 들어라. 새들이 저렇게 훌륭한 지도자 밑에 일사불란의 질서를 유지하고 단결하였는데, 만약 저마다 멋대로 날뛰는 우리 개구리 사회를 들여다본다면 무어라고 하겠느냐 말이다. 그러기에 나는 우리도 당당한 지도자를 받들고 이 무질서를 질서로 정돈하기를 제의하는 것이다."

"듣고 보니께 그렇기두 하구나아."

파랑이다. 모두들 그럴싸하게 구미가 도는 모양이었다.

"여기 반대하는 개구리는 앞발을 들어라."

발을 드는 놈은 하나도 없었다. 유독 맨 뒤에 자빠져 있던 초록이가 반쯤 머리를 들고 반박하였다.

"얼룩아, 보기두 싫다. 높은 데서 뽐내지 말구 내려와. 네나 내나 마찬가지야. 지도자구 질서구, 되지 못하게스리. 나는 이대루 자뿌라질 자유, 낮잠 잘 자유, 제멋대루 거꾸로 설 자유가 좋다."

뱃속에서는 화가 치었으나 눈앞에 있는 군중은 그것이 무슨 소린지 알아듣지 못하는 것만이 다행이었다. 얼룩이는 초록의 발언을 묵살하기로 하였다. 그는 다시 한 번 따졌다.

"얘들아, 지도자를 선출하는 데 이의가 없지? 있으면 앞발을 들어라."

역시 드는 놈은 없었다.

이때 파랑이가 부스스 일어섰다.

"모두 좋은 모양이구나아. 얼룩아 그럼 니가 그 지도잔가 한 걸 하려므나아. 그리구 내가 좀 낮잠 자두 잡아먹진 말아라아, 증말이야."

이에 폭소가 터졌다. 모두들 배를 거머안고 웃어 댔다. 특히 초록이는 배를 안고 뱅뱅 돌아가면서 허리를 꺾었다.

"얼룩이는 안 된다. 저번에 검둥이한테두 씨름에 졌지 않아? 게다가 목소리두 가느다란 것이 어디 돼먹었어?"

야무지게 생긴 놈의 반박이었다.

"…그뿐이 아니다, 아까 날짐승 떼가 오자 제일 먼저 물속으로 내뺀 것이 바로 얼룩이가 아냐? 그 따위 헝겊막대 같은 지도자가 무슨 소용이란 말이냐? 적어두 독수리보다 몇 배 나은 놈을 골라야 할 거 아냐?"

"옳소!"

우레 같은 박수가 터졌다.

II. 제시문 (나)의 내용을 바탕으로 제시문 (다)에 나타난 '얼룩이'와 '초록이'의 견해를 비교하고, 제시문 (가) (나) (다)를 참고하여 자유에 관한 자신의 생각을 논술하시오. ▶50점

먼저 문제 분석.

① 제시문 (나)의 내용을 바탕으로. 자기 멋대로 하지 말고 (나)의 내용을 바탕으로 해라. (나)에는 세 가지 자유 나온다. '소극적 자유'와 '적극적 자유', '지배 없는 자유'다. '소극적 자유'와 '지배 없는 자유'는 '간섭 없는 지배'와 '지배 없는 간섭'의 예를 통해 대조적으로 설명되고 있다.

② 제시문 (다)에 나타난 '얼룩이'와 '초록이'의 견해를 비교하고. 견해를 비교하면 되겠다. 논술에서 비교하라고 하면 비교도 하고 대조도 해라. 공통점도 찾고 차이점도 찾아라. 언어영역처럼 공통점만 찾지 마라. (다)의 개구리들은 다양한 형태의 자유를 언급한다. 자유에 대한 의견들은 '자유냐 질서냐'는 극단적인 선택으로 수렴된다. 질서를 위해 자유를 희생할 수 있다고 주장하는 '얼룩이'와 질서를 위해 자유를 희생할 수 없다는 '초록이'의 의견이 극명하게 대조된다. (나)의 '간섭 없는 지배'와 '지배 없는 간섭'의 정의를 활용하여 '얼룩이'와 '초록이'의 견해를 설명하면 되겠다.

①과 ②에서 중요한 건 ②다. 그러니 ① 한 단락, ② 한 단락으로 ①과 ②를 순서대로 늘어놓지 말고 ②를 주로 하면서 ①을 하는 게 더 좋을 것이다. 즉 둘의 견해를 비교하면서 (나)에 나오는 개념을 활용하면 더 나은 글이 될 것이다.

③ 제시문 (가) (나) (다)를 참고하여. 참고하면 합격이고 참고하지 않으면 불합격이다. (가) (나) (다)의 핵심 내용을 적절하게 활용해야 한다.

④ 자유에 관한 자신의 생각을 논술하시오. 생각을 논술하면 되겠다. 주장 대고 근거 대면 된다. 그런데? 자기 멋대로 자유에 관한 생각을 늘어놓는 게 아니다. 자유에 관한 일반론이나 공자맹자 말씀을 늘어놓는 것도 아니다. ③에 따라 해야 한다. 그러니 이 문제도 ③ 한 단락, ④ 한 단락으로 하지 말고 ④를 주로 하면서 ③을 적절하게 끌어 쓰는 게 좋은 단락 구성이 될 것이다. 특정 제시문을 옹호하든지 비판하면서 구체적인 근거를 제시하는 설득력 있는 논리 전개가 필요할 것이다. 논술하는 문제이니 ①과 ②를 약 400자 정도, ③과 ④를 약 600자 정도 하면 좋을 것이다. ①과 ②에 할 말이 많으니 ①과 ② 대 ③과 ④의 비율을 500/500자 정도로 해도 되겠다. 600자/400자 정도로 하면 좀 곤란할 것 같다.

제시문 (나)를 보자. 여기에는 적극적 자유와 소극적 자유, 지배 없는 자유와 지배 없는 간섭, 간섭 없는 지배와 간섭 없는 자유로서 여섯 가지가 나오는데, 사실은 세 가지야. 제시문 (나)를 표로 보겠어.

① 적극적 자유 자율이 실현된 상태	② 소극적 자유 간섭이 부재한 상태	지배가 부재한 상태
	②´ 간섭 없는 자유 = 간섭 없는 지배 주인과 노예의 관계	③ 지배 없는 자유 = 지배 없는 간섭 시장과 시민의 관계
20세기 사회권적 기본권 복지국가	18세기 자유권적 기본권 야경국가	

적극적 자유와 소극적 자유는 명확히 대립해. 소극적 자유와 간섭 없는 자유는 같은 거야. 간섭 없는 자유와 간섭 없는 지배도 같은 얘기를 다르게 한 거야. 주인은 노예를 간섭 없이 지배하고, 노예는 간섭 없는 자유는 누리는 거야. 지배 없는 자유도 지배 없는 간섭과 같아. 시장은 시민을 지배하지 않고 법에 따라 간섭해. 시민은 시장의 지배를 받지 않고 자유를 누려. 그래서 총 여섯 가지가 나와 있지만 여기에는 세 개의 자유가 있다고 봐야 돼. 지배 없는 자유에서는 간섭이 자의적으로 이루어지는지 하는 것과 행위자가 처한 예속의 정도를 고려해야 돼. 지배와 예속을 초래할 가능성이 높아. 그래서 자의적 간섭의 가능성을 축소할 것을 요구하는 것이고. 좀 헷갈리지? 아래는 내가 쓴 예시 답안이야. 세 문제에 모두 답안을 작성했는데 오늘은 II번만 하는 것이니 II번만 공개.

적극적 자유와 소극적 자유에 포섭되지 않는 자유로서 지배 없는 자유를 들 수 있다. 소극적 자유는 타인의 간섭이 부재한 상태이니 간섭 없는 자유라고 할 수 있다. 홉스처럼 법의 간섭을 받지 않는 상태를 자유라고 보는 것은 간섭 없는 자유의 관점이다. 주인은 노예를 간섭하지 않고도 지배할 수 있다. 간섭의 부재와 달리 지배의 부재에 초점을 두는 자유는 지배 없는 자유다.

그런데 (다)의 얼룩이는 지배 없는 자유를 부정한다. 그리고 '무질서를 질서로 바꾸는 일사불란의 질서'를 강조한다. 질서를 유지하려면 개인의 자유를 희생할 수 있다고 보며 절대 권력을 지닌 지도자의 필요성을 역설한다. 얼룩이와 달리 초록이는 권력과 질서를 거부하는 지배 없는 자유를 원한다. '낮잠도 자고 거꾸로 설' 자유를 갈망하며 권력에 예속되지 않는 자유를 주장한다. 초록이는 권력의 불필요성을 주장하고 타율을 비판하며 자율을 요구한다. 사회의 질서 유지 때문에 개인의 자유를 희생할 수 없다는 것이다.

우리는 지배 없는 자유를 진정한 자유라고 보아야 한다. (나)의 간섭 없는 자유는 주인과 노예의 관계처럼 예속된 상태에서도 존재할 수 있다. 즉 간섭 없는 자유는 진정한 자유라고 할 수 없다. 자유로운 인간은 권력자에게 예속되어서는 안 된다. 또한 자의적 간섭이 지배와 예속으로 '발전'할 수도 있으니, 지배 없는 자유에서는 권력자의 간섭이 자의적으로 이루어질 개연성을 최소화해야 한다. 자신의 힘으로 지성을 사용하고 타율의 편안한 유혹을 극복하여 자율을 얻으려고 끊임없이 노력하는 것, 이것이 진정한 자유인의 지배 없는 자유다. 이는 (가)의 계몽과도 통한다. 계몽의 본질은 자율이며 의타성에서 벗어나는 것이다. 그러므로 사회 질서를 유지하려는 이유로 권력의 필요성을 강조하는 얼룩이는 개인에게 타율을 강요하고 자율을 희생하게 한다(다). 초록이는 바로 이런 권력을 거부하며 지배 없는 자유를 원한다. 사방에서 '따지지 마라'는 권력의 타율이 우리의 자율을 삼키고 있는 이때 우리에게 절실하게 필요한 것은 자신의 지성을 스스로 사용하려는 용기와 결단이다.

이제 공개 첨삭이다. 동혁아.

✎얼룩이가 간섭 없는 자유를, 초록이는 지배 없는 간섭을 주장한다. 얼룩이는 자신들 개구리들이 새에 비하여 무질서하다면서 지도자를 뽑을 것을 제안했다. 그에 다른 개구리들은 모두 동의한다. 이것은 얼룩이가 다른 개구리들을 선동한 것이다. 그 의견에 동의한 개구리들은 얼룩이의 제안에 동의했지만 간섭으로부터 자유로운 상태에서 선택한 것이 아니다. 얼룩이가 새들에 비교한 자신들의 무질서를 말했기 때문이다. 하지만 초록이는 얼룩이의 의견에 반대했다. 지도자를 뽑자는 얼룩이의 의견을 받아들이지 않았다. 그가 자발적으로 선택한 것은 거꾸로 선 자유인 것이다. 그로 인해 생기는 개구리들의 무질서를 받아들이도록 했다.

내가 생각하는 자유는 자신의 책무를 다했을 때 외치는 자유이다. 우리가 외치는 투표의 자유, 여성의 지위 상승 자유, 행복의 자유 등 모든 자유는 사회 속에서 이루어진다. 그 사회는 우리들이 사는 곳이고 우리들이 만드는 곳이다. 모두 행복해질 자유만을 원하면 사회는 무너진다. 그 때문에 우리는 사회를 만들고 존속시킬 의무를 가지게 된다. 국방의 의무를 져야 되는 나는 힘들지만 그로 인해 다른 사람들은 안전해질 자유를 얻게 되는 것이다. 또 자신의 자유를 외치는 것으로 남의 자유를 강탈해서도 안 된다. 시위대들의 폭력적인 시위를 누구도 자신의 입장을 대변하는 자유라고 말하지 않는다. 이미 주위 사람들의 안전의 자유를 강탈한 것이며 대화할 자유조차 잃어버린 것이다. 자유를 논할 자격을 갖춘 자들의 자유로운 외침이야말로 진정한 자유라고 생각한다.

동의한 개구리들이 동의했지만? 무슨 국어가 이래? 초록이가 원한 게 거꾸로 설 자유? 질서와 무질서? 이 제시문이 굉장히 어렵긴 하지만 이건 제시문 오해야. 그리고 초록이도 오해고. 사회는 우리가 사는 곳이고 우리가 만드는 곳이야? 비문이고 하나마나한 말이야. 내가 행복해지길 원한다고 해서 사회가 무너져? 히틀러 같은 인간이 있어도 사회는 안 무너졌는데 내가 행복해지고 싶다고 해서 사회가 무너지겠어? 심하네. 강탈!ㅋㅋ 안드로메다로 간 글이야. 자유에는 의무가 따른다는 지극히 당연한 공자님 맹자님 말씀을 쓰라는 게 아니야. 논제와 아무런 상관없는 일장 훈계를 교수에게 늘어놓은 거야. 쓰고 싶은 말을 쓰는 게 논술이 아니고 쓰라는 말을 쓰는 게 논술이야. 투표, 여성, 행복, 국방, 시위 등은 이 제시문하고 아무런 상관없는 얘기야. 자유를 논할 자유를 갖추려면 군대부터 가야겠네? 그럼 대통령, 국회의원, 장차관, 재벌과 그 자식들 군대 갔는지 안 갔는지 좀 알아봐.ㅋㅋ 순도 100퍼센트 빵점.

> ✎ 제시문 (나)에 따르면, 간섭 없는 자유가 아니라 지배 없는 자유가 진정한 자유다. 지배가 부재하는 상태에서 시민들은 자발적으로 간섭을 받아들일 수 있기 때문이다. 대표자는 지배자의 다른 개념이며, 따라서 그는 자의적으로 간섭할 수 없어야 한다. 진정한 자유 상태에서 대표자는 오직 시민들이 자발적으로 수용할 때에만 합리적으로 간섭할 수 있다. 이와 같은 관점에서 (다)에는 서로 대조되는 이상을 가진 얼룩이와 초록이가 등장한다. 얼룩이는 질서의 정립을 위해 자유가 제한되어야 한다고 주장하고, 초록이는 제시문 (나)의 입장에 동의해 지배 없는 자유를 추구한다. 얼룩이의 시각에서 독수리의 지배를 받고 있는 새들의 세계는 질서 있는 이상의 세계이다. 이와 반대로 지도자 없이

간섭과 지배가 모두 부재한 개구리의 세계는 무질서한 세계이다. 따라서 그는 지도자의 선출과 그의 지배와 자발적 간섭에 의해 자유를 제한하고 질서를 정립하고자 한다. 그러나 초록이는 지도자의 선출을 반대한다. 모든 개구리는 '마찬가지'이며, 따라서 고르더라도 지배자가 아니라 대표자가 선출되어야 한다. 즉 개구리들 위에 군림하여 그들을 지배하고 예속하는 지배자가 아니라, 개구리들의 필요와 자발적 수용에 의해 합리적으로 간섭하는 대표자가 필요한 것이다.

개인적으로 진정한 자유가 지배 없는 자유라는 초록이와 (나)의 의견에 동의한다. 자유는 민주주의의 전제이며, 인간이라면 누구나 누려야 할 권리이다. 하지만 개구리의 사회에서 드러났듯이 자유는 종종 사회의 질서 정립과 충돌된다. 그러나 사회의 질서 정립을 위해 지도자가 시민들을 지배하고 예속해야 한다는 주장은 역사의 발전 과정을 거스르는 일이며, 계몽 중인 현대사회를 미몽 상태로 돌려놓자는 권위적인 발상이다. 사회의 질서와 자유의 공존을 위해 합리적 간섭은 가능하지만 지배는 없는 상태가 정립되어야 한다. 인간은 누구나 평등하기에 다수 위에 군림하는 지배자는 있을 수 없다. 다만 다수를 대표하는 대표자만 존재 가능할 뿐이다. 대표자는 시민들이 인정할 만한 대표성을 띠어야 하며, 지배는 물론 자의적으로 간섭할 수도 없다. 시민들이 간섭의 필요성과 대표자의 대표성을 인정할 때 비로소 그는 합리적으로 간섭할 수 있다. 자유의 무분별한 행사는 진정한 자유가 될 수 없다. 제시문 (가)의 이성의 사적인 사용과 같이 사회적 질서를 해하는 자유 역시 진정한 자유로 인정될 수 없다. 대표성을 인정받은 대표자와 사회적 질서를 유지하려는 그의 합리적 간섭이 유효하되, 권위적인 지배는 부재하는 자유야말로 진정한 자유다.

윤지 글의 국어에 문제가 없지는 않아. 하지만 지배자와 대표자를 구분하여 생각하고 서술한 게 아주 좋아. 이 어려운 글을 이만큼 이해해서 서술한 답안을 거의 못 봤어. 그런 점에서 이 답안은 매우 훌륭한 수준이야.

"선생님. 미몽이 무슨 뜻이에요?"

미몽迷夢? 계몽이 안 된 상태. 흐릿한 꿈속에 있는 상태. 정신적으로 깨우치지 못한 상태.

이 제시문이 어려운 거야? 내 강의가 지루하다는 거야? 다들 졸리고 '미몽스러운' 표정이네. 내 말이 자장가 같아? 그럼 내 강의보다 훌륭한 강의를 소개할까?

선생에는 죽은 선생이 있고 산 선생이 있어. 내가 살아 있는 선생이야. 지금 살아 있잖아. 정약용, 박지원, 공자, 맹자, 플라톤, 아리스토텔레스 등이 죽은 선생이고. 그들은 죽어서도 선생으로 길이 남은 훌륭한 사람들이야. 내가 죽으면? 내가 그들처럼 길이 남을 훌륭한 선생이 된다는 보장이 없잖아. 나보다는 정약용이나 박지원이 수준 높은 선생이고. 나도 정약용 읽고 박지원 읽고 『논어』 읽고 『맹자』 읽어 선생 됐잖아. 그래서 너희들 가르치는 거고. 그러면 너희들도 나처럼 수준 낮은 선생한테 배우지 말고 수준 높은 정약용이나 박지원에게 배우면 되잖아. 너희들이 직접 공자나 맹자에게 배워. 직접 『논어』나 『맹자』를 읽어. 내가 해설하는 『논어』나 『맹자』를 듣지 말고. 그들이 나보다 훨씬 뛰어난 선생들이니까. 산 선생보다는 죽은 선생이 좋은 선생이야. 알겠어?

오늘 논술 수업 끝.

7장

글의 설계도를
그려라

오늘 수업 시작.

학원은 지식을 파는 게 아니라 '불안'을 판다. 아이들이 학원 안 다니면 엄마들은 좋은 정보를 얻지 못하고 아이들은 좋은 대학에 못 간다는 불안. 어느 날 아이가 공부하기 싫다며 말한다.

"공부하기 정말 힘들어요."

그렇게 공부가 하기 싫어? 그럼 하지 마. 그리고 대학도 가지 말고.

"이런 세상에 대학도 안 가면 어떻게 살아요?"

뭘 어떻게 살아? 하루 세 끼 밥 먹고 살면 되지. 부자는 하루 서른 끼 먹냐? 세 끼 먹는 건 똑같아. 너희들은 10대인데 벌써부터 먹고사는 걱정을 해? 꿈을 갖고 열정을 불태우고 재미있고 즐겁고 신나게 살고. 그래야 되는 거 아니야? 밥 못 먹을까봐 불안해?

엄마들이 아이들 학원 보내는 것도 불안 때문이다. 아이들 학원 보내면 엄마들 조금 안도한다. 보험이 파는 것도 본질적으로 '보장'이 아니라 불안이다. 그런 점에서 학원은 보험과 비슷하다. 보험 들면 사람들이 조금 안심하니까. 대학은 불안을 줄이려는 몸부림이다. 물론 『대학민국 부모』라는 책을 보면 대학도 이

젠 '썩은 동아줄'에 지나지 않지만. 그만큼 사람들에겐 불안이 큰 문제인 것 같다. 불안의 일상화.

그래서 오늘은 현대사회의 불안 문제를 다룬 연세대 2006학년도 논술 문제를 보겠다.

"이건 좀 오래된 문제라서 문제 형식, 문항 수, 분량 등이 요즘 논술과 안 맞는데요?"

맞는 말이다.

"그런데 왜 하세요?"

그래도 한다.

'우와 진짜 고집불통에 제멋대로네.'

제시문들이 좋고 제시문들의 관계도 적절하게 설정되었다. 주제를 봐도 오늘날 고민할 만한 문제를 담고 있고 난이도도 적절하게 높다. 분량이 요즘과 안 맞으면 두 문항으로 쪼개서 공부하면 된다. 제시문의 공통된 주제를 찾아 각 제시문을 분석하시오 1,000자. 이를 사회문화 현상에 적용하여 논술하시오 1,000자. 이런 식으로 연습하면 된다. 대형 학원에서 만든 요즘 유형의 짜깁기 문제, 족집게 문제, 예상 문제보다는 이 연세대 문제가 훨씬 좋다. 난 논술할 때 기출문제 말고는 안 한다. 그래서 이 문제로 공부한다. 반론? 없으면 수업한다.

내가 수업하는 기출문제는 대학의 문제 중에서도 주제, 분량, 제시문의 수준 등 여러 가지로 좋다고 생각하는 것을 고른 문제들이다. 그러니 나하고 논술할 거면 내가 고른 문제로 공부해라. 너희들 의견도 반영하겠다. 그러면 내가 고른 것보다 좋은 기출문제를 골라 오라. 그럼 그걸 읽어보고 좋은 문제라고 판단되면 그 문제로도 공부하겠다.

이 논술 문제는 많은 수험생을 괴롭혔던 유명한 문제다. 왜 괴롭혔는지는 제시문을 분석할 때 보도록 한다. 아래에 논제와 제시문을 보자.

아래 제시문의 공통된 주제를 찾아 각 제시문을 분석하면서 사회문화 현상에 적용하여 논술하시오.

▶1,800자 안팎

(가)

『주역』의 화택규(火澤睽) 괘는 태하리상(兌下離上)의 괘다. 상리괘(上離卦 ☲)는 불(火)이고 하태괘(下兌卦 ☱)는 연못(澤)이다. (……) 규(睽)는 노려볼 규. '등지다, 배반하다'의 뜻. 곧 서로의 의견이 어긋나서 반목하다, 노려본다는 의미다. (……) 불은 위로 타오르고 물은 밑으로 흘러가니 이것은 서로의 의사가 합쳐지지 않고 반목해서 서로 배반하는 상태다. (……) 규괘를 한 개인으로 보고 해석하면 곧 그 마음이 순일(純一)하지 못해서 사욕과 도리(道理)가 갈등하므로 생각이 통일되지 못해 바른 길을 못 찾는 상태다. 이래서는 원만한 인격을 이루기 어렵다. 집단이나 한 국가로 보고 해석해도 내용은 같다. (……) 군자는 이 상(象)을 법도로 삼아, 귀결되는 바는 설사 같다 할지라도 그 하는 일은 다르다는 것을 잘 알고 선처해야 한다. (……) 사람이 행복을 구하는 뜻은 비록 같다 해도 그 행위는 모두 다르다. '같으면서 다름'(同而異)은 이런 의미다. (……) 이 우주와 인생에는 시간과 공간, 환경의 변화 때문에 동일한 것이라곤 존재할 수 없다. '하늘이 인간에게 부여한' 인성(人性)도 비록 근원은 동일할지라도 말단에 이르러서는 서로 어긋남이 생기는 것이 사실이다. 규괘는 이런 도리를 보여주고 있다. 그 어긋남을 인식하면서 화협(和協)의 도리를 찾아야 한다. (……) 규의 상태는 고금왕래(古今往來)에, 인류 사회에 면면히 계속되고 있다. 「단전」에는 (……) '다르면서 같음'(異而同)의 도리를 말했으며 「대상전」에는 '같으면서 다름'(同而異)을 말했으니, 이 도리를 터득하면 인간만사에 통용되어 큰 허물을 범하지는 않으리라고 생각한다. 그러므로 성인이 "어긋남(睽)의 때의 쓰임이 위대하다"라 했다. (……)

「계사전」에서는 '나무를 굽혀 활을 만들고 나무를 깎아 화살을 만들어서 활과 화살을 이용함으로써 천하를 위협하니, 아마 이것은 규괘에서 취함이니라"고 언급하였다.

• 남동원, 『주역 해의』

(나)

태초에 하나님이 인간을 창조하실 때
축복의 단지를 곁에 두시고, 말씀하시길,
"줄 수 있는 모든 것을 그에게 주겠노라,
이 세상 여기저기 흩어진 부를
이 한 줌에 다 모으리라."

그래서 먼저 힘이 길을 뚫자, 이어서 아름다움,
다음엔 지혜, 명예, 쾌락이 흘러 들어갔다.
거의 동이 날 무렵, 하나님은 잠시 멈추셨다.
모든 보물 중에 혼자만 남아,
안식이 맨 바닥에 있음을 보시고.

그리고 말씀하시기를, "만약 내가
이 보석조차 인간에게 부여한다면,
나보다도 내 선물들을 더 숭배할 것이니,
자연을 지은 하나님 대신, 자연에서 안식할 것이요,
결국 우리 둘 다 패배자가 되리라."

"그러므로 다른 축복은 누리나,
늘 목마른 불안에 젖게 하리라.
인간은 풍요롭되 피로에 시달리게 하라. 그리하여 적어도,
선(善)이 그를 인도치 못하면, 피로함이 그를
내 품에 던질 수 있도록."

• 조지 허버트, 「도르래」

(다)

우리는 어린아이들에게 나타나는 불안의 현상 가운데 몇 가지만을 알고 있으므로 우리의 관심
을 그런 현상들에 국한시켜야 한다. 예를 들자면 그런 현상들은 아이가 혼자 있거나 어두운 곳에 있
거나 또는 어머니처럼 아이가 잘 알고 있는 사람 대신 알지 못하는 사람과 함께 있을 때 나타난다. 이
세 가지 예들은 단 한 가지의 조건, 즉 아이가 좋아하고 갈망하는 누군가가 없다는 느낌에 사로잡히
는 경우로 축약할 수 있다. (……) 좀 더 깊이 생각해 보면, 대상상실의 문제 외에도 더 고찰할 것이 있
다. 어린아이가 어머니의 존재를 확인하고 싶어 하는 이유는 단지 어머니가 자기의 모든 욕구를 지
체 없이 만족시켜 준다는 사실을 경험으로 알고 있기 때문이다. 그러므로 아이가 위험으로 느끼고
보호받고 싶어 하는 상황은 욕구로 인해 긴장이 증가하고 있지만 스스로는 아무 해결도 할 수 없는
만족스럽지 못한 상황이다. (……)

자극이 심리적으로 해소되지 못한 채 불쾌감을 유발하는 만족스럽지 못한 상황이 아이들에게
는 필경 태어날 때의 경험과 유사할 것이고, 따라서 위험상황의 되풀이로 받아들여질 것이다. (……)
해소되어야 할 자극이 축적되는 것, 이것이 위험의 진정한 본질이다. 이로부터 불안의 반응이 나타

난다. 불안은, 출생 시 이 반응이 체내의 자극을 해소하기 위해 폐를 활성화시켰던 것과 마찬가지로, 어린아이 또한 축적된 자극을 호흡기관과 발성기관으로 돌려 엄마를 부르게 되는 과정을 유도한다.

• 지그문트 프로이트, 『억압, 증후 그리고 불안』

(라)

위대한 발견은 생각들이 서로 부딪히고 경계가 허물어지면서 생겨난다. 플람스테이드와 핼리의 실용적인 천문학 해석은 뉴턴으로 하여금 혜성의 움직임을 이론적으로 설명해내게 했고, 그 후 하늘에 있는 모든 물체들 상호간에 작용하는 만유인력 법칙을 주장하게 하였다. 혹성과 혜성들의 궤도가 공히 타원형인 이유는 이 법칙 때문이라는 것을 밝힌 것이다. 그러나 뉴턴의 이 '중력론'은 주어진 데이터에 대한 전적으로 순수과학적인 논증은 아니었다. 사뭇 신비롭게 들리는 이 '보이지 않는 인력' 개념은 유럽 전역이 유달리 불안정했던 때인 17세기 후반에 당혹스러울 정도로 자주 나타났던 혜성에 대해 우주적 신비 등을 내세워 설명하려던 미신장이들의 영향도 적지 않게 받았다.

『자연철학의 수학적 원리』의 초판에서 뉴턴은 우주의 조화와 균형이 곧 깨어질 수도 있다고 암시한 바 있다. 그 예로 최근 하늘에 나타난 일련의 놀라운 현상들, 즉 혜성의 잦은 출현을 들었다. 그리고 핼리는 1697년에 영국 왕립학회에 발표한 논문에서, "지구에 혜성과 같은 크기의 물체가 충돌할 때"의 효과를 "다시 태초의 카오스 상태로 지구가 환원될 수도 있는" 규모라고 설명했다. 특히 1680~81년 혜성은 두 사람 모두에게 중요한 사건이었다. 뉴턴도 여든 살이 넘었을 때 조카 존 컨듀잇에게 1680년에 태양을 스치듯 비껴간 혜성에 의해 지구가 거의 멸망할 뻔했다고 말했다. 그 혜성이 중력에 의해 태양으로 끌려들어갔더라면 그 결과 지구는 엄청난 화염으로 멸망했으리라는 것이다. 핼리도 같은 생각이었다. (……)

핼리와 뉴턴은 둘 다 1680년에 왔던 혜성이 다시 나타나는 미래의 어느 시점에 결국 "그 혜성의 여파"로 지구가 종말을 맞이할 것이라고 믿었다(핼리의 계산에 의하면 그 혜성이 궤도를 한 바퀴 도는 기간은 575년이었다). 컨듀잇은 뉴턴과의 대화를 다음과 같이 기록한다.

"언제 이 혜성이 태양으로 떨어질 지 알 수는 없네. 어쩌면 그 혜성이 대여섯 바퀴는 더 돌고 난 후일 수도 있지. 그게 언제이건, 혜성이 떨어진다면 태양의 열은 치솟아 지구는 다 타버리고, 생명체란 하나도 살아남지 못할 것이네."

• 리자 자딘, 『기발한 탐구: 과학혁명의 구축과정』

논제 분석.

① **공통된 주제를 찾아** 공통 주제를 말하면 안 된다. 그것으로는 부족하다. 찾으라고 했다. 그러니 찾아야 한다. 이 글의 공통 주제는 불안이다. 이 말만 하고 끝나면 안 된다. 찾는 모습과 과정을 보여주어야 한다. (가)의 핵심요지는 이러이러한 내용인데 그래서 불안이라는 식으로 글을 전개하라는 말이다.

② **각 제시문을 분석하면서** 아주 친절하다. 각 제시문을 분석해야 한다. 그러면 각 제시문의 핵심 내용을 파악하고 이해해야 한다.

③ **사회문화 현상에 적용하여** 공통 주제와 관련된 사회문화 현상의 예를 들어야 한다. 예를 들어야 공통 주제를 적용할 수 있다.

④ **논술하시오** 마지막으로 논술 나왔다. 여기에 근거를 대며 자기주장 쓰면 되겠다. 대략 이게 본론의 구조다. 문제를 잘 분석하면 본론의 구조는 대략 나온다. 질문에서 하라는 순서대로 하면 된다.

본론 1-공통된 주제 찾아 각 제시문 분석한다.

본론 2-사회문화 현상에 적용하여 논술한다.

그다음 결론의 개요를 짠다. 논술책 보면 많은 방법 나오는데 어쨌든 본론에서 했던 자신의 논의가 옳다는 방향으로 글을 맺어야 한다. 가끔 본론에서 이 말 하고 결론에서 저 말 하는 황당한 글을 본다. 불합격이다.

결론에는 몇 가지 금기가 있다. 첫째로 장점들을 절충하면 된다는 유형. 절충형 결론의 예를 들어보자. 환경 보존과 개발 사이에서 보존의 장점과 개발의 장점을 잘 조화롭게 융합하면 환경문제를 해결하면서 개발할 수 있다는 식이다. '지속 가능한 개발' 을 해야 한다고 말하는 게 이런 유형에 속한다. 누구나 이런 결론을 내니 식상하기도 하다. 창의력과 독창성이 보이지 않는 것이다.

또 다른 예. 사형제 찬반 논의에서 찬성도 좋고 반대에도 장점이 있으니 절충할까? 그러면 살렸다가 죽일까? 아니면 죽였다가 살릴까? 절충으로 좋은 결론을

낼 수 있는 경우도 있는데 웬만큼 잘 쓰지 않으면 위와 같이 된다. 상대방의 의견을 받아들이되 자신의 논거로 상대방을 설득하는 글이 논술이다. 절충형 결론은 대개 낮은 점수를 받는다.

둘째로 우리 모두(개인과 사회) 노력하면 문제를 해결할 수 있다는 유형의 결론. 이건 하나마나한 말이다. 왜 진작 노력하지 않고? 그동안 뭐 하고? 맹탕 결론이고 주장 없는 결론이다. 예를 들어 한국과 일본이 협력하면 양국 간의 문제를 해결할 수 있다는 식으로 쓰는 글이다. 그럼 독도 문제도 없겠네. 근데 왜 아직 독도가 문제되는 건데? 한국과 일본은 왜 협력하지 않는 건데? 또 다른 예. 남한과 북한이 상대를 이해하고 협력하면 안보 불안은 일어나지 않고 한반도에 평화가 정착할 것이라는 주장. 그럼 지금까지는 왜 협력 안 했는데? 그렇게 협력했으면 진작 통일됐겠네? 도덕적으로 맞는 말 한다고 논리적으로 타당한 글이 되는 건 아니야.

마지막으로 서론의 개요를 짠다. 서론은 글의 시작이다. 본론과 결론의 개요를 모두 짰다. 그러면 그 몸통과 꼬리에 제일 적합하다고 생각하는 머리를 달아주시라. 본론과 결론에서 논의를 어느 방향으로 끌고 갔는지 생각해라. 서론은 그것과 어울리는 시작이라야 한다. 무조건 "현대사회는……"부터 시작하는 건 개요를 서론부터 짜서 그렇다. 백지에 서론부터 시작하면 글을 그렇게 크고 막연하게 시작하게 된다. 수험생이 현대사회의 문제 모두 해결하겠다고?

그러니 개요는 본론을 먼저 짜고, 자신이 본론에서 했던 말과 논리를 옳다고 요약해야 하니 본론 다음에 결론의 개요를 짜고, 그러고 나서 마지막에 자신의 논의에 합당하다고 생각하는 시작을 구체적으로 생각하여 참신한 걸로 골라 앞부분에 얹어주시라. 개요 짜는 순서? 본론·결론·서론 되겠다. 원고지에 글을 쓸 때는? 당연히 처음부터 써야지. 서론·본론·결론이다(물론 이건 내가 개요 짜는 순서다. 개요는 결론·본론·서론 순서로 짜도 된다. 이건 어느 정도 습관의 문제니 자기 나름의 방식대로 짤 수도 있다. 그래서 나온 글이 논리적이면 된다).

이 문제는 분량으로 서론 100(200)자, 본론 1,600(1,400)자, 본론 1은 800(700)자, 본론 2는 800(700)자, 결론 100(200)자 정도 될 것이다. 개요 짤 때 분량도 대강 생각해두어야 한다. 머리가 지나치게 크거나 꼬리가 지나치게 긴 글은 안 좋다. 균형의 미를 유지하는 게 좋다. 질문을 읽고 대략 이 과정까지 해야 한다. 제시문을 읽고 나면 개요는 바뀔 수 있다. 그래도 질문을 통해 대략의 개요는 짜두는 게 좋다.

이제 제시문 분석하자. 70퍼센트의 학생들이 (가)부터 분석하다가 떨어졌다. (가)? 나도 모르겠다. 나는 지금 읽어도 (가)의 주제는 갈등으로 읽힌다. 어긋남(갈등)은 피할 수 없는 것이지만 그 나름 쓸모 있다는 말인가? (가) 읽다가 시간 다 간다. 어느 정도 읽고 다음으로 넘어간다. (나) 종교라면 머리 아픈데 종교 나왔다. 역시 머리 아프다. 간신히 안식만 눈에 들어온다. 몇 번 읽고 그냥 넘어간다.

(다) 애가 불안하다. 그걸 해소하고 엄마를 부르려고 폐를 활성화하고 호흡기관과 발성기관을 본능적으로 발달시킨다. 그래? 놀랍군. 애도 이렇게 살려고 애를 쓰다니. 본능적 불안을 이기려는 본능쯤 되는 건가? 좀 분명한 것 같다. 불안이다. 생리적 불안? 말이 좀 이상하군. 본능적 불안? 이건 괜찮네.

(라) 헷갈린다. 혜성이 지구와 충돌하면 지구 멸망한다. 불안하다. 정말 충돌하나? 충돌할까? 과학자들은 연구하고 또 연구한다. 불안이다. '과학적' 불안이라고 할 수 있겠다. 그걸 극복하려고 과학자들은 행성과 궤도를 연구한다.

(가)와 (나) 남는다. 그중 그래도 쉬운 것 같은 (나) 먼저 보자. 이제 보니 좀 이해가 되는군. 안식? 안식의 반대말은 불안? 인간이 불안하여 안식을 찾으려고 신을 믿는다고? 그럼 주제는 불안?

(가)는? 화택규? 배반과 반목? 갈등한다고? 집단도 국가도? 갈등 아닌가? 그래서 그걸 해결하려면 화협의 도리를 알아야 한다고? 갈등을 치유하려면 화합해야

한다? 아무리 읽어도 갈등이네. 연세대 교수들 문제 잘못 낸 거 아닌가?

그럼 공통 주제? 안 찾아지네. 다수결로 해? 3대 1이야? 불안 3 갈등 1, 다수결로 불안으로 해? 논술 이렇게 해도 되는 거야? 아니면 문제 이렇게 내도 되는 거야? 연세대 가 말이야? 가야지? 이번만 져준다. (가)? 갈등으로 불안이 생긴다. 불안을 해소하려면 화협의 도리를 알아야 한다. 불안 아니지만 불안으로 해준다.

이 시험 (가) (나) (다) (라) 순서대로 읽다가 70퍼센트의 학생이 떨어졌다. 제시문은 어떻게 읽나? 자신에게 제일 쉬운 글부터 읽어라. 쉬운 글의 주제를 먼저 찾아라. 왜 (가) (나) (다) (라) 순서로 읽어야 하나? 그러라고 어디에 적혀 있나? 대강 눈치를 챌 수 있듯이 제일 앞에 나오는 제시문이 대개 제일 어렵다. 그거 붙들고 씨름 하다가 시간 다 간다. 한번 (가) (나) (다) (라) 순서대로 빠르게 읽은 다음에 정독할 순서를 정해야 한다.

다시 확인. (가) 지금 읽어도 갈등이다. 처음 몇 번 읽었는데 갈등만 보이고 그것도 제대로 안 보인다. 이해도 잘 안 된다. 넘어간다. (나) 종교? 종교만 나오면 머리가 지끈. 역시 두세 번 읽는다. 안식이 들어온다. 이해할 것 같다. 그 상태로 넘어간다. (다) 애가 불안하다. 폐를 활성화하고 호흡기관과 발성기관을 본능적으로 발달시킨다. 예쁜 놈, 이렇게 명확할 수가. 이건 확실히 불안이다. (라) 지구가 혜성과 충돌해? 불안하네. 이 문제 해결하려고 천문학도 연구해? 그래서 과학이 발달해? 그래 불안이다. (나)를 다시 읽어. 안식의 반대는 불안. 불안을 극복하려면 하나님 품 안에서 안식 찾아야 한다고? 그래야 인간이 착하게 산다고? 불안이구만. 그런데 하나님 안 믿는 나는 계속 불안하게 사는 거야? 지금 그거 따질 시간 있어? 연세대 갈 거야 말 거야? 그러니 (가) (나) (다) (라)에서 (다) (라) (나) (가) 순서로 읽고 있군.

얼추 됐다. 공통 주제 불안이다. 그런데 (가)는 갈등이야 불안이야? 세 글이 불안이네. 오늘은 내가 접어주자. 연세대 가야 하니 출제상의 문제는 나중에 지적하고 오늘은 내가 한 수 접는다. 갈등으로 불안 생긴다. 그래서 (가)도 불안으로 하자. 시간 없다. 개요 짜자.

사회불안 현상 뭐? 그게 다 뭔 소용이야? 내가 대학 떨어지면 나보다 불안한 사람 있어? 대학입시제도 이건 불안 아닌가? 집단적, 국가적, 사회적, 심리적, 부모적 불안 일으키는 거 아닌가? 부모적 불안? 그런 말 있어? 근데 그게 사회문화 현상인가 아닌가? 입시제도, 사회현상, 절과 교회로 엄마들 집단 방문과 기도, 내 자식 잘 되게 해주세요, 듣기 평가 때 비행기 뜨는 시간도 늦추고. 국가적 현상에 문화적 현상 되네. 입시 제도를 사회문화 현상으로. 그런데 논지를 어떻게 끌고 가?

(다) 불안해서 폐 활성화되고 호흡기관과 발성기관을 생성시켜? 불안이 나쁜 건 줄 알았는데 나쁜 것만은 아니네. (라) 지구와 혜성 충돌로 불안해? 그래서 과학 연구하면 나쁜 것만은 아니네. (나) 불안하니 하나님 품에서 착하게 살아? 불안 좋은 거구만. (가) 불안하니 화협해? 이것도 나쁠 거 없네.

불안은 그 자체로는 나쁘다. 그런데 불안에서 벗어나려고 본능적, 사회적, 과학적, 종교적으로 뭔가 하는구만. 입시제도도 논의를 그렇게 끌고 가? 입시 살인적이다. 입시지옥으로도 불린다. 그래서 학생들이 노력하고 공부한다. 이렇게 논의를 끌고 가? 개요 짜자.

지금까지 시험시간에 머리에서 일어날 법하고 일어나야 하는 과정, 즉 두뇌가 생각하는 과정을 슬로모션 생중계로 보여주었다. 정리하면 첫째로 질문을 읽고 요구하는 바에 따르면 본론의 구조는 대략 나온다. 둘째로 쉬운 글부터 읽고 독해하라. 어려운 글 읽다가 논점 이탈하고 시간 다 간다. 셋째로 분량을 생각해라. 글에도 조화와 균형이 있다. 글에도 머리, 몸, 다리가 있다. 처음, 중간, 끝이 있다. 분량이 적절히 맞아야 한다. 이런 과정에 따라 내가 쓴 예시 답안을 보여준다.

이 논술 문제를 풀고 있는 지금 나는 말할 수 없이 불안하다. 글을 제대로 써낼 수 있을까? 하지만 나는 최선을 다한다. 불안을 극복하고 합격의 영광을 얻으려고 내 모든 능력과 노력을 집중하여 원고지를 메운다. 불안 때문에 좌절하여 포기하면 불합격된다. 이렇듯 불안은 그것을 극복하려는 또 다른 의지를 불러일으킨다.

제시문의 공통 주제는 불안이다. (가)는 인간의 주관적 의식 세계에 나타나는 불안을 보여준다. 욕심 때문에 갈등을 겪으니 인간은 바른 길을 찾지 못한다. 집단이나 국가도 이와 같다. 갈등은 불안을 불러일으킨다. 불안을 해소하려면 서로 다름을 인식하여 화협의 도리를 알아야 한다. (나)는 종교 세계에 나타나는 불안을 보여준다. 하나님은 인간에게 부와 힘, 명예와 쾌락을 주었다. 안식까지 주면 이 '선물'을 더 숭배하게 되니 인간은 악으로 빠진다. 목마른 불안 때문에 인간은 신을 찾고 선으로 인도된다. (다)는 아이의 무의식적 불안을 보여준다. 해소되어야 할 자극이 대상 상실 때문에 축적되면 아이는 불안을 일으킨다. 이 자극을 해소하려고, 아이는 폐를 활성화시키는 등 본능적으로 호흡기관과 발성기관을 발달시킨다. (라)에서 보듯이 혜성이 자주 출현하여 지구와 충돌한다면 지구는 파멸되고 인류는 멸망한다. 우주의 신비를 설명하려고 미신도 찾지만 이런 현상을 설명하고 불안을 극복하려고 인간은 (자연)과학을 발달시키게 된다.

인간 사회에 불안은 늘 존재하며 새로 생겨난다. 현대사회는 '불안의 시대'라고 불릴 만큼 다양한 불안현상이 나타나고 있다. 인간적인 존재 자체에서 비롯되는 근원적인 고립감도 있고 글로벌 금융자본의 투기, 경기 불안, 청년취업난, 환경 파괴의 위협, '입시지옥', 노사 갈등 등 수많은 불안이 존재하고 생겨난다. 이에 절망하고 삶을 포기해야 할까?

사회불안의 예로 노사 갈등을 들 수 있다. 노동자들은 임금 인상, 노동 시간 단축, 노동 조건 개선 등을 요구한다. 장시간 저임금의 중노동에 시달리는 노동자들은 인간다운 삶을 영위할 권리를 갖는다. 치열한 경쟁이 지배하는 세계시장에서 살아남으려면 회사도 기업을 합리적이고 효율적으로 운영해야 한다. 기계·설비 시설 투자의 증대, 자동화, 노동력 감축을 해야 한다. 노조의 파업은 고비용 저효율을 불러일으켜 기업의 생산성 저하로 나타나고, 이는 기업의 경쟁력 악화로 귀결된다. 노사 간 이해관계의 첨예한 대립은 불경기와 아울러 사회불안을 야기할 것이다. 기업이 도산하고 노동자들이 해고되지 않으려면, 그들은 서로 머리를 맞대고 지혜를 짜내야 한다. 노동자들이 일정 기간 임금 인상 요구를 보류할 수도 있다. 노동시간 단축으로 휴식이 증대되면 노동자들의 집중력과 육체적 숙련이 높아져서 제품의 품질이 향상될 것이다. 임금 인상이 노동자들에게 큰 동기를 부여하여 생산성 향상을 가져올 수 있다. 기업 경쟁력은 더욱 높아질 것이다. 적대적인 상호의존 관계를 협조와 상생의 관계로 바꿀 수 있는 것이다. 같으면서 다름을 인식하면 함께 발전할 수 있을 것이다.

불안은 해소되어야 한다. 그러려면 먼저 불안을 깊이 성찰해야 한다. 또한 불안을 해결하려는 노력을 기울여야 한다. 불안 현상이 인간에게 그런 노력을 요구한다. 이런 점에서 불안은 역사와 문명을 발전시키는 촉진제 역할을 한다고 볼 수도 있다. 하나의 불안이 해결되었다고 모든 문제가 말끔히 해결되는 것은 아니다. 새로운 불안이 등장할 수도 있다. 그렇지만 인간은 자신에게 닥친 문제를 해결하려고 끊임없이 노력할 것이다. 이 논술 문제를 해결하려고 최선을 다하고 있는 내가 바로 그 증명이 될 수 있지는 않을까?

두 번째 단락과 세 번째 단락의 답안 내용은 연세대 해설을 참조했다. 숙제를 내준다. 이 답안에는 문제점이 있다(고 생각한다). 내가 썼으니 내가 제일 잘 안다. 그 문제점이 뭔지 다음 주까지 생각해오기 바란다. 문제점을 제대로 찾은 학생에게 피자 한 판.

"선생님, 논술 답안에 '나'를 써도 돼요?"

안 좋지.

"논술 답안에 물음표를 써도 돼요? 다른 선생님한테 안 된다고 들었는데요."

역시 안 좋지.

"그런데 선생님은 왜 쓰세요?"

내 마음이지. 난 연세대 안 가잖아. 연세대는 너희들이 가지 내가 가냐?

'저 선생은 진짜 자기 마음대로 하는 선생이라니까. 미치겠어.'

여러분 질문에 답한다. 논술 글을 쓰는 데 몇 가지 유의 사항 있다. 논술에서 '나'라는 1인칭 단어는 터부다. 금지가 아니라 금기라는 말이다. 되도록 안 쓰는 게 좋다. '나는 그 문제를 이렇게 생각한다'고 쓰면 글도 금방 유치해진다. 그런데 '나'를 써서 수준 높은 글을 쓸 수 있으면? 안 될 거 없다. 금기는 '나'로 아침에 일어났고 이빨 닦았고 등 일기 수준의 글을 썼을 때 얘기다. '나'로 깊은 생각을 담은 글을 쓸 수 있다면? 안 될 거 없다.

같은 논리로 '물음표(?)'도 논술에서는 대개 금기다. 그런데 그것으로 자신의 표현과 논리를 잘 전달할 수 있다면? 안 될 거 없다. 내 예시 답안에서는 일부러 두 금기를 사용하여 글을 썼다. 크게 문제되지 않는 것 같다. 깊은 생각을 논리적으로 간결하고 명확하게 표현하면 채점자는 글을 읽으면서 '나'나 '물음표'가 있는지도 모르고 넘어가게 된다. 되지도 않는 글에 '나'와 '물음표'가 넘쳐나면? 글이 목에 걸려 읽히지를 않는다.

지금 한 말은 나의 다른 모든 강의에도 해당된다. '나'로 좋은 글을 쓸 수도 있고 나쁜 글이 될 수도 있다. 그러니 '나'는 무조건 안 된다는 말은 할 수 없다. '나'는 무조건 써도 된다고 할 수도 없다. 논술에 정답은 없다. 그런데 오답은 많다. '나'를 쓰고 '물음표'를 써서 좋은 글이 되게 만들면 좋은 답이 된다. 나쁜 글이 될 것 같으면 쓰지 마라.

달리 말한다. 내가 무슨 내용을 강의하면 그걸 그대로 암기하여 모든 경우에,

모든 대학의 질문과 제시문에 기계적으로 똑같이 적용하는 학생들이 있다. 암기만 해서 그런가? 그러지 마라. 내 말을 암기하지 말고 생각하고 이해하여 자기 것으로 녹여 소화해라. 그리고 적절하게 활용해라.

개요에 대해 한마디. 개요를 안 짜고 글 쓰는 학생 봤다. 그 학생은 그게 습관이라 내버려두었는데 웬만하면 개요를 짜는 게 좋다. 개요를 잘 못 짜겠다고? 그럼 또 다른 숙제를 내준다. 내가 쓴 예시 답안의 핵심 내용을 글의 좌우 빈칸에 정리해라. 이걸 '역개요'라고 한다. 역개요를 정리하여 역개요만 보고 위 글과 비슷하게 써봐라. 그것도 논술을 잘하는 방법이다. 요약과 개요는 반대의 관계라고 보면 된다. 요약은 핵심 내용을 (분량상) 줄이는 과정이고 개요는 핵심 내용에서 글의 전체로 늘리는 과정이다. 요약했지? 그 방법을 뒤집으면 개요 짜고 글 쓰는 과정이 되는 거야.

누구에게 들었는지 몰라도 좋은 글을 통째로 베껴 쓰면 어떠냐는 질문도 받았다. 두말할 것 없이 좋은 방법이다. 그 방법을 알고 싶으면 신경숙의 『외딴방』을 읽어봐라. 『외딴방』은 참 '아픈' 소설이다. 소설을 읽으면서 마음뿐만 아니라 내 살이 아팠던 소설은 『외딴방』이 처음인 것 같다. 지금은 『외딴방』의 주제를 말하는 게 아니라 베껴 쓰기를 말하는 거다. 작가들은 누가 가르쳐주지 않아도 습작 기간을 그렇게 보낸다. 통째로 베껴 쓰기? 아주 좋은 방법이다. 단 좋은 답안이라고 하는 글의 내용과 순서를 잘 음미하고 표현을 잘 생각하며 베껴 써야 한다. 아무 생각 없이 베껴 쓰면 시간 낭비 되는 수 있다.

학생들 답안 중에 읽을 만한 게 없어 공개 첨삭은 안 한다. 오늘 수업 끝.

수업 끝났는데 지영이 내게 찾아온다.

"선생님."

응?

"선생님 인상을 보면 안 그러실 것 같은데 수업에 다 순서가 있고 정해진 규칙대로 체계적으로 하셔서 조금 놀랐어요. 그리고 수업자료를 보니 저희들 마음까지 꿰뚫고 계신 것 같아서 무서웠어요. 매주 긴장되지만 많은 걸 얻는 것 같아요. 맨날 강의식 수업만 듣다보니 제가 논술을 이렇게 못 쓰는 줄 몰랐는데, 직접 써보니 '내가 이 정도구나' 알게 되었어요. 매주 많이 반성하고 있어요. 선생님께 3주 배운 게 다른 곳에서 1년 배운 것보다 많이 배운 것 같아요. 선생님 하라는 대로 해서 제 논술 실력을 많이 늘리고 꼭 원하는 대학에 갈게요."

그래 그 말 고맙구나. 꼭 그렇게 하도록 해라.

대한민국 사교육 1번지이자 불안이 넘쳐나는 대치동에 대학생이 된 제자들이 찾아오기도 한다. 대치동을 회상하며 선생과 저녁을 먹으려는 것이다. 이럴 땐 ㅅ학원 근처 음식점에 간다. 음식점에서 대학생이 된 20대 제자들과 술을 마신다. 안주는 닭볶음탕. 다진 마늘을 많이 넣어서인지 닭볶음탕에서 나는 마늘향이 좋다. 오랜만에 그들과 이야기꽃을 피운다.

| 연세대 붙은 박현빈 |

"선생님."

현빈아 반갑다. 정말 반갑구나.

"우와. 선생님 오늘 정말 멋있으세요."

현빈아. 네가 나를 만나고 그런 말 한 적이 한 번도 없는데. 내가 아니라 내가 입고 있는 이 옷이 멋있다는 말인가? 나는 멋없고?

"ㅎㅎㅎ. ㅋㅋㅋ. 연세대 붙은 건 선생님 덕분이에요. 선생님이 대한민국에서 최고의 논술 선생님이에요."

정말 고마운 말이구나. 그런데 나만큼 논술하는 사람 많아. 내가 최고라고 생각해본 적 없고. 난 그저 너희들과 함께 재미있고 즐겁게 최선을 다해 공부했을 뿐이지. 그런데 현빈아. 우린 논술 공부했잖아. 네 말을 논리적으로 따져보자. 대한민국에 있는 모든 논술 선생한테 전부 배워봤어야 그런 말 할 수 있는 게 아닐까? 다른 선생에게 모두 배워봤어? 내 말을 논리적으로 반박해봐라.

"안 배워도 알 수 있어요."

어떻게?

"논술 배우는 매 시간이 감동 그 자체였으니까요. 그리고 선생님은 다른 선생님들처럼 '내 말대로만 하면 붙는다'고 하지 않았으니까요. 다른 선생님들은 그렇게 말해요. 내 말대로만 하면 붙는다고."

네 말 맞다. 그런 말은 사기다. 자신이 시험 보는 것도 아닌데 어떻게 그런 장담을 할 수 있단 말이냐? 맞춤식 논술이나 족집게 논술도 부모의 불안을 이용하는 과장일 게야. 나는 그렇게 말하지 않았지. 그렇게 말하면 안 돼. 근데 네가 말한 두 가지는 내가 대한민국에서 최고의 논술 선생이라는 주장에 대한 근거로는 부족한데. 근거를 보충해봐라.

"선생님 그건 주장과 근거 아니구요. 느낌이에요. 따지지 마세요. 따지지 않을 일을 따지시네."

그건 논리가 아니고 우격다짐이잖아. 우린 논술을 했잖아. 근거를 대야지.

"선생님은 '어린 장금'이 말도 모르세요? '저는…… 제 입에서는…… 고기를 씹을 때…… 홍시 맛이 났는데…… 어찌 홍시라 생각했느냐 하시면…… 그냥 홍시 맛이 나서 홍시라 생각한 것이온데…….' 그냥 선생님이 최고라는 생각이 들어 최고라고 말한 거라니까요."

최고니 최고다? 그런 걸 순환 논증이라고 하는데…….

"그래요. 꼭 지금처럼 힘들게 하셨지요. 꼬치꼬치 따지시고. 가르치진 않으시고 되레 우리에게 물어보시고. 그리고 답안을 미리 가르쳐주지도 않고 질문이나 제시문을 미리 설명해주지도 않으셨지요. 그리고는 무조건 쓰라고만 하셨지요. 그리고 나중에 수업에서 설명하실 때도 먼저 가르쳐주지 않고 우리의 생각을 끌어내려고 하셨어요. 그렇게 하니 정말 머리에서 생각이 하나하나 나왔어요. 또 정해진 틀을 강요하지 않으셨지요. 다른 학원에서는 정해진 틀대로만 가르쳐요."

나한데 배우기 전에 다른 학원에서 배웠다?

"ㅊ학원에 일주일 다녔어요."

화나네.

"ㅋㅋㅋ."

| 서울대 붙은 최준형 |

"저는 논술 시험 보고 나서 선생님 말씀대로 진짜 쓰러졌어요."

쓰러져서 붙었다? 그게 논리냐?

"수능 표준점수로 약간 불안했는데 논술로 뒤집은 것 같아요. 선생님 덕분이에요."

시험은 네가 봤는데 내 덕분은……. 대학 생활 재미있어?

"아주 좋아요. 행복하고."

재수까지 했으니 오죽하겠냐.

"대학 공부하는데 논술했던 게 도움이 되는 것 같아요."

어느 과목이?

"미술론 입문과 대학국어를 듣는데요. 이 과목에서 도움이 돼요."

어떻게?

"제가 문장을 쓸 때 글이 좀 산만하구요. 문장을 길고 현학적으로 썼던 것 같아요. 겉멋을 좀 부렸지요. 그런데 선생님께 논술을 배우면서 그런 게 좋은 글이 아니라는 걸 알았어요. 그리고 글을 쓸 때 머리에서 생각을 뽑아낼 수 있을 것 같고 뽑아내야 한다는 걸 알았지요. 또 책이나 글을 읽는 방법도 많이 좋아진 것 같아요."

다행이구나.

"근데 신입생환영회는 정말 환멸이었어요. 미래나 학문, 공부나 전공 등에 대한 얘기는 없고 그냥 술 마시고 놀더라구요. 서울대 애들은 좀 다를 줄 알았는데 재수할 때 술 마시던 것과 똑같던데요."

환상을 가졌으니 환멸을 하지. 노는 데 서울대 학생이라고 뭐 크게 다를 게 있겠냐. 그리고 100여 명이나 모이면 장래나 전공에 대해 어떻게 진지한 대화를 할 수 있겠냐.

"그렇긴 해요. 학회 모임에서 토론하는데 이래서 다르구나 싶었어요. 깊이 생각하고 체계적으로 말하고 당면 문제만 토론하는 게 아니라 멀리 내다보고."

토론을 할 만한 인원과 신나게 놀 작정으로 모인 100여 명은 다르지.

"인간관계에서는 환멸을 느꼈어요. 서로 마음을 터놓지 않고 순수하지 못한 것 같고 어느 정도 계산을 하며 말하고 순진하면 인간관계에서 손해를 보는 것 같고. 정말 피상적인 인간관계인 것 같아요. 이게 어른이 되어간다는 것인지는 모르겠지만……."

네가 순진해서 그런 것 아니냐. 네가 천안 촌놈이잖아. 인간관계에는 시간이 필요한 법이니 차차 좋은 친구들을 만나게 될 거다. 좋은 친구를 만나려면 역시 서로 진실한 마음을 나누어야겠지.

"수업과 강의는 정말 환멸이에요."

계속 환상과 환멸을 왔다갔다 하는구나.

"환상이 있어서 그랬는지도 모르지요. 이렇게 말해도 될지 모르겠지만 교수들 중에는 '쓰레기' 같은 사람들도 있는 것 같아요. 강의에 대한 열정은 하나도 안 보이고 강의 전달력도 떨어지고 논문 쓸 거 있다고 휴강해버리고. 학생들을 무시하는 게 느껴져요."

강의 전달력이 곧 돈으로 직결되고 인기 얻어야 살아남는 학원 강사와 교수들이 같을 수는 없지. 아무리 그래도 교수를 그렇게 얘기하면 되냐. 요새 교수 아무나 하는 것도 아니고. 물론 문제가 없는 건 아니지. 교수는 월급은 강의로 받고 승진은 연구로 하는 건데, 이게 서로 모순될 때가 있지. 교수 노릇을 해야 강의를 할 수 있는데, 교수 노릇을 계속하려면 업적을 쌓아야 하고 논문을 써야 돼. 그러니 가르치는 일보다(강의)는 쓰는 일(연구)에 더 신경을 쓰게 되지. 준형아 대학 공부 혼자 하는 거다. 고등학교나 재수할 때처럼 누가 가르쳐주는 거 아니야. 대학에선 길 안내만 한다. 이 책 읽고 보고서 써라 저 책 읽고 요약해라 해도 돼. 환상과 환멸 그만 왔다갔다 하고 차분히 책 읽으며 공부해라. 네게는 시간이 좀 필요할 것 같다.

| 성균관대 붙은 권태진 |

대학 생활 잘하고 있지?

"네. 성균관대는 논술 안 하고 그냥 장학금 받고 왔는데 그래도 선생님과 논술한 게 많은 도움이 되는 것 같아요. 지금 과제 하는 데도 많은 도움이 되고."

구체적으로 말해봐라.

"처음에는 글을 어떻게 쓰는 건지 그리고 어떻게 써야 하는 건지 하나도 몰랐어요. 개요가 뭔지도 몰랐고. 그런데 이제는 개요도 뭔지 알겠고 개요에 살을 어떻게 붙여야 하는지도 알겠어요. 지금 학교 신문사에서 일하는데 글을 읽을 때 선생님이 첨삭하면서 하셨던 것처럼 글 옆에 구조도를 다 그린다니까요. 그래서 글의 구조를 보게 돼요. 그러면 글이 처음부터 마지막까지 논리적으로 제대로 전개되었는지 금방 알게 돼요."

잘하고 있군.

"대학 시험은 전부 쓰는 시험이에요."

그럼 대학에 찍는 시험 있냐?

"법학 개론을 듣는데 법조문 읽고 해석하고, 이게 많은 논리력을 요구하구요. 이걸 해석해서 시험이든 보고서든 리포트든 써야 하는데 논술 공부했던 게 많은 도움이 돼요."

'논술은 열심히 하고도 대학은 논술로 가지 않고 그냥 수능 성적으로 간 건데. 그렇게 말하니 고맙군.'

| 고려대 붙은 이성신 |

"선생님, 반가워요."

그래 반갑다. 잘 지냈고? 공부는 열심히 하고?

"노느라고 정신없이 바빠요."

대학생 직업이 노는 거냐? 그래 그동안 열심히 공부했으니 1학년 때는 좀 놀기도 해야겠지. 너 이렇게 열심히 노는 거 네 엄마 아시고?

"당연히 모르시죠."

내가 이를까?

"안 돼요."

대학 공부는 어떠냐?

"대학 공부는 다 논술이던데요. 책 읽고 리포트 쓰고. '사고와 표현'이란 과목도 있는데, 그건 완전히 논술이에요."

내가 말했잖아. 책 읽고 글 쓰는 게 대학생 직업이라고.

"선생님한테 논술 배울 때 처음엔 정말 황당했어요. 가르치는 방식이 학원하고 정말 달라서. 저는 선생님한테 배우기 전에 학원을 좀 다녔잖아요. 학원에서는 배경지식을 열심히 가르치는데. 그 선생님들이 믿음이 별로 안 가고 많이 아는 것 같지도 않고 아는 척 하는 것 같기도 하고."

그 많은 배경지식 중에 기억나는 거 아무거나 하나만 얘기해봐라. 배경지식 배우니 글 쓸 때 그 배경지식 기억나데?

"아니요."

그렇다니까.

"선생님은 배경지식을 별로 강의하지 않으셨는데 그래도 뭔가 굉장히 많이 알고 계신 것 같았어요. 그래서 믿음이 가고……. 근데 저 논술 첨삭 알바하고 싶은데요. 할 수 있어요? 논술을 배우기만 해서 가르칠 수는 없을 것 같은데."

첨삭하고 가르치는 건 다른 일이야. 첨삭? 네 실력이면 충분히 할 수 있어. 너는 근 8개월 나와 함께 논술 공부했잖아. 논술전문학원에서 첨삭할 때는 처음에 첨삭을 이렇게 하고 저렇게 하라고 가르쳐준다. 매뉴얼이 있어. 그리고 한두 개의 글만 반복해서 첨삭하니까 나중에는 속도도 는다. 그런 학원에서는 학생들 글을 좀 기계적으로 첨삭하는 단점이 있긴 한데, 그런 건 네 수준이면 충분히 할 수 있다.

"그렇구나."

| 이화여대 붙은 강은희 |

은희야. 대학 생활은 어떠냐?

"그저 그래요. 놀고 싶은데 그것도 잘 안 돼요. 선생님하고 논술할 때가 더 좋았던 것 같아요."

앞뒤 안 보고 목표를 향해 매진할 때가 행복한 거지. 뭐가 좋았는데?

"다른 선생님들은 논술에 왕도가 있는 것처럼 말해요. 자기를 신처럼 따르라고. 그러면 붙을 것 같이 얘기해요. 그런데 지금 보니까 쓰고 첨삭 받고 쓰고 고치고 또 쓰고 또 첨삭 받고 쓴 글 또 고치고 연습하고 또 연습하고. 논술에는 그게 제일 중요한 것 같아요.”

인간이 어떻게 신이 된단 말이냐? 좀 지나친 것 같구나.

“대학 공부에는 쓰는 게 많잖아요. 국어 작문도 그렇고. 과학 리포트를 쓰는데 리포트 아래에 토론난이 있어요. 자기 생각을 논리적으로 전개해야 되는데 그때 논술 공부했던 게 많은 도움이 되는 것 같아요. 그리고 리더십 동아리에 가입했는데 선생님과 면접 연습했던 것도 많은 도움이 되었어요. 면접에서 물어보는 게 대개 비슷하잖아요. 그런 질문들을 미리 생각해보고 답변을 정리해서 조리 있게 말한 것 같아요. 그래서 동아리에 붙었어요.”

동아리도 면접 보고 들어가냐?

“네. 그 동아리는 그래요. 떨어진 사람도 있어요.”

미팅은 많이 하고?

“한 번 했는데 그저 그래요. 미팅도 빈익빈 부익부예요.”

별 게 다 빈익빈 부익부로구나……. 하긴 그럴 만도 하겠군. 예쁜 애들한테만 신청이 들어온다는 말이겠지? 그 애들 공부 제대로 하겠냐? 미팅하러 대학 들어온 것도 아니고. 내가 남학생 한 명 소개할까?

“네.”

알바한다더니.

“하고 있어요. 학원에서 중학생들 수학 가르쳐요. 재미있어요. 시급으로 1만 원쯤 되는 것 같아요. 학원이 대학에서 가깝고.”

재미있다니 다행이구나. 그걸로 네 용돈은 하겠다.

이날 음식점에서 닭볶음탕을 일곱 번인지 여덟 번 주문한 것 같다. 20대 청년들은 진짜 잘 먹고 잘 마셨다. 남녀를 불문하고.

한 달쯤 지나 성신이 또 찾아왔다. 그냥 보고 싶었다는데 아닌 것 같다. 용건을 꺼낸다.

"선생님. 대학생 되니 남자도 필요하고 돈도 필요하네요."

ㅋㅋ 무슨 말을 그렇게 직설적으로 하냐? 말을 꼭 내가 첨삭하듯이 하네. 용돈이 부족해?

"남동생이 고1인데 기숙학교라서 돈이 많이 들어가나 봐요. 저 용돈이 정말 빠듯해요."

알바 자리 알아봐 달라?

"네."

글쎄. 네가 논술을 잘하니 내가 대치동에 자리를 잡으면 너를 직접 고용할 수 있겠다만. 지금은 다른 유명강사 조교 자리는 소개할 수 있는데.

"네. 그것도 좋아요."

남자도 필요해? 소개팅 시켜줘?

"네."

며칠 생각하고 고민했다. 성신이와 어울릴 것 같은 남자아이가 누구인지. 최준형에게 전화를 걸었다. 공부도 하고 태권도도 배우느라 지금은 여학생에게 관심이 없고 사귈 시간이 없다고 한다. 그래도 선생님이 소개하시니 만나보겠다고 한다. "논술 선생님이 소개팅 시켜주시는 건 처음인데요?"

성신이도 괜찮다고 한다. 적절한 장소로 내가 신촌 전철역을 골랐다.

'이성신 010 XOOX OXOX. 최준형 010 OXXX OOXX. 이번 주 토요일 저녁 7시 지하철 2호선 신촌역 3번 출구에서 접선 요망.' 내가 갈 수 없어 그들에게 똑같은 내용의 문자를 보냈다. '만났을까? 소개자 없는 이 엽기적인 소개팅을 잘했을까?'

그날 밤 10시. 성신에게 확인 전화.

미팅 잘했어?

"그건 소개팅이에요. 만나서 저녁 먹고 이야기하고 호프집에서 맥주 한잔했어요."

미팅이나 소개팅이나 그거나 그거지. 어땠어?

"전 괜찮았어요. 선생님만큼 키도 크고……. 저보고 마음에 들면 다음에 전화하래요."

남자가 먼저 애프터를 해야지 어떻게 여자가 먼저 전화를 하냐? 그 애가 대학생활을 좀 바쁘게 하는 것 같아.

"근데요. 논술 선생님이 미팅 시켜준 건 처음이에요."

소개팅이라며? 나도 학생들 소개팅 시켜준 건 처음이다.

대학생들뿐만 아니라 논술 배우고 있는 고등학생의 엄마들이 찾아올 때도 있다.

"우리 애 어느 정도 수준인가요? 그 대학 갈 수준은 되나요?"

엄마들이 알고 싶은 건 바로 이것.

안 되는데요. 노력도 안 하고.

직설화법으로 있는 그대로 말한 적이 있다. 아이들에게 첨삭할 때 하던 것처럼. 그 엄마 얼굴이 사색이 된다. 그런 말 듣고 좋아할 엄마는 이 세상에 한 명도 없다. 어쩔 수 없이 돌려서 말하게 된다. 그래서 엄마들이 선생을 보러 오겠다고 하면 약간 신경이 쓰인다. '이 엄마는 무슨 일로 오는 걸까? 말은 어떻게 해야 할까?'

전에 현빈이 엄마가 대치동에 온 적이 있다.

"선생님 안녕하세요. 애한테 선생님 말씀 많이 들었어요. 우리 현빈이가 좀 많이 까다로운데. 학원 선생이든 과외 선생이든 자주 바꿔달라고 했거든요. 선생 실력이 부족한 것 같다고 하면서. 현빈이가 큰애라 전 입시 경험이 없어서 잘 모르고. 아무래도 선생이 학생보다는 나을 테니 그냥 선생님 말씀 잘 듣고 공부하라고 했지요. 그래도 아이는 늘 선생을 바꿔달라고 하고. 애가 마음에 들어 하는 선생을 못 봤어요.

그런데 논술에서는 그런 말이 없더라구요. 그런 말 하지 않고 선생님 말씀대로 고분고분 그대로 따라하고. 이런 경우를 처음 봤거든요. 이렇게 까다로운 아이가 어떻게 이렇게 바뀔 수 있는지 놀랐어요. 아이가 집에 오면 표정도 밝고 수업한 내용을 엄마에게 조잘조잘 이야기하고. 선생님 수업이 정말 좋은가 봐요. 그래서 선생님이 어떤 분인지 한 번 뵙고 싶었어요."

'허 참. 이런 경우도 있군.' 그날 현빈이 엄마에게 맛있는 중국 요리를 많이 얻어먹었다. 자리가 끝날 쯤 엄마가 봉투 하나를 내민다.

"아이가 선생님을 정말 좋아해서 선생님께 그 고마움을 표시하고 싶어서 마련했어요."

학원에서도 '촌지'를 받나? 학원에 있으면서 엄마에게 촌지 받은 건 이게 처음이다.

8장 |

지금 여기의 문제를
고민하라

오늘 수업 시작. 오늘은 연세대 2011학년도 수시논술 문제를 보겠어. 이때 인문계열과 사회계열로 나누어 문제를 출제했는데 오늘 볼 건 인문계열 문제야. 죽음이란 주제로 논술 문제를 출제했어. 여러분 나이에 잘 생각할 수 없는 주제인데, 한번 보겠어.

제시문 (가)

인간은 생명체로서의 본능이 약화된 존재이므로 동물계에서 우리가 알고 있는 다른 모든 종과 대조해 볼 때 부인할 수 없는 특수성을 갖고 있다. 동물 집단과 그 집단 내 의사소통, 연대성, 공격성에 대해 아무리 연구를 한다고 하더라도 그 특수성이 덜해지는 것은 아니다. 인간의 이러한 특수성이란 이 세상에서 자신의 고유한 삶을 넘어서서 생각하거나 죽음에 대해 생각하는 인간의 타고난 능력이다.

이런 이유로 인해 죽은 자들을 매장하는 것은 인간됨의 근본 현상이 된다. 매장은 죽은 자를 신속하게 숨기는 것이 아니다. 또 그것은 무겁고 영원한 잠에 빠져 꼼짝하지 못하는 자에게서 받은 충격적인 인상을 재빨리 지우는 것도 아니다. 그 반대로 인간은 상당한 노동과 희생을 감수하고서라도 죽은 자와 함께 머무르고자 하며 죽은 자를 산 자 가운데 꽉 붙잡아 놓고자 한다. 우리는 고대의 무덤들에서 발견되는, 죽음을 애도하는 여러 형태의 유물들을 보면서 그 풍요로움에 놀란다. 이런 유물들은 인간 존재를 영구히 보존하는 방식이다. 그것들은 죽음이 끝이 아님을 보여준다. 우리는 그것의 가장 근원적인 의미를 파악해야 한다. 이는 종교적인 사안도 아니고 종교를 세속적인 관습이나 도덕으로 전이시키는 문제도 아니다. 오히려 그것은 인간됨을 이루는 근본이며 그것에서 인간 실천의 특수한 의미가 파생된다. 우리가 여기서 다루는 것은 자연 질서의 궤도에서 벗어난 생활양식이다. 가령 새들에서 관찰할 수 있는 삶의 본능도 놀랍지만 그 새들이 같은 종에 속하는 새들의 죽음에 대해 기피하거나 완전히 무시하는 그런 행태는 더욱 놀라운 것이다. 이러한 대비는 인간이 생존에 대한 자연적인 삶의 본능을 어떻게 거스르기 시작했는지를 잘 설명해 준다.

제시문 (나)

1980년 8월 5일 한 학생이 비소케산(Visoke Mt.)의 경사면에서 먹이를 먹고 있는 고릴라들을 보고 있었다. 관찰을 시작한 지 30여 분 후에 30미터 아래의 완만한 지대에서 이카루스가 '후--후--후--' 하는 낮은 음조의 연속음을 내고 가슴을 두드리는 소리가 들렸다. 고릴라들은 소리가 난 곳으로 향했고 그 학생도 고릴라들을 따라갔다. 우두머리인 베토벤의 아들 이카루스가 나무 아래에서 더 이상 움직이지 않는 늙은 암컷 마체사를 발로 차고 주변의 풀을 쳐대고 가슴을 두드리고 있었다. 마체사는 자신에게 무슨 일이 일어나고 있는지를 의식하지 못하는 듯했다. 마체사는 아마 죽었거나 혼수상태였던 것 같다.

고릴라들은 주위에 몰려들어 이카루스의 행동을 지켜보았다. 에피를 제외한 모든 고릴라들은 마체사의 사체를 잠깐씩 지켜보았다. 두 시간 가까이 과시행동을 하고 난 후에 이카루스는 나무 아래에서 마체사를 끌고 나와 때리기 시작했다. 이 폭행은 세 시간이나 더 지속되었고, 베토벤만이 때때로 찾아와 이카루스가 마체사의 시체를 끌고 가려는 것을 저지했다. 이카루스의 공격은 더욱 격해졌다. 때리는 것으로 모자랐던지 온 힘을 실어 마체사의 사체 위로 뛰어내렸다.

다음 날 아침 고릴라들은 여전히 마체사의 사체 주위에 모여 있었다. 이카루스는 밤새 그녀를 몇 미터 떨어진 곳으로 끌고 가 폭행하고 있었던 것으로 드러났다. 그가 잠시 쉴 때만, 불쌍한 미란다는 움직이지 않는 어미의 차가운 팔 아래를 기어 다니거나 젖을 빨려고 했다. 다른 어린 고릴라들은 조심스레 마체사의 입이나 항문을 나뭇가지나 혀로 살펴보았다. 에피의 52개월 된 딸인 파피가 마체사 위로 올라가서 반응이 없는 몸을 밀고 때렸다. 거의 의례적인 반복 공격을 하던 이카루스가 쉴 때마다, 무라하는 할머니 곁에 가서 털을 골라주었다. 고릴라들의 이런 행동은 적어도 이 집단의 경우에는 죽은 고릴라에게서 모종의 반응을 이끌어 내려는 것 같았다.

제시문 (다)

데모크리토스에 따르면, 사람들이 부패를 피하는 것은 부패하는 것들의 악취와 추악한 모습과 관련이 있다. 왜냐하면 건강과 아름다움을 갖춘 사람들이라도 죽으면 그런 상태로 전락해 버리기 때문이다. …… (중략) …… 밀론처럼 아름다운 모습을 갖고 있었다 해도 죽으면 얼마 안 가서 해골이 되고 결국에는 최초의 자연으로 해체되기 때문에, 사람들은 사체를 묘지로 보내는 것이다. 건강하지 않은 안색이나 아름답지 못한 모습을 가진 사람에 대해서도 이는 마찬가지라는 점을 분명히 알아야 한다. 그러므로 자신이 들어갈 곳이 장차 보는 이들의 감탄을 자아낼 만한 호사스러운 묘가 아니라 간소해서 볼품없는 묘라는 것을 예측하고 비탄에 빠지는 것은 지극히 우매한 일이다. …… (중략) ……

사람들이 죽음에 대한 생각 자체를 기피하는 것은 삶에 대한 애착 때문이다. 이 애착은 삶의 즐거움이 아니라 죽음에 대한 공포에서 기인하는 것이다. 죽음의 모습이 눈앞에 선명하게 보일 때, 죽음은 사람들에게 느닷없이 다가오는 것이다. 그렇기 때문에 그들은 유언을 써놓는 것조차도 두려워하며 죽음에 사로잡히게 되고, 데모크리토스에 따르면 "곱빼기 식사를 꾸역꾸역 집어넣을 수밖에 없게 된다."

제시문 (라)

'배설물'과 관련된 말이나 상황이 죽음에 대한 연상과 어떤 관계를 갖는지 알아보기 위해 다음과 같은 두 가지 실험을 했다.

실험 1

50명의 피험자를 무작위로 집단 '갑'과 집단 '을'로 나누었다. '갑'에 배정된 피험자 25명에게는 "'배설물'에 대한 다른 표현이나 동의어, 은어 등을 세 개 쓰시오. 예를 들면 '똥'이라고 쓰시오."라는 질문지를 주어 배설물에 대해 떠올리도록 유도했다. 반면 '을'에 배정된 25명에게는 "'친구'에 대한 다른 표현이나 동의어, 은어 등을 세 개 쓰시오. 예를 들면 '벗'이라고 쓰시오."라는 질문지를 주어 배설물이나 죽음과 전혀 상관없는 것을 떠올리도록 했다. 잠시 후 두 집단의 피험자 모두에게 미완성된 12개의 단어를 동일하게 주고 완성하도록 했다. 그 12개에는 죽음과 연관시켜 완성할 수 있는 단어가 6개 포함되어 있었다. 예를 들면 '시_'는 '시체'로, '_레'는 '장례'로 완성할 수 있다. 이러한 12개 중 몇 개가 죽음과 연관된 단어로 완성되었는지를 세었다.

실험 2

한 대학의 기숙사에서 성별과 학년이 동일한 50명의 기숙사생을 상대로 실험 1처럼 단어를 완성하도록 요청했다. 집단 '갑'은 방금 화장실에서 나온 학생 25명이고, 집단 '을'은 화장실과 멀리 떨어진 복도를 지나가는 학생 25명이다. 두 집단 모두에게 미완성된 5개의 단어를 동일하게 주고 완성하도록 했다. 이 5개 중 2개는 죽음과 연관시켜 완성할 수 있는 단어였다. 실험 1과 마찬가지로, 완성된 단어 중 죽음과 연관된 것의 수를 세었다. 아래 표는 각 실험에서 죽음과 연관시켜 완성된 단어 수의 집단별 평균을 정리한 것이다.

구분	실험 1		실험 2	
집단(피험자 수)	갑(25명)	을(25명)	갑(25명)	을(25명)
단어 수	0.64개	1.80개	0.21개	0.71개

문제 1. **제시문 (가) (나) (다)에 나타난 죽음에 대한 태도를 비교하시오.** ▶1,000자 안팎, 50점

문제 2. **제시문 (가) (다) 각각의 입장에 근거하여 제시문 (라)의 실험 결과를 해석하고, 이에 대한 자신의 견해를 쓰시오.** ▶1,000자 안팎, 50점

먼저 제시문을 볼까? 제시문의 핵심 내용을 정리하겠어.

(가) 죽음에 대한 태도에서 인간은 동물과 다르다. 인간은 죽음에 대해 생각할 수 있는 능력을 갖는다. 이게 동물과 다른 인간만의 특수성이다. 이 특수성은 매장 풍습에서 잘 드러난다. 매장 풍습은 죽음을 기피하거나 무시하는 생각에서 비롯되는 게 아니다. 죽음을 끝으로 보지 않고 죽은 자를 산 자와 함께 두려는 생각에서 비롯된다. 이런 태도는 자연적 본능을 거스르는 것이다.

(나)에서는 살아 있는 고릴라들이 죽은 고릴라에게 거친 폭력을 반복적으로 하고 있어. 대부분의 고릴라들이 죽은 고릴라에 대해 관심을 갖고 있어. 죽은 고릴라와 친족 관계에 있거나 어린 고릴라들은 지속적으로 큰 관심을 보이고. 살아 있는 고릴라들이 죽은 고릴라에게서 어떤 반응과 행동을 이끌어내려고 한다는 거야.

(다)에서 시체는 부패하고 그것은 추악한 모습이기 때문에 사람들은 죽음을 외면하든지 기피한다. 호사스러운 무덤에 묻히고 싶다는 욕망도 죽음을 기피하는 방식에 불과하다. 죽음을 기피하는 건 삶에 대한 애착 때문이다. 이 애착은 죽

음에 대한 공포에서 비롯된다. 사람들은 그 공포를 외면하고 있다가 죽음의 모습(부패로 인한 시체의 악취나 추악한 모습 등)을 접하고 갑자기 다가오는 죽음 앞에서 당황한다.

(라)는 실험 결과를 보여준다. 첫 번째 실험에는 배설물(똥)과 관련된 낱말을 생각하도록 유도된 집단(실험집단)과 그렇지 않은 집단(통제집단)이 있다. 두 집단이 죽음과 관련된 단어를 얼마나 많이 연상하는지 비교했다. 두 번째 실험에서는 배설과 관련된 행위를 바로 했거나 배설의 장소(화장실)에 있던 사람들(실험집단)과 화장실에서 멀리 떨어져 있던 사람들(통제집단)을 두 집단으로 나누어 비교했다. 두 실험에서 실험집단이 통제집단에 비해 죽음에 대한 연상을 덜 하는 것으로 나타났다. 배설과 관련된 생각이나 경험이 죽음에 대한 연상을 억제하는 것이다. 이제 문제를 보겠어.

문제 1. 연세대 논술에서 늘 나오는 비교 문제야. 비교하라면 비교를 하고 비교만 해야겠지? 논술에서 비교는 대조를 포함한다고 말했어. 그러니 '죽음'에 대처하는 태도와 생각 사이의 공통점과 차이점을 분석하면 되겠어. 다른 제시문에 공통점보다는 차이점이 많을 테니 차이점을 중점적으로 읽어내면 좋겠어.

'죽음'은 모든 생물에게 피할 수 없는 운명이다. 죽음에 대처하는 생물체들의 행동이나 관습은 여러 가지로 다양하게 나타난다. 죽음에 대해 인간과 동물은 다르게 반응하고 인간들 사이에도 다르게 반응한다. 인간들은 때로는 죽음을 초월하거나 삶의 일부로 영속화하려는 경향을 보인다. 때로는 죽음을 부정하려고 한다. 때로는 죽음을 회피하거나 거부하려는 반응을 보인다.

문제 2. (라)의 실험 결과. 배설물(똥)과 관련된 말이나 상황에 노출되면 죽음에 대한 연상을 억제하는 경향이 있다. 이 결과는 (가)와 관련지을 수 있다. (가)에서는 죽음을 부패와 소멸에서 분리하여 삶과 연결하고 죽음을 초월하려 한다. (다)와 관련지을 수도 있다. (다)에서 부패와 악취에 대한 회피가 죽음에 대한 공포와 거부를 반영한다. 그리고 견해에서 어느 한쪽을 지지하면 된다. 종합하든지 대안을 제시해도 된다. 설명은 이걸로 끝내고 아래는 내가 쓴 예시 답안이야. 먼저 문제 1의 예시 답안.

(가)~(다)에 따르면 인간이나 동물 모두 죽음에 지대한 관심을 갖고 큰 의미를 부여한다. 무덤 유물의 놀라운 '풍요로움'(가), 죽은 동료에 대한 반복적인 폭행(나), 죽음에 대한 생각을 피하는 것(다) 등이 그 점을 보여준다. 그런데 제시문들은 죽음을 인식하지 못하는 (나)와 삶과 죽음을 명확히 구분하고 죽음을 인식하는 (가) (다)로 나뉜다. (가)와 (다)도 죽음에 대한 생각을 수용하는 (가)와 기피하는 (다)로 나뉜다.

(나)의 고릴라들은 삶과 죽음을 명확히 구분하지 못한다. 죽은 동료 마체사에게 반복적으로 폭력을 쓰고 신체접촉을 하며 반응을 이끌어내려 한다. 이는 죽음을 본능적으로 거부하든지 죽음을 인식하지 못하는 태도로 보인다.

이와 달리 인간은 삶과 죽음을 명확히 구분하며 죽음을 인식하고 인정한다. (가)에서 인간은 죽음을 초월하거나 삶의 일부로 영속화하려는 경향을 보인다. 죽음은 존재의 끝이 아니며, 무덤의 유물은 인간 존재를 영구히 보존하는 방식이다. 생존의 자연적인 질서를 거스르면서 인간은 죽은 자와 함께 머무르려 한다. 이는 죽음을 극복하려는 태도라고 할 수 있다. 죽음에 대한 인간의 이러한 사유 능력에 따르면 '노무현 대통령'은 여전히 우리와 함께 존재한다. (가)와 달리 (다)의 인간은 죽음을 회피하거나 거부하는 반응을 보인다. 죽음은 부패와 관련된다. 부패는 종말을 맞은 인간의 모습이다. 그것은 악취와 추악함을 동반한다. 죽음에 대한 공포 때문에 삶에 대한 애착이 생겨나고, 인간은 죽음에 대한 생각 자체를 기피한다. '곱빼기' 식사를 하며 삶에 집착하는 태도를 보인다.

제시문들은 이와 다르게 비교할 수도 있다. 죽은 자를 산 자의 곁에 두려 하고 죽은 고릴라와 접촉한다는 점에서 (가)와 (나)를 유사하게 볼 수도 있다. 또한 동료에 대한 폭행을 죽음을 거부하려는 본능적 몸부림으로 해석하면, 이러한 (나)의 측면은 죽음에 대한 생각을 거부하려는 (다)와 비슷하다고 볼 수도 있는 것이다.

이제 문제 2의 예시 답안.

(라)의 실험 1과 실험 2의 공통 결과는 배설물(똥)과 관련된 말이나 상황에 노출되면 죽음에 대한 연상을 억제하는 경향이 있다는 것이다. 실험 1에서 배설물(똥)과 연관된 단어를 생각하도록 유도된 '갑'은(0.64개) 연관 없는 단어를 생각하도록 유도된 '을'에 (1.80개) 비해 약 세 배 정도 죽음에 대한 단어를 덜 완성했다. 실험 2에서 배설과 관련된 행위를 바로 했거나 배설의 장소에 있던 사람들, 즉 화장실에서 바로 나온 '갑'은 (0.21개) 화장실에서 멀리 떨어져 있던 '을'에(0.71개) 비해 세 배 이상 죽음에 관한 단어를 덜 완성했다. 두 실험에서 '갑'이 '을'에 비해 죽음에 대한 생각이나 연상을 덜 하는 것으로 나타났다. 여러 가지 방식으로 배설물의 개념에 노출되었을 때, 배설과 관련된 생각이나 경험은 죽음에 대한 연상을 억제하는 것으로 보인다.

(라)의 실험 결과에서 갑의 반응은 (다)의 입장에 근거하여 해석할 수 있다. 배설물과 관련된 부패와 악취에 대한 회피 성향은 죽음에 대한 공포와 거부를 반영한다. 을의 반응은 (가)의 입장에 근거하여 해석할 수 있다. 배설물의 개념에 노출되지 않았기 때문에, 인간은 죽음을 부패와 소멸에서 분리하여 삶과 연속선상에 이해하고 죽음을 초월하려 하는 것이다.

하지만 이러한 해석은 (가)의 경우 죽음을 신성화하고 (다)의 경우 죽음을 지나치게 단순하게 이해한다. 두 해석 모두 인간의 삶과 관련이 낮은 비현실적이고 일면적인 해석으로 보인다. 죽음은 억제할 수 없다. 극복하거나 회피할 수도 없다. 죽음은 인간에게 필연적으로 다가온다. 그런데 삶이 없다면 죽음도 없다. 죽음의 문제는 곧 삶의 문제다. 어떻게 죽느냐는 문제는 어떻게 사느냐는 문제로 귀결된다. 어떤 인간으로서 죽을 것인 가 하는 문제는 어떤 인간으로서 살 것인가 하는 물음을 던진다. 이러한 삶과 죽음의 변 증법을 노무현 대통령의 죽음이 극명하게 보여주었다. 죽음은 우리 삶의 방식, 자세, 태 도를 성찰하게 하는 근원적인 문제다. 그렇다면 나는 어떻게 살아야 할까? 그 문제를 연세대에서 깊이 고민하고 근원적으로 성찰하고 싶다.

"와 선생님. 마지막 문장 죽이는데요. 진짜 멋있네요. 연세대에 꼭 붙여줄 것 같아요."

멋을 부린 것이지 좋다고 할 수는 없어.

"죽음이 삶과 같다? 우리는 그런 생각을 할 수 없을 것 같은데요?"

너희들은 아직 죽음을 생각할 나이가 아니니까. 답에 쓴 게 요즘 내 생각이야.

"이 문제에서 어떻게 노무현 대통령을 생각할 수 있어요?"

연세대 교수들이 노무현 대통령의 죽음을 생각하고 이 문제를 출제했을 것이 라고 내가 생각했으니까. 다음에 내가 논술 문제 예상하고 족집게 하는 방식을 알려줄게.

"선생님 오늘은 다른 날과 달리 참 조용하고 차분하신 것 같아요. 무슨 일 있 으세요?"

주제가 죽음이라 그런가?

공개 첨삭이다. 경숙아.

✎제시문 (가) (나) (다)는 삶과 죽음에 대한 인식과 죽음을 대하는 태도의 측면에서 비교할 수 있다. 우선 삶과 죽음에 대한 인식의 측면에서 보면 (가)와 (다)의 인간은 공통적으로 삶과 죽음을 구분한다. 이 중 (가)는 삶과 죽음을 연속적으로 인식한다. (가)에서 인간은 죽은 자를 산 자 가까이에 매장하고 죽음을 애도하기 위한 유물을 마련한다. 죽은 자에 대한 이러한 의식은 죽음이 결코 끝이 아니라는 생각을 보여준다. (가)와 달리 (다)에서는 죽음을 끝 또는 삶과의 단절로 여긴다. (다)에 따르면 죽은 사람은 부패해서 추악해지며 사라진다. 이때 죽은 사람은 자연 속으로 소멸되며 삶의 끝을 맞이한다. 반면 (나)에 등장하는 고릴라들은 삶과 죽음을 구별하지 못한다. 고릴라들은 죽은 마체사의 몸을 때리거나 밀고 털을 골라준다. 이들은 이와 같은 행동을 함으로써 죽은 고릴라의 반응을 유도한다. 마치 살아 있는 고릴라를 대하는 것 같다. 죽은 동료를 대하는 고릴라들의 태도로 미루어보면 고릴라들은 삶과 죽음을 동일시한다. 즉 (가) (다)에서는 삶과 죽음을 구분하는 데 비해 (나)에서는 두 개념을 다르지 않은 것으로 여긴다.

세 제시문에는 죽음을 대하는 다양한 태도가 드러난다. 큰 맥락에서 보면 (가) (다)는 죽음을 인정하는데 (나)에서는 죽음 자체를 부정한다. (나)의 고릴라들은 죽은 마체사의 반응을 이끌어내려고 한다. 이는 마체사의 죽음을 인정하지 못하는 데에서 기인한다. 반면 (가)와 (다)는 공통적으로 죽음의 존재 자체는 받아들이지만 죽음에 대한 대응에서는 차이를 보인다. (가)는 죽음을 긍정적으로 수용한다. (가)에서 인간은 죽음에 대한 이해를 넘어서서 죽음을 삶 속에 포용하고자 한다. 이들이 죽은 자를 매장하는 행위는 죽은 자와 함께 머무르기 위함이다. (가)와 달리 (다)는 죽음을 부정적으로 수용한다. (다)에서 인간은 죽음을 두 려워하며 피한다. 이들에게 죽음은 자신들을 삶으로부터 분리시키는 요소이다. 따라서 죽음에 대한 언급조차 하지 않으려고 한다.

고릴라들이 죽음을 인식하지 못하고 동시에 삶과 죽음을 동일시한다고? 이게 나한테 좀 혼란스럽네. 인식하지 못한다는 것과 동일시한다는 건 다른데. 표현 상의 문제점이라고 이해하고 넘어가겠어. 전체적으로 보면 죽음에 대한 인식과 죽음을 대하는 태도라는 두 개의 비교 기준을 만들어 글을 전개한 게 훌륭해. 제 시문에 대한 이해력과 문장을 구성하는 능력도 놀라운 수준이고. 좋은 답안이 야. 그다음 윤지야.

✎제시문 (가)에는 죽음을 초월하는 태도, (나)에는 죽음을 부정하는 태도, (다)에는 죽음을 기피하는 태도가 나타난다. 제시문에서 죽음에 대한 태도를 보이는 주체가 인간이라는 점에서 (가, 다)가 공통점을 보 이는 반면, 죽음에 대한 태도를 보이는 주체가 동물이라는 점에서 (나) 는 차이점을 보인다.
(가, 다)와 달리 (나)에서 죽음을 경험하는 주체는 동물인 고릴라이다. 이들은 죽음에 대해 인지하지 못하며, 따라서 죽음을 부정하는 태도를 보인다. 고릴라 무리들은 이미 죽은 마체사에게 그녀가 살아 있을 때와 같은 반응을 기대한다. 이는 인간과 달리 동물인 고릴라는 죽음을 이해 하고 인지하는 능력이 부족하다는 데에서 기인한다.
반면 (가, 다)에서 죽음을 경험하는 주체는 인간이며, 이들은 특수성에 의해 죽음을 이해하고 인식하는 능력이 있다. 그러나 (가, 다)의 인간 은 각각 죽음과 매장의 의미를 서로 다르게 받아들인다는 점에서 차이점을 보인다.

(가)의 인간에게 죽음은 삶의 연속을 의미한다. 인간만의 특수성을 사용하여, 그들은 삶 이후와 죽음에 대해 사유한다. 그리고 이러한 사유의 결과는 죽음이 끝이 아니라는 것이다. 인간이 시체를 매장하고 무덤에 풍요로운 유물을 넣는 것은 이러한 사유의 증거가 된다. 즉 (가)의 인간에게 매장의 의미는 인간이 죽음을 초월하여 인간을 영원히 존재하도록 하는 것이다.

이와 달리 (다)의 인간에게 죽음은 삶과의 단절, 추함을 의미한다. 인간은 누구나 죽으며, 죽음 이후에 인간의 신체는 부패한다. 죽음에 대한 이러한 사유는 죽음에 대한 두려움과 공포를 유도한다. 또 추함에 대한 기피와 삶에 대한 애착이 죽음을 회피하는 태도를 유도한다. 이러한 태도는 (다)의 인간의 생활양식에서도 드러난다. 이들은 추함을 덮어버리는 의미로 시체를 매장하며, 죽음에 대한 공포로 '곱빼기 식사를 꾸역꾸역 집어넣을 수밖에 없는' 식사 행위를 한다.

글의 구조를 염두에 두고 쓴 훌륭한 답안이야. 제시문도 제대로 이해했고. 전체적으로 우수한 답안이야. 문제점을 지적하자면 '특수성에 의해' '인간만의 특수성을 사용하여' 이렇게만 쓰면 네 글을 읽는 사람은 그게 무슨 특수성인지 이해할 수가 없어. 무슨 특수성인지 네가 언급하지 않는 한 독자는 그걸 모르게 되어 있어. 그걸 알 수 있도록 서술해야 돼. 문제 2에는 공개 첨삭할 만한 답안이 없네.

오늘 수업 끝.

오늘은 전에 약속한 대로 족집게 하는 방식을 알려줄게. 연세대 2009학년도 수시 문제를 보자. 내가 이 문제부터 논술에서 족집게를 하기 시작했어. 난 제시문이 어느 책에서 나오는지는 예상하지 않아. 그 대신 논술 주제를 예상하는 식으로 족집게를 해. 어떻게 하는 건지는 조금 후에 나올 거야. 여기에선 먼저 제시문부터 본다.

제시문 (가)

　참인 것과 좋은 것은 본성적으로 더 증명하기 쉽고 설득력이 있다. 더욱이 몸을 사용해서 자기 자신을 보호할 수 없다는 것이 부끄러운 일인데 반해 말을 사용해서 그럴 수 없다는 것은 부끄러운 일이 아니라고 한다면, 이는 이치에 맞지 않는다. 연설을 사용하는 것이 몸을 사용하는 것보다 인간에게 더 고유한 특징이기 때문이다. 연설의 능력을 정의롭지 않게 사용하는 사람은 커다란 해악을 끼칠 가능성이 있다고 누군가 주장한다고 하자. 하지만 그런 일은 도덕적인 덕 이외의 모든 유용한 것에 공통된 점이다. 그리고 가장 유용한 것들은 해악의 위험성도 가장 큰 법이다. 강한 체력, 건강, 부, 용병술 등이 그렇다. 이런 것들은 정의롭게 사용하면 유익함이 더없이 크지만 정의롭지 않게 사용하면 더없이 큰 해악을 낳는다.

…… (중략) ……

수사학이란 주제가 무엇이든 그에 유효한 설득의 수단을 찾는 능력이다. 이것은 다른 학문분야에는 없는 기능이다. 다른 모든 학문 분야는 그 나름의 고유한 주제에 대해 가르치거나 설득할 수 있다. 예컨대 의학은 건강과 질병에 대해, 기하학은 도형의 속성들에 대해, 수학은 수에 대해 가르치거나 설득할 수 있다. 그러나 일반적인 통념에 따르면 수사학은 우리에게 어떤 주제가 주어지든 그것을 설득할 수단을 찾는 능력이다. 수사학은 한계를 갖는 특정한 주제에 국한된 기술이 아니다.

연설에 사용하는 설득의 수단에는 세 가지 종류가 있다. 첫째는 연설가의 성품이다. 둘째는 청중을 특정한 감정 상태로 만드는 것이다. 셋째는 연설 자체가 제공하는 논거나 논거임직한 것과 관련이 있다. 첫 번째 설득 수단은 연설가의 성품에서 온다. 왜냐하면 우리는 성품이 훌륭한 사람들을 다른 사람들보다 더 깊이 믿고 더 쉽게 믿기 때문이다. 일반적으로 모든 일에서 그런 사람들을 신뢰하기도 하지만, 정확한 판단을 내리기 힘들고 의견이 분분한 경우에 성품이 훌륭한 사람들에 대한 우리의 신뢰는 절대적이다. 연설가의 훌륭한 성품이 사람들을 설득하는 데 아무 도움이 되지 않는다는 말은 옳지 않다. 사람들이 연설에 의해 설득되는 두 번째 경우는 연설이 청중의 감정을 효과적으로 고무할 때이다. 왜냐하면 우리가 슬픈지 기쁜지 또는 우호적인지 적대적인지에 따라 어떤 것에 대해 내리는 판단이 달라지기 때문이다. 마지막으로, 설득력 있는 논증을 적합하게 사용하여 진리나 진리임직한 것을 드러내 보여준다면, 이때 설득은 연설 자체에 의해 이루어진다.

제시문 (나)

여러 번 죽었던 이 몸이 하느님 은혜와 동포들의 애호로 지금까지 살아 있다가 오늘에 이와 같이 영광스러운 추대를 받는 나로서는 일변 감격한 마음과 일변 감당키 어려운 책임을 지고 두려운 생각을 금하기 어렵습니다.

…… (중략) ……

오늘 대통령으로서 선서하는 이 자리에 하느님과 동포 앞에서 나의 직책을 다하기로 한층 더 결심하며 맹세합니다. 따라서 여러 동포들도 오늘 한층 더 분발해서 각각 자기의 몸을 잊어버리고 민족 전체의 행복을 위하여 대한민국의 시민으로서 영광스럽고 신성한 직책을 다하도록 마음으로 맹세하기를 바랍니다.

여러분이 나에게 맡기는 직책은 누구나 한 사람의 힘으로 성공할 수 없는 것입니다. 이 중대한 책임을 내가 감히 부담할 때에 내 기능이나 지혜를 믿고 나서는 것이 결코 아니며 오직 전국 애국남녀의 합심 합력으로써만 수행할 수 있을 것으로 믿는 바입니다.

이번 우리 총선거의 대성공을 모든 우방(友邦)들이 축하하기에 이른 것은 우리 애국남녀가 단단한 애국성심(誠心)으로 각각의 책임을 다한 때문입니다. 그 결과로 국회 성립 또한 완전무결한 민주제도로 조직되어 두세 개 정당이 그 안에 대표가 되고 무소속과 좌익 색채로 지목받는 대의원이 또한 여럿이 있게 된 것입니다. 기왕의 경험으로 추측하면 이 많은 국회의원 중에서 사상(思想) 충돌로 분쟁 분열을 염려한 사람들이 없지 않았던 것입니다. 그러나 중대한 문제에 대하여 극렬한 쟁론(爭論)이 있다가도 필경 표결될 때에는 다 공정한 자유의견을 표시하여 순리적으로 진행하게 되므로 헌법과 정부조직법을 다 민의(民意)대로 다수의 의견에 따라 통과된 후에는 아무 이의 없이 다 일심(一心)으로 복종하게 되므로 이 중대한 일을 조속한 한도 내에 원만히 해결하여 오늘 이 자리에 이르게 된 것이니 국회의원 일동과 전문위원 여러분의 애국성심을 우리가 다 감복하지 않을 수 없는 것입니다.

…… (중략) ……

기왕에도 말한 바이지만 민주정부는 백성이 주장하지 않으면 그 정권이 필경 정객과 파당의 손에 떨어져서 전국이 위험한 데 빠지는 법이니 일반 국민은 다 각각 제 직책을 행해서 먼저 우리 정부를 사랑하며 보호해야 될 것입니다. 내 집을 내가 사랑하고 보호하지 않으면 필경은 남이 주인노릇을 하게 됩니다. 과거 40년 경험을 잊지 말아야 할 것입니다. 의로운 자를 보호하고 불의(不義)한 자를 물리쳐서 의(義)가 서고 사(邪)가 물러가야 할 것입니다. 전에는 임금이 소인(小人)을 가까이 하고 현인(賢人)을 멀리하면 나라가 위태하다 하였으나 지금은 백성이 주장이므로 민중이 의로운 사람과 불의한 사람을 명백히 구별해야 할 것입니다.

제시문 (다)

칸은 조선 임금에게 국서를 보내어, 명의 연호를 버리고 명에 대한 사대를 청으로 바꿀 것과 왕자와 대신을 인질로 보내 군신의 예를 갖출 것을 요구했다. 머리를 길게 땋고 양가죽 옷을 걸친 사신이 호위 군사를 부려서 칸의 국서를 수레 위에 받들어 왔다. 칸의 문장은 거침없고 꾸밈이 없었으며, 창으로 범을 찌르듯 달려들었다. 그 문장은 번뜩이는 눈매에서 나온 듯했다.

내가 이미 천자의 자리에 올랐으니, 땅 위의 모든 살아 있는 것들이 나를 황제로 여김은 천도에 속하는 일이지, 너에게 속하는 일이 아니다. 또 내가 칙으로 명하고 조로 가르치고 스스로 짐을 칭함은 내게 속하는 일이지, 너에게 속하는 일이 아니다.

네가 명을 황제라 칭하면서 너의 신하와 백성들이 나를 황제라 부르지 못하게 하는 까닭을 말하라. 또 너희가 나를 도적이며 오랑캐라고 부른다는데, 네가 한 고을의 임금으로서 비단옷을 걸치고 기와지붕 밑에 앉아서 도적을 잡지 않는 까닭을 듣고자 한다.

하늘의 뜻이 땅 위의 대세를 이루어 황제는 스스로 드러나는 것이다. 네가 그 어두운 산골짜기 나라에 들어앉아서 천도를 경영하며 황제를 점지하느냐. 황제가 너에게서 비롯하며, 천하가 너에게서 말미암는 것이냐. 너는 대답하라.……

너의 아들과 대신을 나에게 보내 기뻐서 스스로 따르는 뜻을 보여라. 너희의 두려움을 내 모르지 않거니와, 작은 두려움을 끝내 두려워하면 마침내 큰 두려움을 피하지 못할 것이다. 너는 임금이니 두려워할 것을 두려워하라. 너의 아들이 준수하고 총명하며, 대신들의 문장이 곱고 범절이 반듯해서 옥같이 맑다 하니 가까이 두려 한다.

내 어여삐 쓰다듬고 가르쳐서 너희의 충심이 무르익어 아름다운 날에 마땅히 좋은 옷을 입혀서 돌려보내겠다.

대저 천자의 법도는 무위(武威)를 가벼이 드러내지 않고, 말먼지와 눈보라는 내 본래 즐기는 바가 아니다. 내가 너희의 궁벽한 강토를 짓밟아 네 백성들의 시체와 울음 속에서 나의 위엄을 드러낸다 하여도 그것을 어찌 상서롭다 하겠느냐.

그러므로 너는 내가 먼 동쪽의 강들이 얼기를 기다려서 군마를 이끌고 건너가야 하는 수고를 끼치지 말라. 너의 좁은 골짜기의 아둔함을 나는 멀리서 근심한다.……

제시문 (라)

아래 표는 미국에서 여러 매체의 뉴스와 정보에 대한 신뢰도와 이용도를 조사한 자료를 재구성한 것이다.

● 매체별 신뢰도와 이용도

	신뢰도(점)	이용도(%)
텔레비전	6.6	34.7
일간신문	5.8	23.5
온라인 매체	3.2	23.2
시사주간지	4.6	1.6
무료 배포 신문	2.5	2.2
기타	해당 없음	14.8
평균	4.5	16.7

* 신뢰도는 각 매체의 뉴스와 정보에 대한 신뢰 정도를 10점 만점으로 평가한 것임.

* 이용도는 뉴스와 정보를 각 매체로부터 얻는 비율을 백분율로 나타낸 것임.

문제 1. **제시문 (가) (나) (다)는 대립하는 상황을 해결하는 서로 다른 방식에 관한 것이다. 세 방식의 차이점을 설명하시오.** ▶800자 내외로 쓰시오. 30점

문제 2. **제시문 (가) (나) (다)에 나타난 해결 방식 가운데 가장 적절한 것을 하나 선택하고 근거를 밝히시오. 또 그 방식의 문제점을 지적하고 이에 대한 극복 방안을 제시하시오.**
▶800자 내외로 쓰시오. 30점

제시문 (가). 의견이 다를 경우 설득을 통해 갈등의 해결책을 찾는다. 수사학은 설득 수단을 찾는 능력인데 중립적인 도구이니 잘 쓰면 유용하다. 설득에는 세 가지 수단이 있다. (1) 연설가의 훌륭한 성품을 통한 설득ethos, (2) 청중들의 감정에 호소하는 설득pathos, (3) 연설의 논증을 통한 설득logos.

제시문 (나). 해방 후 한국의 헌법과 정부조직법을 결정하는 과정에서 사상 대립이 있었다. 이를 다수결의 원칙에 따라 표결하여 그 결과를 모두 승복했다. 대립 상황에서는 다수의 의견(민의와 다수결)이 중요하다. 민주정부를 세우려면 국민이 정치에 적극 참여해야 한다.

제시문 (다). 청나라의 '칸'이 조선을 공격하기 전에 조선의 왕에게 복종을 요구한다. 칸은 이 글로 조선의 임금을 폄하하고 조롱한다. 자신의 요구를 받아들이지 않으면 조선을 무력으로 제압하겠다며 조선의 임금을 위협하고 있다. 칸은 조선의 임금에게 충성을 맹세하게 하는 방식으로 조선과 관계를 재정립하려고 한다.

제시문 (라). 표를 보면 텔레비전과 일간신문의 신뢰도는 비슷하고 일간신문과 온라인 매체의 이용도는 거의 같다. 텔레비전의 신뢰도는 온라인 매체의 두 배 이상 높고 이용도는 일간신문이나 온라인 매체에 비해 10퍼센트 이상 높다. 즉 매체의 높은 이용도(인기)가 그 매체의 뉴스와 정보에 대한 신뢰도로 이어지지 않는다. 이제 문제를 보자.

문제 1. 무엇이 대립하나? 의견이 대립한다. 의견이 대립하고 그 해결 방식을 묻는다. 차이점을 설명하고 차이점만 설명하면 되겠다. 설명하는 문제니 논술 문제 아니다. 자기 견해 쓰지 마라. 차이점을 쓰는 문제지만 세 글 모두 의사결정이나 대립상황의 해결이라는 주제를 다루고 있다는 식으로 공통점을 한 문장 정도 언급할 수도 있다. 논술 시험을 볼 때는 먼저 문제를 전부 읽어야 된다고 말했는데 문제 3을 읽으면 '설득'이 나온다. 논술 시험에 이렇게 답을 알려준 경우는 이게 유일한 것 같다. 해결 방식을 보면 (가)는 설득, (나)는 다수결, (다)는 강압이다. 해결 방식의 주체와 대상, 내용과 형식, 목적과 수단 등 기준을 정하고 이 기준에 따라 차이점을 설명하면 좋겠다.

문제 2. 설득, 다수결, 강압 중에 하나를 선택하고 타당한 논거를 대야 한다. 대다수 학생이 설득이나 다수결을 선택할 것 같다. 강압을 선택하기는 곤란할 것 같다. 하지만 상대방이 누구냐에 따라 강압으로 해결할 수도 있다. 대립 상황의 성격에 따라 강압이 완전히 불가능한 건 아니다. 예를 들면 군대나 회사 등의 예를 들며 강압을 제일 적절하다고 할 수도 있겠다. 그리고 자신이 선택한 방식의 단점도 인식하고 있는지 묻고 있다. 이것까지 파악하여 문제점에 대한 극복 방안을 제시하면 학생의 균형 잡힌 사고력을 보여주게 되고, 글의 설득력은 높아진다. 이 지시사항이 없어도 입장선택형 문제에서는 대개 이와 같이 해야 한다.

설득을 선택했다면 문제점의 극복을 다수결로 할 수 있고, 다수결을 선택했다면 극복방안을 설득으로 할 수 있다. 또한 과거에는 강압으로, 현재에는 다수결로, 앞으로는 설득으로 해결하는 것이 적절하다고 논의하며 통시적인 관점에서 답안을 쓸 수도 있겠다. 각자 알아서 하도록.

문제 3. 이런 문장 여러 번 설명했다. 차이를 분석하는 게 주된 요구이고, 세 수단을 활용하는 건 부차적인 요구다. 차이를 분석하면서 세 수단을 활용해라. 세 수단 활용한다고 문제 1과 문제 2의 답안에도 있었던 설득, 다수결, 강압을 먼저 길게 늘어놓고 그다음에 차이 분석하지 마라. 그러면 수단 활용에 비해 차이 분석이 내용으로나 분량으로 찌그러들 것 같다. 이 문제에서는 차이 분석이 중요, 세 수단 활용은 부차적이다!

이런 문제는 대개 1대 1로 대응하면 된다. 먼저 온라인 매체. 온라인 매체는 논리적이고 객관적인 설명보다는 여러 가지 화면이나 영상을 통해 청중을 특정 감정 상태로 만들고 청중의 감정을 효과적으로 고무하는 것으로 생각할 수 있다. 보도의 익명성 때문에 실력이나 자질이 검증된 사람들(성품)이 보도한다고 보기도 어렵다. 익명의 보도나 악성 댓글 등에서 논증을 찾기도 어려울 것이다. 용이한 접근성 때문에 이용도는 일간신문과 비슷하지만, 신뢰도는 세 매체 중 제일 낮다.

그다음 일간신문. 사람들은 대체로 일간신문은 실력과 자질이 검증된 기자들이 객관적으로 공정하게 뉴스와 보도를 내보낸다고 생각한다. 사건을 취재하고 당사자를 인터뷰도 하니 뉴스와 보도에서 논증의 성격이 매우 높다.

끝으로 텔레비전. 텔레비전에서 일하는 아나운서나 기자도 대체로 실력과 자질에서 검증된 사람들이다. 뉴스와 보도에서 논증의 방법을 쓸 수도 있다. 또한 지진이나 화재 등과 같은 보도에서는 현장을 영상으로 보여주니 시청자의 감정도 자극하고 고무할 수 있다.

이렇게 하다 보니 1대 1로 하면 된다고 했던 말이 이 문제에는 잘 적용되지 않는 것 같다. 굳이 하려면 할 수는 있다. 제일 두드러진 수단 하나씩 댄다면 텔레비전은 성품, 신문은 논증, 온라인 매체는 감정 되겠다. 그런데 이 문제에서는 텔레비전은 성품·논증·감정을 모두 활용하고, 일간신문은 성품과 논증을 활용하며, 온라인 매체는 주로 감정을 활용한다고 하는 게 나을 것 같다. 텔레비전, 일간신문, 온라인 매체 순으로 세 개, 두 개, 한 개를 활용한다고 하는 게 제일 명확하고 간결할 것 같다.

세 매체 외에 다른 매체를 언급해도 될까? 문제의 요구 사항이 아니니 할 필요 없다. 그러나 세 매체의 차이를 충분히 분석했다면 다른 매체를 언급하지 못할 것도 없다. 시사주간지의 경우 이용도는 낮지만 신뢰도는 매우 높다. 뉴스와 보도를 일주일 동안 심층적으로 취재하고 분석할 수 있어 논증의 성격이 매우 높고 신뢰도도 높은 것으로 생각할 수 있다. 무료 배포 신문은 이용도와 신뢰도 모두 매우 낮다. 대자본으로 질 낮은 뉴스를 대량 공급하는 것에 대해 대부분의 사람들이 회의적인 시각을 갖고 있는 것 같다.

세 매체의 차이를 분석하고도 이 두 매체의 특성을 1,000자에 잘 정리하여 담을 수 있다면? 다른 답안과 차별화되고 나쁘지 않을 거 같다. 어설프게 한다면? 안 하는 게 낫겠다.

"선생님 족집게는 안 하세요? 언제 하세요?"

때 되면 한다. 기다려라. 먼저 내가 쓴 답안을 본다. 문제 1의 예시 답안이다.

(가)~(다)는 공통으로 의견이 대립되는 상황을 보여주며 이 상황을 해결하는 데 관심을 갖고 있다. 그런데 제시문들의 해결 방식은 다르다. (가)는 설득으로, (나)는 다수결로, (다)는 강압의 방식으로 사회적 갈등을 해결하고자 한다.

먼저 (가)에서는 의견이 다를 경우 설득을 통해 갈등의 해결책을 찾는다. 설득 수단을 찾는 능력이 수사학이며 이 도구는 잘 활용하면 유용하게 쓰일 수 있다. 설득에는 연설자의 훌륭한 성품을 통한 설득, 청중의 감정에 호소하는 방법, 논증을 통한 설득의 수단이 있다. (나)는 한국의 헌법과 정부조직법을 결정하는 과정에 나타난 사상 대립을 보여준다. 이 대립은 다수결 원칙에 따라 표결을 통해 해결되었다. 의견 대립에는 다수의 의견이 중요하며 이 결과는 모두 수용해야 한다. (다)에서 청의 '칸'은 조선에 공격을 시작하기 전에 조선의 왕에게 복종을 요구한다. 칸은 조선에 충성을 맹세하게 하는 방식으로 조선과 관계를 재정립하려고 한다. 칸의 글은 논리나 도덕이 아니라 힘에 의존한다는 점에서 폭력적이고 상대를 위세로 제압하려 한다는 점에서 권위적이며 상대의 이익을 철저히 무시한다는 점에서 일방적이다.

대립의 내용을 보면 (나)에는 사상의 대립이, (다)에는 국가 간의 대립이 보인다. (가)와 (나)는 민주적인 해결 방식이지만, (다)는 힘을 통한 비민주적인 해결 방식이다. (나)는 대통령이 국민에게 연설하지만 (다)는 한 나라의 왕이 다른 나라의 왕을 압박한다는 점에서 해결의 주체와 대상이 다르다. (가)는 설명문이고 (나)는 연설이며 (다)는 편지(국서)로서 해결의 수단에도 차이점이 보인다.

둘째 단락의 마지막 문장은 연세대 교수가 쓴 것 같은데 워낙 탁월해서 이 답안에 그대로 인용했다. 이제 문제 2의 예시 답안이다.

(가)~(다)의 해결 방식 가운데 제일 적절한 것은 (가)에 나타난 설득의 방식이다. 사회의 중대한 문제에 관해 의견 대립이 있을 경우에는 자신의 견해를 논리적으로 증명하고 표현하여 상대방을 설득하는 것이 제일 바람직한 방식이다. (나)의 다수결도 다수의 횡포로 변질될 수 있으며, (다)의 강압은 오늘날의 민주 사회에 적합하지 않은 방식이다.

다수결로(나) 선출된 대통령이 시민 대다수의(나) 의견을 무시하고 강압적인 방식으로(다) 나라의 중대 사안을 결정하고 해결하려는 게 오늘날 한국 사회의 자화상이다. 몇 해 전에 미국산 쇠고기 수입과 관련된 논란에서 시민들은 미국산 쇠고기 수입에 반대하는 촛불시위를 벌였다. 시민들은 민주주의 원칙에 따라 자신들의 의견을 평화적으로 표현하였다. 이에 맞서 정부는 폭력을 이용한 강압적인 방식으로(다) 시민을 진압하였다. 시민의 건강뿐만 아니라 생존과 관련된 중대한 문제에 관한 의견 대립에서 정부는 강압적인 해결 방식을(다) 선택한 것이다. 시민을 폭행하는 공권력의 모습을 보며 우리는 정부와 국가의 존재 의의에 대해 회의를 갖게 된다. 또한 그런 명령을 내린 (다수결에 의해 선출된) 대통령을 보며 민주적 의사결정 방식의 후퇴를 절감하게 된다.

물론 설득의 방식에도 문제점은 있다. 설득력 있는 논증을 적합하게 활용하지 않고 대중의 감정에 호소한다든지 인격적으로 신뢰할 수 없는 사람이 자신의 성품을 조작함으로써 설득력을 높일 수도 있을 것이다. 참인 것과 좋은 것을 그렇지 않은 것과 구별할 줄 알고 타인의 견해의 (비)논리성을 파악할 수 있는 '건강한 시민'의 계몽과 이성이 절실히 요구된다.

논술에서는 출제의도대로 써야 한다고 내가 누누이 강조했는데 이 답안은 그렇지 않지? 쓰라는 대로 쓰는 게 논술인데 이건 쓰고 싶은 대로 쓴 거 같지? 이 답안으로 이른바 '구름 위의 출제의도'와 족집게를 설명하겠다. '구름 위의 출제의도'는 내가 만든 말이다.

교수들이 논술 문제를 어떻게 출제하는지 생각해보자. 교수들은 논술 시험 보기 일주일이나 열흘 전쯤 모인다. 그리고 토론한다. 올해에는 무슨 주제로 논술 문제를 출제할까 고민한다. 교수들은 다 한국의 교수들이다. 미국 교수 아니고 일본 교수 아니다. 이 땅에서 밥 먹고 잠자고 숨 쉬는 사람들이다. 그러니 이 땅의 문제를, '한국'의 사회문제를 고민하게 되어 있다. 그리고 10년 전이나 100년 전도 아니고 10년 후나 100년 후도 아니고 '오늘'의 문제를 고민하게 되어 있다. 그래서 올해에는 무슨 주제로 논술 문제를 출제할까 하는 고민은 올해에는 한국에서 무엇이 제일 중요한 정치적·사회적·경제적 이슈였냐 하는 고민이 된다. 그 이슈를 일반화하고 추상화하여 논술 문제로 만든다. 구체적으로 설명하겠다.

이 시험 2009학년도 수시다. 2008년 11월 22일 토요일에 치른 시험이다. 그해 수능은 11월 13일 목요일에 치러졌다. 수능 끝나고 연세대 파이널 수업할 때 인터넷 경향신문에서 내게 딱 필요한 걸 보게 되었다. 그대로 인용한다.

수험생들이 체크해야 할 2009 주요 시사 리스트

　　1. 불교계 대규모 종교차별 규탄대회

　　2. 중국의 반한 감정

　　3. 치솟는 환율 비상

　　4. '일日, 독도 영유권 명기' 논란

　　5. 인터넷 실명제 확대 추진

　　6. 금강산서 관광객 피격

　　7. 화물연대 총파업

　　8. 불매 운동 위법성 논란

　　9. 미美 쇠고기 반대 촛불집회

　　10. 중국 대지진 참사 등 자연재해

　　11. 공기업 민영화 추진

　　12. 한국 최초 우주인 탄생

　　13. 잇단 먹을거리 사고

　　14. 국보 1호 숭례문 화재

　　15. 영어몰입교육 논란.

자료: 유웨이 중앙교육(『경향신문』 2008. 11. 10)

　　금강산에서 관광객이 피격된 건 불행한 일이다. 남북관계에도 악영향을 미칠 것이고 미쳤다. 한국 최초로 우주인이 탄생한 것도 기쁜 일이다. 하지만 이런 이 슈를 논술 문제로 출제하는 건 좀 곤란하다. 그런데? '9. 미美 쇠고기 반대 촛불집 회'는? 이건 중요한 문제다. 오늘의 한국 문제다. 그렇다고 교수들이 이걸 직접 적이고 직설적으로 '미국 쇠고기 수입해? 말아?' 이렇게 수준 낮게 출제하지는 않는다. 그렇게 출제할 수도 없다. 하지만 이걸 일반화하여 출제할 수는 있다. 인간의 생존과 건강에 관한 중요한 문제에서 이걸 어떻게 합리적으로 결정해야 하느냐는 문제로, 합리적인 의사결정이란 주제로 논술 문제를 만들 수 있다.

교수들은 대개 이런 식으로 논술 문제를 출제한다. 그래서 나도 그러한 주제로 제시문을 고르고 논제를 만들어서 예상 문제를 만들어봤다. 물론 내가 만든 예상 문제가 이 연세대 문제와 똑같지는 않았다. 나는 이 연세대 문제를 인터넷에서 다운받아 읽고 20분 만에 '아, 이거 촛불집회를 생각하고 만든 문제구나' 하는 생각이 떠올랐다.

물론 연세대 논술 문제를 보면 '촛불집회'의 흔적을 전혀 찾을 수 없다. 너희들의 배꼽을 보면 그게 너희들과 엄마를 연결하는 흔적이라고 할 수 있겠다. 그런데 이 연세대 논술 문제에는 그런 흔적조차 보이지 않는다. 그런데도 내 눈에는 이 문제가 '촛불집회'를 염두에 두고 만든 문제라는 확신이 들었다. 그해 우리 사회에는 그게 제일 중요한 사회적 이슈라고 생각했기 때문이다. 그래서 문제의 요구 사항을 무시하고 답안을 이렇게 썼다. 교수들이 논술 문제를 어떻게 만드는지 그리고 구름 위의 출제의도가 뭔지 너희들에게 보여주려고. 출제의도는 쓰라는 대로 쓰면 되는 논제이고 질문이다. '구름 위의 출제의도'는 교수들이 뭔 생각을 갖고 그런 문제를 출제했을까, 왜 그해에 그런 문제를 출제했을까 하는 교수들의 머릿속 생각을 표현하는 말이다.

그래서 그다음부터 노무현 대통령과 김대중 대통령의 죽음으로, 천안함 사건으로, 안철수 신드롬으로, 싸이의 강남스타일로 논술 문제를 만들어보았다. 그런 주제를 갖고 그걸 일반화하여 예상 문제를 만든 것이다. 내 눈에 지금까지 죽음, 천안함 사건, 안철수 신드롬은 연세대 논술에서 출제된 것 같다(물론 연도를 좀 바꾸어서). 그래서 매년 연세대 논술 문제를 족집게 해서 예상하고 있다. 이게 내 '족집게' 방식이다. 이해했지?

교수들이 논술 문제 출제할 때 책을 300권쯤 들고 들어가는데, 난 어느 책 몇 페이지에서 제시문이 출제될 거라고 예상하고 싶지 않아. 예상할 수도 없고. 내 머리를 그렇게 쓰고 싶지 않은 거지. 말했잖아. 플라톤의『국가』한 권만 해도 예상하는 게 700분의 1이 된다고. 그런 걸 예상하려는 건 미친 짓이지. 난 다른 방식으로 하는 거야.

물론 구름 위의 출제의도를 맞추고 족집게가 맞았다고 해도 너희들은 본래의 출제의도를 파악하고 제시문을 이해해서 글을 제대로 써야 합격하겠지. 구름 위의 출제의도를 파악하면 제시문을 이해하는 게 쉬워져. 연세대 2010학년도 파이널 논술할 때 내가 얘기했지. 작년에 죽음이란 주제를 예상했는데, 죽음은 안 나오고 공공성이 나왔다고. 그랬더니 그해 시험 본 학생이 전화하데.

"선생님 이번에 죽음이 나왔어요. 신기해요. 그걸 어떻게 맞추세요?"

근데 그 학생 답안 제대로 작성하지 못했는지 시험 보고 나서 연락이 없어. 그러니 신기해하지 말고 질문과 제시문 제대로 파악해서 답안 제대로 작성해.

이거 설명하느라고 피곤해서 문제 3의 답안은 안 썼다.

"선생님 그러시면 안 되죠."

안 되긴 뭘 안 돼? 답안은 너희들이 쓰면 되지. 앞에서 거의 다 설명했잖아.

"문제 2의 답안을 선생님처럼 써도 연세대 합격할 수 있어요?"

나한테 물어보냐? 연세대 교수한테 물어봐야지. 너 연세대 붙으면 그 답안 가져가서 연세대 교수한테 물어봐.

이제부터는 공개 첨삭 시간이다. 영선아.

✎제시문들은 대립을 해소하기 위해 각각 설득, 다수결, 강압이라는 방법을 사용한다. 이 방법들은 대립을 해결하는 절차에서 차이를 보인다. (가)의 설득과 (나)의 다수결은 대립 해결 과정에서 정당성을 얻기

위해 노력한다. 세 가지 설득의 수단을 제시하는 (가)와 자유 의견의 표시, 순리적 진행으로 헌법을 통과시켰다는 (나)는 이러한 노력의 일환이다. 시간과 비용을 들이더라도 대립 해결 후에 있을 수 있는 불안과 갈등을 최소화하겠다는 것이다. 반면 (다)의 강압은 정당성을 추구하지 않는다. 칸은 조선 임금에게 무력을 사용하겠다는 협박을 하고 있다. 협박, 무력으로 이루어낸 동의가 정당하다고 인정받을 리는 없다. 하지만 상대를 굴복시키는 가장 손쉽고도 신속한 방법이다. (가)와 (나)가 상대의 동의를 이끌어내지 못할 수도 있다는 점을 고려하면 (다)는 확실성을 추구하는 방법이다.

그리고 이 방법들은 결과에서도 차이를 보인다. (가)의 설득은 상대의 내면적인 동의를 이끌어낸다. 상대를 설득했을 때 대립은 비로소 해결되며, 그렇지 못하다면 대립은 존속한다. 즉 (가)는 대립 상태를 근본적으로 해소하려 한다. 하지만 (나)와 (다)는 의견 차이가 존재한다는 것을 인정하며, 그에 대한 해결책을 제시할 뿐이다. 다수결이라는 제도적 해결책의 목표는 대립의 근본적인 해소가 아니다. 일의 진전을 위해 표면적인 동의를 이끌어낼 뿐이다. 강압 역시 표면적인 안정과 합의를 이루기 위한 방안일 뿐이다. 즉 (나)와 (다)를 사용한다면 대립 해결 후에도 의견 차이는 존재한다. 이는 새로운 대립으로 이어질 수 있기에 (나)와 (다)는 (가)에 비해서 불확실한 대립 해결 방식이다.

절차와 결과라는 기준을 제시하여 제시문을 분류하고 비교한 점, 절차적 측면에서 정당성이 있는 제시문과 없는 제시문을 분류한 점, 결과적 측면에서 내면적 동의와 표면적 동의를 구분한 점, 이건 정말 죽이는 구조야. 이 구조를 쓰면서 청이나 칸 등의 낱말을 쓰며 구체적인 내용을 쓰는 방식으로 서술했는데, 이건 고등학생으로서는 정말 놀라운 수준이야. 탁월해. 이제 2번을 보자.

✎ (가) (나) (다)에 나타난 해결 방식 중에서 가장 바람직한 것은 (가)의 방식이다. (가)에서 글쓴이는 인간적인 면과 논리적인 면을 모두 중시하기 때문이다. 인간은 항상 감정적일 수 없고 항상 논리적일 수 없다. 그러므로 청중들도 항상 연설이나 논설문을 감정적으로 받아들이거나 냉정하게 받아들이지 못할 수 있다. 이를 예방하기 위해서 연설가의 성품이나 청중의 감정적인 상태와 같은 주관적인 면을 고려해야 하고 논리적인 면들도 고려해야 한다.

그러나 문제점은 남아있다. 매우 까다롭다. 연설가의 성품은 한 순간에 이루어지지 않는다. 학기 초에 학생들이 긴장하고 조심스럽게 행동하지만 며칠이 지나고 나면 원래 성격이 드러난다. 이처럼 설득하기 위해 연설자의 성품을 바꾸는 것은 불가능할 수 있다. 또한 상대방을 특정한 감정으로 이끌고 논리적으로 완벽하게 설득하기 어렵다. 연설하는 사람이 어떠한 방안을 제시해도 설득당하는 사람이 있고 당하지 않는 사람이 있기 때문이다. 그리고 설득 당한다 하더라도 인간은 완벽하게 만족해하지 않는다. 인간도 동물이기 때문에 연설자의 행동, 손버릇, 각종 사생활이 마음에 들지 않으면 그 사람의 연설이 논리적이어도 인정하지 않을 수 있다.

이렇게 문제점이 까다로워도 해결방안은 있다. 평소에 잘 하면 된다. 즉 연설자가 청중이 무엇을 원하는지 파악하려고 노력하면 된다. 연설자가 누구든 간에 자신이 설득해야 하는 대상이 무엇을 원하고 어떠한 트렌드를 좋아하는지 알아내야 한다. 또한 자신의 논리가 설득하는 대상의 대부분의 마음에 들 수 있는지 파악하고 연구해야 한다. 물론 처음엔 오래 걸리고 힘들다. 유행은 쉽게 변하고 논리적인 면은 꼼꼼히 분석되어야 하기 때문이다. 그렇지만 이런 방법을 통해 노력하면 상대방의 마음을 이끌 수 있다.

냉정, 예방, 뭐가 까다롭다는 거야? 학기 초 얘기는 왜 써. 인간도 동물이야? 연설자의 손버릇, 사생활, 평소에 잘하면 된다? 트렌드? 도대체 무슨 말씀을 하시는 건지. ㅠㅠ 코미디잖아. 낱말도 이상하고 문장도 어색하고. 문제의 요구 사항과 전혀 맞지 않고. 슬기야 지금 네 마음속에 있는 다른 얘기를 하고 있는 거 같아. 질문과 제시문은 대충 읽고 완전히 딴 세계 얘기를 쓰고 있는 거야. 그래서 횡설수설이 된 거고. 전체적으로 ㅋㅋ수준의 글이 된 거야. 선생을 즐겁게 해주는 글이네. 이제 3번 문제.

✎ 제시문 (가)에 따르면 설득에는 세 가지 종류가 있는데, 첫째는 연설가의 성품, 둘째는 청중의 감정, 그리고 셋째는 연설 자체의 논증이다. 제시문 (라)에 나온 텔레비전, 일간신문, 온라인 매체 사이에는 신뢰도와 이용도에 차이가 있는데, 이는 각 매체의 특성에서 비롯된다. 텔레비전은 설득의 종류 세 가지를 모두 사용해서 신뢰도와 이용도가 높다. 텔레비전에서 뉴스를 전달하는 앵커는 사회적으로 성품이 곧은 사람이라고 여겨지며 말투, 의상, 표정 등이 더 설득력을 높여준다. 또한 온갖 공감각적 자료를 이용하기 때문에 효과적으로 청중의 감정에 호소할 수 있고 자료를 통한 논증도 상당히 설득적이다. 그리고 텔레비전은 일간신문의 방대한 양의 글을 더욱 빨리 한 눈에 볼 수 있어서 이용도도 높다.
일간신문은 성품과 논증을 이용해서 설득을 하지만 감정에 호소하지 못한다는 점에서 텔레비전에 비해 이용도가 낮다. 일간신문은 전문가들이 설득력 있는 논증을 적합하게 사용하고 공정성과 객관성을 대표하는 매체인 만큼 상당히 신뢰도가 높다. 하지만 그만큼 감정적으로 호소하지는 못하여 오직 시각적 미디어만 사용하고 글의 양이 너무 많은 등의 이유로 이용도는 떨어진다.

마지막으로 온라인 매체는 다른 두 매체에 비해 신뢰도는 현저히 떨어지지만 그럼에도 불구하고 이용도는 상당히 높다. 일단 온라인 매체는 설득하는 사람의 신뢰도가 매우 낮다. 온라인의 익명성 때문에 글을 작성한 사람이 누군지 확인하기도 어렵고 실제로 인터넷에 떠다니는 글은 근거가 전혀 없는 루머도 많다. 또한 논증적인 설득력도 떨어지는데 인터넷은 누구나 글을 쓸 수 있기 때문에 전문성이 결여된다. 하지만 인터넷이 가지는 가장 큰 장점은 보는 사람의 감정에 강하게 호소하는 것이다. 그리고 요즘 많이 나오는 전자기기 등을 통해 다른 매체에 비해 접근이 용이하기 때문에 이용도가 높다.

지운이 글은 아주 침착하고 차분하게 시작했어. 신뢰도와 이용도의 수치를 좀 쓰면 더 좋았을 듯. 앵커가 성품이 곧다기보다는 성품이 검증된 사람이라고 말하는 게 나을 듯. 성품, 논증, 감정 중에 텔레비전은 세 개를, 신문은 두 개만, 온라인 매체는 한 개만 이용하여 각각 다른 신뢰도와 이용도를 보인다? 이 답안처럼 쉽고 명확한 답안을 못 보겠어. 아주 훌륭하고 탁월해. 물론 서술이 답안의 수준에 걸맞지 않게 좀 어색한 곳이 몇 군데 보이지만 그건 고딩으로서 충분히 이해해줄 수 있는 정도야.

오늘 수업 끝.

9장

현대사회의 문제를
고민하라

오늘은 현대사회의 문명을 성찰할 수 있는 문제를 보도록 하자. 동국대 2006학년도 수시 1학기 논술 문제다.

제I영역

(가)

대부분의 사람들과 마찬가지로 나 역시 생태계에 부담을 주는 전기(電氣)에 의존한다. 그러나 되도록 적게 사용하고자 노력한다. 농부로서의 일을 나는 대부분 말(馬)을 부려서 하며, 작가로서 나는 연필이나 펜으로 종이에 글을 쓴다.

내 아내는 그 초고를 30여 년 전에 사서 지금도 잘 쓰고 있는 타자기로 타자하여 준다. 타자를 치면서 잘못된 것이 있으면 가장자리에 조그맣게 표시를 한다. 아내는 나의 가장 훌륭한 비평가인데 그것은 나의 습관적인 실수나 약점을 가장 잘 알고 있기 때문이다. 아내는 또 무엇을 써야 할지 잘 알고 있고 어떤 때에는 나보다도 더 잘 안다. 우리는 기분 좋게 잘 돌아가는 문학의 가내공업을 하고 있는 것이라고 나는 생각한다.

지금까지 꽤 많은 사람들이 컴퓨터를 사라고 권해왔다. 나의 대답은 그렇게 하지 않겠다는 것이다. 거기에는 여러 가지 이유가 있다.

첫째, 서두에서 언급한 이유이다. 내가 글을 쓰는 과정에서 자연을 약탈하는 일에 연루되어 있다면 어떻게 일상적으로 그것에 반대하는 글을 쓸 수 있겠는가. 같은 이유로 나에게는 전깃불 없이 낮 시간에 글을 쓰는 것이 중요하다.

나는 전기회사들뿐만 아니라 컴퓨터 제조회사들에 대해서도 비판적이다. 힘들게 농사일을 하고 있거나 농사에 실패하고 있는 사람들에게 또 하나의 값비싼 장비를 사면 문제가 해결될 수 있다고 유혹하는 광고들을 나는 보아왔다. 책이 필요한 공립학교에 책 대신에 컴퓨터를 들여놓게 한 그들의 광고술책을 나는 잘 알고 있다.

'미래에는' 컴퓨터가 텔레비전만큼 보편화되리라는 사실이 나에게는 감명을 주지도 않고 중요하지도 않다. 나는 컴퓨터가 내가 중요하게 생각하는 것들, 즉 평화, 경제적 정의, 생태계의 건강, 정치적 정직성, 가족과 사회의 안정 등에게로 우리를 한 걸음도 다가가게 하지 않았다는 것을 안다.

컴퓨터를 산다면 우선 나의 지불능력 이상으로, 또는 내가 찬양하지 않는 사람들에게 내가 원하는 것 이상으로, 돈을 지불해야 할 것이다. 돈의 문제만이 아닐 것이다. 잘 알려진 바와 같이 기술 혁신은 항상 '낡은 모델'을 버릴 것을 요구하는데 이 경우에 낡은 모델은 우리 집의 타자기만이 아니라 나의 비평가, 나의 가장 가까운 독자이며 동료인 아내까지 포함한다. 그래서 대체되는 것은 어떤 물건만이 아니라 어떤 사람이기도 하다(나는 이것이 오늘날의 기술혁신의 전형이라고 생각한다). 작가로서 기술적으로 '현대적'이 되기 위해서는 나는 내가 의지하고 소중히 여기는 관계를 희생해야 할 것이다.

컴퓨터를 갖지 않는 데 대한 마지막이며 아마도 가장 훌륭한 이유는 자신을 속이고 싶지 않다는 것이다. 나는 컴퓨터를 사용함으로써 연필로 쓰는 것보다 더 잘 쓰거나 더 쉽게 쓸 수 있다고 믿지 않으며 따라서 그런 생각이 불쾌하다.

나도 다른 사람처럼 이 문제에 관하여 과학적으로 접근해서, 만일 어떤 사람이 단테의 작품보다 현저하게 뛰어난 작품을 쓰는 데 컴퓨터를 사용했고 그 뛰어남이 컴퓨터 때문에 얻어진 것이라면, 그때에는 컴퓨터에 대해서 좀 더 존경스럽게 말할 것이다. 그래도 컴퓨터를 사지는 않겠지만.

• 웬델 베리, 「나는 왜 컴퓨터를 사지 않을 것인가」 중에서

(나)

웬델 베리는 '컴퓨터의 노예'가 된 작가들에게 편리한 대안으로 에너지 절약형인 '아내'를 제시한다. 손으로 쓴 원고더미를 '아내'에 넣으면 편집까지 된 타자 친 완성된 원고가 나온다. 어떤 컴퓨터가 그렇게 할 수 있겠는가. 역사는 우리에게 '아내'가 양탄자를 털고 손으로 빨래를 하는 데에도 사용될 수 있으며, 그렇게 하여 진공청소기와 세탁기라는 글쓰기를 위협하는 두 가지 혐오스러운 기계의 필요를 없애 줄 수 있다고 가르쳐 준다.

문제 1. 제시문 (가)에 대해 (나)에서 제시한 것 이외에 다른 비판의 가능성을 4줄(76~100자) 분량으로 요약 서술하시오. ▶10점

잘 읽었지? 난 이런 제시문이 참 좋아. 웬델 베리의 생각이 아주 좋아. 그래서 출처를 보고 『녹색평론선집1』을 사서 다 읽었어. 아주 좋은 책이야. 너희들도 읽어보면 좋겠어. 수업은 핵심만 간결하게 하고 바로 첨삭하겠어. (가)에 대한 다른 비판 가능성을 말해보자. 아래는 내용만 쓴 것이고, 문장은 너희들이 정리하면 되겠다.

- ◉ 컴퓨터로 글을 쓰는 게 도덕적으로 나쁘다고 (결백하지 않은 일이라고) 암시하고 있다.

- ◉ 그럼 컴퓨터를 안 쓰는 것은 도덕적으로 미덕이냐?

- ◉ 전기 때문에 생기는 문제를 해결하려면 전기를 쓰는 (전기로 만든) 생산품을 무시할 게 아니라 그런 잘못을 바로잡는 게 타당하지 않을까?

- ◉ 그러면 타자기는 왜 쓰냐? 깃털 펜이 낫지 않으냐?

- ◉ 전기와 컴퓨터를 의미 있게 쓸 수 있다. 평화와 경제 정의를 실현하는 많은 인터넷 사이트들이 있다. 세계를 네트워크로 묶어 바람직한 일을 할 수도 있다. 그건 당신의 책보다 큰 전파력을 가질 수 있다. 즉 환경보호 투쟁을 하는 데 컴퓨터와 인터넷은 중요한 역할을 할 수 있다.

- ◉ 손이든 컴퓨터든 그건 수단이다. 그 수단과 깊은 생각을 하는 것은 별개다.

- ◉ 컴퓨터는 생각을 만드는 도구가 아니라 편집을 하는 도구다. 그건 비서(아내)보다 값싸고 효율적이다. 컴퓨터로 일을 하면 무료노동을 제공할 생각이 없는 배우자에게 자기 일에 더 집중하게 할 수 있다.

- ◉ 전기를 쓰지 말자? 이런 극단적인 거부라면 인류문명의 발전이란 있을 수 없다.

⊙ 컴퓨터를 쓰면서 전기를 되도록 덜 쓰는 것이나 책을 쓰면서 전기를 되도록 덜 쓰는 것이나 똑같은 게 아니냐?

⊙ 책을 내는 건 자연약탈 아니냐? 나무와 종이 등을 약탈하는 것이다.

⊙ 당신이 저술하는 책도 이윤이 남아야 하는 문화상품이다. 책 판매광고는 괜찮고 다른 상품의 판매광고는 안 되냐? 그건 차별적인 생각이다.

⊙ 당신은 소중한 관계를 희생해야 한다고 말하는데 그런 관계는 남성 중심적인 관계다. 또 당신의 관계는 고립적이고 주변적이다. 더 넓은 관계를 가질 수도 있다.

⊙ 당신의 생활방식을 존중하겠다. 컴퓨터를 쓰지 않을 수 없는 생활방식도 존중해달라.

이렇게 많이 생각할 수 있다. 이 중에 어느 하나만 골라 서술해도 된다. 분량이 100자 이내이니 그럴 수밖에 없을 것이다. 여기에서 보너스. 이런 비판에 대한 웬델 베리의 반박을 들어보자.

⊙ 그게 아내가 좋아서 하는 일이라면? 그 일에서 쓸모와 의미를 발견한다면? 나를 비판하는 사람들은 자신이 알지 못하는 여성(내 아내)에게 모욕을 주었다.

⊙ 왜 그렇게 투쟁에 관심이 많으냐? 그런 투쟁은 대개 관료주의적이고 산업주의적이다. 객관적으로 나은 게 내 생각에도 나은 것이어야 하나?

⊙ 환경보호단체에 편지를 쓰느니 자신의 소비를 직접 줄이면 안 되는가?

⊙ 내가 아내를 착취한다고? 내 글을 읽고 글에서 그러한 근거를 찾을 수는 없다. 아내에게서 도움을 받는 것이 곧바로 아내에 대한 착취인가?

⊙ 현대사회의 가정은 '소비'의 가정이다. 현대사회는 서로 돕는 게 서로 경쟁하는 능력에 손상을 입힌다고 보는 입장이다. 서로 돕는 것이 왜 나쁜가?

⊙ 그런 비판은 가정 일을 돕는 여성에게 남성과 결혼하고 가정을 꾸리는 것보다 나은

일이 있는데 그건 '가정 밖의 일자리'라고 암시하고 있다. 가정 안의 일이 왜 가치가 없냐?

⊙ 가정을 떠나 일을 하는 것만 바람직한 것이냐? 내가 아니라 출판업자를 위해 아내가 타자를 치고 편집을 한다면(내가 노름 돈을 얻으려고 아내에게 그런 일을 시키고 그걸 아내나 사람들이 모르기만 한다면), 그러니까 아내가 가정 밖에 직장을 갖고 있으면 해방된 여성으로 간주할 수 있는 거냐?

⊙ 결혼이 여성에게 굴종이고 복종이냐? 그걸 거부하고 회사에 복종하는 건 해방이냐?

⊙ 회사는 피라미드식 구조로 되어 있는데, 회사의 독재에 복종하면서 무슨 해방을 들먹이는 것이냐?

⊙ 산업경제체제가 자연에서 얻은 약탈품을 나누는 매일의 소란에 포함되는 게 대단한 정의도 아니고 기뻐할 일도 아니다. 그건 파멸적인 것이다.

⊙ 사람들은 일이 선물이 될 수 있다는 걸 간과하고 있다. 줄 만한 가치가 있는 도움은 그냥 주지 말고 팔아야 한다고 사람들은 생각한다. 내 아내가 여기에 호의로 나를 돕고 있다고는 생각하지 않는다.

⊙ '기술적 진보'의 높은 목표라는 게 돈과 안락함 아니냐.

⊙ 손으로 글을 쓰는 건 영혼의 흔적을 남기는 것이다. (맥박, 호흡, 흥분, 주저, 결함, 실수 등) 컴퓨터에서는 흔적이 사라진다. 물질들이 일종의 고아와 같은 상태가 된다.

⊙ 나는 물질적 결핍을 축하하고 편안하게 감수하겠다.

⊙ 내 글은 자연과 하나가 되는 걸 말하고 강조했다. 여성을 수단으로 삼는다는 게 논의의 핵심이 아니었다.

⊙ 양탄자를 청소하고 빨래를 하는 일을 남편인 나도 한다면? 그것도 아내에 대한 착취라고 할 수 있는 것이냐?

이렇게 굉장히 많아요. 웬델 베리는 문명비평가라고 할 수 있는데, 자본주의적 물질문명에 대한 깊은 통찰과 성찰을 보여주고 그대로 실천하며 살고 있지요. 웬델 베리의 생각이 참 마음에 들어요. 그러니 문제 2는 혼자 힘으로 알아서 할 수 있겠지요?

그럼 이제부터 공개 첨삭. 예린아, 문제 1 답안 읽어봐라.

> ✏ 웬델 베리는 컴퓨터의 실용적 측면을 간과했다. 컴퓨터는 저장 공간도 많고 편집도 용이하다. 그 반면에 종이와 펜은 소비품이다. 종이와 펜의 낭비를 줄이는 점에서 오히려 자원보존의 길이 될 수 있다.

간결 명확하게 비판했어. 종이와 펜의 낭비를 줄인다는 한 가지 핵심을 잘 언급했어.

> ✏ 웬델 베리는 생태계에 부담을 주지 않기 위해 컴퓨터를 구매하지 않는다고 말한다. 하지만 그가 글을 쓸 때 이용하는 연필과 종이도 나무를 베어서 만들었기 때문에 생태계에 부정적 영향을 끼친다.

그렇지. 송현이의 답안도 쉽고 간결하게 비판한 좋은 답안이야.

> ✏ 웬델 베리는 펜, 연필, 종이 그리고 타자기를 사용해 글을 쓴다. 그는 자연을 약탈하지 않고 싶다고 했다. 그러나 그가 사용하는 물건들은 자연을 가공해 만든 것이다. 또한 웬델의 책을 출판하는데 컴퓨터와 종이가 사용된다.

유정아. 웬델의 책이라고? 서양사람 이름은 성_姓을 부르기는 해도 이름_名만 쓰는 경우는 없어. 부모자식 관계 아니라면(또 많은데 그건 생략). 버락 오바마 또는 오바마라고는 해도 '버락' 이 한국을 방문했다고는 안 하잖아. 내용은 좋아. 근데 이 짧은 글에도 순서가 좀 혼란스럽네. 내가 첨삭 수정해보겠어. '웬델 베리는 자연을 약탈하고 싶지 않다고 한다. 그래서 펜, 연필, 종이, 타자기를 이용해 글을 쓴다. 하지만 그 도구들도 자연 자원을 약탈해 만든 것이다. 그의 책을 출판하는 데도 컴퓨터와 종이가 쓰이므로 자연은 약탈된다.' 글에선 순서가 논리야. 순서! 알았지?

이제 문제 2를 보자.

> ✎ 아내는 사람이지만 '아내'는 기계다. 우리는 항상 밥을 짓고 방을 닦고 치우는 '아내'를 본다. '아내'가 아내로 돌아오는 순간은 세탁기를 사용할 때나 진공청소기를 사용할 때 등 또 다른 기계를 사용할 때뿐이다. 웬델 베리의 에너지 절약 정신은 높이 산다. 하지만 절약을 위한 그의 실천 방법은 높이 살 수 없다.

첫 문장 수준 높은 빈정댐이고 풍자네. '아내' 이외에 다른 기계를 쓸 때 기계화된 아내는 사람이 된다? 글을 완성하면 좋은 글이 되겠어. 고등학생이 이렇게 촌철살인으로 글을 쓸 수도 있나? 놀랍군. 집에서 집안일 때문에 고생하는 엄마를 많이 본 듯. 그러니 예린이는 (나) 편이라는 말이네. 알아들었어.

> ✎ 컴퓨터에는 글을 쓰는 데에 필요 없는 기능들이 많다. 컴퓨터에는 타이핑을 위한 프로그램도 있으나, 그 외에도 노래를 듣거나 인터넷 검색 등의 부수적인 기능이 많다. 또한 이 부수적인 기능으로 인해 컴퓨

터의 값은 비싸진다.

채윤아. 웬델 베리가 컴퓨터에 필요 없는 기능만 많고 비싸서 컴퓨터를 사지 않는 거야? 이게 웬델 베리와 같은 의견인 거야? 무슨 말씀을 하시는 건지. 귀여우시네. 망하셨어.

🖉 (가)에서의 아내는 컴퓨터를 대신함으로써 작가와 관계를 맺고 있는 인물로 나오나 (나)에서는 이러한 관계를 비판하고 있다. 이에 대해 나는 (나)의 비판이 마땅하다고 생각한다. 예부터 우리나라는 남존여비 사상이 심해 집안일은 '당연히' 여자가 해왔다. 하지만 지금 시대가 바뀌었고 (가)의 생각은 이기적이라고 생각할 수밖에 없다. 정말 (가)가 아내를 소중히 여긴다면 컴퓨터를 사는 것이 옳다. 컴퓨터뿐만 아니라 다른 가전제품들도 마찬가지다. 그렇게 되면 아내는 전에는 힘들게 수동적으로 일했겠지만 지금은 더욱 편리해질 것이다. 그렇게 하는 것이 아내를 소중히 여기는 것이다.

에라야 너 외국 살다 왔냐? 제시문을 전혀 이해하지 못했네. 가전제품도 사고 컴퓨터도 사라고? 이 글에 남존여비 얘기는 쓸 필요 없을 것 같은데. 문장 중에 비문이 많이 보이고.

오늘 수업 끝.

오늘 수업. 자본주의 사회에서 개인이 살아 가는 모습을 보여주는 좋은 제시문이야. 또는 현대 사회에서 아버지들이 회사에서 어떻게 일하는지 보여주는 글이라고 할 수도 있겠지. 그래서 오늘은 고려대 2008학년도 수시 문제를 보겠어.

너희들은 너희들 아버지가 어떻게 돈 벌어 오는지 모르지? 자신의 지식과 기술로 떳떳하게 일해서 당당하게 월급 받아오는지 아니면 회사 회장이나 사장에게 굽실굽실 아부하고 비굴하게 회사 생활 하는지 모르지? 알 수가 없지. 그런 걸 자식한테 말할 아버지는 이 세상에 아무도 없을 테니까. 내가 말해줄까? 간접적으로는 알 수 있어. 어느 날 아버지가 술 한 잔 마시고 들어와서 '내 예쁜 딸 너는 공부 열심히 해서 좋은 대학 가라. 너는 나처럼 살지 마라'고 하는 날이 바로 그날이야. 그날 아버지는 아마 사장한테 엄청 욕을 먹었을 거야. '너 이 따위로 일할 거야? 일을 하겠다는 거야 말겠다는 거야? 사람이 왜 그 모양이야?' 이런 욕을 들은 거지. 살 맛 안 나는 거야. 그래서 술 한 잔 마시고 집에 들어와서 그런 말 한 거라고 보면 돼.

이 문제에는 시가 나오지. 난 산문은 좋아해도 운문은 안 좋아했어. 시에 대한 열등감이 있었지. '시는 내게 이해할 수 없는 암호다. 그래서 난 시를 이해하지 못한다.' 이런 생각이 있었지. 그래서 시만 보면 늘 주눅이 들었어. 초등학교 3~4학년 때부터. 시만 나오면 선생님이 말했지. '이 시는 내용상 서정시 형식상 자유시.' 그때 그게 무슨 말인지도 몰랐고. 초등학교 국어책에 '내용상 서정시 형식상 자유시' 아닌 시도 없었어. 시에 대한 벽과 열등감을 키운 게 한국의 교육 제도인 것 같아. 고등학교 때는 시에 대한 분석을 넘어 '분해'를 한 것 같아. 그러니 시를 전혀 이해할 수 없었어. 이해할 수 없으니 가슴으로 느낄 수도 없었고. 대학 때도 그랬고 서른 살이 되어도 시에 대한 열등감은 계속되었지.

그런데 시에 대한 내 영원한 열등감을 깬 사람이 있었지. 천상병. '시가 이런 거야? 그럼 내가 암호라고 생각했던 시들은 전부 사기였던 거야?' 천상병의 시를 읽으면서 시에 대한 열등감을 조금씩 깨게 됐어. 지금은 시에 대한 열등감이 거의 사라졌어.

이 논술 문제에 나오는 김기택의 시 「사무원」을 읽고 시가 정말 재미있고 즐겁고 유쾌해서 웃는 바람에 몸이 뒤로 젖혀져서 의자에서 뒤로 벌렁 넘어졌어. 나를 의자에서 넘어뜨린 시는 이게 처음인 것 같아. 정말 좋은 시야. 오늘은 2번 문제만 풀겠어.

(2)
최근에 은행업, 보험업, 관광업 및 레저 산업과 같은 서비스 분야의 직업이 증가함에 따라 '감정 노동'에 관련된 사람들의 수도 현저히 늘고 있다. 그런데 감정노동은 특정한 범주의 직업에만 한정 되지 않으며 공적·사적 생활에서 광범위하게 이루어지고 있다. 우리는 모두 가정과 직장에서 어느 정도 우리의 감정을 만들어내고 관리할 필요가 있다. 예를 들어, 어린아이를 동반한 쇼핑은 아이들 때문에 심하게 부대끼는 부모들에게 종종 감정노동을 단련할 기회가 된다. 부모들은 계산대 앞에서 차례를 기다리는 동안 아이들에게 고함을 지르기보다는 억지 미소를 지어야 하기 때문이다.

스스로 자신을 돌볼 수 없는 아동이나 노인, 장애인 및 병자를 돌보는 직종에 종사하는 사람들 역시 육체노동뿐만 아니라 감정노동을 수행하고 있다. 그들은 규범적이고 윤리적인 측면을 포함한 사회관계 속에서 노동을 한다. 그들은 사회가 일반적으로 그 직업에 기대하는 역할을 수행하기 위해 특정한 얼굴 표정과 육체적 표현을 만들 수 있도록 자신의 감정을 관리한다.

감정노동 종사자들의 임무는 고객들이 요구하는 서비스를 제공함으로써 그들이 편안함을 느끼도록 하는 것이다. 이러한 업무 속에서 그들은 고객들에게 짜증을 내지 않으면서 자신들의 역할에 충실해야 한다는 딜레마에 부딪히게 된다. 표면 연기는 이 딜레마에 대처하는 한 가지 방식이다. 그러나 표면 연기가 위선적이며 자존심을 상하게 한다고 생각하는 사람들에게 그 방법은 만족스럽지 못하다. 그래서 노련한 직업인들은 표면 연기 대신 내면 연기를 선호하는 경향이 있다. 예를 들어 간호사들은 무례하고 공격적인 환자를 다룰 때 그 환자의 행동이 정당화될 수 있는 이유를 생각해내려고 애쓰고, 화를 내기보다는 스스로 미안한 감정을 가지려 한다. 그러나 그런 대처 방식도 바람직한 것만은 아니다. 진정한 자기감정으로부터 유리되는 현상을 감수해야 하기 때문이다.

특정 직업이 몸에 가하는 스트레스는 특정한 감정과 육체적 상태를 요구하는 업무 때문에 더욱 심화된다. 자신의 행위가 자아 개념과 모순된다고 인식될 때 스트레스 수준은 높아진다. 자신의 욕구를 부정하면서 언제나 다른 사람들의 욕구에 우선적으로 부응해야 할 때 몸은 견딜 수 있는 이상으로 가해지는 긴장에 대해 무의식적인 저항을 드러낼 수 있다. 감정노동 종사자들에게 기대하는 감정노동의 양이 증가하고 있는 현대사회에서 이런 위험성은 더욱 높아지고 있다.

(3)
이른 아침 6시부터 밤 10시까지 하루도 빠짐없이
그는 의자 고행을 했다고 한다.
제일 먼저 출근하여 제일 늦게 퇴근할 때까지
그는 자기 책상 자기 의자에만 앉아 있었으므로
사람들은 그가 서 있는 모습을 여간해서는 볼 수 없었다고 한다.
점심시간에도 의자에 단단히 붙박여
보리밥과 김치가 든 도시락으로 공양을 마쳤다고 한다.
그가 화장실 가는 것을 처음으로 목격했다는 사람에 의하면
놀랍게도 그의 다리는 의자가 직립한 것처럼 보였다고 한다.
그는 하루 종일 損益管理臺帳經(손익관리대장경)과 資金收支心經(자금수지심경) 속의 숫자를 읊으며
철저히 고행업무 속에만 은둔하였다고 한다.
종소리 북소리 목탁소리로 전화벨이 울리면

수화기에다 자금현황 매출원가 영업이익 재고자산 부실채권 등등을
청아하고 구성지게 염불했다고 한다.
끝없는 수행정진으로 머리는 점점 빠지고 배는 부풀고
커다란 머리와 몸집에 비해 팔다리는 턱없이 가늘어졌으며
오랜 음지의 수행으로 얼굴은 창백해졌지만
그는 매일 상사에게 굽실굽실 108배를 올렸다고 한다.
수행에 너무 지극하게 정진한 나머지
전화를 걸다가 전화기 버튼 대신 계산기를 누르기도 했으며
귀가하다가 지하철 개찰구에 승차권 대신 열쇠를 밀어 넣었다고도 한다.
이미 습관이 모든 행동과 사고를 대신할 만큼
깊은 경지에 들어갔으므로
사람들은 그를 '30년간의 長座不立(장좌불립)' 이라고 불렀다 한다.
그리 부르든 말든 그는 전혀 상관치 않고 묵언으로 일관했으며
다만 혹독하다면 혹독할 이 수행을
외부압력에 의해 끝까지 마치지 못할까 두려워했다고 한다.
그나마 지금껏 매달릴 수 있다는 것을 큰 행운으로 여겼다고 한다.
그의 통장으로는 매달 적은 대로 시주가 들어왔고
시주는 채워지기 무섭게 속가의 살림에 흔적 없이 스며들었으나
혹시 남는지 역시 모자라는지 한 번도 거들떠보지 않았다고 한다.
오로지 의자 고행에만 더욱 용맹 정진했다고 한다.
그의 책상 아래에는 여전히 다리가 여섯이었고
둘은 그의 다리 넷은 의자다리였지만
어느 둘이 그의 다리였는지는 알 수 없었다고 한다.

• 김기택 「사무원」

II. 제시문 (2)의 논지를 밝히고, 이를 바탕으로 제시문 (3)을 해설하시오.

내 답안과 학생들 답안을 보면서 공부하겠어. 먼저 내 예시 답안.

감정노동은 일상화되고 그 종사자들도 늘고 있다. 감정노동에서는 특정한 표정과 신체적 표현을 하도록 감정을 관리해야 한다. 감정노동은 주로 '돌봄노동'에서 이루어진다. 감정노동자들은 고객이 편안함을 느끼도록 표면 연기를 수행한다. 심지어 고객의 행동을 정당화하는 내면 연기까지 감당한다. 이때 노동자는 자신의 진정한 자아로부터 자신이 분리되는 고통을 감수한다. 업무와 자아의 불일치에서 오는 스트레스와 정신적 긴장은 한없이 높아진다.

그렇지만 삶을 이어가려면 그런 스트레스는 '의연히' 견뎌내야 한다. 긴장을 인성의 파괴로 여기지 않을 수행도 요구된다. 종교적 고행을 통해 자아의 실현에 이르는 스님과 달리, (3)의 사무원은 의자고행을 통해 자아와 노동의 처절한 분리를 경험한다. 득도를 통한 스님의 인격 완성이 사무원에게는 스트레스의 내면화로 나타난다. 자금현황, 매출원가 등을 청아하고 구성지게 염불하는 사무원은 이제 스트레스와 긴장의 단계를 넘어섰다. 그것을 스트레스로 느끼지 않을 정도의 '득도'에, 즉 소외의 최고 경지에 이른 것이다. 또한 의자고행으로 그의 몸은 사무원의 업무에 걸맞게 변한다. 머리는 빠지고 배는 부푼다. 그렇지만 자신에게 시주를 베푸는 '고객'에게 굴종을 내면화한 자발적인 감정노동을 선사한다. 생존을 위하여 자신의 인격을 파괴하지 않을 수 없는 현대사회 직장인의 슬픈 자화상을, (3)의 시인은 득도의 경지에 이른 역설로 신랄하게 풍자한다.

이제 공개 첨삭. 먼저 해라야.

감정노동이란 감정을 어느 정도 만들어내고 관리하는 것이다. 사람들은 자신들의 사회적 역할에 걸맞은 행동을 하기 위해 감정노동을 수행한다. 이는 생활의 전 영역에서 이루어진다. 그중에서도 서비스직 종사자들은 감정노동을 수행하면서 딜레마를 겪는다. 그들은 딜레마를 해결하기 위해 표면, 내면 연기를 하는데 오히려 이것이 진정한 감정과의 괴리, 자아와의 괴리로 이어진다. 이러한 괴리감에 육체적 스트레스가 동반되면 스트레스는 더 극심해지고 이 스트레스는 무의식적인 저항으로 표출될 위험성이 가중된다.

서비스직 종사자들은 (3)의 사무원처럼 고객에게 청아하고 구성지게 염불하듯이 서비스를 제공한다. 하지만 그들의 구성진 염불은 고객을 위한 진심에서 나오는 것이 아니라 상품 판매를 위한 것이다. 상사에게 굽실거리며 108배를 하는 것도 진심에서 우러나온 것이 아니다. 회사에서 그들의 행동은 진정한 감정과는 괴리되어 있다. 또한 그들은 '고행 업무'를 하며 육체적 스트레스에 시달린다. 그들은 머리가 빠지고 배가 부풀며 얼굴이 창백해지는 등 건강에 문제가 생길 뿐만 아니라 의자와 일체된 듯한 스트레스를 겪는 것이다. 이 상황이 더욱 극심해지면 무의식적인 저항으로 표출되는 것이다. (3)의 작가는 이러한 감정노동 종사자들의 고행을 승려들의 고행에 빗대어 비판한다. 시장의 논리에 의해 이루어지는 감정 조작의 고행이 득도를 위한 승려의 고행과 달리 자아를 희생시킨다는 점을 꼬집어 말하고 있는 것이다.

"선생님 이거 쓰고 나니까 힘 빠져요. 이 글은 어떤지 모르겠지만 생각을 짜내서 진이 빠진다는 게 뭔지 알게 된 듯해요. 힘들어요."

고생했어. 글을 읽고 쓰는 게 얼마나 힘든지 알아간다는 뜻이지. 몸과 마음을 전부 쏟아 부어야 글을 제대로 읽고 쓸 수 있는 거야. 잘하고 있어. 좋은 결과 있을 거야.

글을 볼까? 딜레마를 해결하려고 표면 연기나 내면 연기를 하는 게 아니야. 서비스직 종사자들이 본심과 다르게 표면 연기와 내면 연기를 해야 하는 상황이 바로 딜레마야. 진심에서 나오는 게 아니라는 말이 중복되었고, '것이다'도 자주 보이고. 그렇지만 전체적으로 보면 평균 이상 수준은 되겠어. 많이 좋아졌어. 그 다음 송현아.

> 감정노동이란 감정을 만들어내고 관리하는 일을 말하는데, 이것은 인간의 공적?사적 생활에서 광범위하게 일어난다. 공적인 상황에서 감정노동자는 그 직업의 사회적 역할 기대에 부응하기 위해 자신의 감정을 관리한다. 이런 과정에서 노동 종사자들은 자신의 감정과 역할이 충돌하는 것을 느껴 딜레마에 빠진다. 이렇게 자신의 욕구를 부정하고 다른 사람들의 욕구에 우선적으로 부응하는 것은 자신의 행위가 자아와 모순되는 행동이다. 따라서 감정노동자는 과중한 스트레스를 받게 되고, 이 스트레스 때문에 우리 몸이 무의식적으로 저항하는 위험이 생긴다.
>
> 사무원은 이른 아침부터 늦은 밤까지 의자에 앉아 일만 한다. 가정을 책임지는 가장으로서의 중압감 속에서 그는 이 '수행'을 끝마치지 못할까 두려워한다. 사무원은 수행을 계속하기 위해 끊임없이 일해서 끝내는 그의 두 다리가 '의자다리'가 되고 말았다. 그는 주변을 둘러볼 여유조차 갖지 못해 매일같이 도시락으로 점심을 때운다. 사무원은 너무 오랜 기간 동안 수행을 계속해야 한다는 의무감과 자신이 원하는 것 사이에서 갈등을 느꼈기 때문인지, 이제 아예 '원하는 것' 따위는 떠올리지 않게 되었다. 그는 '일하는 기계'로 전락했다. 모든 욕구를 참아야

하는 '감정노동'이라는 이름의 수행을 계속 지속한 나머지 이제는 인간의 감정을 느끼지 못하게 된 것이다. 현대 노동자를 대변하는 사무원처럼, 우리는 감정노동에 끊임없이 시달려 진정한 인간의 삶을 상실하게 된 것이다.

제시문 (2)의 논지를 바탕으로 한 게 적어 보여서 아쉽네. (2) 논지와 (3) 해설이 따로따로 노는 듯해. (3)의 해설은 좋아. '일하는 기계'도 멋있는 표현이군. 낱말이 좀 어색한 곳이 있어. 전체적으로는 이해력과 표현력이 높다고 봐야지. 훌륭한 수준이야.

직장에서 일하는 사람들은 이렇게 폐인이 되어가고 있어. 일하지 못하는 백수들도 폐인이 되어가고. 일하는 사람들은 과도한 노동 때문에 폐인이 되고, 백수는 과도하게 놀아서 폐인이 되고. 일하는 사람은 중노동을 강요받고, 백수는 나태를 강요받고. 일해도 일하는 게 아니고 일 안 해도 일 안 하는 게 아니고. 살아도 사는 게 아닌 모습들이지. 이 말을 너희들에게 적용하면? 공부해도 공부하는 게 아니고, 공부 안 해도 공부 안 하는 게 아니고.

어린 학생들에게 힘든 얘기만 했나? 그게 내 잘못은 아니야. 세상이 힘든데 장밋빛이라고 말하는 게 옳은 건 아니야. 세상이 힘들면 힘들다고 말하고 잘못되었으면 잘못되었다고 말하는 게 옳다고 생각해.

오늘 수업 끝.

오늘은 여러분의 머리를 식혀줄 수 있는 글을 보겠어. 현대 물질문명을 성찰하게 하고 삶의 지혜를 주는 좋은 글이야. 이 문제는 풀지 않아도 좋아. 그냥 읽기만 할 거야. 전남대 2002학년도 논술고사 문제.

논제 다음 두 글에 공통적으로 나타나 있는 주제를 밝히고, 그에 관해 자신의 견해를 논술하시오.

(가)

우리 부부는 버몬트에서 자급자족하는 삶을 살면서 더 나은 길을 찾는 데 힘을 쏟아야 했다. 그 과정에서 우리는 보통 도시인들이 거의 알지 못하는 수없이 많은 능력을 다시 펼칠 수 있는 기회를 얻었다. 이 능력들 가운데 가장 중요한 것은 밭을 일구고 곡식을 가꾸고, 먹을거리를 장만하는 것과 관련된 그런 능력들이었다. 그뿐만 아니라 집을 짓고 여러 가지 시설을 만들고 집을 고치고, 도구와 장비를 만들고 고치는 일들은 우리에게 무엇인가를 만들어내는 일거리를 가져다주었다. 우리에게 그것은 그저 단순한 일거리가 아니라 커다란 기쁨이었다. 통나무를 자르고 장작을 패고, 숲에서 나무를 해오는 일을 하면서 숲에 대해서는 물론이고 그것과 관련된 많은 것들에 대해 배울 수 있었다. 이 모든 일들에서 우리는 생각하고 계획하고 재료와 공구를 모았으며, 우리가 기대하는 결과를 얻으려고 필요한 기술을 익혔다.

여러 가지 폭넓은 서비스에 익숙한 도시인들은 날마다 생기는 중요한 문제들을 주로 전화로 이야기를 나눔으로써 해결할 수 있다고 믿는다. 10달러를 가진 사람은 백화점에서 그 돈에 걸맞은 훌륭한 물건을 살 수도 있다. 하지만 전화나 돈으로 문제를 해결하려는 이 사람들을, 필요한 재료와 도구를 충분하게 주지 않고서 숲 속에 홀로 남겨두어 보라. 그 사람들에게 돈은 아무짝에도 쓸모가 없다. 그 대신에 능력, 기술, 인내, 끈기가 당장에 쓸 수 있는 밑천이 될 것이다. 한 꾸러미의 물건을 사들고 집으로 돌아오는 도시인들은 10달러짜리 지폐가 힘의 원천이라는 것 말고는 배운 것이 아무 것도 없다. 그러나 도구와 기술을 가지고 자기에게 주어진 원료를 필요한 물건으로 바꿀 줄 아는 사람들은 그 일을 하는 과정에서 정신이 크게 자란다. 즉 그들은 아무리 많은 책을 읽어도 배울 수 없는 어떤 것을 체험을 통해 배우게 되는 것이다.

전화를 쓰는 것과 돈으로 물건을 사는 것이 현대인들이 살아가는 모습이다. 그러나 되도록 많은 것을 자급자족하며 살려는 사람에게는 이와는 아주 다른 그 무엇이 필요한 것이다.

(나)

경술년에 나는 벼슬을 내놓고 고향 결성(潔城)으로 돌아가 지냈다. 집 뒤쪽에는 넓이가 수십 보 남짓하고 깊이가 예닐곱 자 정도 되는 연못이 있었는데, 나는 기나긴 여름 동안 별로 할 일이 없어서 늘 연못에 나가 수면에 떠서 입을 뻐끔거리는 고기를 구경하곤 했다.

어느 날 이웃 사람이 대나무를 베어다가 낚싯대를 하나 만들고 바늘을 두들겨 굽혀서 낚시 바늘을 만들어주며, 잔물결이 출렁이는 연못에 낚시를 드리우도록 나에게 권하였다. 나는 한양에서만 오래 지냈기 때문에 낚시 바늘의 길이와 넓이와 굽기 정도가 어떠해야 하는지 잘 알지 못하는 터였는지라, 이웃 사람이 주는 그대로 적당한 것으로만 알았다. 그래서 종일토록 낚시를 물속에 드리우고 있었지만 한 마리도 잡지 못하였다.

그다음 날 한 객(客)이 와서 낚시 바늘을 보고는 말했다.

"이것으로 고기를 잡지 못한 것이야 당연하네. 낚시 바늘 끝이 안으로 너무 굽어 있어서 고기가 미끼를 삼키기도 쉽지만 내뱉기도 어렵지 않으니, 그 낚시 바늘 끝을 밖으로 조금 더 뻗치도록 해야만 고기를 잡을 수 있을 것이네."

나는 그 사람으로 하여금 낚시 바늘을 당겨서 밖으로 펴게 한 다음, 다시 종일토록 낚시를 물속에 드리우고 있었지만 역시 한 마리도 잡지 못하였다.

그다음 날 또 한 객이 와서 낚시 바늘을 보고는 말했다.

"이것으로 고기를 잡지 못한 것은 당연하네. 낚시 바늘 끝이 이미 밖으로 뻗쳐져 있기는 하지만, 굽어진 둘레가 너무 커서 고기 입에 들어갈 수가 없는 것이네."

나는 그 사람으로 하여금 낚시 바늘을 두들겨 굽은 둘레를 좁게 한 다음, 다시 종일토록 낚시를 물속에 드리우고 있었더니 겨우 한 마리를 잡을 수가 있었다. 그러자 옆에 있던 다른 사람이 말했다.

"저 사람의 말은 낚시 바늘에 대해서는 합당하네만, 낚싯대를 당기는 방법을 빠뜨렸네. 낚싯줄에 찌를 매단 것은 그것이 뜨고 잠기는 것에 따라 고기가 물었는지 물지 않았는지를 알기 위한 것이라네. 이 찌가 움직이기만 하고 잠기지 않으면 고기가 미끼를 아직 완전히 삼킨 것이 아니거늘 갑자기 채어 올리면 고기가 물 겨를이 없게 되고, 또 찌가 잠겼다가 약간 뜨면 고기가 이끼를 삼켰다가 도로 뱉은 것이거늘 천천히 잡아당기면 고기가 이미 떠난 뒤이므로, 반드시 찌가 잠길락 말락 할 때에 잡아 올려야만 고기를 잡을 수 있다네. 그리고 잡아 올릴 때에도 손을 똑바로 하여 위로 올리면 고기의 입이 막 벌어지려 하나 낚시 바늘 끝이 곧바로 들어가지 못하게 되니, 고기가 낚시 바늘을 물었다가 놓치는 것은 흡사 가을 낙엽이 나무에서 떨어짐과 같네. 그러므로 반드시 손을 옆으로 비스듬히 하여 마치 빗자루로 쓸듯이 당겨 올리게. 그러면 고기가 낚시 바늘을 목구멍 속으로 막 삼키자마자 그 낚시 바늘 끝은 고기가 물을 마실 때마다 더욱 깊이 들어가 좌우로 요동을 치더라도 낚시 바늘이 무엇이나 닿는 곳에 박혀서 고기가 딸려 올라올 것이니, 이것이야말로 고기를 한 마리도 놓치지 않는 요령이라네."

나는 또 그가 가르쳐 준 방법대로 하여 낚싯대를 드리운 지 한참 만에 서너 마리를 잡았다. 그러자 그 사람이 다시 말했다.

"고기 잡는 방법은 그것이 전부이나, 고기 잡는 묘리(妙理)는 그 정도로는 아니 된다네."

그는 나의 낚싯대를 가져다가 직접 물속에 드리웠는데, 낚싯줄도 내가 쓰던 낚싯줄이고 낚시 바늘도 내가 쓰던 낚시 바늘이고 미끼도 내가 쓰던 미끼이고 앉은 곳도 내가 앉았던 곳으로, 달라진 것이라고는 다만 낚싯대를 들어 올리면 고기가 딸려 나오는 것이 마치 광주리에서 집어 올리는 듯하고 소반에 올려놓은 것을 세는 듯하여 손 쉴 틈이 없었다. 이에 내가 그에게 물었다.

"고기 잡는 묘리가 어찌 여기에 이른단 말인가? 그것을 나에게 가르쳐 줄 수 있겠는가?"

그러자 그 사람이 말했다.

"가르쳐 줄 수 있는 것은 고기 잡는 방법일 뿐, 고기 잡는 묘리야 어찌 가르칠 수 있겠는가? 만일 가르쳐 줄 수가 있다면 그것은 또한 묘리라고 일컬을 수가 없는 것이네. 그러나 군이 가르쳐 달라고 한다면 자네에게 해줄 말 하나는 있네. 자네는 내가 가르쳐 준 방법으로 아침이고 저녁이고 낚싯대를 드리워 놓고, 정신을 가다듬고 뜻을 모아 오랫동안 익히고 익혀 몸에 익숙해지면 손은 가야 할 곳에 가게 되고 마음은 이해해야 할 것을 이해하게 될 것이네. 이와 같이 묘리를 터득할 수도 있고 터득하지 못할 수도 있네. 간혹 그 미묘함까지 통달하여 극치를 다할 수도 있고, 그중 한 가지만 깨닫고 두세 가지는 모를 수도 있네. 또 하나도 아는 바가 없어서 도리어 스스로 의혹만 있을 수도 있으며, 자기도 모르는 사이에 깨닫고는 스스로 그 깨달은 까닭을 알지 못할 수도 있으니, 이는 자네에게 달렸을 뿐 내가 어떻게 하겠는가?"

참 마음에 드는 글이야. 여기에서 낚시 잘하는 법은 논술 잘하는 법도 된다고 생각해. 그걸 찾았어? 그건 네 가지. '정신을 가다듬고, 뜻을 모아, 오랫동안 익히고 익혀, 몸에 익숙해지면.' 이것 네 가지라고 생각해.

10장

수리논술 답안은
한눈에 들어오게

오늘 수업. 대학에 가면 여러분은 대부분 학문을 하겠지? 그래서 오늘은 학문을 주제로 하는 고려대 2009학년도 모의논술 문제를 보겠어. 또한 여기에는 수리 문제도 나오고. 인문계에서 수리 문제를 어떻게 해결하는지 보도록 하겠어. 내 예시 답안과 학생의 답안을 보면서 공부하겠어.

(가)

학문 연구를 예술 활동과 구분 짓는 움직일 수 없는 사실이 하나 있다. 그것은 학문 연구가 진보의 과정 속에 편입되어 있다는 사실이다. 예술에는 학문 분야에서와 같은 의미의 진보가 없다. 새로운 기술적 수단을 개발했던 시대의 예술품이 그전 시대의 예술품보다 순수한 예술적 관점에서 항상 뛰어난 것은 아니다. 가령 원근법을 개발했던 시대의 예술품이 단지 원근법을 사용했다는 이유로 그에 대한 지식이 전혀 없이 만들어진 예술품보다 낫다고 할 수 없다. 후자의 예술품이 원근법 같은 기술적 조건과 수단을 사용하지 않고서도 예술성에 합당하도록 대상을 선택하고 형상화하여 재료적 적합성과 형식적 적합성을 지니게 되었다면 그렇다는 것이다. 진실로 '완성' 된 예술품은 능가되지도 낡아버리지도 않을 것이다. 완성된 예술품에 대한 개별적인 평가는 얼마든지 서로 다를 수 있다.

그러나 예술적 의미에서 진실로 '완성' 된 작품이 다른 하나의, 역시 '완성' 된 작품에 의해 '추월당했다' 라고 어느 누구도 말할 수 없을 것이다. 예술 분야와 달리 학문 분야에서는 어떤 연구 결과든 10년, 20년, 50년이 지나면 낡은 것이 된다는 사실을 우리는 모두 알고 있다. 그것이 학문 연구의 운명이자 목표이다. 학문은 그것과 유사한 운명에 처한 여타의 문화 영역들과 달리 매우 독특한 의미에서 이 운명과 목표에 예속되고 내맡겨져 있다. 학문상의 모든 '완성' 은 새로운 '질문' 을 뜻한다. 그 완성과 질문을 통해 학문은 '능가' 되고 낡아버리기를 바란다. 학문에 헌신하려는 자는 누구나 그 과정을 감수해야 한다. 물론 학문적 업적이 그것의 예술적 우수성 때문에 '향유 수단' 으로서 또는 학문적 작업에 대한 훈련 수단으로서 지속적으로 그 중요성을 유지할 수도 있다. 그러나 거듭 말하지만 학문적으로 능가된다는 것은 우리 모두의 운명일 뿐만 아니라 목적이기도 하다. 우리는 다른 사람들이 우리보다 더 멀리 나아가기를 희망하지 않고서는 연구할 수 없다. 원칙적으로 진보가 무한히 계속된다고 보는 것이다. 이로써 우리는 학문의 의미를 문제 삼게 된다. 학문이 무한한 진보라는 법칙에 예속된다는 것이 과연 그 스스로에게 본질적으로 의미가 있는지 그다지 자명하지 않기 때문이다. 어째서 우리는 결코 종결되지 않으며, 또 종결될 수도 없는 일을 하는 것인가? 그 물음에 대한 답으로 순전히 실용적인 목적, 즉 광의의 기술적 목적이 거론되기도 한다. 다시 말해 학문적 경험을 통해 가능해진 예측과 기대를 우리의 현실적 행위에 길잡이로 삼기 위함이라고 말할 수 있을 것이다. 물론 그런 답은 실용성을 추구하는 사람에게만 의미를 지닐 뿐이다. 그러나 학문 연구라는 자신의 직업에서 학자가 진정 추구하는 바는 무엇인가? 학문 연구는 그 자체를 위해서 존재하는 것이라고 학자는 주장한다. 학문 연구는 세상 사람들이 사업적으로나 기술적으로 성과를 얻도록 하기 위해, 다시 말해 사람들이 잘 먹고, 잘 입고, 잘 살 수 있도록 하기 위한 것이 아니라 오로지 그 자체를 위해 존재한다는 것이다. 그러나 학자는 항상 낡아버릴 수밖에 없는 자신의 업적에 어떤 의미를 부여할 수 있는가? 그의 작업은 전문 분야들로 나뉘어 무한히 진행되는 과정의 작은 부분에 불과하며 이내 낡아 버린다. 그 속에서 그는 도대체 어떤 의미 있는 성과를 거두었다고 믿는가? 이 물음은 어떤 보편적인 성찰을 요구한다.

학문의 진보는 우리가 수천 년 전부터 겪어온 저 지성화 과정의 작지만 가장 중요한 부분이다. 그런데 그 과정에 대해 요즘 사람들은 대개 매우 부정적 입장을 취하고 있다.

우선 과학과 과학 기술에 의한 지성적 합리화가 실제로 무엇을 뜻하는지를 살펴보자. 그것은 오늘날 우리가 인디언이나 호텐토트인보다 자신의 생활 조건에 대해서 더 많은 지식을 가지고 있다는 것을 뜻하는 것인가? 그렇다고 하기는 어렵다. 전차를 타는 우리 중의 어느 누구도 전문 물리학자가 아닌 한 전차가 어떻게 해서 움직이는지 전혀 알지 못한다. 또 알 필요도 없다. 전차의 작동을 '신뢰' 할 수 있으면 우리는 그것으로 충분하며 그 신뢰에 기초하여 행동한다. 그러나 우리는 어떻게 전차가 움직일 수 있도록 제조되는지에 대해 전혀 모른다. 미개인은 그의 도구가 어떻게 만들어졌고 어떻게 작동하는지에 대해 우리와는 비교할 수 없을 정도로 잘 알고 있었다. 오늘날 우리는 돈의 가치에 따라 물건을 적거나 많게 구매한다. 그러한 행동이 돈의 어떤 속성에 의해 가능한지 질문한다면 사람들은 저마다 다른 대답을 하리라 나는 장담한다. 심지어 경제학자들마저도 사정은 마찬가지일 것이다. 그처럼 일상적인 행위에 대해서조차 우리는 분명하고도 일치된 이해를 지니지 못한다. 그러나 미개인은 매일 매일의 식량을 얻기 위해 어떻게 해야 하며 그렇게 하는 데 어떤 제도들이 도움이 되는지를 알고 있었다. 그러므로 지성화를 통한 합리성의 증대가 우리가 처해 있는 생활 조건에 대한 일반적 지식의 증대와 곧바로 연결되지 않는다. 지성화가 진정으로 의미하는 바는 지식의 획득 가능성이다. 지성화를 통해 우리는 원하기만 한다면 언제라도 삶의 조건에 대한 지식을 얻을 수 있으며, 삶에서 작용하는 어떤 힘들도 원래 신비스럽고 예측할 수 없는 힘들이 아니므로 모든 사물이 원칙적으로는 계산을 통해 지배될 수 있다는 것을 알거나 믿게 되었다. 이것은 세계의 탈 주술화를 뜻한다. 우리는 더 이상 미개인처럼 신비하고 예측할 수 없는 힘의 존재를 믿지 않으며, 주술적 수단으로 정령을 다스리는 따위의 일은 할 필요가 없다. 주술이 담당했던 일들을 오늘날은 기술적 수단과 계산이 해준다. 바로 이것이 지성화가 그 자체로서 의미하는 바이다.

(나)

학문 연구에는 얼마나 많은 위험이 도사리고 있으며, 얼마나 많은 허위의 길이 숨어 있는가. 진리에 도달하기 위해서는 얼마나 많은 오류를 거쳐야 하는가. 그 오류는 진리가 유익한 것보다 천 배는 더 위험하다. 그러니 학문 연구가 불리하다는 점은 불을 보듯 뻔하다. 왜냐하면 오류는 수많은 조합으로 이루어지지만, 진리에는 오로지 한 가지 존재 양식밖에 없기 때문이다. 게다가 진리를 정말 진지하게 탐구할 사람이 있는가. 설령 최선을 다하여 탐구한들 어떤 표지를 통해 진리라는 것을 확신할 수 있는가. 숱하게 다른 의견들 가운데 진리를 제대로 판단하기 위한 기준은 무엇인가. 가장 어려운 것은, 요행으로 우리가 막판에 그 진리를 찾아낸다 한들 누가 그것을 유익하게 사용할 줄 알 것인가.

학문은 그것이 계획하는 목적을 볼 때 무용한 것이지만, 그보다는 그것이 불러일으키는 결과로 말미암아 훨씬 더 위험하다. 학문은 무위도식에서 태어나 무위도식을 먹여 살린다. 그리하여 만회할 수 없는 시간 손실은 학문이 사회에 필연적으로 야기하는 첫 번째 폐해이다. 도덕에서건 정치에서건 선행을 하지 않는 것은 큰 악이다. 그러므로 쓸모없는 시민은 모두 해로운 사람이라고 할 수 있다.

그러니 저명한 철학자들이여, 당신들이 연구한 결과물들의 중요성을 다시 생각해 보시라. 학자들과 가장 훌륭한 시민들의 혁혁한 업적조차 우리에게 거의 유익함을 주지 못하는데 국가의 재산을 무익하게 축내는 저 이름 없는 작가들과 무위도식하는 먹물들에 대해서는 어떻게 생각해야 하는지 말해 보시라.

내가 '무위도식'이라는 말을 썼던가. 차라리 그들이 무위도식에 그치면 좋으련만! 그러면 그들의 품행은 오히려 더 건전해질 것이고, 사회는 더 평화로워질 텐데. 그런데 쓸모없이 미사여구만 늘어놓는 그들은 해로운 역설로 무장하고 사방으로 내닫는다. 신앙의 토대를 흔들어대며 미덕을 파괴하는 그들은 조국이나 종교 같은 오래된 말들을 조소하며, 인간들 사이에 신성한 것으로 남아 있는 모든 것을 파괴하고 모독하는 일에 자신들의 재능과 철학을 바친다.

(다)

갈릴레이   네게 보여 줄 게 있다. 관측의(觀測儀) 뒤를 보렴(안드레아가 관측의 뒤에서 거대한 목제 프톨레마이오스 천구의(天球儀)를 끌어낸다).

안드레아   이게 뭐죠?

갈릴레이   천구의다. 그 장치는 천체들이 어떻게 지구 둘레를 도는지 보여준다. 옛날 사람들 생각으로 그렇다는 거야.

안드레아   어떻게 도는데요?

갈릴레이   그걸 조사해 보자. 우선 첫 번째로 할 일은 구조 설명이다.

안드레아   한가운데에 작은 돌멩이가 있네요.

갈릴레이   그게 지구다.

안드레아   그 둘레 여기저기에, 계속 겹쳐지면서, 테가 있어요.

갈릴레이   몇 개나 되지?

안드레아   여덟 개요.

갈릴레이   그건 수정 천구들이다.

안드레아   테 위에 둥근 덩어리들을 붙여 놨어요.

갈릴레이   천체들이지.

안드레아   여기 띠가 있고, 글자가 그려져 있는데요.

갈릴레이   무슨 글자?

안드레아   별들 이름이요.

갈릴레이   어떤 별?

안드레아   제일 밑에 있는 덩어리는, 달이라고 적혀 있어요. 그리고 그 위에 해가 있고요.

갈릴레이   이제 해를 움직여 봐라.

안드레아   (테들을 움직이며) 이거 멋진데요. 하지만 우리는 완전히 갇혀 있네요.

갈릴레이   그래, 그 물건을 처음 봤을 때 나도 그렇게 느꼈다. 그렇게 느끼는 사람이 몇 있지. 담장에 막히고 테에 둘러싸여 꼼짝 못하는 꼴이라니! 이천 년 동안 내내 인류는 태양과 하늘의 모든 천체들이 자신의 주변을 돈다고 믿었단다. 교황과 추기경, 제후, 학자, 선장, 장사꾼, 생선 장수 아낙네, 학생들이 한결같이 그 수정으로 된 구체 속에 꼼짝 못하고 앉아 있다고 생각한 거야. 하지만, 안드레아, 이제 우리는 여기를 떨치고 나가 멀리 여행을 떠나는 거다.

옛 시대는 끝나고 이제 새로운 시대가 왔으니까. 백 년 전부터 인류는 무엇인가 기다려 온 것 같다. 도시들은 비좁고, 그래서 머리도 그렇다. 미신과 흑사병을 봐라. 그러나 이제는 다르지. 지금 사정이야 어떻든, 계속 그렇지는 않아. 모든 것이 움직이기 때문이다. 꼬마 친구, 나는 그게 꼭 바다의 배에서 시작됐다고 생각한다. 먼 옛날부터 배들은 해안을 따라서만 기어 다녔는데, 그런데 갑자기 해안을 떠나 온갖 바다로 달려 나갔거든. 우리의 옛 대륙에 소문이 퍼졌단다. 새 대륙들이 있다는 거였어. 그래서 우리 배들이 거기로 항해하게 된 다음부터, 미소 짓는 새 대륙에서는 이런 말이 돌고 있지. '그 무섭던 큰 바다가 실제로는 그저 조그만 물길이구먼.' 또한 모든 사물의 원인을 찾아내려는 관심이 크게 일어났다. 돌멩이를 손에서 놓으면 왜 아래로 떨어지는지, 또 그걸 높이 던지면 어떻게 올라가는지, 그렇게 매일 무엇인가 발견되고 있어. 백 살 먹은 노인네들까지도 무슨 새로운 것이 발견됐는지 귀에 대고 소리쳐 달라고 젊은이에게 부탁할 정도야. 지금 벌써 많은 것이 발견됐지만, 아직 발견될 것이 더 많다. 그래서 새 세대들이 할 일이 또 있게 되지. 나는 젊었을 때, 시에나에서 공사장 인부 몇 사람이 화강암 덩어리를 움직이는 것을 본 적이 있다. 밧줄을 용도에 더 잘 맞게 새로 얽었는데, 그렇게 해서 천 년 묵은 과거의 관습을 바꾸더구나. 단 오 분 동안 토론을 벌인 끝에 그랬어. 그때, 그리고 그다음부터 나는 옛 시대가 끝나고 새 시대가 왔다는 것을 알게 되었다. 머지않아 인류는 자신들의 거주지, 그러니까 자기들이 살고 있는 천체에 관해 정확히 알게 될 게다.

(라)

학습을 통한 개체 특성의 변화는 인간 사회에서 진화가 발생하는 하나의 방식이다. 개체 특성의 변화에 따라 사회 전체의 특성도 변화할 것이다. 다음은 학습의 한 형태를 기술하고 있다.

어떤 한 사회의 구성원들을 '혁신가'와 '모방자'의 두 유형으로 구분할 수 있다고 하자. 혁신가는 비용을 들여서 새로운 지식을 획득한 후 그에 근거하여 사회생활을 영위하며, 모방자는 스스로 지식의 발전에 기여하지 않고 다른 사람들의 지식을 이용하기만 한다. 전체 인구 중에서 혁신가의 비율은 p이고, 모방자의 비율은 $1-p$이다.

개인들은 다음과 같은 방식에 따라 일대일로 짝을 이루어 사회적 관계를 맺는다. 개인은 확률 s로 자신과 동일한 유형과 확실하게 짝지어지며, 확률 $1-s$로 유형에 관계없이 무작위로 선택된 상대와 짝지어진다. 무작위로 상대와 짝지어지는 경우 상대의 구체적인 유형은 그 사회에서 두 유형의 분포에 의해 결정된다. 따라서 한 개인이 자신과 동일한 특성 혹은 다른 특성을 가진 개인을 만날 확률은 p와 s에 의해 결정된다.

혁신가는 사회적 관계의 상대방이 혁신가이건 모방자이건 비용을 제외하고 1의 보수를 얻는다. 모방자는 혁신가를 만날 경우 2의 보수를 얻고, 다른 모방자를 만날 경우 0의 보수를 얻는다. 한 개인이 얻을 보수의 기댓값은 특정 유형의 상대를 만날 확률과 상대에 따른 보수에 의해 결정된다. 사회에서 혁신가와 모방자의 비율을 '사회 구성'이라고 하자. 사회 구성은 시간이 흐름에 따라 변할 수 있는데, 혁신가의 보수의 기댓값이 모방자의 보수의 기댓값보다 작으면 혁신가들 중 일부는 모방자로 변한다. 마찬가지로, 모방자의 보수의 기댓값이 혁신가의 보수의 기댓값보다 작으면, 모방자들 중 일부는 혁신가로 변한다. 이러한 과정의 반복을 통해서 사회 구성이 변화하게 된다.

I. 제시문 (가)를 500자 내외로 요약하시오. ▶30점

II. 제시문 (나)와 제시문 (다)의 견해를 비교하고, 제시문들을 참고하여 학문의 진보에 관한 자신의 입장을 논술하시오. ▶50점

III. 제시문 (라)에서 학습에 의해 사회 구성이 변동할 것이지만, 어떤 조건이 충족될 때 사회 구성이 일정하게 유지될 수도 있다. 제시문에 근거하여 사회 구성이 일정하게 유지될 일반적 조건을 서술하고, 제시문에서 기술된 특정한 경우에 사회 구성을 일정하게 유지할 p와 s의 관계를 설명하시오. ▶20점

누리집에 교수의 예시 답안이 있네. 먼저 그걸 보겠어.

학문 연구는 진보의 과정에 위치한다는 점에서 예술과 구분된다. 예술의 역사는 완성을 향한 진보의 과정이 아니며 한 예술품의 완성도는 순수하게 미학적 관점에서 파악된다. 학문 분야에서는 어떤 연구 성과든 시간의 경과에 따라 낡아지고 다른 연구에 의해 폐기되는 운명에 처한다. 새로운 질문의 제기와 그 질문에 대한 해명을 통해 학문은 진보한다. 그처럼 무한히 계속되는 진보의 과정에 예속되어 낡아질 운명에 처한 학문 연구의 진정한 의의는 무엇인가. 그 질문에 대해 학문의 실용성이나 학문의 자기 목적성이 거론되기도 한다. 그런데 학문의 진보가 인류가 겪어온 지성화 과정의 본질을 이룬다는 점은 분명하다. 지성화가 곧바로 삶의 편리와 지식의 증대를 가져오지 않는다. 지성화는 합리적 과정을 통한 지식의 획득 가능성을 신뢰한다. 지성화는 미개인에게 주술이 했던 역할을 과학과 기술이 담당하도록 함으로써 세계

의 탈주술화를 수행한다. 따라서 학문의 진보가 지닌 진정한 의미는 지성화를 통한 세계의 탈주술화에 있다고 하겠다.

내용은 핵심을 담았는데 국어와 표현이 좀 어려운 듯. 내가 아래처럼 고쳐보았어.

학문 연구에는 진보를 말할 수 있지만 예술은 그렇지 않다. 예술의 역사는 완전을 이루려는 진보의 과정이 아니며 예술품의 완성도는 순전히 미학적인 관점에서 파악된다. 그런데 학문의 성과는 시간이 지나면서 낡아지며 다른 연구에 의해 폐기될 수 있다. 학문은 새로운 질문을 던지고 그 질문을 해명하면서 진보한다. 학문은 무한히 계속되는 진보의 과정에 놓여 있다. 이러한 학문 연구의 진정한 의의는 무엇일까? 학문의 실용성이나 학문의 자기 목적성을 학문의 목적이라고 말하기도 한다. 그렇지만 학문의 진보는 인류가 겪어온 지성화 과정의 본질을 이룬다. 지성화는 곧바로 삶의 편리와 지식의 증대를 가져오지는 않지만 합리적 과정을 통한 지식의 획득 가능성을 신뢰한다. 즉 과거에 주술이 했던 역할을 오늘날에는 과학과 기술이 담당함으로써 지성화는 세계의 탈주술화를 수행한다. 그러므로 학문 진보의 진정한 의의는 지성화를 통한 세계의 탈주술화에 있다.

아래는 내가 쓴 예시 답안이야. 먼저 II번 답안.

(나)는 학문 결과의 해악을 들어 학문의 무용성을 주장하고 학문 연구에 대해 부정적인 견해를 드러낸다. 그 반면에 (다)는 학문 연구에 대한 낙관적 시각을 보이며 학문 연구를 긍정적인 시각으로 바라본다.

(나)에 따르면 학문은 오류를 피할 수 없다. 진지한 진리탐구의 노력을 기대하기도 어렵다. 진리를 판단할 기준도 없다. 진리를 유용하게 사용할 준비도 되어 있지 않다. 학문은 사회에 비용을 치르게 한다. 신앙의 토대를 흔들고 전통적 미덕을 파괴한다는 점에서 학문의 해악은 크다. (나)는 학문 자체에 대한 심각한 회의를 드러낸다. 이와 달리 (다)는 이성과 과학의 힘을 통한 계몽을 옹호한다. 세계는 주술적–종교적 세계상에서 해방되어야 한다. 근대를 지배한 계몽의 본질은 이성의 자율적 사용을 통해 선입견과 미신에서 해방되는 것이다. 이성을 통해 계몽되고 이를 통해 인류의 삶과 학문의 진보를 이루어야 한다.

물론 학문은 진보해야 한다. 그것은 (다)의 지적처럼 인류의 삶을 야만에서 문명으로 이끌었다. 계몽과 이성을 통한 학문의 진보는 인간을 '중세의 암흑'에서 벗어나게 했다. 하지만 아무리 긍정적이라고 해도 그것은 학문 진보의 일면에 불과하다. 다른 면은 과학 기술 발전의 파괴적 측면이다. 이제 '동전의 양면'을 모두 헤아리는 안목이 요구된다. 근대에 학문의 진보와 문명의 발전을 먼저 이룬 서양은 아시아와 아프리카를 식민지로 만들고 인간을 착취하고 자연을 약탈했다. 전쟁을 일으키고 생명도 파괴했다. 지구 온난화는 학문의 진보와 문명의 발전이 이루어낸 '발명품'이다. 누구를 위한 발전이고 무엇을 위한 진보인지 묻지 않는다면 학문의 진보는 맹목적 신념에 지나지 않는다. 학문의 발전이 인간의 생명과 행복, 자유와 인권, 인류의 평화에 기여한다면 나 또한 학문의 진보 편에 설 수 있다. 구미의 선진국 시민뿐만 아니라 아시아와 아프리카의 대다수 인간의 비참한 삶의 개선과 자유의 신장에 기여하는 것이라면, 학문의 진보에 반대해야 할 이유는 없을 것이다.

그다음 III번 예시 답안.

(라)에 근거할 때, 사회 구성이 일정하게 유지될 일반적 조건은 혁신가의 보수의 기댓값
과 모방자의 보수의 기댓값이 같은 경우다. (라)에 기술된 특정한 경우에 사회 구성을
일정하게 유지할 p와 s의 관계는 아래와 같다.

		보수의 기댓값
혁신가 p		1
모방자 1-p	s	0
	1-s p	2
	1-p	0

그러므로 p와 s 관계에는 1 = 2(1-s)p의 식이 성립해야 한다.

이 식은 (1-s)p = 1/2로 바꿀 수 있다. 이 식에서

s가 0 에 수렴하면, p는 1/2로,

s가 1/2에 수렴하면, p는 1로 수렴한다.

즉 동일한 유형을 만날 확률이 거의 없을 경우, 그 사회에 혁신가는 절반 정도 존재한
다. 동일한 유형을 만날 확률이 절반 정도 될 경우에 그 사회는 혁신가로 가득 차게 된
다. 이럴 경우 지식의 증대 및 학문의 진보와 더불어 사회의 발전이 이루어질 수 있을
것이다.

이 답안처럼 수리논술 답안은 한눈에 들어오도록 시각적으로 잘 보이게 표현하는 게 좋아. 그럼 이제 공개 첨삭. 상정아. 1번 답안 읽어봐라.

> ✎베토벤의 합창 교향곡은 1824년부터 지금까지 수많은 사람들의 사랑을 받고 있다. 이 곡은 그 자체의 예술적 가치를 높이 평가받았고, 그 결과 200년이 흐른 지금까지 남을 수 있었다. 그런데 이 예술품은 음악사에서도 중요한 부분을 차지한다. 베토벤은 기악으로만 구성되던 기존의 고전주의 교향곡에 성악을 접목했다. 그가 30년간 계획하고 연구한 끝에, 이 곡은 클래식 음악이 고전주의에서 낭만주의로 발전하는 징검다리 역할을 해낼 수 있었다. 그러나 사람들은 이런 발전 과정은 잊고 그 예술성만을 기억하는 경우가 많다. 베토벤이 공들인 30년은 곡의 예술성과 음악사라는 학문에서 의미를 가질 뿐, 곡을 감상하는 사람들에게는 특별한 의미를 갖지 못하기 때문이다. 그의 시도가 다양한 곡에 영향을 끼쳤다는 사실을 안다고 해서, 곡에 대한 개인의 감상이 변하지 않는 것과 같다. 즉 두 가지 별개 영역인 만큼 이런 진보 과정은 일상적 지식에 의미가 없다. 이런 진보를 안다는 것은 후대의 곡들과의 연관성을 알게 될 가능성을 높인다는 점에서 의미를 갖는다. 새로운 예술품의 등장은 이런 발전에 의해 이루어진다. 우리는 그 등장에 호기심을 갖게 될 때에만 그 진보를 들여다보면 된다.

지금까지 본 논술 답안 중에 제일 쇼킹하네. 동문서답도 이 정도 되면 예술의 경지에 올랐다고 할 수 있을 듯. 이 글을 어찌 고려대 2009학년도 모의논술 '학문의 진보'를 언급한 제시문 (가)를 요약한 글이라고 할 수 있을지. 정말 너무너무 쇼킹한 답안이야. 고전음악 전문해설가의 합창 교향곡 해설은 잘 들었어. 지운아 네 글 읽어봐라.

> ✎ 학문 연구는 예술 활동과 달리 끊임없는 진보의 과정을 거치게 된
> 다. 어떤 결과가 나오든 시간이 지나면 새로운 것이 예전 것을 추월하
> 는 것이다. 그렇다면 우리는 왜 결코 종결될 수 없는 일을 하는가? 이
> 에 대해 어떤 사람들은 실생활에 대한 응용 때문이라고 생각하고, 학자
> 들은 학문 연구 그 자체가 본질이라고 대답한다. 과학과 과학 기술에
> 의한 지성적 합리화가 무엇을 뜻하는지 살펴보면, 그것은 현대인이 마
> 개인보다 생활 조건에 대해 더 많은 지식을 가지고 있음도 아니며 우리
> 의 일상적 행위에 대해서도 분명하고 일치된 이해는 존재하지 않는다.
> 오히려 지성화가 의미하는 것은 지식의 획득 가능성이다. 우리는 지성
> 화를 통하여 원할 때에 삶의 조건에 관한 지식을 얻을 수 있고 무엇보
> 다 원칙적으로 모든 사물은 주술의 힘 없이 계산을 통해 지배됨을 알거
> 나 믿게 되었다. 과거 주술의 역할이 지성화를 거쳐 오늘날 기술적 수
> 단과 계산으로 대체된 것이다.

중간에 있는 '무엇을 뜻하는지 살펴보면' 하는 문장은 어색해. 끝에서 두 번
째 문장도 어색하고. 제시문에 대한 이해력은 아주 좋아. 제시문의 핵심 내용을
잘 담았어. 지운이는 나와 수업을 몇 번 하지 않았는데 이렇게 실력이 향상되다
니 정말 놀랍군. 훌륭해.

> ✎ 예술은 변화하지만 학문은 진화한다. 예술에서 '완성'된 작품들은
> 각각의 영구적 가치를 갖지만 학문은 새로운 연구결과에 따라 끊임없이
> 진보하기 때문이다. 한 연구 결과가 새로운 연구 결과에 의해 추월당하

는 것은 학문에서 필연적 결과이자 학문을 수행하는 본질적 목표인 것
이다.

학자에게 이러한 학문 연구는 그 자체를 위해 존재하는 것이다. 반면에
그 외 합리적 개인들에게 학문 연구는 진보된 예측과 기대를 실용적인
목적으로 활용하기 위함이다.

인간은 학문이 진보함에 따라 지성화되고 합리성을 추구하게 된다. 이
때 지성화를 통한 합리성의 증대는 개개인의 지식이 미개인에 비해 증
대했음을 의미하지는 않는다. 지성화는 우리가 원함에 따라 지식의 획
득 가능성이 높아졌다는 것 그리고 기술적 수단과 계산을 통하여 우리
주변의 힘들을 증명할 수 있음을 의미한다.

중현이 답안 첫 문장 핵심이기도 하고 멋있기도 하네. 전체적으로 좋은 답안
이고 훌륭한 수준이야. 근데 둘째 단락은 그 견해들이 다른 학자들의 주장이라는
점을 이해하지 못한 듯. 마지막에 '증명'이 맥락상 안 맞는 낱말이야. 그다음 은
지야 II번 답안.

✎ 제시문 (나)는 학문을 연구하는 것이 위험하고 오류와 허위로 둘러
싸여 있으며, 득보다는 실이 더 많은 행위로 보고 있다. 그런 이유로
제시문 (나)는 학문 연구에 대해 부정적인 견해를 가지고 있다. 그와는
다르게 제시문 (다)는 학문 연구를 오개념을 바로잡아주는 것은 물론이
거니와 세상과 미래에 넓게 나아가는데 도움을 주는 존재로 여겨 학문
연구에 대해 긍정적인 견해를 보이는 갈릴레이 일화를 보이고 있다. 나
는 학문을 계속 연구해서 새롭고 진보된 다른 학문으로 이끌어야 한다
는 입장으로서 요컨대 학문 연구를 긍정적으로 본다는 점에서 제시문

(다)의 갈릴레이와 동일한 입장이다. 이렇게 내 입장을 결정한 첫 번째 이유는 새롭고 진보된 학문이 편의를 도모하는데 도구가 된다는 점이다. 이는 실제로 많은 사람들이 공감하는 부분인데 예를 들자면 중학생 때 머리를 굴려가며 힘들게 풀었던 문제를 고등학생이 되어 공식에 대입해서 간단히 풀어낼 수 있다는 것이다. 첫 번째 이유는 실용주의적인 입장에서 서술했다면 두 번째 이유는 학문을 연구하는 것이 위험하다는 주장에 대한 반박이 되겠다. 앞의 제시문 (나)에서 필자는 진리에 도달하기까지 위험요소들 때문에 학문을 연구하는 것에 반대한다고 했는데 이것이야말로 구더기 무서워 장 못 담그는 경우이다. 나는 진리가 발견되지 못해서 끝없는 오류에 빠지고 위험에 허우적거리는 것보다 위험을 감수하더라도 바른 것을 밝혀내어 오류와 위험을 멈춰야 한다고 생각한다. 코피가 나면 고개를 뒤로 젖혀서 코피가 앞으로 쏠리는 것을 방지해야 한다는 응급처치가 사실은 기도를 막는 원인이 된다는 사실이 밝혀지기 전까지 얼마나 많은 사람들이 위험을 겪었는지를 보고도 알 수 있습니다.

나는 사람에게는 학문을 믿고 안전하게 쓸 권리가 있다고 생각한다. 학문에 신뢰를 더할 수 있다는 점에서 학문을 연구하는 것은 계속 이루어져야 한다는 입장이다.

은지 답안은 아주 귀여우세요. 오개념? 오개념이란 말이 있어? 잘못된 개념이란 말이야? '반박이 되겠다.' 교수한테 하는 말로는 부적절한 듯. '알 수 있습니다.' 왜 갑자기 말투를 바꾸는 거야? 당황스럽네. '구더기 무서워 장 못 담그는 경우.' 은지야 너 구더기 본 적 있어? 장은 담글 줄 알고? 코피? 은지 코피 자주 나? 학문의 진보에 대한 견해는 알겠는데 미괄식이어서 좀 약하고. 그다음 연지야. III번 답안 읽어봐라.

> ✎ 제시문 (라)에서 학습에 의해 사회구성은 변동한다. 사회를 혁신가와 모방자로 나누었을 때 두 유형의 보수의 기댓값에 따라 높은 보수를 받는 유형으로 몰리게 된다. 따라서 0 또는 2의 보수를 받는 모방자는 1을 받는 혁신가보다 항상 적거나 많으므로 사회변동은 계속된다.

사회 구성이 일정하게 유지될 조건을 서술하고 p와 s의 관계를 서술하라는데 사회는 계속 변동한다고? 엽기적이네. 질문도 제시문도 전혀 이해하지 못한 답안이야. 이 답안은 분량에 상관없이 빵점.

학문에 관한 제시문 잘 읽고 대학에서 학문 잘하도록.

오늘 수업 끝.

오늘도 역시 수리 문제를 한다. 고려대 2009학년도 정시논술 문제에서 수리 문제 3번만.

> (마)
>
> 다음과 같은 가상적 상황을 생각해 보자. 어느 겨울 아침 나는 강둑을 따라 걷고 있다. 그때 한 자선단체 봉사자가 내게 급히 뛰어와 말하기를, 내가 입고 있는 외투를 자선단체에 기부하면 자선단체는 외투를 불쌍한 한 어린이의 생명을 구하는 데 사용할 것이라고 한다. 나는 자선단체 봉사자가 이런 부탁을 하는 것은 다음 두 가지 이유 중 하나 때문이라고 추측한다. 첫째, 자선단체는 내가 기부한 외투를 판매하여 현재 장티푸스의 위험에 노출되어 있는 빈곤국의 한 어린이에게 예방접종을 해 주기 위한 기금을 마련하려는 것이다. 둘째, 가까운 곳에서 물에 빠진 아이가 구조되었는데 이 아이를 체온저하증으로부터 보호할 외투가 필요한 것이다. 그런데 체온저하증의 상황은 장티푸스 위험의 상황보다 더 시급하지만, 장티푸스에 걸린 아이가 받을 고통은 체온저하증 아이가 받을 고통보다 훨씬 더 심하다.
>
> 내가 실행할 수 있는 행위 A와 B가 있을 때, '나는 A가 B보다 더 좋거나 덜 나쁘다고 생각한다'를 간단히 '나는 A를 B보다 선호한다'로 표현하자.

내가 '최소한의 도덕성'을 지닌 사람이라면 나의 선호는 다음 조건들을 만족시킨다.

조건 1 체온저하증으로 고통 받는 아이가 있음이 사실로 밝혀질 때, 나는 체온저하증 아이를 돕는 행위(SN)를 이 아이를 돕지 않는 행위(AN)보다 선호한다.

조건 2 나는 체온저하증 아이를 돕지 않는 행위(AN)를 장티푸스의 위험에 처한 아이를 돕지 않는 행위(AD)보다 선호한다.

조건 3 나는 장티푸스의 위험에 처한 아이를 돕는 행위(SD)를 체온저하증 아이를 돕는 행위(SN)보다 선호한다.

내가 '합리성'을 지닌 사람이라면 나의 선호는 다음 조건들을 만족시킨다.

조건 4 A, B, C라는 실행 가능한 행위들 중 하나를 선택할 때, 내가 A를 B보다 선호하고 B를 C보다 선호하면, 나는 A를 C보다 선호한다.

조건 5 조건4에서 행위들 중 하나가 실현되지 않을 것으로 밝혀지더라도, 나머지 행위들에 대한 나의 선호는 바뀌지 않는다.

조건 6 내가 A를 B보다 선호하면, 나는 B를 실행하지 않는다.

III. 제시문 (마)의 '조건 1'에 언급된 선호에 따른 행위는 도덕적으로 요구되는 행위인 반면, 예방접종을 받으면 장티푸스를 피할 수 있는 먼 나라의 아이가 있음이 사실로 밝혀지더라도 그 아이를 돕지 않는 행위는 도덕성에 어긋나지 않는다는 주장이 있다. 제시문 (마)에 주어진 '최소한의 도덕성'과 '합리성'의 조건들을 근거로 하여 이 주장을 비판적으로 논하시오.

 제시문 (마)를 보자. 도덕성의 조건 1은 SN>AN, 조건 2는 AN>AD, 조건 3은 SD>SN이다. 이걸 고려해야 한다. 순서대로 하면 SD>SN>AN>AD. 중요한 건 SD와 AD의 관계다. 조건 4는 A>B고 B>C면 A>C다. 조건 5는 B 없어도 A>C는 성립한다. 조건 6은 A>B면 B를 수행하지 않는다. 합리성의 조건 4 5 6에 따라 둘 사이에는 SD>AD 관계가 성립한다. SD를 수행한다.

 '예방접종을 받으면 장티푸스를 피할 수 있는 먼 나라의 아이가 있음이 사실로 밝혀지더라도 그 아이를 돕지 않는 행위는 도덕성에 어긋나지 않는다는 주장이 있다.' 이 주장을 기호로 바꾸면 SD>AD라고 할 수 있다. 그러므로 이 주장은 앞의 최소한의 도덕성과 합리성의 조건에 따라 반박된다. 이대로 답안을 쓰면 되 겠다. 아래는 내 예시 답안.

'예방접종을 받으면 장티푸스를 피할 수 있는 먼 나라의 아이가 있음이 사실로 밝혀지 더라도 그 아이를 돕지 않는 행위는 도덕성에 어긋나지 않는다는 주장이 있다.' 이 주장 은 기호 AD〉SD로 바꿀 수 있다. 즉 AD를 수행하고 SD를 수행하지 않는다.

(마)의 최소한의 도덕성의 기준	(마)의 최소한의 합리성의 기준
• 조건 1은 SN〉AN	• 조건 4는 A〉B이고 B〉C면 A〉C
• 조건 2는 AN〉AD	• 조건 5는 B가 없어도 A〉C는 성립
• 조건 3은 SD〉SN으로 기호화	• 조건 6은 A〉B면 B를 수행하지 않음
• SD〉SN〉AN〉AD의 관계	• SD와 AD 사이에 SD〉AD의 관계

결론적으로 SD를 수행하고 AD를 수행하지 않는다.

그러므로 논제의 주장, 즉 AD를 수행하고 SD를 수행하지 않는다는 주장은 최소한의 도덕성과 합리성의 조건에 따라 반박된다.

이제 공개 첨삭이다. 여기서는 하나만 본다. 윤선아.

✎ (다)의 조건의 선호에 따른 행위는 도덕적으로 요구되는 행위이므 로, 이 조건을 지키지 않으면 도덕성에 어긋난다.

선호의 차이를 부등호로 나타내면

조건 1 : SN > DN

조건 2 : AN > AD

조건 3 : SD > SN

그러므로 SD>SN>AN>AD이다.

조건 4에 따라서 SD가 AD보다 더 선호 받게 된다. 이때 조건 5에 따라서 SN과 AN이 실행되지 않는다 하더라도 SD>AD이다. 마지막으로 조건 6에 따라서 SD를 AD보다 선호하므로 AD를 실행하지 않는다. 따라서 최소한의 도덕성과 합리성을 지닌 사람은 장티푸스에 걸릴 수 있는 아이를 돕는다. 아이를 돕지 않는 행위가 도덕성에 어긋나지 않는다는 주장은 옳지 않다.

문장 짧고 이해하기 쉽게 핵심만 잘 썼어. 만점이야. 특히 조건 1 2 3을 아래로 내려써서 시각적으로 잘 보이게 한 게 좋아. 인문계열의 수리논술 답안은 이렇게 쓰는 게 좋아. 먼저 글(문장)을 쓰고 그다음에 식이나 표 또는 풀이과정 등을 시각적으로 잘 보이도록 작성하고 마지막으로 글(문장)로 답안을 끝맺는 게 아주 좋아. 조건 4 5 6도 그렇게 했으면 더 좋았을 듯.

오늘 수업 끝.

인문계 수리논술 문제의 답안을 어떻게 작성해야 하는지 알았지? 그런데 인문계 수리 문제 중에는 반드시 시각적으로 잘 보이도록 답안을 작성하지 않아도 되는 문제도 있어. 그리고 수학이라기보다는 산수 수준인 문제도 있고. 오늘은 좀 쉬운 수리 문제를 보도록 하겠어. 동국대 2006학년도 수시1학기 논술 문제에서 제III영역.

제III영역

(가)

우리나라 인구의 상위 1%가 전체 개인소유 토지의 절반 이상을 차지하고 있는 등 토지소유 편중 현상이 극심한 것으로 조사됐다. 15일 행정자치부에 따르면 전국 토지소유현황을 조사한 결과, 면적 기준으로 작년 말 현재 총인구의 상위 1%인 48만 7천 명이 전체 사유지 5만 6천661km²의 51.5%에 해당하는 2만 9천165km²를 소유한 것으로 확인됐다. 또 총인구의 상위 5%가 82.7%인 4만 6천847km², 상위 10%가 5만 1천794km²인 91.4%를 각각 차지하고 있는 것으로 집계됐다. 총인구 4천871만 명 중 토지소유자는 28.7%에 해당하는 1천397만 명이었다.

(나)

　행정자치부가 발표한 '토지소유현황' 통계가 실상을 과장한 것으로 드러났다. 행자부는 그 자료에서 총인구의 상위 1%가 전체 사유지의 51.5%를 보유하고 있다고 밝혔다. 전체 인구의 28.7%만이 토지를 보유하고 있다고도 했다. 다시 말해 우리 국민의 71.3%, 3천500만 명이 손바닥만 한 땅도 가지고 있지 않다는 것이었다. 행자부 발표가 있자 시민단체들은 즉각 "토지소유의 불평등을 이대로 방치해선 안 된다." 며 목소리를 높였고, 일부 언론들도 이 구호를 함께 복창했다.

　우리나라의 가구당 평균 인원은 3.1명이다. 그렇다면 총인구의 28.7%가 토지소유자라는 것은 89% 정도의 국민이 땅을 갖고 있는 가구에 속해 있다는 의미이다. 정부가 말한 것과는 정반대의 결과다.

문제 (가) (나)의 두 제시문은 최근 우리나라 신문에 게재된 기사의 내용을 발췌한 것으로서 하나의 통계조사 결과에 대한 상반된 두 견해를 제시하고 있다. 두 제시문은 자신의 주장을 강조하기 위해 통계조사분석 과정이나 결과의 일부분을 주관적으로 활용하고 있으며 이로 인해 독자들은 잘못되거나 불완전한 판단을 할 수 있다. 좀 더 의미 있고 완전한 정보를 전달한다는 관점에서 각 제시문이 가지고 있는 문제점을 찾아 20줄(한 줄당 글자 수의 제한은 없음) 이내로 설명하시오. ▶20점

　질문이 논술 문제로는 매우 긴 편인데 교수들이 문장을 아주 체계적으로 서술해놓았어요. 질문 분석을 표로 보여주겠어요.

(가)의 문제점		(나)의 문제점	
과정을	주관적으로 활용하고	결과의 일부분을	주관적으로 활용하고
잘못된 판단을	할 수 있고	불완전한 판단을	할 수 있고
의미 있는 정보를	전달한다는	완전한 정보를	전달한다는

　교수들이 질문 문장을 만들 때 (가)의 문제점에 해당하는 건 전부 앞에 놓고 (나)의 문제점에 해당하는 건 전부 뒤에 배치했어요. 아주 세심한 배려라고 생각

해요. 이 문제에서는 제시문을 바로 설명하지 않고 학생들의 답안을 보면서 설명하겠어요. 훌륭한 답안과 엽기적인 답안들이 골고루 나오니까.

이제 공개 첨삭이다. 순민아.

🖉 (가)는 우리나라 인구의 상위 1%가 전체 토지의 절반 이상을 차지한다며 토지소유구조의 불평등함을 주장한다. 반면 (나)는 모든 인구가 현실적으로 토지소유를 할 수 없음을 지적하며 오히려 토지가 공평히 소유되었다고 한다. 그러나 두 제시문 모두 주관적으로 자료를 해석하는 오류를 범했다. (가)는 통계조사분석 과정에서 현실성 없는 측정 대상을 포함했다. 토지소유는 보통 가구 단위로 이루어진다는 점을 밝히지 않은 것이다. 경제력 없는 아이들과 같은 부양인구를 함께 고려해서 통계의 현실성을 떨어뜨린 것이다. 이 문제점은 (나)에서 가구당 평균 인원을 근거로 지적되기도 했다. (나)는 (가)의 오류를 비판하면서 결과의 일부분만을 활용해 불완전한 판단을 도출한다. (나)는 토지소유 비율만을 밝혔을 뿐 토지소유구조는 밝히지 않았기 때문이다. (가)의 자료에 따르면 (나)의 논리를 따라도 상위 3%가 사유지의 51.5%를, 상위 30%가 전체 사유지의 91.4%를 소유하고 있다. 이는 토지분배가 매우 불평등함을 나타낸다. (나)의 주장과는 정반대의 결과다. 간단히 말해 (가)는 통계조사분석 과정에서 측정 대상과 단위를 비현실적으로 설정해서, (나)는 통계조사분석 결과이 일부분만을 사용해서 불완전한 정보를 전달하게 되었다.

제시문과 질문을 정확하게 이해했어. 충격적인 수준의 만점이야. 고등학교

2학년 학생으로서 있을 수 없는 수준이야. 60만 명 중 6명 안에 드는 문장 논거 구조야. 분량도 참 적절하네. 이 문제는 정확하게 이 점을 지적하라는 문제였어.

> ✎ (가)는 불충분한 정보를 제시하여 독자들의 부정적인 인식을 불러일으킨다. (가)에는 인구수에 대한 토지의 면적만이 나타나 있지만 사실 토지는 지역별, 시간별로 값이 다르다. 서로 값이 다른 토지를 단순히 면적의 많고 적음만으로 비교하는 것은 잘못된 인식을 심어줄 수 있는 것이다. 또한 (가)에는 토지소유 편중에 따른 문제점이 전혀 드러나 있지 않다. 구체적인 문제점을 제시하지 않고 그것이 마치 커다란 문제인 양 부각시키는 것은 완전한 정보전달을 하지 못할 뿐만 아니라 독자들의 판단을 흐릴 수 있다.
> (나)의 문제점은 자료의 잘못된 사용에 있다. 행정자치부의 통계는 인구와 토지의 비율을 비교할 뿐 가구당 평균 인원은 적용시키지 않고 있다. 따라서 그 자료를 사용하려면 전체적으로 적용을 시켜야 하는데 (나)는 이것을 토지소유자에게만 적용시켜 잘못된 결론을 제시한 것이다. 또한 이 통계에 따른 부정적 반응만을 사례로 제시하여 독자들의 편중된 시각을 유도하였다.

현준아 땅값 얘기는 왜 하는 거야? 제시문은 땅값은 문제 삼지 않고 소유 면적만 문제 삼고 있는데. 제시문이 안 한 걸 문제 삼지 말고 제시문에서 한 걸 문제 삼으라는 건데? 그리고 땅값이 시간별로 달라? 너는 시간별로 땅값 변동 체크해? 땅값에 관심 많아? 공부는 안 해? 뭔 소리를 하는 건지. 두 번째 단락 글은 뭔 소리가 이렇게 어려워? 뭔 소린지 이해를 못하겠어. 그건 내가 이해를 하지 못하게 네가 글을 써서 그렇고, 그건 네가 제시문 내용을 이해하지 못해서야. 이건 네가 질문과 제시문을 통째로 이해하지 못했다는 반증이야. 하여간 땅값 얘긴 즐거웠어.

"선생님 신기해요."

뭐가?

"제가 이해하지 못한 걸 어떻게 그렇게 정확하게 집어낼 수 있으세요?"

네 글이 이해하지 못했다고 말해주고 있잖아.

"그걸 어떻게 알 수 있냐구요?"

글을 읽으면 알지, 무슨 소리야.

"정말 신기해요."

✎ (가)에서 제시한 전국 토지소유 현황 통계 자료는 면적을 기준으로 조사한 결과이다. 조사의 기준이 오직 토지의 면적이었을 뿐이라서 통계 자료만 보아서는 그 토지가 어느 지역에 위치하는지 알기 어렵다. 소유한 토지의 면적을 보고 부의 정도를 가늠할 수도 있겠지만, 보다 정확하게 알기 위해서는 그 토지가 위치한 지역도 조사하고 제시해야 한다. 왜냐하면 토지의 가격은 지역마다 천차만별이기 때문이다. 극단적인 예로 서울 강남의 번화가에 있는 비교적 면적이 좁은 땅을 소유한 사람이 경상도 산골의 비교적 면적이 넓은 땅을 가진 사람보다 재산이 적다고 할 수는 없다. (가)는 지역마다 토지 가격이 다르다는 사실을 제시하지 않은 채 면적으로만 토지소유 편중 현상이 극심하다고 하고 있다.

종원아 뭔 소리 하냐. 어린 애들이 왜 이리 땅값에 관심이 많아? 그게 문제의 핵심이 아닌데. 부나 재산도 이 문제의 논의 대상이 아니야. 토지소유의 정도가

핵심이라고. 그리고 (나)의 문제점은 언급 안 해? 논술하겠다는 거야 땅 부자 되
겠다는 거야?

✎ 행정자치부는 '토지소유현황'을 조사했지 어떻게 활용하고 있는지는
조사하지 않았다. (나)는 토지소유의 불평등을 해결하고자 한다. 하지
만 모두가 평등하게 토지를 나눠가졌다고 해서 모든 토지를 효율적으로
사용하는 것은 아니다. 오히려 토지를 사용할 줄 몰라 버려진 땅들이
생길 것이다. 이는 토지를 버리는 일이다. 모두가 평등하지만 토지를
효율적으로 사용하지 못할 바에야 사용할 줄 아는 사람에게 집중되는
것이 낫다. 또한 사는 데에 꼭 토지가 필요한 것은 아니다. 현대는 서
비스산업을 기반으로 한다. 옛날보다 토지활용도가 낮다.
우리는 모두의 평등을 원하는 공산주의가 아니다. "일한 만큼 번다."는
자본주의다. 국가는 자본주의의 폐해인 빈익빈 부익부 현상을 막기 위
해 복지를 실행하고 있다. 땅이 없다고 해서 못사는 것은 아니다. 현대
는 서비스산업 시대이기 때문이다. 현대에서 토지는 돈의 또 다른 형태
일 뿐이다.

현진아 땅 놀려두지 말자고? 효율적으로 활용하자고? 사는 데 땅이 꼭 필요한
건 아니야? ㅋㅋ 그렇지. 아파트 하나만 있으면 되지. 도대체 뭔 소리를 하는 건
지. 이 문제에서 공산주의는 느닷없이 왜 나와? 자본주의가 '일한 만큼 버는' 거
야? 복지, 서비스, 평등, 빈익빈 부익부? 왜 이런 딴 소리들만 잔뜩 늘어놓는 거
야? 문제와 대결을 피하고 문제에서 다른 곳으로 도망간 글이야. 안드로메다로
간 거야. 헛소리.

(가)는 토지소유현황조사 결과를 너무 비판적이고 극단적으로 해석했다. 한사람이 소유하는 토지를 소유자 한 명이 전부 쓸 수는 없다. 토지소유자들은 자신의 토지를 토지를 소유하지 않은 가족들과 공유할 수도 있고 돈을 받고 타인에게 임대할 수도 있다. (가)의 해석대로 조사결과를 해석하면 우리나라 국민 중 토지소유자가 아닌 71.3%의 사람들은 잘 곳도 지낼 곳도 없다는 뜻이다. 즉 71.3%는 전철역에서 노숙한다는 결과가 나온다. 그러나 대부분의 국민들은 살 곳이 있고 집이 있다. (나)는 너무 (가)를 비판적으로 바라봄으로써 조사결과에 대해 타당치 않은 해석을 했다. (나)는 마지막 문단에 토지소유자의 가족들을 고려해보면 전체 토지소유자가 89%가 된다고 했다. 이는 너무 터무니없고 비논리적인 계산이다. 만약 토지소유자들 중에 독신이 대부분이라면 아니면 토지소유자들의 대부분이 혈연관계라면 89%라는 수치가 터무니없어진다.

ㅋㅋㅋㅋ 형철아. 네 글이 터무니없어. 이건 코미디고 소설이지 논술이 아니야. 토지를 쓰는 문제는 논제가 아니야. 임대? 잘 곳도 지낼 곳도 없어? 전철역에서 노숙해? 왜 기차역에서도 노숙하지. ㅋㅋ 독신? 혈연관계? 지금 어느 세상 얘기를 하고 있는 거야? 안드로메다에 있어? 아 내가 지금 무슨 짓을 하고 있는 건지 논술을 가르치고 있는 건지 회의가 드네.

오늘 수업 끝.

11장

생각은 깊게
문장은 짧게

오늘은 여러분 글을 개별적으로 첨삭하는 시간을 갖겠다. 그러니 자기가 쓴 글 중에 개별적으로 첨삭 받고 싶은 학생은 글을 갖고 앞으로 나오도록. 다른 학생들은 그동안 나누어준 자료를 읽고.

"선생님. 이건 서울교대 2008학년도 수시 2학기 2교시 문제를 일부만 쓴 건데요. 글을 좀 봐주세요."

먼저 질문과 제시문을 봐야지.

"여기 있어요."

논제 제시자료 (가)의 관점에서, (1) 제시자료 (나) (다) (라)의 표현 양식(장르)과 내용에 공통적으로 시사되어 있는 사회·문화적 현상과 원인을 서술하고, (2) 제시자료 (마)에 내포된 의미를 가능한 한 구체적으로 설명하시오.

(가)

예술은 문화의 전반적인 흐름과 매우 긴밀한 관계를 유지하며 발전한다. 예술은 예술 작품을 만들어 내는 사람들의 일반적 활동으로부터 유리될 수 없다. 예술가들의 내적 경험이 그들이 속해 있는 문화 또는 시대와 동떨어져서 이루어질 수 없다는 사실은, 예술은 어떤 형태로든 그것이 발전되는 시대의 정신과 전망을 반영한다는 것을 말해 준다. 문화가 시대와 환경의 산물이라면, 예술의 특성도 시대와 환경에 따라 다양하게 나타날 수밖에 없다. 인간이 만들어 내는 예술 작품들은 그들이 속해 있는 시기에 유행하는 문화적 표상이다.

• 「고등학교 철학」 교과서 중에서

(나)

이 때, 길동이 양인(兩人)을 죽이고 건상(乾象)을 살펴보니, 은하수(銀河水)는 서로 기울어지고 월색은 희미하여 수회(愁懷)를 돕는지라. 분기를 참지 못하여 또 초란을 죽이고자 하다가, 상공이 사랑하심을 깨닫고 칼을 던지며 망명도생(亡命圖生)함을 생각하고, 바로 상공 침소에 나아가 하직을 고코자 하더니 이 때 공이 창외(窓外)에 인적이 있음을 괴이히 여겨 창을 열고 보니 이 곧 길동이라.

인견(引見)하여 가로되,

"밤이 깊었거늘 네 어찌 자지 아니하고 방황하느냐?"

길동이 복지(伏地)하고 대답하여 가로되,

"소인이 일찍 부생모육지은(父生母育之恩)을 만분지일(萬分之一)이나 갚을까 하였더니, 가내에 불의지인(不義之人)이 있사와 상공께 참소하고 소인을 죽이려 하오매 겨우 목숨은 보전하였사오나, 상공을 모실 길 없삽기로 금일(今日) 상공께 하직을 고하나이다." 하거늘, 공이 크게 놀라 가로되,

"네 무슨 변고가 있관대 어린 아이 집을 버리고 어디로 가려 하느냐?"

길동이 대답하여 가로되,

"날이 밝으면 자연 아시려니와, 소인의 신세는 부운(浮雲)과 같사오니 상공의 버린 자식이 어찌 방소를 두리이까?" 하며 쌍루(雙淚)가 종횡(縱橫)하여 말을 잇지 못하거늘, 공이 그 형상을 보고 측은히 여겨 개유(開諭)하여 가로되,

"내 너의 품은 한(恨)을 짐작하나니 금일로부터 호부 호형(呼父呼兄)함을 허(許)하노라."

길동이 재배하고 가로되,

"소자의 일편지한(一片至恨)을 야야(爺爺)가 풀어 주옵시니 죽어도 한이 없도소이다. 복망(伏望) 야야는 만수무강하옵소서." 하고 재배 하직하니, 공이 붙들지 못하고 다만 무사함을 당부하더라.

• 허균, 「홍길동전」 중에서

(다)

그때여 춘향과 도련님이 사랑가로 놀아 보는디

이리 오너라 업고 놀자

사랑 사랑 사랑 내 사랑이야

사랑 사랑 사랑 내 사랑이지

이히 내 사랑이로다 아매도 내 사랑아

니가 무엇을 먹으랴느냐
둥글둥글 수박 웃봉지 뗴뜨리고
강릉의 백청을 다르르르 부어
씨는 발라 버리고
붉은 점 울뿍 떠 반간 진수로 먹으랴느냐

아니 그것도 나는 싫소
그러면 무엇을 먹으랴느냐
당 동지 지루지허니
외가지 단참외 먹으랴느냐
아니 그것도 나는 싫소
그러면 무엇을 먹으랴느냐
앵도를 주랴 포도를 주랴
귤병사탕의 회화당을 주랴
아니 그것도 나는 싫소
시금털털 개살구 작은 이도령 서는데 먹으랴느냐
아니 그것도 나는 싫소

저리 가거라 뒤태를 보자
이리 오너라 앞태를 보자
아장 아장 걸어라 걷는 태를 보자
방긋 웃어라 잇속을 보자
아매도 내 사랑아

• 판소리 '춘향가' 중에서

(라)
양반 나는 사대부의 자손인데.
선비 아니, 나는 팔대부의 자손인데.
양반 팔대부는 또 뭐야?
선비 아니, 양반이란 게 팔대부도 몰라? 팔대부는 사대부의 갑절이지 뭐.

(중략)

양반 첫째, 지식이 있어야지. 나는 사서삼경을 다 읽었네.

선비 뭣이, 사서삼경? 나는 팔서육경도 읽었네.

양반 도대체 팔서육경이 뭐냐?

초랭이 나도 아는 육경, 그걸 몰라? 팔만대장경, 중의 바라경, 봉사 안경, 처녀 월경, 약국 길경
(도라지), 머슴 새경(품삯).

• '하회 탈춤' 대사 중에서

(마)

• 김홍도의 '씨름'

이게 제 답안이에요.

✎ (가)는 예술 작품이 예술가들의 시대적 경험 투영체로서 나타남을
골자로 한다. 이러한 관점에서 (나), (다), (라)는 각각 한글 소설, 판

소리, 탈춤으로서 평민 문학의 대두를 대표한다. 이러한 현상은 조선 후기 양반 계층의 위신 하락과 평민의 위상 제고로 인한 신분제의 동요와 연관되어 있다.

(나)의 홍길동전은 신분제의 비합리성을 한글로써 나타내었다. 기존의 주된 문자인 한문이 아닌 한글을 사용한 점은 독자층의 변화를 반영했음을 나타낸다. 한문을 습득하지 못한 평민과 여자들이 글을 향유하고자 한 조선 후기의 분위기가 투영되었다. 내용 또한 신분제의 비합리성을 고발함이 작품의 기저에 자리 잡는다. 금기시되었던 신분제에 대한 불만 표출이 문학을 통해 나타난 것이다.

다 쓰지도 않았네. 승희야. 내 눈에 이건 글이 아니야. 특히 내가 밑줄 친 부분들은 정말 어색하고 마음에 안 들어.

시대적 경험 투영체. 말이 어려워. 그때 평민문학이 '대두' 했어? '대두' 는 무슨. 위상 하락과 위상 제고로 인한. 말이 왜 이리 어렵냐. 신분제의 비합리성? 신분제 사회에서 신분제가 비합리적이라고 말할 수 있어? 신분제의 문제점이나 신분제의 모순 정도 되겠지. 이런 데 (비)합리성이란 말 쓰는 거 아니야. 그리고 신분제 자체보다는 적서차별이 문제잖아. 독자층이 변화했어? 한자 모르는 사람은 한글로 읽을 수밖에 없었어. 그런 독자를 겨냥해서 한글로 쓴 거야. 한자 읽는 독자들이 한글 읽는 독자로 변한 건 없어. 분위기 투영. 말이 어려워. 고발함이 작품의 기저에 자리 잡는다. 이게 국어야? 승희야 내가 돌아버리겠다.

도대체 뭔 글을 이렇게 난해하고 현학적으로 쓰냐. 이건 너만 이해할 수 있는 글이야. 이건 네가 마음속에 품고 있는 너만의 세계, 너만의 성城에 갇혀서 쓴 글이야. 네 19년 인생을 내가 모르니 네가 글을 왜 이렇게 쓰는지 나는 몰라. 너는 알 거야. 알지? 안다고? 그럼 그걸 깨. 그걸 깨고 이 세상으로 나오지 않는 한 네 글은 늘 이렇게 될 거야.

"아는데 어떻게 깨야 하는지를 모르겠네요."

그럼 그건 시간이 걸리는 일이네. 네 19년 삶을 내가 바꿀 수는 없고 네 글만 고쳐볼게.

(가)에 의하면 예술작품은 예술가들이 겪는 내적인 경험과 그 시대를 반영한다. (나) (다) (라)의 표현양식은 각각 한글 소설, 판소리, 탈춤으로서 대중예술의 범주에 속한다. 세 제시문은 내용상으로 조선 후기에 양반과 평민 사이의 견고한 신분질서가 동요하고 있는 현상을 보여주고 있다.

(나)의 「홍길동전」은 신분제도에 따른 적서차별의 문제를 드러낸다. 허균은 「홍길동전」을 한글로 썼다. 따라서 한문을 알지 못하는 다수의 평민과 여자들도 작품을 접할 수 있게 되었다. 「홍길동전」의 내용도 신분제의 문제점을 지적하고 있다. 신분제도에 대한 대다수 백성의 불만이 대중예술의 형태로 나타난 것이다.

내가 고친 글은 네 글보다 쉽고 사람이 읽어서 알아먹을 수 있어. 네 글은 사람이 읽어서 알아먹을 수 없고. 사람이 읽어서 알아먹을 수 있도록 쓰라고. 제발.

"네. 노력할게요."

"선생님 제 글 좀 봐 주세요. 이건 성균관대 2011학년도 모의논술 3번 문제에 대해 제가 쓴 답안이에요."

그래 이건 질문과 제시문을 봤으니, 네 답안만 보자.

✎ 그림 1의 결과는 집단 간 협력이 공동체의 생존에 긍정적 영향을 미침을 알 수 있다. 소통이 가능한 집단에서는 집단들이 취하려고 의도한 양의 평균에 미치지 않음을 알 수 있다. 소통이 가능하기 때문에 서로 간에 협력을 통해 의견조절을 할 수 있었던 것이다. 의사소통이 가능할 때에도 자원의 양에 따라 취하는 양이 달라진다. 자원이 많을 때는 의사소통이 가능하더라도 취하는 양이 많다. 이 경우에는 협력보다 경쟁을 통해 자원을 취한 것임을 알 수 있다. 반면 의사소통이 가능할 때 자원이 적은 경우에는 협력이 더 일어나서 자원의 채굴량이 줄었음을 알 수 있다.

의사소통이 불가능했던 집단은 집단들이 취하려고 의도한 양의 평균보다 훨씬 많은 자원의 채굴이 일어났음을 알 수 있다. 즉 집단 간 자원 채굴 경쟁이 공동체의 생존을 위협하는 방향으로 작용했다. 또한 의사소통의 불가능으로 인해 자원의 양에 상관없이 경쟁적으로 자원의 채굴이 일어났음을 알 수 있다.

이건 내가 고칠 것도 없네. 내용은 다 쓰고 잘 썼네. 근데 문장은 나를 미치게 하네. 잘 썼음을 알 수 있음을 칭찬할 수 있음을 기쁘게 생각함을 전달할 수 있음을 이해할 수 있음이야?ㅋㅋ 현아야. 미음(ㅁ)으로 명사형을 씀은 나를 괴롭힘이고 채점자를 지루하고 짜증나게 함이라는 걸 너는 알아듣겠음이냐?ㅠㅠ 인제 이렇게 안 쓰겠음이지?

"몰라요. 선생님 나빠요."

"선생님. 이건 연세대 2008학년도 예시 2차 논술 문제예요. 후추나방이 나오는 문제인데 그중에 2번 문제에 대한 답안이에요."

✎ 제시문 3은 인류 역사의 발전에 대하여 논한다. 집단을 이루는 개인은 집단에 대한 귀속의식이 강하였다. 이로 인한 집단의 강한 내부 결속력이 인류 발전의 기반이 되었다. 이러한 원동력을 이용하여 민족은 우월한 '강자'로 거듭나기 위해 발전을 꾀하였다. 민족은 물리적 여건에 구속되었으나 이를 극복하기 위해 인성을 발휘하였다. 그들은 극복하지 못하는 것을 전혀 바람직하지 않은 것으로 간주했다.

제시문 1과 3은 생물과 인류의 발전을 변화로 보는 것에 공통점을 갖고 있다. 글 1에 따르면, 생물은 자연선택을 통해 유전적 변이를 일으켜 발전을 꾀한다. 일맥상통하게 글 3도 인류가 대면한 문제를 해결하기 위해서는 인성을 통한 변화가 필수임을 강조한다. 이러한 변화를 통해 개체는 새로운 경쟁에서 우위를 차지한다(1). 인간의 집단 또한 강자의 위치를 차지하게 된다(3).

반면 글 1과 글 3은 개체와 집단의 관계에서 관점을 달리한다. 글 1에서 집단을 이루는 개체는 모든 부분에서 차이를 보인다. 이는 개체간의 상호경쟁을 야기한다. 반면 글 3에서 인간은 집단 구성원끼리 공통된 특성을 보인다. 이들은 경쟁이 아니라 공동발전과 통일성을 꾀한다. 뿐만 아니라, 글 1과 글 3은 변화가 이루어지지 않은 개체에 대한 평가를 달리한다. 글 1에 따르면, 변화하지 않은 개체라도 생존에 문제가 없다면 개체의 형태를 존중한다. 이와 다르게 글 3은 그러한 집단에 대해 수치와 굴욕을 불러일으키는 원인이라며 비판적인 시각을 드러낸다.

글과 문장이 이상하고 어색해. 그리고 안 써도 되는 문장이 많아. 아래 두 단락만 고쳐보겠어.

(1)과 (3)은 생물의 진화와 인류의 역사 발전을 진보로 본다는 공통점을 갖는다. (1)에 따르면 생물은 자연선택을 통해 유전적 변이를 일으켜 우월한 개체로 진보한다. (3)에서 인류는 자신이 직면한 문제를 해결하기 위해 인성을 발달시킨다. 인성을 계발하여 변화 하면 인간 집단도 강자의 위치로 진보하게 된다.

하지만 두 제시문에는 차이점도 보인다. (1)은 개체간의 상호경쟁을 통해 진화를 이룬다 고 보는 반면에, (3)에서 인간은 공동 협력을 통해 발전을 꾀한다. 또한 (1)에서는 자연 선택되지 않은 개체라도 살아남을 수 있지만, (3)에서 그러한 민족은 수치와 굴욕을 당 하고 멸망하게 된다.

"선생님 글을 보니 '잔인' 이 뭔지 알 것 같은데 저는 그렇게 잘 안 되네요."

한 번에 되진 않아. 흉내를 내. 흉내를 내다보면 그 비슷하게 될 거야. 비슷하 게 안 되도 지금보다는 나아져. 흉내, 모방! 오케이?

"어떻게 흉내를 내요?"

내가 고친 문장, 낱말, 표현 등을 잘 생각하며 내가 고친 글을 그대로 베껴 쓰 는 거야.

선생님 연세대 2012학년도 수시논술 중에 인문계열 문제 2 답안인데요. 제 답 안은 어떤가요?

> ✎ 경쟁률이 매우 높은 회사이기에 좀 더 확실한 방법으로 채용담당관 들이 지원자를 선발할 수 있도록 채용과정이 설계되어야 한다. 서류심 사는 지원자를 직접 보고 선발하는 것이 아니기 때문에 객관적이어야

하고, 면접심사는 서류심사의 내용과 적합한 지원자인지 알 수 있어야 한다.

프랭크의 과학적 관리법을 서류심사에 적용시킨다. 회사에서 채용할 직원들이 해야 할 업무의 가장 효율적 방법을 서류를 통해 작성해 제출하게 한다. 예를 들어 바텐더를 뽑는다고 생각하고 그 지원자가 바텐더가 되었을 때의 업무방식을 제출하라는 것이다. 그리고 회사는 과학적 관리법을 적용해 가장 이상적인 업무 방식을 설정해놓고 지원자의 업무방식과 비교해 서류심사의 당락을 결정짓는 것이다. 가장 이상적인 물품의 배치와 음료를 만들 때의 섞는 순서를 포함해서 홍보방식까지 다양한 범위를 설정해 두어야 한다.

그리고 면접심사에서는 프랭크의 과학적 관리법과 (라)의 실험 결과를 결합한 모의업무를 실시한다. 위에서와 같이 바텐더를 예로 들면 지원자가 서류심사에 제출했던 방식과 같은 방식으로 업무를 수행하고 있는지를 우선적으로 본다. 서류와 똑같이 수행한다면 각기 다른 8가지의 음료를 만들도록 시킨다. 지원자가 음료를 다 만들 때까지의 시간을 기록하고 만들어진 음료의 모양과 맛을 검사한다. 개개인의 지원자마다 각각의 다른 시간 기록과 모양 그리고 맛을 가지고 있을 것이고 이러한 세 부분에 점수를 매긴다. 또한 8가지의 음료는 각기 다른 난이도를 가지고 있을 것이기 때문에 이것을 고려하여 종합된 점수에 반영시킨다.

일차적으로 서류심사에서 일정 점수 이상을 받지 못한 지원자는 탈락시키고 이차적으로 서류심사에서 제출한 내용과 같지 않은 지원자를 면접심사에서 탈락시킨다. 마지막으로 서류심사에서의 점수와 모의업무에서의 종합 점수를 합산해 가장 높은 점수 취득자부터 차례로 고용한다. 위의 심사를 통해 고용자를 선발하지 못했을 경우 장기적 업무 수행을

바텐더? 죽인다. 수희야. 이건 논술 답안이라고 할 수 없고. 그냥 내 답안을
보여줄게.

(라)의 (표)에서 정확하게 인지된 사진 비율은 선명도 상(희미한 정도 하)에서 제일 높고
하(희미한 정도 상)에서 제일 낮다. 선명도 상에서는 평균 59.8퍼센트의 사진이 인지되었
지만, 하에서는 평균 23.3퍼센트에 불과했다. 이 비율은 공개시간이 늘수록 분명해졌
다. 선명도 하는 약 6퍼센트 늘어난 반면에, 상은 약 30퍼센트 늘었다. 낮은 선명도에
서는 공개 시간을 늘려도 인지된 비율이 잘 늘지 않았다. 인지도는 공개시간보다 선명
도와 밀접한 관련을 갖는다. 평균을 비교하면 이런 현상이 더욱 분명해진다. 선명도 평
균이 하에서 상으로 늘면서 인지된 사진 비율은 36퍼센트 늘어났다. 그런데 공개시간이
13초에서 122초로 늘 때는 16퍼센트밖에 늘지 않았다. (라)의 실험 결과에 따르면, 최
초로 제공된 정보의 질이 선명할수록 사진에 대한 인식의 정확성이 높아진다.

(나)의 과학적 관리법에 따르면 업무수행 능력이 높은 지원자를 판별해야 하고 이 과정
에 개입되는 물질적, 시간적 낭비를 줄여야 한다. 그렇게 하려면 최초로 제공되는 정보
의 질(서류심사)이 높아야 할 것이다. 즉 채용과정에서 사진의 선명도는 서류심사와, 공
개시간은 면접심사와 관련된다. 따라서 서류심사에서 드러나는 개인의 업무수행 능력을
판단하는 기준이 선명할수록, 지원자들의 능력을 정확하게 파악할 수 있다. 서류심사는
최대한 선명하게 해야 한다. 업무수행 능력에 관한 정보를 세부적으로 자세하게 만들고,
그 정보를 지원자들이 정확하게 기입할 수 있도록 해야 한다. 학업능력 외에 자격증, 어
학능력, 봉사활동 등에 관한 정보를 서류심사에 포함하면 좋을 것이다.

그렇지만 서류심사만으로 업무수행에 걸맞은 인간의 정신활동을 판별하는 데는 한계가 있다. 지원자의 사회적 역할 수행 능력, 대인관계, 협력 능력 등은 서류로 심사하기 곤란하다. 이러한 점을 평가할 수 있는 내용으로 면접심사를 설계하는 것이 바람직할 것이다. (라)의 공개 시간의 차이에서 보듯이, 면접에 필요한 최소한의 시간을 어느 정도 확보해야 효율적인 면접심사를 수행할 수 있을 것이다.

선생님 제 답안도 봐주실 수 있으세요? 연세대 2009학년도 정시논술 1번 답안인데요.

🖉 저번 주에 원고지를 두고 가는 바람에 숙제를 공책에다가 써내어서 이번 주에는 잊지 않고 잘 챙겼다. 하지만 원고지는 있는데 내가 쓸 말이 없다. 뭐라도 쓰고 싶은데 엉터리 같아도 최선을 다해서 적어보고 싶지만 너무 힘들다.

우선 제시문 (가)에서의 세계는 끊임없는 자기 창조와 영원한 자기 파괴이다. 끊임없이 변화하지만 결국엔 돌아오고 똑같은 궤도를 돌며 순환한다. 하지만 그 무엇도 창조하지 않고 그 궤도를 이탈하는 것도 아니다. 또한 이 제시문은 저번에 '자기는 자기이다. 나는 자기이다. 정신은 자기이다. 하지만 자기가 아니다.' 라고 나왔던 제시문과 비슷하여 지금의 나로서는 도저히 그 사람의 세계를 이해할 수 없다. 또한 제시문 (나)는 경제 속에서(자본주의) 발전된 역사적 관점이다. 우리는 새로운 기술을 창조하고 기존의 것과는 다른 생산방식으로 발전시켰다. 이러한 점에서 창조적 관점으로 보고 있었는데 맨 밑에 창조적 파괴라고 쓰여 있어서 혼란이 왔다. 무엇이 파괴란 말인가. 옛것을 깨며 새로운 윤영이는 4차원 소녀네. 이 글은 4차원 글이고. 이건 글이 아니야. 자기가 글을 쓰는 과정을 쓰네. 그러지 말고 제시문을 읽고 질문에만 답하는 게 논술인데. 윤영아. 너는 논술하지 말고 그냥 수능만 하는 게 어떠냐? 네 논술 실력을 높일 수 있는 실력이 내게는 없는 거 같은데.

"괜찮아요. 집에 있으면 할 일도 없고 논술 수업도 재미있고 다른 친구들도 좋고 앞으로도 계속 올 거에요."

ㅠㅠ 알았다. 근데 말이 되는 소리를 써야지. 네 글을 고칠 수 없고 그냥 내가 쓴 답안을 보여줄게.

제시문들은 세계를 창조와 파괴의 관점에서 이해한다. 세계의 규모는 (가)>(다)>(나) 순이다. (가)에는 창조와 파괴에 관한 철학적인 성찰이, (나)에는 경제학 이론이, (다)에는 정치경제학의 전망이 담겨 있다. (가)는 창조와 파괴를 순환의 관계로 파악하지만, (나)와 (다)는 선형적인 관점에서 이해한다. 또한 (나)는 창조와 파괴를 무한히 지속되는 열린 진보라고 보는 반면에, (다)는 종착점을 갖는 유한하고 닫힌 발전으로 이해한다.

(가)에 따르면 세계는 자기 창조와 자기 파괴의 운동을 영원히 반복하는 힘이다. 힘의 크기는 불변이지만 힘들의 관계와 형태는 끊임없이 변한다. 변화의 동인은 자신을 향한 힘의 의지이며, 이 의지는 순환 운동 외에 아무런 목적을 갖지 않는다. 이 운동은 회귀적인 모습을 띤다. 목적을 지향하는 운동이 아니며 완성을 전제로 하는 진보나 발전도 아니다.

(나)는 자본주의 경제 변화를 진화로 본다. 이 변화의 근본 추진력은 기업의 '창조적 파괴'다. 이에 바탕을 둔 경쟁과 혁신이 자본주의 경제를 발전하게 하는 힘이다. 새로운

상품의 개발과 산업의 출현에서 일어나는 일련의 돌연변이 과정은 기존의 것을 무너뜨리고 새로운 것을 창출하는 경제구조의 혁명을 일으킨다. 이러한 진보는 무한히 지속된다. (다)는 역사의 보편적 발전과 자본주의의 운동법칙을 변증법적 유물론의 관점에서 파악한다. 역사 발전은 내재적 계급투쟁을 통한 파괴와 창조의 끊임없는 연속이다. 하지만 프롤레타리아 계급이 계급투쟁을 통해 헤게모니를 장악하면 계급 대립은 물론 계급 자체도 지양된다. '각자의 자유로운 발전이 만인의 자유로운 발전의 전제조건이 되는' 유토피아는 필연적으로 인류의 착취 역사에 종말을 가져올 것이다.

"선생님. 헤게모니가 무슨 뜻이에요?"

너희들이 이해할 수 있는 말로 하면 패권이나 주도권. '미국이 세계 경제의 헤게모니를 장악하고 있다. 할리우드가 세계 영화산업의 헤게모니를 장악하고 있다.' 이런 식으로 쓰이는 말이야. 자세한 건 대학 가서 책 읽으면 되고. 안토니오 그람시라는 이탈리아 철학자가 체계화한 개념이야. 지금은 일상적으로 쓰이는 말이 됐어.

"선생님 답안 수준이 높아서 저는 절대로 그렇게 못 쓸 거 같아요. 특히 (다) 부분의 수준이 정말 높은 것 같아요. 무슨 말인지 이해도 잘 안 되고."

대학 가서 천천히 공부하면 될 거야.

내 답안이 그렇게 어려우면 아래 두 글을 읽어보도록. 글을 어떻게 쓰면 좋은지, 개요는 어떻게 짜는지도 알게 될 거야. 강렬하고 잔인하게, 즉 '공격적으로' 쓴 글의 예를 보여줄게.

아래 글은 내게 논술 배운 학생이 대학생 되어 대학에서 쓴 리포트야. 그걸 내게 고쳐달라고 하더군. 그래서 고쳐주었지. 근데 계속 이렇게 고쳐주면 안 될 것 같아 다음부터는 혼자 리포트 쓰라고 그 대학생에게 말했어. 그러고는 그 글을 그냥 보관하고 있었지. 그런데 논술 수업에서 내가 너희들에게 아무리 열심히 설명을 해도 너희들이 못 알아듣는 거야. 짧고 간결한 문장으로 두괄식으로 쓰라는 말을 못 알아들어. 그래서 내가 아래 두 글을 너희들에게 보여주기로 한 거야. 앞의 것은 그 대학생의 글 원문, 나중 글은 내 첨삭이야.

서평 – 『행복한 페미니즘』을 읽고

언론매체에서 보도되는 피상적 지식만을 가지고 페미니즘에 대해 부정적인 생각을 가지고 있던 사람 중의 하나로, 나는 이 책이 페미니즘에 대한 오해와 편견을 풀어줄 수 있다고 자신한다. 그릇된 편견을 말끔하게 잡아주는데 확실한 역할을 한다. 책을 펼쳐 저자 소개부터 읽기 시작할 때, 나는 분명 페미니즘에 대한 부정적 선입견을 가지고 출발했다. 대신 페미니즘의 진정한 의미를 파악하고 그동안의 쌓여있던 오해를 꼭 풀어야겠다는 준비 자세는 되어 있었다. 즉 의식적으로 오해하고 있던 부분을 찾자는 노력과 함께 열린 마음을 가지고 읽으려 했던 것이다.

확실히 이 책은 페미니즘의 오해를 속 시원하게 풀어주는 책이다. 저자는 우리가 페미니즘과 페미니스트들에 대해 어떠한 그릇된 편견을 가지고 있는지 분명하게 알고 있을 뿐만 아니라 그러한 왜곡된 시각을 가지게 된 과정과 배경까지도 명쾌하게 설명해주고 있는 점이 놀랍다.

그리고 책에서 가장 놀랐던 점은 페미니즘 운동 안에서 페미니스트들 서로에 대한 불신, 갈등 상황을 솔직하고 구체적으로 드러낸다는 것이다. 저자는 본래 취지가 변질되고 척박화되어 사회적으로 비판 대상이 되어버린 페미니즘의 현주소를 솔직하게 시인하고 반성하고 있다. '여자'의 희생적 역사를 강조하며 반남성주의로 똘똘 뭉친 독선적인 운동

세력이라 생각했다. 그러나 지금까지 내가 생각했던 이 모습은 페미니즘 내에서도 비난을 받고 있는 기회주의적이고 개혁적인 페미니스트들이라는 사실을 알게 되었다. 페미니스트 사이에서도 인종과 계급을 둘러싼 갈등, 운동 방향을 둘러싼 갈등, 중요하게 생각하는 의제의 차이로 인한 갈등 등이 존재한다는 사실은 굉장히 놀라웠으며 지금까지 굉장히 좁은 시각으로 페미니즘의 한 면만을 왜곡되게 바라보고 있었음을 깨닫고 부끄러웠다. 책에서는 개혁적 페미니스트라 일컬어지는 주류 백인 페미니스트들을 기회주의적인 페미니즘 왜곡의 주범으로 보고 있다. 신분 상승과 정치적 입지를 굳히는데 페미니즘을 이용하고 실제 매스미디어를 통해 주장과 의견을 관철시킨 이들이기 때문이다. 이들을 향한 신랄한 비판은 마치 그동안의 나의 오해 속의 페미니즘 양상을 대신 꼬집어주는 것 같아 속이 후련했다.

그렇지만 사실, 이 책을 처음 읽기 시작할 때는 허전함과 실망감이 컸다. 전반적인 사회문제를 다루며 추상적이고 보편적인 대안을 반복할 뿐, 페미니즘 특유의 특징, 근본정신 등이(바로 내가 알고자 했던 것) 명확하게 드러나 있지 않다고 느꼈기 때문이다. 그렇지만 13장 이후 책의 후반부에서야 나는 비로소 깨닫게 되었다. 내가 열린 마음으로 책을 보겠다고 마음을 먹었다고는 해도 페미니즘은 여성만을 위한 성차별적 저항운동이라는 편견을 무의식적으로 마음에 두고 읽고 있었던 것이다. 그래서 페미니즘이 여성과 관련된 무언가 특별한 것을 제시하길 원하고 있었다. '왜 이렇게 핵심을(의제) 꼬집지 못하고 넓은 범위의 것들을 상투적으로 얘기하지?' 했던 생각의 이유가 바로 미리 페미니즘에 대한 범위를 정해놓고 바라본 나의 사고 때문이었다. 내가 깨달은 바에 의하면 페미니즘은 여성에게만 국한되는 것이 아니라 진정으로 사랑과 평화를 추구하는 아름다운 사상이다. 정치, 경제와 관련된 무슨 거대한 사상이 아니라 사회 곳곳에 문화 곳곳에서 빛을 발하는 생활 속 실천 운동인 것이다. 이는 16, 17장을 읽으며 확 깨달았는데 작가가 말하려 했던 진정한 페미니즘의 의미가 무엇이었는지 어떤 부분의 오해를 풀고 자 했던 것인지 그 의도를 전체적으로 느낄 수 있었다. 그래서 19장 마 지막 페이지를 넘길 때는 책을 읽는 동안에도 쌓여갔던 의문점들과 허 전감 등이 한꺼번에 풀리는 듯한 시원한 느낌을 갖게 된다.

아쉬운 점은 4장에서 소제목을 통해 미리 기대했던 내용을 많이 얻을 수 없었던 점이다. 소제목을 처음 보았을 때는 1, 2, 3장에서 페미니즘에 대해 전반적으로 설명한 것에 이어서 이제 4장에서는 구체적으로 페미 니스트 교육이 비판적인 의식을 키우는데 어떠한 실질적 역할을 할 수 있는가에 대해 다룰 줄 알았다. 그렇지만 4장에서는 페미니즘의 핵심 적 역할에 대한 구체적 예시보다는 대중에 기반한 페미니즘 교육이 창 출되어야 하는 이유와 필요성에 대한 주장이 주를 이루었다. 처음 기대 와 빗나가는 약간의 허전감을 느껴야만 했다. 페미니즘 교육의 필요성 에 대해서는 깊이 공감하지만 3장 50p의 '비판적 의식을 위한 페미니 즘 교육은 계속되어야 한다.'라는 구절을 보고 독자로서, 다음 장에서 는 그렇다면 비판적 의식을 일깨우는데 페미니즘이 구체적으로 어떠한 역할을 하는가에 대해 다루어 주었으면 하는 바람이 있었기 때문이다.

페미니즘만의 독특한 문제해결 제시가 부족한 것도 아쉬운 점이다. 폭 넓은 차원에서 문제를 다루고 논의하는 모습은 좋다. 그렇지만 너무 범 위가 넓거나 평범하고 보편적이어서 얼버무리거나 상투적인 느낌을 주 는 부분들도 있다. 특히 11장(폭력)에서는 여자만을 희생자로 상정시키 지 않는 페미니즘을 보여주며 어린이까지를 포함하여 사회 전체적으로 문제를 제기하고 대안을 찾고 싶어 한다. 그러나 여기엔 페미니즘적 해석이 부족했다. 너무 포괄적이고 전체적인 것을 바라는 것은 아니냐는 오해를 불러일으킬 수도 있는 부분이다. 사회 보편적인 비판과 대안 제시가 아닌 페미니즘 특유의 시각에서의 근거 논의도 필요한 듯싶다.

너무 한쪽의 시각만으로 바라보는 것 같은 느낌은 이 책의 또 하나의 아쉬운 점이다. 페미니즘 사이에서의 갈등을 솔직하게 털어놓은 면은 좋았다. 오늘날의 페미니즘에 대한 왜곡이 있기까지 어떠한 문제점들과 갈등 상황이 있었던 것인지 충분히 짐작 가능했다. 성차별적 사회구조만이 있었던 것이 아니라 왜곡을 조장하는 매스미디어와 성차별적 가부장주의에 표를 던지는 여자들 스스로의 나약했던 의식과 태도 또한 문제가 되었던 것이다. 벨훅스의 표현처럼 내부의 적이 존재하고 있었다. 진정한 자매애를 위협하는 기회주의자, 수많은 여성들의 자본주의 성차별적 가부장제 사회로의 회귀, 그 안에서의 배신감과 허탈감 등등. 그러나 그런 갈등 속에서 너무 벨훅스 한쪽의 시각으로만 해석하고 바라보고 있는 점이 약점이라 생각된다. 페미니스트들 사이의 분열로 인해 다양한 노선이 생기고 처음 페미니즘정신에 반하는 기회주의적 페미니스트들이 생기긴 했지만 왜곡되기까지의 과정을 너무 모두 개혁적 페미니스트들에게로 돌리고 있는 것은 아닌가 하는 생각이 들었다. 물론 그들의 기회주의적이고 배타적이고 이중적인 태도는 비판받아 마땅하다. 그렇지만 벨훅스 쪽의 생각만이 옳아서 잘못된 길을 가지 않았고 왜곡에 대한 책임이 없다고 단정할 수는 없다. 벨훅스가 비판을 가하면서 주장하는 결론들과 문제점들은 어찌 보면 너무 당연한 논리이기도 하다. 사회 다수의 사람들이 이와 같은 논리를 인식하지 못해 사회 불평등체계를 수용하고 있는 것만은 아니다. 어찌 보면 너무나도 관습적이고 상투적인 내용으로 자신, 아니 벨훅스 쪽 페미니스트들에게 돌아올 비판을 완전하게 차단하고 있는 것은 아닌가 하는 게 아쉬움이라면 아쉬움으로 남았다.

또 아쉬운 점은 이 책에서는 페미니즘의 근본정신과 그 제대로 된 원류를 체계적으로 이해할 수는 없다는 것이다. 이 책은 페미니즘사상 자체에 대한 체계적인 지식을 서술한 책이 아니라 전문용어나 개념을 섞지 않고 되도록 쉬운 설명으로 그동안의 오해를 푸는데 중점을 두고 있는 책이다. 어떤 면에서 보면, 페미니즘을 처음 접하는 사람들에게, 페미니즘에 대한 거부감 없이 자연스럽게 관심을 불러일으키고 왜곡된 시각을 해결하게 하는 좋은 책이다. 그러나 나처럼 페미니즘 자체에 대한 특성과 특징을 체계적으로 알고 싶었던 지적 호기심이 왕성했던 독자에게는 아쉽기도 한 책이다. 페미니즘의 전문적인 체계 이해하기에 가장 큰 기대를 가지고 있던 나로서는 큰 아쉬움이었다. 그래서 다른 관점에서의 페미니즘 책을 읽어보아야 할 필요성과 지적 욕구가 느껴지기도 한다.

또한 이 책은 주장에 대한 논거로서 벨훅스 자신의 저서를 인용하는 경우가 많았다. 벨훅스 자신의 경험, 자신의 저서 속에 담긴 논리를 근거로 제시하는 것은 객관성을 확보하기 어려웠던 부분이라고 생각한다. 또한 흑인 페미니스트의 입장과 시각, 관점에서 쓰여진 책이라는 점은 독자가 염두에 두고 읽어야 할 부분이다. 그렇지 않고 책의 논리를 그대로 따라가다 보면 페미니즘에 대한 한 측면만을 또 다시 따라가게 되는 것일 테니까.

마지막으로 글이 만연체로 쓰여져 있음에 주의사항을 주고 싶다. 수식어와 연결 관계가 길고 복잡하기 때문에 독자는 정확한 이해를 하길 원한다면 특히 주의하고 읽어야 할 것이다.

서평 – 『행복한 페미니즘』을 읽고

후련하고 놀라웠으며 부끄러웠다.

먼저 '후련했던' 부분. 이 책은 페미니즘에 대한 편견을 바로잡아준다. 나는 언론매체에 보도되는 피상적 지식만으로 페미니즘에 대해 부정적인 선입견을 갖고 있었다. 페미니즘은 여성만을 위한 성차별적 저항운동이라는 편견을 무의식적으로 갖고 있었던 것이다. 그래서 페미니즘의 진정한 의미를 파악하고 그동안의 오해를 풀겠다는 마음을 갖고 이 책을 읽었다. 결과는 대만족이다. 이 책은 페미니즘에 대한 나의 오해를 시원하게 풀어주었다. 사람들이 페미니즘과 페미니스트들에 대해 얼마나 그릇된 편견을 갖고 있는지, 그런 왜곡된 시각이 어떻게 생겨났는지 분명하게 알게 되었다.

놀라웠던 부분. 스스로 '상처'를 드러냈다! 페미니즘 운동에서 페미니스트들 간의 불신과 갈등을 솔직하고 구체적으로 드러냈다. 본래의 취지는 변질되고 운동의 토양은 척박해졌으며 사회적으로는 비판의 대상이 되었다. 페미니스트들 간에도 인종과 계급을 둘러싼 갈등, 운동 방향을 둘러싼 투쟁, 중요한 의제의 차이로 인한 대립 등이 존재한다. 그런데 이 책은 페미니즘의 이런 현주소를 솔직하게 인정하고 반성하고 있다.

부끄러웠던 부분. 나는 페미니즘을 '여자'의 희생적 역사를 강조하며 반남성주의로 뭉친 독선적인 운동세력이라고 생각했다. 그런데 이런 시각은 페미니즘 내에서도 비난을 받고 있는 기회주의적이고 개혁적인 페미니스트들이었다. 주류 백인의 개혁적 페미니스트들은 사회적 신분 상승과 정치적 입지 강화에 페미니즘을 이용한다. 이들은 매스미디어를 통해 자신의 주장과 의견을 관철한다. 이들이 페미니즘 왜곡의 주범이었다. 나는 지금까지 협소한 시각으로 페미니즘의 한 면만을 왜곡되게 바라보았음을 깨닫고 매우 부끄러웠다. 동시에 이들에 대한 신랄한 비판은 나의 오해를 대신 풀어준 것 같아 후련하기도 했다.

한마디로 내가 무지했다. 이제 페미니즘에 대한 왜곡이 생겨나기까지 어떠한 문제점과 갈등이 있었는지 알게 되었다. 성차별적 사회구조뿐만 아니라 왜곡을 조장하는 매스미디어, 진정한 자매애를 위협하는 기회주의자들, 자본주의적이고 성차별적인 가부장제 사회로의 회귀, 그 안에서 겪는 배신감과 허탈감, 성차별적 가부장제에 표를 던지는 여자들, 여자들 자신의 나약한 의식과 태도 등이 문제였다. 벨훅스의 말처럼 적은 내부에 있었다. 이 책을 통해 많은 것을 배우고 알고 깨닫게 되었다.

내가 깨달은 바에 의하면, 페미니즘은 여성에게만 국한되는 이념이 아니라 진정으로 사랑과 평화를 추구하는 아름다운 사상이다. 정치나 경제와 관련된 거대담론이 아니라 사회와 문화와 일상생활 속의 실천 운동인 것이다. 이 점은 16~17장을 읽으며 분명히 깨달았다. 작가가 의도하는 진정한 페미니즘이 무엇인지 느낄 수 있었다. 그래서 19장의 마지막 페이지를 넘길 때는 책을 읽는 동안 쌓였던 의문과 허전함 등이 한꺼번에 풀리면서 시원함을 느끼게 되었다.

그렇지만 책을 처음 읽을 때는 허전함과 실망감도 있었다. 여성에 관한 전반적인 문제를 다루며 추상적이고 보편적인 대안을 반복할 뿐, 페미니즘 자체의 특징과 근본정신 등이 명확하게 드러나지 않는다고 생각했다. 페미니즘이 갖고 있는 독특한 문제 해결방안이 부족한 것도 아쉬웠다. 폭넓은 차원에서 문제를 다루고 논의하는 것도 좋지만, 논의의 방향이 지나치게 넓거나 일반적이어서 문제를 얼버무리는 인상을 받았다. 특히 11장(폭력)에서는 여자만을 희생자로 상정하지 않는 페미니즘을 보여주며 어린이까지 포함하여 사회 전체적으로 문제를 제기하고 대안을 찾는다. 그런데 여기에는 폭력에 대한 페미니즘적 해석이 부족하다. 포괄적인 비판과 대안이 아니라 페미니즘 고유의 논의와 시각이 필요하다고 생각한다.

한쪽의 시각만 두드러지는 것도 이 책의 또 다른 아쉬움이다. 여성 문제를 벨훅스의 시각에서만 바라보고 해석한다. 주장에 대한 논거로는 주로 벨훅스 자신의 저서를 인용하고 있다. 벨훅스 자신의 경험, 자신의 저서에 담긴 논리를 논의의 근거로 제시한다. 이렇게 해서는 논의의 객관성을 확보하기 어렵다고 생각한다. 페미니스트들 사이의 분열로 다양한 노선이 생기고 기회주의적 페미니스트들이 생겨난 건 사실이다. 그들의 기회주의적이고 배타적이며 이중적인 태도는 비판받아 마땅하다. 그러나 왜곡의 책임을 전부 개혁적 페미니스트들에게 돌려도 되는 것인지 의문이 든다. 이 책이 흑인 페미니스트의 관점과 시각에서 쓰인 책이라는 점을 독자는 염두에 두고 읽어야 할 것이다. 그런데 이 또한 페미니즘의 한 측면이 아닐까?

이 책에서 페미니즘의 근본정신과 원류를 체계적으로 이해할 수는 없다. 이 책은 페미니즘에 대한 체계적인 지식을 서술한 책이 아니라 전문적인 용어나 개념 없이 되도록 쉬운 설명으로 그동안의 오해를 푸는 데 중점을 두고 있다. 페미니즘을 처음 접하는 사람들에게 페미니즘에 대한 관심을 자연스럽게 불러일으키고 왜곡된 시각을 수정하는 데 적합한 책이다. 이 점은 페미니즘에 대한 이론과 특징을 체계적으로 알고자 하는 지적 호기심이 왕성한 독자에게는 아쉬운 부분이다. 달리 보면 페미니즘에 관한 체계적인 이론서를 읽고자 하는 지적 욕구를 불러일으킨다는 장점이 있다.

책의 차례도 약간의 오해를 불러일으켰다. 1~3장에서는 페미니즘에 관해 전반적으로 설명한다. 3장 50페이지에서는 '비판적 의식을 위한 페미니즘 교육은 계속되어야 한다'고 주장한다. 독자는 당연히 다음 장에서 비판적 의식을 일깨우는 페미니즘의 구체적인 역할을 예상한다. 그런데 4장에서는 대중에 기반을 둔 페미니즘 교육이 창출되어야 하는 이유와 필요성에 대한 주장이 주를 이루었다. 페미니즘 교육의 필요성에 대해서는 공감하지만 논리의 전개에서 독자를 약간 어리둥절하게 만든 부분이다.

마지막으로 만연체 문장에 주의해야 할 것 같다. 수식어와 연결 관계가 길고 복잡하여 정확한 이해를 원한다면 주의를 기울여 읽어야 할 것이다.

그렇지만 이 책의 문제점에 대한 이런 지적들은 이 책이 내게 전해준 놀라운 지적 자극에 비하면 사소하다고 하겠다. 다른 책들을 더 읽고 싶어진다.

"선생님. 선생님 글은 무서워요."

무슨 말이냐?

"선생님이 고친 글을 읽는데 제가 혼나는 느낌이 들어요. 제가 그 독후감 쓴 선배였고 선생님이 첨삭을 해주셨다면 '어이쿠 내가 짱 못써서 선생님이 글을 통째로 갈아엎으셨구나' 라는 생각을 했을 거예요. 제가 표현하지 못하고 저에게 부족한 부분을 선생님은 글로 잘 표현하시는 것 같아요. 그냥 백지에 쓰는 것도 아니고 남의 글을 첨삭하는 데 짱 짧게 줄이면서도 아구가 딱딱 맞게 잘 쓰셔서 글이 무서운 느낌이 들어요."

내가 글을 '잔인하게' 쓴 거네. 글을 이렇게 쓰라고.

오늘 수업 끝.

12장

구술은 말로 하는 논술이다

"선생님. 선생님은 우리 글을 보시면 좋다, 훌륭하다, 탁월하다, 만점이다, 그렇게 말씀하시고 또 빵점, 헛소리 이렇게 말씀하시는데요."

그런데?

"서울대에서는 독창성이나 창의력을 중요하게 보는데 선생님께서는 그런 부분은 언급을 하지 않으시는 것 같아요. 그리고 서울대는 이해력, 논증력, 창의력, 표현력 이렇게 세부적으로 나누어 논술 답안을 채점하는 것 같은데 선생님은 그냥 글을 통째로 두루 뭉실 채점하시는 것 같아요. 선생님을 따라요? 서울대 기준을 따라요?"

질문이 예리해서 아주 마음에 들어. 질문만 들어도 학생들 수준을 알 수 있으니. 그럼 나도 예리하게 답변해야겠지? 먼저 두 번째 질문부터 답변.

서울대 누리집에서 이전 자료를 찾아보면 그런 게 나오지. '채점 항목 및 기준. 이해분석력(20점), 논증력(30점), 창의력(40점), 표현력(10점)' 이런 게 있지. 이런 게 있는데. 교수들이 채점할 때 실제로 이렇게 한다고? 이렇게 할 수 있다고? 모의고사도 아니고 실제 수시나 정시논술 문제를? 난 의문이 드는데. 그렇게 채점한 답안을 보여주지 않는 한, 수시나 정시논술 문제를 (이제는 정시논술 문제만) 네 항목에 따라 평가하고 점수를 매긴 답안지를 공개하지 않는 한, 그 기준은 믿기 힘들 것 같아.

이런 채점을 딱 한 번 본 적이 있어. 2004년에 치른 모의고사에서. 이때 출제한 문제가 기계의 발달과 철도의 부설과 관련된 제시문인데. 이때 학생들 답안을 항목별로 채점하고 항목별 심사평을 공개한 적이 있어. 근데 난 그 심사평을 대부분 이해할 수 없었어. 글을 그렇게 분해해서 평가하고 심사할 수 있는 건지 근본적인 회의가 들어. 심사평이 뭔 소린지 이해도 안 되고 학생들 답안에 합당하게 심사하고 평가한 것 같지도 않고. 그건 글을 그렇게 네 항목으로 나누어 채점해서 그런 것 같아. 논리력 부족한 글에 창의력 있고 표현력 부족한 글에 분석력 있을 수 있나? 난 그런 글 못 봤는데.

또 있어. 글은 안도현의 「너에게 묻는다」는 세 줄짜리 시든 조정래의 『태백산맥』과 같은 열 권짜리 대하소설이든 그 하나로 전체고 생명이야. 그걸 논증력, 표현력, 창의력 하는 식으로 분해하면 그건 글이라는 생명체를 죽이는 일이라고 생각해. 내가 사람을 얼굴 몇 점, 팔 몇 점, 다리 몇 점, 몸통 몇 점 하는 식으로 채점하는 게 바람직한 건지 의문이 든다는 말이야. 그렇게 사람을 분해하면 사람이 죽어버리잖아. 사람을 죽여 놓고 채점하는 게 무슨 의미가 있을까 하는 생각이 들어.

철도 관련 문제 이후 2008학년도 모의고사부터는 서울대 교수들이 글을 하나의 전체로 간주하고 심사평을 했는데 그건 잘 알아듣겠고 이해도 되고 공감도 돼. 최근에는 총평이나 채점평이라고 해서 글을 전체적으로 평가하는데 그게 훨씬 잘 알아듣겠다니까.

글을 그렇게 분해해서 채점할 수 없는 건 아닌데 그건 비현실적이고 그럴 필요도 없고 바람직하지도 않아. 그런 건 '채점을 위한 채점' 이라고 할 수 있어. 나

중에 '교육평가' 분야에서 이론적으로 연구할 때나 필요한 게 아닌가 생각돼.

그럼 이제 첫 번째 질문에 대한 답변. 창의력이라. 난 내 답안으로 창의력을 보여주었다고 생각하는데. 두 시간이나 다섯 시간밖에 안 되는 시험시간에 그 많은 제시문을 읽고 논제에 대답하면서 아무도 생각하지 못하는 너만의 창의력을 보여주겠다고? 그게 현실적으로 가능한가?

어떤 창의력을 배우고 싶은지 내게 요구해. 그럼 네가 원하는 창의력을 강의할게. 그리고 창의력이라는 게 가르치고 배울 수 있는 종류의 것이야? 모차르트는 누구에게 창의력을 배웠나? 그런 천재 말고 앞에 말한 안도현이나 조정래는 누구에게 창의력을 배웠나? 창의력을 배우고 싶어? 어떤 창의력을 배우고 싶은지 말해. 내가 그런 창의력을 가르쳐줄게.

논술에서 창의력이 너만의 기발하고 독특한 생각을 말하는 경우는 드물어. 제한된 시간에 남과 다른 독특한 생각을 하기도 힘들고. 그런 거 말고 글을 창의적으로 구성해. 그것도 창의력이야. 글을 어떤 순서로 쓸 건지, 어떤 예를 들 건지, 그 예는 어디에 둘 건지, 어떤 어휘와 문장을 쓸 건지 생각하는 것에서 다 창의력을 볼 수 있어.

논술에서 창의력은 기발한 생각이라기보다는 자신에게 진실로 솔직한 생각이라고 여기는데. 내가 쓴 예시 답안들에, 그 답안의 어휘, 문장, 표현, 구성 등에 나만의 생각이 들어 있다고 생각해. 기발한 생각보다는 논제에 충실하게 자신에게 솔직하게 글을 쓰려고 하면 그 답안이 창의적인 답안이 될 거라고 생각해.

"선생님 서울대에서는 수시에서도 면접 하고 정시에서도 면접을 하는데요."

그래서?

"선생님 면접과 구술도 해주실 수 있으세요? 이 문제 서울대 예시 문제인데 수업 좀 해주세요."

문제를 보자. 내가 논술 선생이냐 영어 선생이냐? 이건 영어 선생한테 해달라고 해야지.

"근데 좀 급한데요."

근데 어떻게 한꺼번에 아홉 명씩이나 면접 연습을 하냐?

"그래도 어떻게……. 선생님은 잘하시니까……."

필요할 때 아부는 잘해요. 한번 해보자. 나를 면접관으로 생각하고 나를 바라보고 전부 자기 의자에 바른 자세로 앉도록. 준형아 너는 나가라. 문 열고 들어와서 문 닫고 인사하고 의자에 앉아봐라. 다른 학생들 준형이의 자세와 태도를 잘 관찰하도록(준형이 말한 대로 한다). 준형아 고개 숙이고 '안녕하세요'를 동시에 하니 어수선하다. 인사를 먼저 하고 말을 하든지 말을 먼저 하고 인사를 해봐라. 음 그게 낫겠다. 앉았어? 면접 볼 때의 몸가짐, 최대한 자연스러운 자세와 겸손한 태도로. 그럼 이제 준형아 면접시험 끝났다고 치고 일어나서 나가봐라(준형이 또 그대로 한다). '수고하셨습니다'는 안 좋다. 너희들이 교수에게 하는 말로는 부적절한 것 같다. 다른 학생들 준형이 자세와 태도 봤지? 손을 아무데나 두지 말고 자연스럽게.

그래 이제는 문제를 풀어보자. 우리 논술하는 방식 알지? 문제다. 문제지 옆에 열심히 메모하는 것도 알지? 오늘은 연습으로 하는 것이니 시간 많이 주겠다. 15분 시작.

● 다음 제시문을 읽고 물음에 답하시오.

The question of language and its political implications has exercised writers, philosophers and social theorists throughout the intellectual history of western civilization. It is noticeable, too, that the subject has inspired extreme pessimism: from ancient Greece to Orwell's *Nineteen Eighty-Four*, (1)speech and writing have been credited with a malign power to regulate human social relations in ways we are not aware of and to disguise important truths in a cloud of misleading rhetoric. Today's speakers inherit the idea that language is a weapon, used by the powerful to oppress and silence their subordinates; nor is this belief unjustified. But why should language, and knowledge about language, be a resource for the powerful alone? (2)Why shouldn't this 'weapon' be appropriated by the other side?

★ malign : 유해한, 해로운
(Deborah Cameron, *Feminism and Linguistic Theory*)

1. 밑줄 친 (1)에 대해 구체적인 실례를 들어 설명하시오.

2. 밑줄 친 (2)에서 the other side가 무엇인지 밝히고, 여기에서 제기된 문제에 대해서 자신의 생각을 말해보시오.

'뭐야. 글이 왜 이렇게 어려운 거야?'

15분 지났다. 연필 놓도록. 이번에는 지순이 나가봐라. 들어와서 인사하고 앉도록. 다른 학생은 모두 자기 자리에서 면접을 치른다고 생각하고 바른 자세로 앉도록.

지순 학생 1번 문제 읽어보게. 설명하기 전에 먼저 (1)을 해석해보게.

"말과 글이 해로운 권력으로 신뢰를 받아, 우린 그걸 인식하지 못해요. 중요한 진실을 감추는데 그걸 알아채지 못하고. 그래서 주절주절 횡설수설, &#?\$!*^. 근데 rhetoric이 무슨 뜻이에요?"

지금 뭐하고 있냐? 독해는 구문이다. 구문 알지? 끊을 때 착착 끊어야 한다. 어디에서 끊어야 할지 눈에 보이면 독해는 됐다고 봐도 된다.

① speech and writing have been credited with a malign power

② to regulate human social relations in ways we are not aware of and

③ to disguise important truths in a cloud of misleading rhetoric.

이게 보이냐? to, 이게 둘이나 있다. 그러니 수식관계를 잘 봐야지.

① 수동태이니 거꾸로 말하자. 사람들은 말과 글을 해로운 권력이라고 생각했다.

② 우리가 알아채지 못하도록 인간의 사회적 관계를 통제한다.

③ 오해를 불러일으키는 모호한 수사학으로 중요한 진실을 감춘다.

통제하고 감추는 게 해로운 권력이다. 통제하고to regulate 감추는to disguise 해로운 권력, 이렇게 된다. 영어시간에 배운 대로 하면 to regulate와 to disguise, 이 둘이 a malign power를 꾸미는 말이다. 어디에서 끊어야 하는지 보라니까. 그러려면 전치사를 보면 좋다.

④ to regulate human social relations / in ways we are not aware of

⑤ to disguise important truths / in a cloud of misleading rhetoric

②와 ③을 다시 썼다. 이제 부분적으로나 전체적으로 문장 구조가 잘 보일 것이다. 이 문장을 해석한다. '사람들은 말과 글을 우리가 의식하지 못하도록 인간의 사회관계를 통제하고 또 오해를 불러일으키는 모호한 수사학으로 중요한 진

실을 감추는 해로운 권력이라고 생각했다.' 그리고 수사학? 무슨 말인지 모른다고? 여기서는 그냥 멋진 말이나 미사여구 정도로 해두자. 그럼 수사학 전공하는 교수 화내겠지만 이 맥락에서는 그렇다는 말이다.

그럼 지순아 구체적 실례를 들고 설명해봐라.

"?!?#$&%."

뭔 소리 하냐? 말과 글이 인간의 사회관계를 통제하고 진실을 감추는 해로운 권력이 되는 경우. 그런 경우를 생각해야지. 말이 긴데 이걸 한마디로 줄이면 뭐라고 할 수 있나? 담론 또는 지배 담론이란 말이 있지. 정치선전구호는 어떠냐? 바로 이런 걸 말하는 거지. 조지 오웰의 『1984년』도 나오잖아. 지배세력이나 지배적 정치권력이 독점하는 담론이나 정치선전구호를 뜻한다. 이걸로 국민의 삶, 인간관계, 사회적 삶을 통제하고 진실을 감추는 거야. 이제 그러한 담론의 구체적 실례를 들어봐라.

생각 안 나? 예를 들면 박정희의 '잘 살아보세', 전두환의 '정의 사회 구현', 기업들이 말하는 '3만 불 시대 구현', 박근혜의 '국민이 행복한 나라' 등을 말한다. 이런 말과 글(담론이나 정치적 구호)로 '인간의 사회적 삶을 통제한다'. 3만 불 시대 구현해야 하니 죽어라고 일만 하라 하고. 국민들은 그런 줄 알고 열심히 일만 하고. '진실을 감춘다'. 분배는 나중 일이니 허리띠 졸라매라면 허리띠 졸라매고 일만 하고. 지배세력과 정치권력이 '우매한' 백성을 다스리는 도구로 언어를 이용한다는 말이다. 그래서 언어를 무기라고 했잖아. 무기.

요새 '힐링'도 담론 수준으로 진행되고 있어. 회사에서, 사회에서, 학교에서, 입시에서, 공장에서, 마트에서 등등 비정규직으로 아무리 힘들게 일하더라도, 그냥 견디고 참으면서 치유나 해라. 힘들다고 자살하거나 집단으로 모여 집회를 하거나 반항하거나 저항하지 말고. 그런 생각들이 모여 '힐링'이라는 담론으로 팔리고 있는 중이지. 웰빙에 이은 담론이 힐링이고. 그러니 힐링은 지배세력이 피

재배세력에게 하는 '킬링' 쯤 되지 않을까?

이건 구술 문제인데 영어를 통해 깊이 있는 생각을 하는 거야. 구술은 말로 하는 논술이라고 보면 돼.

이제 바꾼다. 태진아. 네가 나갔다 들어오고 다른 학생들은 자기 자리에서 면접을 본다고 생각하고 바른 자세로 앉도록. 태진아 이제 2번 문제다. the other side를 밝혀라.

"그러니까 한쪽에서는 말과 글로 인간관계를 통제하는데 다른 쪽에서는……."

스톱. the other side가 뭔지만 말해.

"다른 쪽이라는 건 언어를 무기로 사용하는데……."

중지. the other side가 뭔지만 말하라니까. 태진아. 교수가 중지하라고 말하면 '아 내가 지금 뭘 잘못 말했구나. 지금 교수가 그걸 지적하는구나. 그래서 다시 생각해서 제대로 말하라는 거구나.' 이렇게 생각하고 제시문을 다시 보고 제대로 말할 생각을 해야지. 교수가 중지하라고 하고 다르게 물어보는 건 네게 기회를 한 번 더 주는 건데, 넌 그걸 놓치고 똑같은 소리만 반복해. 그러면 '음 알았네. 나가보게.' 이렇게 되는 거지.

다른 학생이 해보자. 순민아 the other side가 뭐냐?

"권력을 갖고 있는 사람the powerful의 반대로서 국민을 말합니다."

그렇지. 그렇게 간단하게 말해야지. 그럼 본문에 나오는 다른 단어로 말하면?

"subordinates인데 무슨 뜻인지는 모르겠습니다."

sub은 아래를 뜻하지? subway처럼. 그러니 아랫것들이라고 하든지 아랫사람이라고 하든지. 위에서 지배권력이나 지배세력이라고 했으니 피지배자 아닐까? 생각을 해야지. 지배계급과 피지배계급. 됐지?

단어 뜻을 모르겠으면 실제 면접에서 이렇게 이야기해라. '권력자, 즉 the

powerful의 반대되는 사람들로 subordinates입니다.' 그러면 subordinates라는 단어의 뜻은 몰라도 교수들은 네가 그 문맥에서 the powerful, subordinates, the other side들이 무엇을 가리키는지 제대로 이해했다고 생각한다.

여기에서 제기된 문제가 뭐냐? 그러면 문장 (2)를 해석해야지? '왜 다른 쪽은 그 무기를 가져서는 안 되냐?' 즉 왜 피지배계급은 정치선전구호, 지배담론을 소유하지 못하고 지배자만 그런 걸 갖게 되냐? 그런 말이지. 이에 대한 자신의 생각 말하라고? 그럼 말하면 되겠다.

정리하자. 한쪽에는 권력자, 지배권력, 지배세력the powerful이 있고 한쪽에는 피지배계급(the other side, subordinates 또 글 앞부분에 있는 the subject)이 있다. 지배권력이 말과 글, 즉 언어를 독점하여 지배의 도구로 삼는다. 일반적으로 지배담론, 정치선전구호라고 할 수 있겠다. 이런 정치선전구호에 대한 자신의 생각을 말해봐라. 그리고 왜 피지배자들은 이런 담론을 갖지 못할까? 물리적, 경제적 힘이 열세이기 때문이 아닐까? 다른 의견은? 다른 생각은?

'그런 건지도 몰랐는데 무슨 생각을 하란 말이야? 무슨 의견을 내고?'

제시문이 분명하다. 문장도 좋고 내용도 좋다. 문제도 좋다. 앞으로 논술하면서 매일 30분에서 한 시간씩 구술과 면접도 준비하도록 하겠다.

"근데 면접 볼 때 영어 제시문 나오나요?"

아마 나올 거다. 안 나온다고 생각하고 준비 안 하다가 떨어지는 것보다는 안 나오더라도 준비해두는 게 낫지 않을까? 과거 경험으로 보면 면접과 구술에는 이렇게 짧은 영어 제시문이 나올 확률이 높다.

면접구술에는 세 가지 유형이 있다. 첫째로 일반구술면접. 이건 지원동기와 품성 등을 평가하는 거다. 우리 대학 왜 지원했나? 이런 물음이 여기에 해당한다. 이 질문에 "수능 점수 맞춰 지원한 거예요"라고 대답하지 마라. 그건 교수도 안다. 대한민국에 그거 모르는 사람 없다. 이런 질문에 필요한 건 멍청한 솔직함이 아니라 학문적 진지함이다. 그 대학의 이념은 알고 있는지, 그 학문 분야에 대한 학문적 관심은 어느 정도인지 하는 걸 중심으로 대답하는 게 좋다. 일반구술면접에서는 수험생의 일반적인 의사소통능력도 시험한다. 말을 제대로 알아듣고 제대로 할 줄 아는지 본다. 둘째로 기본소양면접. 인성이나 가치관, 사고력이나 이해력을 평가하는 면접이다. 셋째로 심층면접. 전공 관련 지식이나 학업수행능력 등을 평가한다. 서울대 면접은 이 중 세 번째 심층면접이다.

면접할 때 유의 사항. 교수들 앞에서 연설하지 마라. 혼자 5분 열심히 떠들고 자신감 있게 나와서 붙었다고 생각하는 학생 있다. 그 학생 불합격될 확률 아주 높다. 면접은 주고받는 것이다. 혼자만 떠드니 교수들이 어이없어 그냥 내버려두는 거다. 그리고 '연설' 다 끝나면 교수들 한마디 한다. '수고했네. 이제 나가보게.' 또는 '마지막으로 하고 싶은 말 있으면 해보게.' 마지막이라는 단어, 의미심장하지 않아? 교수들은 단어 하나도 그냥 말하는 법이 없다. 마지막이라는 단어를 들으면 대부분 떨어졌다고 생각하면 된다.

면접에서는 무조건 두괄식으로 말해라. 결론을, 물어본 내용을 꼭 제일 나중에 말하는 학생들 있다. 교수들 돈다. 교수들 좀 생각해줘라. 지금 몇 시간째 몇십 명의 학생에게 똑같은 질문을 던지고 있는지. 교수들 괴롭다. 대학생이나 대학원생도 아니고 고등학생들의 되지도 않는 사설과 연설 듣느라고 얼마나 괴롭겠냐. 그러니 뭘 물어보면 물어본 것부터 대답하고 나서 다른 얘기를 해라.

면접에서는 주고받고를 많이 해야 한다. 핵심만 짧게 말하면 교수들이 또 물어본다. 그럼 대답하고. 이런 과정이 많을수록 그 학생 붙을 확률 높아진다.

면접 대개 10~15분 한다(더 긴 것도 있다). 면접관들은 수험생인 내가 떠는지 안 떠는지 신경도 안 쓴다. 그들이 신경도 안 쓰는데 내가 왜 떨어야 돼? 이런 자신감이 필요하다. 그러니 여러분들 떨 것 없다. 당당하고 자신감 있게 그러나 겸손한 태도로. 알겠지? 앞으로 논술 수업하기 전에 몇 번 더 연습하겠다.

논술하고 구술하고, 강의하고 첨삭하고, 국어 하고 영어 하고. 내가 요즘 완전 슈퍼맨이다. 너희들 그 많은 글 첨삭하느라고 머리 빠져. 논술하면 아무래도 평균수명보다 일찍 죽을 것 같아.

"ㅋㅋㅋ, ㅎㅎㅎ."

태진이 이날 수업 중에 일어난다.

"선생님 저 서울대 1차 떨어졌어요. 논술할 필요가 없어졌네요."

그러냐? 열심히 하다 말고 그냥 집으로 가야 되는 거야?

"네."

서운하네.

"그래도 선생님한테 논술 배우는 거 재미있고 좋았어요."

그래 고맙다. 장학금 받고 성균관대 간다고? 요새 등록금 500만원 넘는데 그게 어디냐. 대학 가서 열심히 공부해.

"네."

'뒷모습이 썩 밝지 않네. 서울대가 뭔지……'

오늘 마지막 수업이다. 마지막으로 논술 시험 보는 절차를 말한다.

첫째, 유의 사항부터 읽어라. 유의 사항에는 조건이 있다. 먼저 시간과 분량. 이 세상 시험에 시간제한 없는 시험 없다. 인생도 시험이라면 인생에도 제한 시간이 있다. 그건 죽을 때까지다. 시간 제대로 활용하지 못해 망하는 시험 많다. 논술은 수능보다 시간이 부족한 시험이다. 시간을 제대로 활용해라. 많은 학생들의 경험에 따르면 대체로 100자 쓰는 데(오로지 쓰는 데만) 2분 걸린다. 1,000자 쓰는데 20분이다. 논술에 1/3 법칙 있다. 읽는 데 1/3, 개요 짜는 데 1/3, 쓰는 데(교정 포함) 1/3의 시간을 들이는 것이다. 이러면 읽는 데 2/3의 시간이 생기고 쓰는 데도 2/3의 시간이 생긴다. 개요 짜는 건 읽고 쓰는 걸 동시에 하는 시간이니까. 시험시간 150분? 그러면 50분, 50분, 50분이다. 120분? 나누기 할 줄 알지? 문제가 서너 개 있다고? 쓸 분량을 전부 더하면 시간 안배 금방 나온다.

시간만 주고 분량은 명시되어 있지 않은 논술 문제도 있다. 성균관대나 이화여대가 대표적이다. 그러면 이렇게 해라. 모든 문제에는 점수가 기재되어 있다. 그걸 더하면 100점 된다. 그걸 120분에 해결해야 한다. 점수에 1.2를 곱한 것이 그 답안 작성에 쓸 수 있는 시간이 된다. 10점짜리 문제는 12분에, 20점짜리 문제는 24분에 해결해야 한다. 여러 개의 제시문에 딸린 문제도 여러 개라면 그 문제들에 적혀 있는 시간을 전부 더하면 된다. 두 문제 합쳐서 60점이면 72분에 그 두 문제를 해결해야 한다.

분량은 시간과 밀접한 관련을 갖는다. 분량에 엄격한 대학도 있고 느슨한 대학도 있다. 간혹 이렇게 묻는 학생들이 있다. 제대로 된 내용의 글이 분량 미달되는 경우(A)와 내용은 부실하지만 분량을 준수한 글(B) 중에 어느 게 합격되느냐고. 이 물음 그다지 어렵지 않은데? 학생이 채점자라면 어떻게 하겠냐? 이렇게 물으면 답은 간단해진다. 다른 모든 조건은 같거나 모른다고 간주하고ceteris paribus 오로지 A와 B 중에서만 선택하라면 아마 A쪽이 합격될 것이다. 그리고 요즘 원고지를 쓰지 않는 대학이 늘고 있다. 성균관대, 이화여대, 고려대 수리 문제 등. 분량이 당락을 결정할 만큼 중요한 게 아니라는 말이다. 논술에선 핵심 내용을 간결하고 명확하게 쓰는 게 무엇보다 중요하다. 분량 미달은 약간 감점이지만 내용 미달은 심각한 감점이다.

유의 사항에는 대개 이런 말이 있다. '자신을 드러내는 표현을 하지 마시오.' 학생들이 이 말을 이름을 쓰지 말라는 의미로 이해한다. 맞다. 그런데 일부만 맞다. 자신을 드러내는 표현은 '감사합니다.', 'OO대학에 꼭 가고 싶어요', '잘 봐 주세요', '^^' 등을 말한다. 이런 게 자신을 드러내는 표현이다. 예를 들어 '^^'를 어느 채점자가 보면(그 채점자가 삼촌이라고 가정했을 때) "삼촌, 저 홍길동이에요. ^^ 하면 길동인 줄 아세요. 그러니 ^^를 보면 저를 합격시켜 주세요." 이런 뜻이 될 수 있다. 이게 자신을 드러내는 표현이란 말의 본래 뜻이다. 이와 똑같은 맥락에서 수정액, 화이트, 특수 표시, 낙서 등도 모두 자신을 드러내는 표현이 된다. 이런 표현을 하면 논술에선 모두 부정행위로 간주된다. 0점으로 처리된다.

글은 당연히 원고지 작성법에 따라 작성하고 원고지 교정법에 따라 수정해

라. 청색 또는 흑색 필기구를 사용하라든지 연필로 써도 되는지 안 되는지 쓰는 도중에 필기구를 바꿀 수 있는지 없는지 등의 조건도 유의해서 살펴봐라. 이런 유의 사항은 그냥 지키면 된다.

둘째, 논제를 파악해라. 문제를 내면 문제를 낸 의도가 있을 게 아닌가. 첫 시간에 쓰라는 대로 쓰는 게 논술이라고 말했다. 출제의도에 맞게, 즉 출제자와 채점자를 만족시키는 글을 써라. 논점 이탈은 횡설수설 된다.

셋째, 제시문을 분석해라. 핵심어와 중요한 내용에 밑줄 치면서 생각해라. 논술에선 머리로만 생각하지 말고 손으로도 생각한다. 동시상영이다. 제시문에는 이미지, 자료, 통계, 그림, 도표 등이 나올 수 있다. 학교에서 배운 과목의 내용 전부를 머리에 떠올려라. 그걸 논제에 맞게 꿰어라. 그게 통합교과형 논술이다.

넷째, 개요를 작성해라. 100자 글이든 1,000자 글이든 개요를 작성해라. 개요는 구조, 틀, 설계도, 밑그림, 메모, 낙서 등 뭐라고 불러도 좋다. 처음에 올 말 처음에 쓰고 중간에 올 말 중간에 쓰고 나중에 올 말 나중에 쓰는 거, 이게 개요다. 한마디로 차례다. 글에는 차례와 순서가 전부다. 글은 그림과 달리 전체를 한꺼번에 볼 수 없다. 처음부터 끝까지 차례대로 읽어야 한다. 그러니 쓸 때도 차례대로 써야 한다. 그래야 논리적인 글이 된다. 글의 구조도를 그리고 글을 구체적으로 설계해라. 부실한 글은 부실한 개요에서 비롯된다. 설계도 없이 집 지으면 집 무너진다. 개요 없이 글 쓰면 글도 무너진다. 그리고 자신이 작성한 개요를 예리하게 째려보고 마음에 안 들면 개요 단계에서 수정을 해야 한다. 개요 대충 짜고 글 쓰면 좋은 글 될 확률 낮아진다. 논술은 개요를 보고 쓰는 글이라고 생각해라. 그러니 머리에서 원고지로 직행하지 마라. 또한 전체 분량을 보고 각 단락의 분량도 논제 요구에 맞게 적절하고 균형 있게 안배해라. 많이 쓸 부분 많이 쓰고 조금 쓸 부분 조금 써라.

다섯째, 본문을 작성해라. 원고지에 답안을 작성한다. 제발이지 글씨 좀 또박

또박 쓰면 좋겠다. 수업할 때 누누이 강조했지만 사람이 좀 읽을 수 있게 글씨를 쓰라고. 갈겨쓰면 불합격이냐고? 갈겨써봐라. 그럼 어떻게 되는지 확실하게 알 수 있다.

여섯째, 수정해라. 원고지 교정법에 따라 수정해라. 수정할 때 화이트나 수정액을 쓰면 자신을 아주 '성실하게' 드러내게 된다. "수정액을 보면 길동인 줄 알고 붙여주세요." 이렇게 된다. 부정행위로 0점 처리된다.

끝으로 답안지를 제출한다. 아주 잘 쓴 글이라고 생각한 나머지 자신의 답안 집에 가져오지 말고.

지금까지 했던 수업 전부를 줄여 말한다. 이건 글 읽고 쓸 때 원칙과 유의 사항이라고 봐도 되겠다. 논술에서는 질문에 답 있고 제시문에 답 있다. 질문과 제시문 안에서 논제를 해결하려고 최선을 다해라. 깊이 생각해라. 자신에게 솔직해라. 생각을 보여주어라. 내가 서야 글이 선다. 쓸데없이 아는 체 하지 마라. 별 볼 일 없는 배경지식 쓰지 마라. 속담이나 명언 등을 끌어들이지 마라. 제시문 순서대로 읽지 마라. 공부는 소화다. '설사하지' 마라. 어렵다고 겁먹지 마라. 쉽다고 자만하지 마라. 핵심을 곧바로 찔러라. 핵심 주변에서 맴돌지 마라. 개요를 짜라. 개요를 수정해라. 문장 개요로 늘려라. 문장은 짧고 간결하게 써라. 껍데기 문장 쓰지 마라. '글쓰기 중계방송' 하지 마라. 비문 쓰지 마라. 끝날 듯 끝날 듯 끝나지 않는 문장 쓰지 마라. 주격 조사를 어법에 맞게 써라. 주어와 서술어가 호응되는지 봐라. 부사어와 서술어를 되도록 붙여 써라. 글씨 때문에 떨어지지 않도록 해라.

여러분은 서울대나 연고대를 목표로 하지? 내일 시험 잘 보기 바란다. 지금까지 여러분이 글 읽고 쓰고 고치고 연습한 것으로 보았을 때 여러분에게는 좋은 결과 있을 거야. 그래서 여러분이 가고자 하는 대학에 합격하길 바랄게. 우리나라에는 대학이 단 둘뿐이라고 말하는 사람들이 있어. 서울대냐 아니냐. 우리나라 대학을 서울대와 '비서울대'로만 나누는 거야. SKY라는 이상한 이름의 대학도 있고. 좀 너그럽게 분류하면 인서울이냐 지방이냐도 있고. 이런 잔인한 학벌 사회의 경쟁에서 여러분은 승리한 자에 속하게 될 거야. 많이 노력했을 것이고 그 노력에 대한 보답을 받는 것이니 축하할 일이야.

그런데 20년 후에는? 대학 졸업하고 20년 후쯤 되면 여러분은 이 나라의 어느 분야든지 지도적인 위치에서 매우 생산적인 활동을 하고 있을 거야. 그때 잠깐. 반에서 꼴등하던 친구도 이해해주기를. 여러분 모두 공부를 좋아해서 공부를 잘한 건 아니잖아. 억지로 공부한 학생들도 있을 거야. 공부 잘한 여러분은 비보잉도 못하고 인라인도 못하며 문학이나 연극에서 기쁨을 느낄 줄도 몰라. 다른 걸 모두 포기하고 고문 같은 공부만 한 거야. 그러니 꼴등하는 친구도 공부 대신 다른 선택을 한 것으로 보면 좋겠어.

하나 더. 여러분이 이 사회의 지도적인 위치에 서게 되면 다른 사람에게 해를 주는 나쁜 짓을 하지 말았으면 좋겠어. 그러니 재벌, 정치인, 장차관, 판검사, 변호사, 의사 등 이른바 '사회 지도층 인사들'이 하는 불법 편법 세금 포탈, 뇌물 횡령 등을 따라하지 말았으면 좋겠어. 여러분은 그렇게 나쁜 짓 하지 않아도 다른 사람들보다 잘 살 수 있어. 삶에서 더 좋은 기회를 얻을 수도 있고. 1등도 사람이고 꼴등도 사람이라고 생각했으면 좋겠어. 꼴등은 여러분보다 암기력이 부족하긴 하지만 나쁜 사람은 아니야. 자신의 돈과 힘으로 부당하게 더 많은 이득을 얻는 게 진짜 나쁜 거야. 여러분보다 부족한 사람들에 대해서도 따뜻한 마음을 갖고. 그래서 이 사회를 좀 더 살만한 사회로 만드는 데 일조하면 좋겠어.

내일 시험 보는데 오늘 여러분이 할 일은 없어. 딱 하나 잠을 충분히 자도록. 잠은 두뇌가 먹는 밥이니 두뇌를 제대로 쓰려면 잠을 충분히 자야 돼. 내일은? 집중하고 또 집중하고 최대한 집중해야지. 논술 시험에 혼신을 다해 시험 끝나고 나면 심신이 지쳐서 쓰러질 정도로 집중해야 돼. 시험 끝나고 나면 모두 강의실 밖으로 나와 쓰러지도록.

나는 그동안 여러분과 논술하느라고 행복했는데. 여러분은? 행운을 빈다. 대학생 되면 다시 만나자.

"선생님 그동안 좋은 가르침을 많이 배운 것 같아요. 정말 감사합니다."

그래 그 말 고맙고 그동안 고생 많았다.

대치동 논술 시크릿
ⓒ 허생, 2013

초판 1쇄 2013년 8월 12일 찍음
초판 1쇄 2013년 8월 16일 펴냄

지은이 | 허생
펴낸이 | 강준우
기획 · 편집 | 박상문, 이동국
디자인 | 이은혜, 최진영
마케팅 | 이태준, 박상철
인쇄 · 제본 | 제일 프린테크

펴낸곳 | 인물과사상사
출판등록 | 제17-204호 1998년 3월 11일

주소 | (121-839) 서울시 마포구 서교동 392-4 삼양E&R빌딩 2층
전화 | 02-325-6364
팩스 | 02-474-1413
www.inmul.co.kr | insa@inmul.co.kr

ISBN 978-89-5906-239-3 03700
값 17,000원

이 도서의 국립중앙도서관 출판시도서목록(CIP)은 서지정보유통지원시스템 홈페이지(http://seoji.nl.go.kr)와
국가자료공동목록시스템(http://www.nl.go.kr/kolisnet)에서 이용하실 수 있습니다.
(CIP제어번호 : CIP2013014107)